聖学院大学研究叢書 8

ニーバーとリベラリズム

ラインホールド・ニーバーの神学的視点の探求

高橋義文

聖学院大学
出版会

ニーバーとリベラリズム

——ラインホールド・ニーバーの神学的視点の探求

目次

第二章　ニーバーとマルクス主義……89

第三章　ニーバーと「民主的行動を目指すアメリカ人」（ＡＤＡ）……133

第二部　ニーバーの視座

凡例

1. 人名は、原則として、「ラインホールド・ニーバー」を除き、章ごとに初出の時点で、氏名の原語を付した。

2. 人名の日本語表記は、原則として、『岩波 西洋人名辞典』増補版（岩波書店）および『キリスト教人名辞典』（日本基督教団出版局）によった。本書には、これらの辞典にない人名も少なくないが、それらの表記は著者の判断（場合によっては推測）による。

3. 聖書は、本文との調和を考え、断わりのない限り、日本聖書協会口語訳を使用した。

4. 注記

①著者が「ラインホールド・ニーバー」である場合、著書・論文、原著・邦訳を問わず、著者名の明示はすべて省略した。ただし、初出のまま収録した「補遺二」はこの限りではない。

②文献の情報は、原則として、本書を通じて繰り返し言及される文献であっても、すべて章ごとに初出の時点で改めてそのすべてを記載した。

③Niebuhr Papersは、The Papers of Reinhold Niebuhr（Housed at the Manuscript Division, The Library of Congress in Washington, D. C.）の略記である。また、当該文書が収められている保存函の番号は、Container no. で示す。［「ニーバー・ペーパーズ」には、ニーバーの妻アースラ関係も含むニーバーに関わる諸文書（書簡、講義録、原稿等）が二〇一三年三月の時点で保存函（各函平均数十点の文書を収納）六七函に収められている。］

序にかえて——ニーバーはリベラルか

ニーバー研究の昨今

ラインホールド・ニーバー（Reinhold Niebuhr, 1892–1971 以下、ニーバー）の名は、わが国でも少しずつ知られるようになってきた。近年、とくにアメリカに関する政治学や歴史学の分野の文献でニーバーの名や思想を見かけることも多くなっている。[1] また、ニーバーの主たる専門領域である神学の分野でも、とくにアメリカの神学状況の紹介や研究などで、ニーバーへの言及は少しずつ増えているように感じられる。

とはいえ、ニーバーの著書の翻訳や本格的な紹介、ニーバーの思想の正確な理解とそれを踏まえた詳細な研究となると、依然としてきわめて限られた状態にある。とくにここ二〇年ほどの間、専門的なニーバー研究はほとんど見られない。そうした状況の特異さは、翻訳および研究書の量を、しばしばニーバーと並び称されるニーバーと同時代の思想家たちの場合と比べてみれば一目瞭然である。

いずれにしても、わが国では、ニーバーはまだまだ知られていない思想家と言って過言ではないであろう。それどころか、誤解も少なくない。時には、決定的とも言える誤ったニーバー理解が一定の影響を与えている状況も見受けられる。[2]

それに対し、アメリカでは、ニーバー研究はすこぶる活発である。アメリカほどではないが、英国でも同様である。もっとも、一九七〇年代後半から二〇〇六年ごろまでのアメリカでは、一般社会へのニーバーの影響力は影をひそめ、その状況は、「ニーバーを忘れている」と嘆く声すら出るほどであった。(3) しかし、その間も、専門的なニーバー研究は変わることなく盛んであったことは注目に値する。ここ三〇年ほどを振り返っても、毎年のように、その多くが良質で堅実な研究書が次々に上梓され続けてきた。(4) しかもその状況は、近年加速度を増しており、数年前から「ニーバー・リバイバル」と呼ばれることもあるほどである。(5) それは、G・W・ブッシュ（George W. Bush）大統領の時代の九・一一を受けたアフガニスタン侵攻とそれに続くイラク戦争の長期化に伴い、アメリカのイノセンスをキリスト教的に強調するブッシュやネオコンの政策と思想が行き詰まりを見せる中、第二次世界大戦後アメリカの自己義認的イノセンス信仰を厳しく批判したニーバーの視点が改めて注目されるようになったからである。加えて、ニーバーの影響を受けていることを明言したバラク・オバマ（Barack Obama）大統領の登場もまたニーバーの復興に一役買うことになった。(6) とはいえ、アメリカにおける最近のニーバー研究は、そうした時代の風潮に乗ったものではない。それまでなされてきた堅実な学術研究の成果に基づくものであり、それは今日も変わらず継続されているからである。

ニーバー研究の視点

しかしながら、政治学的・歴史学的なものであれ神学的なものであれ、また、ニーバーへの積極的な評価であれ消極的否定的な評価であれ、新しい研究書に目を通すたびに、その多くのニーバー理解についていつも感じられるのは、ある種の物足りなさである。多くの新しい事実や学ぶべき洞察が豊かに提供されているその貢献を評価しつつも、それらの研究が示すニーバー像と、筆者がこれまで読み理解してきたニーバー像とが齟齬をきたすのである。言い換えれば、ニーバーの思想の本質深くに切り込んでいないように見えてならないのである。おそらくそれは、ごく端的に言えば、ニーバーの思想の根底をなしている、ニーバー独特の歴史との関わりにおける超越的神学的な視点が明確に捉えられていないように見えるからではないかと思う。それは、近年の研究の多くが政治学や歴史学の専門家によるもので、神学的な研究がごく限られているからかもしれない。しかし、神学的な取り組みをしている研究にも、ニーバーの神学思想の解明や解釈には、一、二を除いて、不足や異和感を覚えることも少なくない。[7] いずれにしても、政治的な思想であれ神学的な思想であれ、あるいはニーバーの思想のどのような局面を扱おうとも、その視点を明らかにすることなしにニーバーを理解したとは言えないのではないかと思う。

もっとも、神学的視点は、神学者の研究であれば当然のものであり、改めて問題にする必要はないと考えられることが、あるいはあるかもしれない。しかし、ニーバーの場合、状況は通常の神学者と異なり、かなり複雑な面がある。ニーバーの思想と活動の領域が、神学の領域を超え、とりわけ政治の領域にまで広がっているということがあるからである。また、ニーバーがいわゆる組織的思想家ではない、ということもその理由の一斑となっているかもしれない。ニーバーが神学者であったことは、自分は神学者ではないとのニーバー自身の言葉にもかかわらず、大方の認めるところであるが、少なくとも、組織神学者でなかったことは確かである。[8] ニーバーの唯一の組織的な論述と言われる人間論の分野でさえ、主としてそれを扱った『人間の本性と運命』や『自己と歴史のドラマ』に組織性はそれほど明白ではないからである。

それだけでなく、ニーバーの論理は、弁証法的でパラドクシカルな独特の性格を持っている。一つの主張にはいくつもの留保が付けられ、その留保の付け方や内容もまたしばしば弁証法的である。それだけでなく、その留保は論述の背後に隠されていることもある。したがって、ニーバーの理解は時に容易ではないし、思わぬ誤解もしかねない。

それゆえ、ニーバーの思想を理解しようとすると、外から何らかの枠に照らしてニーバーの思想を整理したい誘惑に駆られる。しかしそれはおそらくニーバーを読み解くには危険な誘惑であろう。むしろニーバーの思想に対しては帰納的に取り組むことが必要である。しかし、木を見て森を見ないことにならないために、演繹的な視点も忘れることはできない。言い換えれば、演繹的かつ帰納的、帰納的かつ演繹的に、両面から読み解くことが必要であろう。それは、ニーバーの神学思想それ自体がその両面の弁証法的緊張関係の中で展開されているからである。[9] したがって、ニーバーを理解する場合、その歴史的背景を十分に確認した上で、ニーバーのテキスト自体に聴き、その論述を丁寧に辿り、その上でそれを超える視点から全体像を捉えようとすることが必要であろう。

ニーバーとリベラリズム

本書は、筆者が、ニーバーの思想について折々に発表してきた論文を基としたものである。発表の時期は、かなり古いものもあれば、ごく最近のものもある。また主題も多様である。しかし、そこに流れている論点は一貫している。それは、ニーバーの思想の本質もしくは根源的視点はあくまでも超越的神学的なそれであるというきわめて単純なことである。

その書名を、「ニーバーとリベラリズム」としたが、それは、各主題がいずれもリベラリズムをその議論の背景としていると言ってもよいからである。それは第一部だけでなく、「ニーバーの視座」と題した第二部でも同様である。ニーバーについて、リベラリズムを問題にする場合、神学的リベラリズムと政治的リベラリズムの二つの領域が関わっている点、注意を要する。

ニーバーは、若い時代リベラリズムのエートスの中で活動したが、社会福音運動を離れ、マルクス主義との取り組みを経てやがてそれから脱却する。ニーバーが「リベラリズム」の語で意味していることは、狭義にはいわゆる一九世紀ヨーロッパのリベラル（自由主義）神学の意味であるが、それはまた広くリベラルな文化をも含むものであった。というより、神学的リベラリズムは文化的リベラリズムの一局面である。そしてその最も特徴的な概念は、「歴史的進歩への信仰」であり、さらには、「個人の自由と［宗教］寛容」である。それは、一九三〇年代のニーバーにとっては、中産階級あるいはブルジョワの文化と宗教であり、その歴史的背景は啓蒙主義やロマン主義であった。(10)

ニーバーは、一九三〇年代半ば以降、このリベラリズムを克服した地点から、「預言者宗教」と呼ぶキリスト教の深みを受け止め、独自の歴史の神学を確立する。その立場は、ヨーロッパ大陸におけるK・バルト（Karl Barth）やE・ブルンナー（Emil Brunner）らの弁証法神学の勃興と重なり、アメリカでは、「新正統主義神学」（Neo-orthodoxy）と呼ばれるようになり、ニーバーは、時にP・ティリッヒ（Paul Tillich）らとともにアメリカにおけるその潮流の代表とされるようになった。そしてそのような理解は、おそらく一九七〇年代まで続いたであろうか。

ところがその後、この「新正統主義」の語の曖昧さのゆえであろうか、ニーバーをこのラベルで呼ぶことの不適切さが指摘されるようになった。そしてそれと軌を一にするようにして、ニーバーはむしろ神学的にも「リベラル」であるとの主張が声高になされるようになる。それはおそらく一九七〇年代後半から八〇年代における、R・W・フォックス（Richard W. Fox）の主張辺りから始まったと思われる。(11)また、最近では、G・ドーリエン（Gary Dorrien）が、ニーバーを、ティリッヒやJ・C・ベネット（John C. Bennett）らとともに「ネオ・リベラル」というドーリエン独自の範疇に位置づけた。(12)

しかし、ニーバーを、「新正統主義」の名で呼ぶことがあまりにも曖昧であることは確かであるが、それでは、「リベラル」の名で呼ぶことが妥当かと言えば、それにも大きな疑問がある。

フォックスは、「『新正統主義』神学者としての名声にもかかわらず」、神学的に「ニーバーはつねにリベラルであった」と結論づけた。その理由として、ニーバーは生涯、「ハルナックやトレルチのリベラル神学の伝統にとって脅威であったバルト的新正統主義と戦い続けた」という点と、ニーバーは「科学的思考」(scientific frame of mind)の必要性を主張し、その思想の姿勢が、「科学的で、歴史主義的で、批判的」であったという二点を挙げている。[13] 要するに、フォックスは、ニーバーをハルナック—トレルチ的線に立つリベラル神学者であると主張したのだった。

一方、ドーリエンは、ニーバーの出現が「アメリカのリベラル・プロテスタンティズム」への「反抗」(revolt)であって、「リベラル」の語を蔑称に変えたが、それにもかかわらず、ニーバーは「かれが攻撃したリベラルな伝統に属していた」と見なした。[14] その理由は、一つに、ニーバーのその反対にもかかわらず持ち続けた社会福音運動との関係であり、二つに、ニーバーのバルト神学への明確な反対であり、三つに、ティリッヒ神学との親和性である。加えて、ドーリエンは、ニーバーが、「宗教においてであれ政治においてであれ、いかなる種類の非リベラリズムにもドグマティズムや保守主義にも肩入れしたことはなかった」とした上で、「ニーバーは神学的に新正統主義であったことはなかった」と結論づけた。[15] そしてそれが、「わたしは、新正統主義が不毛な正統主義や新しいスコラ主義に変化していくのを見て、自分が実際にはリベラルであり、リベラリズムに対するわたしの痛烈な批判の多くが見境のないものであったことに気づいた」という、ニーバーのよく知られた一九五〇年代の自身を回顧した文章の意味であるとする。[16] このニーバーを、ドーリエンは、「ネオ・リベラル」と呼び、ニーバーやティリッヒたちが使用したことはなかったが、「この語は、他のいかなる語よりかれらにふさわしい」と主張したのである。
以上のフォックスとドーリエンの見方は、ニーバーが、新正統主義神学者ではなくリベラル神学者であるという点では共通するが、ドーリエンが単純にニーバーを一九世紀ヨーロッパの神学的リベラリズムと同一線上に置いていないという点で、ドーリエンの方がはるかに慎重であることは言うまでもない。一方、両者は、かれらが理解するニーバーの神学的リベラリズムは、ニーバーの政治的リベラリズムの基礎にもなっていると考えている点では同じである。

このようにニーバーをリベラルあるいはネオ・リベラルとすることは、どの程度の説得力を持つであろうか。それは、ニーバー神学の特質をより有効に表すラベルであろうか。すでに述べたように、ニーバーを新正統主義神学の立場とすることが妥当なラベリングと言えないのではないかとの疑問はそのとおりである。実際、バルトからニーバー兄弟まで、さらにはティリッヒまでを、この語で括ることには無理があろう。

しかし、だからと言って、ニーバーをリベラルの語で括ることが妥当であろうか。フォックスはニーバーをリベラルとする理由に、科学的思考、相対主義、歴史主義、批判精神を挙げたが、それははからずもフォックスが新正統主義と呼ぶヨーロッパの弁証法神学に通じていないことを露呈することでもあった。新正統主義は、それらを受け止めた上で啓示の神学を展開したからこそ、《新》正統主義と呼ばれたのである。したがって、そうした科学的思考等があることをもってニーバーをリベラルとするのは単純過ぎるであろう。その点、ドーリエンはそのことを十分に踏まえてニーバーの思想をはるかに丁寧に追いながら、慎重にニーバーの立場を特定しようとした。しかしそのドーリエンも、新正統主義を単純にバルト神学と同一視して、その文脈でニーバーはそもそも新正統主義者ではなかったとする点では、不用意である。もっとも、それは、上に挙げたニーバーの一九六〇年代を回顧した言葉で、ニーバー自身が新正統主義をバルト神学と同一視していたことに沿ったものではあろう。確かに、ニーバーの回顧の言葉は、新正統主義という言葉で明らかにほとんど排他的にバルト神学を指していた。そして自らの立場がそれと異なるという意味でリベラルとしたにすぎないと考えられる。それに続く言葉は、ニーバーがかつて初期のバルトを高く評価し、その視点からリベラリズムを批判したことがあったことに対する悔いと告白である。しかしこの告白の言葉がニーバーの長いリベラリズム批判の作業の全体を否定したとは見なし難い。ニーバーの自己反省は時に必要以上のやや過剰な表現でなされることがあるからである。(17)

とはいえ、ニーバーの思想をリベラリズムとの共通性において理解することは、実は比較的容易である。また、ニーバーの思想がリベラルであることをニーバーの著書から指摘しようとすれば、その根拠となる箇所はおそらく枚挙にいとまがないほどであろう。その点ではフォックスが指摘する要素がニーバーにあったことは事実である。

それにもかかわらず、問題は、ニーバーをそのようにしてリベラルと見なすことによって、ニーバー特有の神学的立場が明らかになるかどうか、である。それは、「ネオ」を付してマイルドにしてみても変わらないように思われる。なぜなら、ニーバーの思想には、先に指摘したニーバー独特の超越的神学的視点が厳然として重要な位置を占めているからである。実際、ニーバーの思想を丁寧に追ってみると、それが、一九世紀の神学的リベラリズムであれ、アメリカにおける社会福音運動的リベラリズムであれ、場合によって微妙な点があることを踏まえた上であるが、それらと明白に異なる視点が浮かび上がってくるからである。それらは、教義学的な語を用いて表すのは不十分ではあるが、わかりやすさからあえてそうしながら、そのポイントだけを提示してみると、以下のようになる。

まず、第一点は、ニーバーの神学が啓示の神学であるということである。ニーバーにとって啓示は「根源的な神の介入」(18)であるが、それはバルトのそれと異なり、経験との循環関係をもたらす啓示である。しかし出発はあくまでも啓示である。第二点は、神の他者性ないし超越性である。ニーバーはそれを、バルト的「絶対他者」(the wholly other)の概念を斥けながらも、[19]「根源的他者性」(the radical otherness)[20]あるいは「神的他者」(the divine other)[21]と表現した。第三点は、キリスト論である。キリストはニーバーにとって「神―人」であり、「啓示的ドラマの全体」であり、[22]「苦難の僕」であり、その十字架は「代償的苦難」である。[23]第四点は、贖罪論である。ニーバーにとって贖罪は、キリストにおいて神自ら人間の罪を負うことであり、贖罪論は「不可解な迷信の残滓でもなければ、理解不可能な信仰箇条でもない」、それは意味を持つ秘義なのである。[24]第五点は、救済史的特徴を持つ終末論であり、「すでに―まだ」の緊張で捉えられる終末観である。[25]

以上、ニーバーの思想で、それが一九世紀ヨーロッパのそれであれ、二〇世紀アメリカのそれであれ、いわゆる神学的リベラリズムの範疇で捉えることのできない側面である。もちろんバルト神学とも差異がある。しかもそれらがニーバー神学の根幹に関わる部分となっていることは言うまでもない。もちろん、そのような神学的特徴のゆえに、ニーバーを、伝統的正統的神学の線で理解することはできない。ニーバーは伝統的用語を用いて論じているその内容は単純に正統的とは言えないからである。そこには、これまでの神学的伝統を踏まえつつも、その範疇に当てはめ難い考察が多くあるからである。

いずれにしても、このような神学的特徴を含む神学思想を持つニーバーを、リベラルあるいはネオ・リベラルと呼ぶことが困難であることは明らかであろう。そうであれば、その表現の曖昧さはすでに指摘したように大きいとはいえ、新正統主義の概念を、バルト神学に限定せずに、近代精神を踏まえた上での啓示の神学と暫定的に定義づけた上であれば、ニーバーの思想の特徴を位置づけるにあたって、この概念を放棄する必要はないと思われる。あるいは、新正統主義の別称としての、それよりわが国ではるかに一般的になっている「弁証法神学」であれば、ニーバーについても、あるいはティリッヒを含めて、新正統主義より幾分なりとも抵抗感の少ないラベルと言えるかもしれない。いずれにしても、フォックスやドーリエンの理解をはるかに超える重要な側面がニーバーには厳然としてあるということは、ニーバーを理解する際に覚えておかなければならない。

一方、政治的には、ニーバーは、一九三〇年代末以降、いわゆるニューディール・リベラリズムの立場を自らのものとするようになり、その理論的支柱となった。このリベラリズムは、レッセフェール的リベラリズムではなく、ニーバーの理解によれば、ジェファソン、ジャクソン、リンカーン、F・D・ローズヴェルトの線で受け継がれてきたリベラリズムでもある。そうであれば、ニーバーにおけるその神学的立場と政治的リベラリズムの関係は、フォックスらが理解するように単純なものではない。むしろ、ニーバーの政治的リベラリズムと断絶と連続の弁証法的な関係において相関し合っているのである。その弁証法的関係は、ニーバーと同一歩調をとった政治的現実主義者たちにも十分理解されていなかったかもしれない。しかしそこにニーバーの政治学の独自性があるというべきであり、したがって、その神学的視点を顧慮せずにニーバーの現実主義を受け止めるなら、それは大きな誤解に繋がる危険があることは間違いない。

リベラリズムとの明示的あるいは暗示的な取り組みを背景に、ニーバー特有の歴史との関係における超越的神学的視点を明らかにすること、それが本書各章の究極的な意図である。

本書の概要

本書は二部に分かれる。第一部は「ニーバーとリベラリズム」の標題のもとに三つの章からなる。第一章「ニーバーと社会福音運動」と第二章「ニーバーとマルクス主義」はニーバーの神学的哲学的リベラリズム克服の軌跡である。第三章「ニーバーと『民主的行動を目指すアメリカ人』(ADA)」は、ニーバー最盛期の政治的リベラリズムの特質を追ったものである。ニーバーの政治的活動の一端とその背景の概要を辿りながら、ニーバーの、政治との関係における神学的視点を解明しようとした。

第二部は、「ニーバーの視座」の標題の下に配した三つの章である。第四章「ニーバーとアイロニー」ではニーバー独特の視点とされるアイロニーの意味を浮き彫りにしようとした。第五章「ニーバーとピューリタニズム」では、しばしばルター派神学者とされるニーバーのピューリタニズムへの関心の歴史を辿ってみた。そこでは、ルター的範疇で理解されるニーバーとは一味違ったニーバーが明らかになるであろう。第六章では「ニーバーの教会論」を扱っている。ニーバーに寄せられる最も多い批判——ニーバーには教会論がない——が意外に根拠の薄いものであることを明らかにしようとした。

第三部は、「ニーバー批判をめぐる議論」と題し、そこでは、モルトマンとハワーワスという二〇世紀半ばから今世紀にかけての代表的神学者によるニーバー批判を検討した。第七章「ユルゲン・モルトマンのニーバー批判をめぐって」では、モルトマンの批判が、ニーバーの神学的視点を把握できていないことを指摘した。筆者にとって、とくにモルトマンがニーバーをどう理解しているのか、またニーバーとどの程度思想的折衝をしてきたのか、長い間課題であった。しかし、モルトマンのまとまったニーバー評価の文章を見出した時、モルトマンがニーバーを驚くほど通俗的皮相的にしか理解していないことに衝撃を覚えた。両者の間には深い思想の折衝があってしかるべきであり、もしそうされたなら神学的にも政治学的にも豊かな実りをもたらしたはずだと思われてならないからである。第八章「スタンリー・ハワーワスのニーバー批判をめぐって」では、今日最も熾烈なニーバー批判を展開しているハワーワスの問題もまた、モルトマンと同様、ニーバーの神学的意図の深みを取りそこなっていることにあることを指摘せざるをえなかった。

以上に加えて、補遺として、二つのエッセイを収録した。「ソーシャルワークをめぐるニーバーの視点」は、筆者が翻訳に参加したニーバーの初期の著作『ソーシャルワークを支える宗教の視点』に付した「解説」であり、その書の背景と要約であるが、ニーバーの理解に何ほどか役に立つかと思い、ここに収めることにした。「ニーバーの著作の翻訳について」は、わが国におけるニーバーの著書の翻訳の歴史をまとめたものである。ニーバーがいつごろから紹介され、どの程度翻訳されてきたかについて整理したものである。わが国におけるニーバー受容史の一面とも受け止めていただければ幸いである。

ニーバー解釈とニーバー評価

ここで、ひとつ断わっておきたいことがある。それは、上の叙述ですでに明らかなように、本書の意図は、ニーバーの思想を評価し、その意義を論じることにあるのではない、ということである。本書の目的は、むしろそのための基礎工事とも言うべき、ニーバーの思想の特質の明確化にある。換言すれば、ニーバーをより正確に理解しようとする作業である。すでに繰り返し指摘してきたように、肯定的であれ消極的であれ、ニーバーを評価する文献には、時としてニーバーの思想の理解が十分でないものが少なくないからである。

とはいえ、本書から、筆者のニーバーへの傾倒が並々ならぬものであることを感じ取る読者は多いであろう。それは事実であり、実際、わずかであるが、ニーバーの意義についても触れている。しかし、それにもかかわらず、本書が学術的課題とするのは、基本的にあくまでも《ニーバー解釈》をめぐる問題であって、《ニーバー評価》ではない。筆者にとって、ニーバーの思想全体を学術的に評価することは今もなお将来に残しておかざるをえない課題である。[26] ニーバーをニーバーの意図に沿って解釈し理解するために、本書がいくらかでもそれに寄与すること——それに優る筆者の願いはない。[27]

なお、本書はいろいろな時期に書いた論文を基としているため、処々に重複する叙述が多くなった。それらを削除・整理すると各章の論述が不十分になるため、また、各章それぞれのある程度のまとまりを維持させ、どれから読んでも理解しやすいようにしたいとも考え、あえてそのままにした。重複に煩わしさを覚えられる読者諸子には、その旨あらかじめお断わりしておきたい。

注

（1）たとえば、以下のような文献である。本間長世『アメリカ大統領の挑戦——「自由の帝国」の光と影』（ＮＴＴ出版、二〇〇八）、二二三—二二四頁、渡辺靖『アメリカン・デモクラシーの逆説』（岩波新書、二〇一〇年）、一八三—一八八頁。

（2）ニーバーに関する誤解や間違いは時折目にするが、とくに顕著な例を二点挙げておこう。一つは、バラク・オバマがニーバーの影響を受けているということを伝え聞いて草された署名新聞記事、東京特派員湯浅博「オバマが愛した哲学者」（『産経新聞』二〇〇八年一二月一三日）である。この記事によると、オバマがニーバーを尊敬していると聞いて「仰天した」、それは、「ニーバーは現実主義理論の始祖であり、その多くは共和党中道派リアリストに限りなく近い」人物で、「左派のリベラリズムを痛烈に批判してきた」が、その人を「民主党リベラル派に近いと思われていたオバマ氏」が「ニーバー好き」を漏らしたからであり、さらにこのニーバーの現実主義は、ニクソン政権のキッシンジャーに引き継がれた、というのである。オバマが現実主義者の影響を受けていたことに仰天していることにむしろ仰天するが、何よりも、ニーバーの政治的位置を共和党リアリストの線で理解し、ましてそれがニクソン政権に引き継がれ、さらには、オバマは「保守的でレーガン的」との英誌の評を「ニーバーの系譜」の表現とする、というのは明白な誤りである。ニーバーは、中道左派に位置し、一貫して民主党支持であり、ニクソンを徹底して拒否していた。ニーバーが時に保守派からも支持される現実主義者であることは事実であるが、これはその域を超えている誤りである。また、オバマがニーバーのどのような点に影響を受けたのか、その詳細も知らずに、伝え聞きだけでこのような主張をすることも問題であろう。この新聞記事は、その後ウェブ上にも掲載され、その表題の魅力もあってか、しばらくウェブ上を賑わせ、影響も相当あったと思われる。（もっとも、誤りの指摘を受けたのであろうか、ほどなくして関連の項目はすべてウェブ上から削除された。）

二つは、副島隆彦『現代アメリカ政治思想の大研究』（筑摩書房、一九九五年）である。この書は現代アメリカ政界の構図を、四〇〇名もの政治家・知識人の思想的位置を縦横に説明・整理・系統立てをしながら明らかにした、アメリカ政治理解に有用な書である。そのせいか版を重ね、一九九九年には、書名を『世界覇権国アメリカを動かす政治家と知識人たち』と改めて講談社＋α文庫に収められ、今も広く読まれている（二〇一二年で一二刷）。この書で、ニーバーは、「一九六〇年代にニクソン大統領のスピーチ・ライター（演説原稿作成者）をしていた」、「ニクソン政権に非常に近いところにいて、政策決定にも関与した現実重視の保守派の知識人」（筑摩書房版六〇―六一頁、講談社版一〇四頁）と説明されている。これも大きな誤りである。ニクソンが大統領になったのは一九六九年であるが、当時ニーバーはすでに重い病の床にあり（一九七一年死去）、ニクソンのスピーチライターなど務められたはずはないし、ニクソン政権の近いところにいたというような事実はまったくないからである。ニーバーは一貫して、トルーマン、ケネディ、ジョンソンの民主党政権支持であった（ただしベトナム戦争には反対）。この書の影響であろうか、ニーバーを共和党やニクソンに結び付けたりそのように示唆したりしている書物はかなり存在する（たとえば、松本道弘『オバマの本棚』世界文化社、二〇〇九年、一七二頁)。

以上の湯浅、副島両氏に共通するのは、現実主義者を共和党あるいは伝統的な保守派の線で理解してしまうという誤った見方である。ニーバーは、現実主義的であるが民主党中道リベラル(ニューディール・リベラルの線)であって、それは「リアリスト・リベラル」(佐々木毅「解説=テキストを読む——道徳主義とリアリズムとの独特な結合の提案」、ラインホールド・ニーバー『道徳的人間と非道徳的社会』大木英夫訳、白水社イデー選書、白水社、一九九八年、二九四頁)とでも言うべき立場であった。

以上は、いずれも単純なミスではなく、ニーバー理解としては決定的な誤りと言わざるをえない。ニーバーの政治的位置については、本書第三章がその一端を明らかにしているので、それを参照されたい。

(3) Arthur M. Schlesinger, Jr., "Forgetting Reinhold Niebuhr," *New York Times Book Review* (September 18, 2005).

(4) 高橋義文「ラインホールド・ニーバー研究の最近の動向と課題」『聖学院大学総合研究所紀要』第三八号(二〇〇七年)、三三六—三六一頁参照。

(5) Cf. Andrew J. Bacevich, "Introduction," *The Irony of American History* (Chicago: The University of Chicago Press, 2008), ix: "The times in which we live call for a Niebuhrian revival."; Richard Crouter, *Reinhold Niebuhr on Politics, Religion, and Christian Faith* (Oxford University Press, 2010), 9-11: "Mapping the Niebuhr Revival."

(6) David Brooks, "Obama, Gospel and Verse," *The New York Times* (April 26, 2007).このコラムによれば、ブルックスが大統領選の最中のオバマをインタビューした際、「ラインホールド・ニーバーを読んだことがあるか」との問いを投げかけたところ、オバマは、"I love him. He's one of my favorite philosophers."と応じたという。さらに「ニーバーから何を受け止めているのか」という問いに対して、オバマはただちに、自分が得たニーバーの思想を数点にわたって述べたが、それは、ブルックスも言うようにニーバーの著書『アメリカ史のアイロニー』の、突然なされたにしては見事にその要点を捉えているものであった。その即座の応答ははからずも、オバマがニーバーをよく読み理解していたことを明らかにしていた。ちなみに、このブルックスのインタビュー以降、オバマにおけるニーバーの影響に触れた文献が多くなった。そのうち最もその本質を鋭く捉えているのはおそらく以下のクロッペンバーグの文献であろう。James T. Kloppenburg, *Reading Obama: Dreams, Hope, and the American Political Tradition* (Princeton,

NJ: Princeton University Press, 2011) 古矢旬・中野勝郎訳『オバマを読む――アメリカ政治思想の文脈』（岩波書店、二〇一二年）、一五四―一五六頁。髙橋義文「『オバマを読む』を読む」『聖学院大学総合研究所NEWSLETTER』Vol. 22, No. 3（二〇一二年）、「巻頭言」参照。

（7）ニーバー解釈に神学的視点の重要性を明確に自覚し、それを理解の鍵と見なしている数少ない研究者の代表は、R・W・ラヴィンである。Robin W. Lovin, *Reinhold Niebuhr and Christian Realism*(Cambridge, UK: Cambridge University Press, 1995); Idem, *Reinhold Niebuhr* (Nashville: Abingdon Press,2007). なお、R・W・ラヴィン「審判、自由、責任――二一世紀のためのキリスト教現実主義」『聖学院大学総合研究所紀要』第五七号別冊（二〇一四年）を参照。また、昨年、『アメリカ史のアイロニー』に神学的視点を見ようとする、以下のような研究も現れた。Scott R. Erwin, *The Theological Vision of Reinhold Niebuhr's "The Irony of American History": "In the Battle and Above it"* (Oxford, UK: Oxford University Press, 2013).

（8）"Intellectual Autobiography," Charles W. Kegley and Robert W. Bretall, ed., *Reinhold Niebuhr: His Religious, Social, and Political Thought* (New York: Macmillan Company, 1956), 3:「わたしは神学者であると主張することもできないし、またそうしていない。わたしは、四半世紀にわたってキリスト教社会倫理学を教えるとともに、『弁証学』という補助的分野に従事してきた」。神学の学問領域から言えば、キリスト教倫理学も弁証学も重要な神学の分野である。したがってここでの「神学者」は狭義の神学者すなわち組織神学者に限定したと考えられている。

（9）それを筆者はかつて「『下から』と『上から』の弁証法」あるいは「ドラマ・キリスト論」の神学と呼んだことがある。髙橋義文『ラインホールド・ニーバーの歴史神学――ニーバー神学の形成背景・諸相・特質の研究』（聖学院大学出版会、一九九三年）、二八六―二九七頁参照。

（10）Daniel D. Williams, "Niebuhr and Liberalism," Charles W. Kegley and Robert W. Bretall, eds., *Reinhold Niebuhr, His Religious, Social, and Political Thought*, 197; Cf. Langdon Gilkey, *On Niebuhr: A Theological Study* (Chicago: The University of Chicago Press, 2001), 223-227.

（11）Cf. Richard W. Fox, "Reinhold Niebuhr and the Emergence of the Liberal Realist faith, 1930-1945," *Review of Politics*, Vol.38, no.2 (1976) in Martin E. Marty, ed., *Modern Protestantism*, Vol. 4: *Theological Themes in the American Protestant*

World (1992), 289–310; Martin E. Marty, "Reinhold Niebuhr's 'Revolution'," *The Wilson Quarterly,* Vol. 8, no. 4 (Autumn, 1984): 82–93; Martin E. Marty, "The Niebuhr Brothers and the Liberal Protestant Heritage," Michel J. Lacey, ed., *Religion and Twenty-century American Intellectual Life* (Cambridge: Cambridge University Press, 1989), 94–115.

(12) Gary Dorrien, *The Making of American Liberal Theology: Idealism, Realism, and Modernity, 1900–1950* (Louisville and London: Westminster John Knox Press, 2003), 435–459. S・ハワーワスもニーバーの立場を「リベラリズム」と呼んでいるが、かれの場合、それはニーバーへの批判の表現であるので、ここでは取り上げない。本書第八章を参照。

(13) Fox, "The Niebuhr Brothers and the Liberal Protestant Heritage," 94–95.

(14) Dorrien, *The Making of American Liberal Theology: Idealism, Realism, and Modernity, 1900-1950*, 435. Cf. Gary Dorrien, *Soul in Society: The Making and Renewal of Social Christianity* (Minneapolis: Fortress Press, 1995), 156:「現実主義と悪に対する強調によって、ニーバーは、しばしば新正統主義神学者に分類されるようになっていたとはいえ、神学的リベラルであることに変わりはなかった)」。

(15) Dorrien, *The Making of American Liberal Theology: Idealism, Realism, and Modernity, 1900-1950*, 479.

(16) Ibid., 479. この文章は以下に収録されている。Harold E. Fey, ed., *How My Mind Has Changed* (Cleveland and New York: The World Publishing Company, 1961), 117.

(17) 晩年における「原罪」の語の使用に対する悔いと修正の表現などがそれに当たる。*Man's Nature and His Communities* (New York: Charles Scribner's Sons, 1965). 23.　また以下なども参照。"Toward New Intra-Christian Endeavors," *Christian Century*, Vol. 86, no. 53 (December 31, 1969): 1662.

(18) *Faith and History: A Comparison of Christian and Modern View of History* (New York: Charles Scribner's Sons, 1949), 134.

(19) "Reply to Interpretation and Criticism," Kegley and Bretall, eds., *Reinhold Niebuhr, His Religious, Social, and Political Thought,* 443.

(20) *Faith and History,* 103.

(21) "Reply to Interpretation and Criticism," 443.

(22) *Faith and History*, 145.

(23) *The Nature and Destiny of Man.* Vol. II: *Human Destiny* (New York: Charles Scribner's Sons, 1943), 45-46.

(24) Ibid., 212.

(25) Ibid., Chapter X. なお、以上の五点の内容の詳細については、高橋義文『ニーバーの歴史神学』第二部および第三部を参照。

(26) 筆者は、前著『ニーバーの歴史神学』でも同じことを述べていた（六頁）。

(27) アリスター・E・マクグラス『アリスター・E・マクグラス宗教教育を語る——イギリスの神学校はいま』高橋義文訳（キリスト新聞社、二〇一〇年）は、現代における神学研究について語る中で、神学が《神の学》ではなく、容易に《神学者の研究》になっていると神学者研究を消極的に受け止めている。著者の意図はわからないではないが、神学の学問領域で、神学者とその思想の研究が果たしてきた役割を軽視することはむしろ神学の健全な発展を阻害しかねない。たとえば、アウグスティヌス、ルター、カルヴァン、バルトらの神学者たちついての地道な研究がどれほど神学研究に資してきたか、その点、忘れてはならないことである。おそらく問題は、その研究の姿勢と成果の質なのであろう。

第一部　ニーバーとリベラリズム

第一章　ニーバーと社会福音運動

はじめに

ニーバーといわゆる「社会福音運動」（Social Gospel Movement）の関係について、しばしばなされるごく簡潔な伝記的記述によれば、ニーバーは、社会福音運動に、出身教派の学校やイェール大学での学びの時代には無関心であったが、デトロイトで初めて出会い、それに没頭した、そしてニューヨークのユニオン神学大学院に移って徐々に社会福音運動から離れるとともに、それへの厳しい批判を展開する一方、それに対してキリスト教現実主義の立場を確立・展開した、とされる。したがって社会福音運動への参画は、青年期の一時期を画した、ニーバーの発展の一過程にすぎない、というわけである。

以上の見方は、大枠として間違ってはいない。一九三〇年代半ばから、ニーバーが意識的に、それまで熱心に同調していた社会福音運動の思想的立場との違いを明らかにするようになり、その後、W・ラウシェンブッシュ（Walter Rauschenbusch）の思想に代表される社会福音運動の基底にある思想を徹底して批判するようになったことは周知のことだからである。

しかしながら、一方で、ニーバーを、生涯をとおして一貫したラウシェンブッシュ的社会福音運動家であったとする見方をとる者も少なくない。たとえば、S・H・スミス（Shelton H. Smith）は、きわめて端的に、「ニーバーはラウシェンブッシュの最も真正な後継者（most authentic successor）である」[1]、と主張した。それどころか、青年ニーバーの社会意識を研究したE・F・ディブル（Ernest F. Dibble）によれば、そのスミスの主張も例外ではなく、他に多くなされている同様の見方の一つにすぎないという[2]。わが国では、古屋安雄教授が、論文「R・ニーバーとW・ラウシェンブッシュ」で同様の主張を展開し、「ニーバーこそ、ウォルター・ラウシェンブッシュの『正当な継承者』［legitimate heir］ではなかったか」、と問いかけている[3]。

どちらの見方が正しいのだろうか。ニーバーは、その最晩年、インタビューに答えて、「わたしは社会福音運動の子である」[4]と述べたことがあった。この言葉は、ニーバーの思想と活動が社会福音運動をいわば苗床としてそこから生まれ出たということを意味するだけでなく、その後の歩みもその影響下にあったことをも意味すると考えることもできる。「子」（child）には、「弟子」のみならず「後継者」の意味もあると言えるからである。とすれば、スミスや古屋教授らの見方は、ニーバー自身の言葉によって裏付けられている、ということになるのであろうか。

しかしながら、ニーバーと社会福音運動の関係はそう単純ではない。ニーバーを社会福音運動の継承者と見なす場合、それがどのような意味においてであったのか、ということが問題になるからであり、それは、ニーバーの社会福音運動との関わりがどのようなものであったのか、その経緯と内容はどのようなものであったのか、さらに一九三〇年代以降に展開される社会福音運動への批判の理由や論理がどのようなものであったか、という問題へとつながっていくからである。そうした問題については、断片的な研究はあるものの、現在のところ詳細に論じたものは見当たらない。

本章の目的は、ニーバーと社会福音運動との関わりの経緯の全体像を包括的に明らかにしつつそうした問いに答えることである。同時にそれは、ニーバーの立場や思想の特徴の一面を明らかにすることにもつながるであろう。

一　社会福音運動

1　歴史的概要

まず、アメリカにおける「社会福音運動」について、その概要を確認しておこう。社会福音運動は、一九世紀後半すなわち南北戦争後の南部再建期（一八六五―一八七七年）後半と重なる時期から、二〇世紀初頭にかけて展開された、プロテスタントを主とするキリスト教諸教会による広範な社会改良・改革運動のことである。

この時期、会衆派、アングリカン、メソジスト、ユニテリアン、バプテスト、長老派等の主要教派をはじめとするプロテスタント諸教会（いずれも北部系）では、急激な都市化と工業化に伴う多様な社会問題への関心が増大し、貧困、犯罪、工場労働者の労働環境、人種問題、新しい移民や黒人たちの劣悪な居住環境、公的教育の不足、平和主義などに取り組んだ。各教派は、それぞれ、社会奉仕やソーシャルアクション等の名称を持つ委員会や機関を設け、社会の諸問題に積極的に対応し、その動きは大きなうねりとなって、やがて南部系の諸教派も巻き込み、全国に及んだ。(5) 社会福音運動それ自体は、独自の統一した組織を持つような運動ではなく、各教派に膨湃として起こった大きな流れのようなものであった。その多様な活動の中で、徐々に教派間の連携も生まれ、教派を超えたさまざまな組織が作られた。その最たる組織は、一九〇八年に設立された「連邦教会協議会」(Federal Council of Churches) すなわち後の「全国教会協議会」(National Caucil of Churches) の前身である。すでに存在していた超教派の「キリスト教青年同盟」(YMCA、YWCA)、「アメリカ聖書協会」(American Bible Society) といった組織が活発に活動を展開したのもこの時期であった。こうして社会福音運動はキリスト教世界における主要な運動となった。「社会福音は正統派となった」[6]とまで言われたゆえんである。

とはいえ、この時期、アメリカのキリスト教界が社会福音一辺倒になったわけではない。社会福音運動のリベラルな神学に対抗して、保守派諸教会が、その神学的立場のマニフェストともいうべき『ファンダメンタルズ』全一二巻[7]を出版したのは、まさに社会福音運動がその最盛期にあった一九一〇年から一五年の間であったからであり、保守派は、社会福音運動を「大きな疑念」をもって見ていたからである。[8]この保守派の立場は、社会福音運動が陰りを見せる一九二〇年代からそれを凌駕する動きとなり、その時期、社会福音運動家でファンダメンタリズムに移行する者も少なくなかったという。[9]ちなみに、アメリカのキリスト教界に、リベラルと保守の熾烈な戦いが繰り広げられたのも一九二〇年代から三〇年代にかけてであった。[10]

また、社会福音運動の担い手たちの多くが「知的な聖職者」でリベラルな神学の主唱者であり、その「祭司階級」のゆえに、主流派教会の「信徒は概して『社会福音』に不審の念を持っていた」という面があったことも覚えておく必要があろう。[11]

社会福音運動は、一九世紀のヨーロッパにおける社会的キリスト教への関心の増大の影響を受けそれと呼応したものでもあった。英国におけるT・チャルマーズ (Thomas Chalmers)、F・D・モーリス (Frederick Denison Maurice)、C・キングズリー (Charles Kingsley)、J・R・シーリー (John R. Seeley)、H・S・ホランド

(Henry Scott Holland) などの著作や活動はアメリカにおける社会的キリスト教の運動に一定の刺激を与えた。また、神の国思想については、ドイツのA・リッチュル (Albrecht Ritschl) やA・v・ハルナック (Adolf von Harnack) の影響も大きかった。[12] しかし、それにもかかわらず、アメリカにおける社会福音運動は、ヨーロッパとは異なる独自の展開でもあったゆえに、「基本的にアメリカ固有の運動」と見なすこともできるし、その見方のほうが広く受け入れられるようになった。[13]

また、この運動は基本的にプロテスタント教会における活動であったが、やがてカトリック教会やユダヤ教でも並行する活動が展開されるようになる。カトリックでは、司祭J・A・ライアン (John A. Ryan)、ユダヤ教では、ラビE・G・ヒルシュ (Emil G. Hirsch) などが顕著な指導者であった。[14]

こうした教会の姿勢は、一九世紀には、「社会的キリスト教」(Social Christianity)、「キリスト教社会主義」(Christian Socialism)、「社会的宗教」(Social Religion)、「応用キリスト教」(Applied Christianity) 等と呼ばれていた。この運動に「社会福音」(Social Gospel) の名称が冠されたのも一九世紀末ではあるが、それが一般化したのは一九〇〇年代に入ってからである。[15] とはいえ、上に挙げた表現、とくに「社会的キリスト教」などは、ニーバーを含め多くの人々によって、その後も広く用いられ続けた。

社会福音運動が最も盛んになったのは、一九〇〇年から一九一五年ないし一九二〇年までの間である。[16] 後述するように、ニーバーがそれに加わるのは一九二〇年代に入ってからであるが、二〇年代は、この運動が影響力を弱め、徐々に衰退していく中でその「生き残りのグループ」[17] が最後の光を輝かせた時期に当たっていた。

2　背景としての革新主義

しかしながら、教会の活動としての社会福音運動は、ひとりキリスト教世界内の運動にとどまるものではなかった。その背後には、アメリカ社会の広範な動きがあった。いわゆる革新主義（Progressivism）である。社会福音運動は、アメリカ史の観点から見るなら、この革新主義の大きな改革運動の顕著な一部と位置づけられ、その一翼を担っていたのである。[18]

革新主義は、周知のように、一九世紀末から二〇世紀初頭になされたアメリカの社会および政治における多面的な改革運動のことである。その代表的な指導者は、政治世界では、ニーバーが何ほどか影響を受け、またいくらかの関わりのある人物のみを挙げれば、一九〇一年大統領となってこの運動を主導したセオドア・ローズヴェルト（Theodore Roosevelt）、一九一二年以降第一次世界大戦への参戦と戦争終結に理想主義的努力を傾けたW・ウィルソン（Woodrow Wilson）、一九二四年の大統領選で共和党に反旗を翻し、第三党「革新政治行動会議」から出馬したR・M・ラフォーレット（Robert M. LaFollette, Sr.）らである。

後述するように、ニーバーの父グスタフ（Gustav Niebuhr）にとって、T・ローズヴェルトは英雄であったし、ニーバーは、戦争を終わらせるための戦争というウィルソンの大義を受け入れ、第一次世界大戦へのアメリカ参戦に賛同、その大義に基づいて、自らの教派の戦時下福祉委員会の総幹事としての働きに邁進した。また、一九二四年、ニーバーは、ラフォーレットの大デトロイト集会の組織委員長を務めたが、それはニーバーにとって本格的な政治活動への端緒となった。ラフォーレットは翌年死去したが、その折、ニーバーは一文を草し、ラフォーレットの「道徳的熱意」に賛辞を送り、それが他の政治家と異なるラフォーレットの特徴であると述べたが、このことがラフォーレットを支持しその選挙運動に参画した理由でもあった。[19]

また、革新主義運動の中で、社会福音運動と並行して活発になされた運動に、社会福祉活動があった。それは「この時代の広範囲にわたる社会生活への初期の際立った貢献の一つ」であったが、[20] なかでも顕著だったのはセツルメント運動である。その最も初期のよく知られた施設は、シカゴのウェストサイドで、J・アダムズ（Jane Addams）とE・G・スター（Ellen Gates Starr）が設立した「ハルハウス」であった。それは、都市の生活困難層とりわけ適応に困難を覚えている、アイルランド、ポーランド、リトアニア等の国々からの移民たちに対する援助と教育の施設である。この運動は、その後ニューヨークやロサンジェルスといった大都市にも急速に広がった。一九三一年、この運動の功績により、アダムズにノーベル平和賞が授与されている。[21]

ニーバーがラフォーレットの選挙に協力することになったのは、このアダムズの要請と説得に応えたことによるものであった。[22] ニーバーがどの程度アダムズと直接の交流があったのかは不明であるが、社会改良家、社会学者、政治活動家でもあったアダムズの周囲には革新主義思想をもった人々の大きな輪ができていたが、ニーバーも間接的であれその輪の中にいたことは、おそらく確かではないかと思われる。

こうして、社会福音運動の活動に従事することになるニーバーは、そのまま、同時に、多様な社会改革・改良が活発になされる雰囲気の下、多くの人々が社会状況の改善や社会的夢の実現に関心を持つ楽観主義的革新主義のエートスに巻き込まれたまさに時代の子であった。

二〇年代を通じて持続したこのエートスがやがて消滅するのは、これも周知のように、一九二九年に始まる三〇年代の大恐慌によってであった。[23] そしてニーバーもまたその荒波の中に巻き込まれることになる。しかし、ニーバーは、後述するように、同僚の社会福音運動家や革新主義者たちと異なり、その運動のさなかにあって独自にすでにその時代がかかえる問題の深みを認識しそれと取り組み始めていた。

3　社会福音の指導者と思想の概要

社会福音運動の基本をなす思想はどのようなものだったのであろうか。ニーバーに関わる視点からその概要も確認しておこう。

社会福音を、初めて明白な思想で表現したのは、一八七〇年代、のちに「社会福音運動の父」と呼ばれたW・グラッデン（Washington Gladden）であった。かれはとくにリッチュルとH・ブッシュネル（Horace Bushnell）[24]の影響を受けて、歴史における神の国の間近に迫る到来の教理を強調した。それはとりもなおさず、アメリカ社会のキリスト教化を意味していた。「わが国の法律はキリスト教化されるべきである。そうした法律がキリストの律法の完全な正義と完全な恩恵を表現するようになる時が来ている。……裁判制度はキリスト教化されるべきである」[25]と主張したのである。

一八八〇年代、社会福音運動を指導した代表者は、J・ストロング（Josiah Strong）とR・T・エリー（Richard T. Ely）であろう。前者は「福音主義同盟」と呼ばれる組織の書記として教派の連携に努力し、アングリカン教会の信徒であった後者は、ジョンズ・ホプキンス大学やウィスコンシン大学の影響力のある経済学者としてキリスト教の社会的側面を強調し、労働問題に教会の眼を向けさせた。

一八九〇年代に入ると、社会的キリスト教は新しい勢いを見せるようになる。その代弁者は、「応用キリスト教の預言者」と呼ばれたG・D・ヘロン（George D. Herron）である。短い牧会ののち、一八九二年、アイオワ・カレッジ（のちのグリンネル・カレッジ）の「応用キリスト教」の教授となり、アイオワ・カレッジは、いわゆる「神の国運動」の拠点となった。ちなみに、のちにニーバーが母校イーデン神学校以外から最初に名誉博士号を受けたのは、一九三二年、このグリンネル・カレッジからであった（イーデンから名誉学位を受けたのは一九二八年）。それは、社会福音の顕著な担い手としてのニーバーへの評価に基づくものであったと推測される。ニーバーのユニオン神学大学院での最初の教授席名であった「応用キリスト教」の表現はヘロンに遡ると言ってよい。ヘロンは、独特の卓越した雄弁で知られたが、神秘的で熱狂的傾向を伴うようになりその評価は分かれるが、全国を回って説教や講演によって大きな影響を与えた。(26)主張の核は、神の国の現実的な到来についてであり、「キリストの政治的出現は……ヴィジョン以上のものであり、夢ではない。それどころか、それは諸国や諸制度が考慮に入れ始めなければならない成し遂げられた事実であり、この時代の特質であり栄光である」と主張した。(27)

以上の他にもさまざまな社会福音運動の指導者や活動家がいたが、神の国運動を推進し、一九〇〇年代以降、社会福音運動の卓越した指導者と目されたのが、ラウシェンブッシュであったことは言うまでもない。ラウシェンブッシュは、とくに思想的な面で最も貢献し、社会福音運動の「反神学的な雰囲気」(28)に対して、慎重に聖書的神学的な弁証を展開した。それは、とくに、二つの著書、一九〇七年の『キリスト教と社会危機』とその一〇年後、死の前年に出された『社会福音のための神学』によってである。(29)前者は、社会福音運動を全国的に知らしめるとともに、これによってラウシェンブッシュはこの運動の指導者と認められることになった。後者は、社会福音の立場を、ラウシェンブッシュ自身の専門は教会史にあったが、その必要に駆られて組織神学的に弁証したものである。(30)ラウシェンブッシュによれば、「社会福音はそれを効果あらしめるために神学を必要とするが、神学はそれを活性化あらしめるために社会福音を必要とする」(31)のであった。ラウシェンブッシュの思想の特徴は、とくにのちのニーバーのラウシェンブッシュ批判を念頭に置くと、以下の三点にまとめられるであろう。

一つは、キリスト教の教えの社会的性格の強調であった。『キリスト教と社会的危機』では、社会福音運動のルーツを旧約の預言者たちに見、それが、神の国思想としてイエスに受け継がれ、原始キリスト教においても同様であったとされる。こうして、キリスト教は、「あるがままの世界」を「あるべき世界」へと変革させる「歴史的な運動」であった。しかしその後のキリスト教は、この本来の社会性が曖昧にされ抑圧される歴史であった。[32]社会福音運動は二〇世紀にこの社会性を復活させる運動なのである。

二つは、罪とりわけ社会的罪の指摘である。『キリスト教と社会的危機』では、社会の諸問題の危機的状況を分析し、それが罪の社会的顕れであることは明白であるが、とくに罪概念についての神学的説明はない。罪が明白なかたちで論じられるのは『社会福音のための神学』においてである。そこでは、全部で一九章のうち、六章までが罪についての議論に充てられ、罪の意識、人間の堕落、罪の性格、罪の伝播、悪の超人格的力、悪の国といった主題が取り上げられている。その議論において、「罪は本質的に自己中心（selfishness）である」が、それは、「倫理的で社会的な概念としての罪と救い」の神学的概念の基礎であり、他のいかなる個人主義的な宗教よりも社会福音運動によりよく馴染むとされる。それゆえ、「罪深い精神とは……非社会的で反社会的な精神である」。[33]

三つは、神の国についての主張である。ラウシェンブッシュは、神の国の概念を「教会の思想の中に再確立させ、この世界におけるその実際的な実現を支援する」ための一八八〇年代に端を発する、「おそらく、最も重要な社会福音運動の組織」[34]と言われる「神の国協会」（Brotherhood of the Kingdom）を指導した。それは、上に挙げたキリスト教の社会的性格を主張し、それを社会実践において実現することを目的とする団体である。ラウシェンブッシュにとって、キリスト教における社会性の欠如は、神の国の思想の欠如の結果であるとして、その思想の回復の必要を主張した。神の国は、キリスト教の思想と実践のあらゆる次元の基礎であり、すべての教理の「中心的位置」を占めるとともに「他のすべての教理を変革し、それによってすべての教理を神の国と有機的に結合させる」のである。[35]それゆえ、「この教理はそれ自体社会福音である」とラウシェンブッシュは主張する。[36]

ところで、ラウシェンブッシュの神の国について、かれ以前の社会福音運動家たちと比べて特徴と考えられるのは、その歴史的実現の可能性に関する見解である。他の社会福音運動家たちが、神の国の歴史上の成就を現実的に信じ強調したのに対して、ラウシェンブッシュはやや慎重に、「神の国は常に現在と未来であ」り、「時間のただ中にある永遠である」[37]と受け止めるとともに、「神の国はつねに到来しつつあるが、『見よ、そこにある』と言うことは決してできない」[38]と述べているからである。他方、それにもかかわらず、ラウシェンブッシュは、「人類の生は成長の中にある」[39]として、神の国に向かう人類の歩みに強い信頼も寄せている。実際、ラウシェンブッシュは、家族、教会、教育、政治といった次元はすでにキリスト教化されており、残るは経済秩序であるが、それは労働者たちの努力によって可能になると考え、神の国は、「労働者の国」であるとさえ述べている。[40]その意味で、かれは、他の社会福音運動家と「社会的可能性について基本的な楽観主義を共有していた」[41]と言ってよい。

以上のラウシェンブッシュの神の国理解は、後述するように、ニーバーのラウシェンブッシュ批判に深く関係することである。

二　ニーバーの出身背景およびイェール時代と社会福音運動

1　デトロイト以前のニーバーと社会福音運動

ニーバーが社会福音運動に実際に参画するのは、後で詳述するように、デトロイトでの牧師時代の一九二〇年代のことであるが、それ以前のニーバーと社会福音運動との関わりはどのようなものだったのだろうか。

冒頭に指摘したように、通常、ニーバーは、デトロイトに行くまで、社会福音運動には無関心であったとされることが多い。その理由の一つは、ニーバーがイェールで学んでいたころ（一九一三―一五年）、イェールを含む諸神学校で社会福音が「流行していた」にもかかわらず、ニーバーには「何の印象も与えなかった」ように見えるからである。[42] 実際、イェール時代のニーバーに関するわずかな資料である、ニーバーが母校イーデン神学校での教師サミュエル・プレス（Samuel Press）に送った手紙のどこにも、社会福音運動やラウシェンブッシュについての言及は見当たらないし、ニーバーがイェールで書いた二つの学位（ＢＤ、ＭＡ）論文のいずれにもその影響はおよそ見られない。[43] それゆえ、Ｒ・Ｗ・フォックス（Richard W. Fox）は、とくにＭＡ論文（一九一五年）における人格性に関する議論について、そこに「際立っている」のは、「当時、リベラルな社会福音運動家たちが強調していた社会的次元がまったく無視」され、人格の問題がもっぱら個人の次元で扱われていることであると指摘し、そのころ、ラウシェンブッシュの著書『社会秩序のキリスト教化』（一九一二年）が出、社会党の大統領候補Ｅ・デブス（Eugene Debs）がリベラル左派のプロテスタントの間で熱狂を巻き起こしていた時期であることを考えると、こ

の論文の社会的次元を無視した「焦点の当て方」は「驚くべきこと」である、と述べている。(44)
しかし、以上のことからイェール時代およびそれ以前のニーバーが社会福音運動とは無縁のところにいたと断言するわけにはいかない。それどころか、ニーバーをその出身背景にまで遡ってみるなら、ニーバーは社会福音運動のエートスときわめて密接な関わりの中にいたことが明らかとなる。その状況を概観しておこう。

2　北米ドイツ福音教会と社会福音運動

ニーバーは、中西部セントルイスを拠点としたドイツ移民の教会北米ドイツ福音教会（のちにドイツ福音教会）の出身である。ニーバーはこの教会の牧師グスタフの第四子として生まれ、その教派のカレッジおよび神学校で教育を受けた。この教派とその学校を支配していた主要なエートスの一つに、ヨーロッパに淵源する社会に対する関心、具体的には社会福祉活動があった。そしてその代表的人物が、ニーバーの父グスタフであった。

ニーバーの父グスタフが、故郷ドイツのリッペデトモルトからアメリカに移住したのは、一八八一年、一八歳のことである。神学教育を経て北米ドイツ福音教会の牧師となったグスタフは、一九〇二年、イリノイ州リンカーンのセント・ジョン教会の牧師に派遣され、死去する一九一三年までその任にあった。赴任時、ラインホールドは一〇歳、この地で十代を過ごし、この地からシカゴ郊外のエルマースト・カレッジに行き、セントルイスのイーデン神学校に行っている。グスタフは、ニーバーがイェールに行く直前に急逝した。

グスタフは、赴任したセント・ジョン教会で課せられた責任と課題に精力的に取り組んだ。その働きには、通常の教会の奉仕に加えて、その教会が運営していた貧しい人々のための病院の経営とそこで奉仕する女性たちの訓練があった。そうした働きは、福音教会によって進められた、ドイツにおけるヨハン・H・ヴィヘルン（Johann Hinrich Wichern）らによるいわゆる「インネレ・ミッシオーン」（Innere Mission）と呼ばれた社会福祉活動の延長であった。[45] とくに直接のモデルとしたのは、ドイツの同時代の社会事業家フリードリヒ・フォン・ボーデルシュビング（Friedrich von Bodelschwingh）によってビーレフェルト近郊に設立された、ドイツにおけるインネレ・ミッシオーンの中心地の一つとされる総合医療福祉施設「ベーテル」であった。グスタフは、その生涯にわたって、この活動に力を注ぎ、福音教会の福祉活動を大きく展開させた。しかしその種の活動はリンカーンが初めてだったわけではない。それに先立つ一八九三年、先任地ミズーリ州ライトシティ（この地でラインホールドが生まれた）で、グスタフらの努力によって、当時アメリカ国内で他に一か所しかなかったという、てんかん患者および知的障害者の施設エマオ療養所が設立されているからである。また、やはりインネレ・ミッシオーンの女性の奉仕活動運動である「ディアコニッセ運動」に範をとった活動の推進のために働き、それを指導した。一九〇八年、福音教会に「ディアコニッセ活動協会」が設立された時、グスタフは創立者の一人であった。また、この活動のエキュメニカルな運動にも参加、プロテスタント・ディアコニッセ活動会議を主宰し、その議長に選出されている。[46]

こうした活動において、ドイツ福音教会は、米国におけるインネレ・ミッシオーンの「パイオニア」であり、グスタフはその最初の「導入者」であった。[47] しかも、グスタフは、この活動を「社会変革の手段」と見なし、そこに「社会変革運動」を見ていたと言われる。[48] それゆえ、グスタフとその教派について研究したW・G・クリスタル（William G. Chrystal）は次のように考察した。

ニーバー［グスタフ］が、アメリカ的社会福音の助けを得ていなかったことは確かであるが、「社会福音的姿勢」(Social Gospel outlook)とでも表現すべきものを始めつつあったように見える。おそらく、ラウシェンブッシュ自身と同じように、グスタフ・ニーバーは自らのドイツの背景とかれ自身のアメリカにおける個人的な体験のゆえに、この広い視点に達しつつあった。そのドイツ的背景によって、グスタフはドイツで展開された社会活動の動きを綿密に注視することができたし、アメリカにおいて、そうした活動が極度に必要になっていることは自明のこととグスタフは考えていた。いずれにしても、ニーバーの中に「社会福音的姿勢」が始まったと見えるのは、一八九九年という早い時期であった。それによって、かれは、インネレ・ミッシオーンを通常の社会福祉活動としてだけでなく、社会変革運動として見ることができるようになったのである。(49)

しかし、グスタフは、インネレ・ミッシオーンをただ模倣したわけではなかった。クリスタルによれば、グスタフに際立っていたのは、自分で自由に考え、他の洞察を自らの状況に適用する能力である。グスタフはそのようにしてインネレ・ミッシオーン的活動をアメリカの土壌に適応させながら、それに精力的に創造的に取り組んだ。(50)

さらに注目すべきは、グスタフは、社会福祉活動を社会変革運動へと結び付けるとともに、その目標を「神の国建設」に置いたことである。グスタフは、一九〇二年、ハルナックの『キリスト教の本質』(一九〇〇年)(51)を福音教会の雑誌で書評したが、その中で、「神の国への愛国主義」の必要を主張し、すべての人々に「神の国の建設」への参加を訴えた。(52)また、グスタフは、社会の変革を「神の国建設の前提条件」としたのである。こうした主張は、「明らかに、グスタフが社会福音の表現の影響を全面的に受けていた」ことを示していたとも言えるであろう。(53)

一九〇二年のグスタフは、福音教会の中で際立って革新的であったが、それだけでなく、アメリカのキリスト教界の文脈で見ても、連邦教会協議会が出した「教会の社会的理想」の社会福音的文書(一九〇八年)に数年先立っていたし、福音教会においては一〇年先んじていた[54]。

古い体質の故郷ドイツに反発を覚えてアメリカに移住したグスタフは、「アメリカ的平等主義とアメリカ的自由」に高い評価を持っていた。エイブラハム・リンカーンとT・ローズヴェルトがかれの英雄であった[55]。中西部のドイツ移民の教会という辺境の地にありながら、その創造性と逞しさによって、まさに、その時代をおおっていた革新主義のエートスを独自にしかし見事に体現した人物でもあった[56]。

ニーバー家の子どもたちが幼少のころより、グスタフの影響を受けて、つねに社会問題への関心を持ち続けたことは想像に難くない。なかでもラインホールドは、父の影響をとくに強く受けて育ったのであった。

こうして、当時のアメリカ・キリスト教世界の広い文脈に照らして見れば、「ニーバー一家とその教派」が「社会福音運動の影響下にあった」[57]とする見方は妥当と言ってよいであろう。

3　イェール時代のニーバーと社会福音運動

以上のグスタフを中心とするドイツ福音教会で生まれ育ったニーバーにとって、インネレ・ミッシオーン的社会福祉活動はきわめて身近な活動であり、グスタフの社会改革と神の国建設の情熱が、若いニーバーにごく自然に受け継がれていたことは間違いない。ニーバーは、ドイツ移民の共同体という、主流教派から遠いところにおりながらも、あふれ出るような豊富な社会福音的エートスの中に育ったのである。

それゆえ、ニーバーが教派の学校を終えて、さらなる学びのためにイェールに赴いた時、そこを支配していた社会福音運動の雰囲気はニーバーにとって決して新しいものではなく、それにとくに驚くことはなかったであろう。

したがって、青年ニーバーを研究したE・F・ディブルによる、ニーバーがこの時代にすでに「社会福音の視点」(Social Gospel perspective) を持っていたとの指摘や、その根拠は明白ではないが、ニーバーが、イェール時代、自身を含むイェールの学生たちへの最も重要な影響を与えたのはラウシェンブッシュであったと述べたという指摘は、いずれも十分に首肯できることである。(58)

しかしながら、イェールでニーバーが集中したのは、社会問題ではなく、入学のときの大学側の指導によるものではあるが、イーデン神学校で受けた教育の不足を補う学びであった。それはとくに哲学の分野である。入学した時、神学大学院長は、イーデンの教育内容をかなり高く評価してニーバーを神学士(BD)課程の三年目に受け入れたが、その際、不足している部分が哲学にあると指摘した。それにしたがって、ニーバーは哲学関係の科目を多く履修することになり、主として宗教哲学教授D・C・マキントッシュ(Douglas Clyde Macintosh)のもとで学んだのである。(59) それは、二年目の大学院修士(MA)の課程でも継続された。(60) そうした学びの成果の一部がマキントッシュの指導のもとで書いたBDおよびMAの論文であった。それはとくにBD論文に顕著であったが、MA論文も全体として同様であった。それらには、とくに後者において聖書学的作業を含んでいたとはいうものの、狭義での聖書学でも組織神学でもなかった。あえて神学の分野に当てはめれば、両論文ともキリスト教弁証学の試みであった。そのかたちにおいて、ニーバーは、宗教哲学に相当なところまで集中したのである。(61)

以上のような経緯に照らすとき、ニーバーのイェール時代の論文が、社会的次元への関心、とりわけ社会福音運動やラウシェンブッシュへの関心を示していないように見えるのは当然である。しかしそれは、すでに指摘したように、ニーバーに本来的に社会への関心がなかったことを意味するわけではない。イェールでニーバーを刺激しニーバーに新鮮な印象を与えたのは、社会福音ではなく、宗教哲学を中心とする学問的訓練であった。ニーバーは、その学びに困難を覚えながらも、とくに認識論の科目には非常な興味を持ちながら学んだのである。[62] しかもイェール以前の学びの不足を取り戻すことに集中することがイェールのニーバーの主要な課題だったのである。短期間であるがゆえに、イェールでの学びは二年間という時間的にきわめて限られたものであった。

したがって、この間、ニーバーのうちにあった社会的次元への本来的な関心はある意味で一時抑制留保されていた、と見てよいであろう。イェールでは、ニーバーは社会的な面より宗教哲学との取り組みに忙殺されていたからである。しかしながら、後年の回顧によれば、イェールでの学びが終わるころ、ニーバーは、「哲学的理論が退屈に感じられる」ようになり、「認識論への倦怠」を覚えるようになった。[63] そしてそれは、ニーバーのうちに本来的にあった社会的次元への関心が頭をもたげてきたということでもあった。ニーバーが次のように述べているからである。

認識論はわたしを退屈にさせた……というより率直に言えば、わたしの反対側にあるものが現れ出てきたのである。わたしは学問よりも［社会との］関わり（relevance）を欲した。[64]

こうしてニーバーは、学問的訓練の期間を終えて、一九一五年、ミシガン州デトロイトに牧師として赴任、数年後、社会福音運動の精力的な指導者の一人として頭角を現すようになるのである。

三　社会福音運動へのニーバーの参画

1　第一次世界大戦とニーバー

ニーバーがデトロイトで本格的に社会福音運動に参画する前に、ニーバーにとって大きな出来事があった。第一次世界大戦である。イェールを終える前年一九一四年に始まった大戦は、ドイツ系アメリカ人であったニーバーと所属するドイツ移民の教会に徐々に重くのしかかっていた。(65) ニーバーは、赴任したデトロイトの小さな教会ベセル福音教会で牧師としての働きに打ち込むとともに所属教派の雑誌に筆をふるった。(66) ほどなくして、一般誌にも投稿しはじめる。その最初の論文は、『アトランティック・マンスリー』誌に寄稿した「ドイツ系アメリカ人の生き方の失敗」(67) であった。その論文で、ニーバーは、ドイツへの戦争でアメリカが連合国側に同調する姿勢をとったことによるドイツ系アメリカ人たちの間に生じた緊張に触れ、かれらの経済活動や思想が近代以前の保守的な姿勢であったことを指摘し、それがかれらの失敗であったと論じた。このドイツ系アメリカ人自身による自己批判的検討は、タイムリーな論考として編集者の目にとまったのである。

ニーバーは、一九一七年、アメリカ参戦と同時に福音教会によって設置された「戦時下福祉委員会」（War Welfare Commission）の委員さらにはその総幹事を委嘱された。それは、兵役についている福音教会所属の青年たちとドイツ系アメリカ人の集団として苦渋の状況にある諸教会を励ます働きであった。ニーバーは、アメリカの干渉がより良い世界の実現を願いそれを目標にしているとの大統領ウィルソンの参戦理由を支持し、教派名ならびに教派の文書からドイツの名を除去するなど教派のアメリカ化を推進した。そのために全米の教会のさまざまな集会や教派の雑誌でそのことを訴えるとともに、兵士たちに物資を配布したり、各地の駐屯地に兵士たちを訪れたりした。そして戦争の末期には、結果的に教派の指導者の説得によって思いとどまるのだが、ニーバーは、青年兵士たちの側に立ち、かれらと歩みを共にすべく教会牧師を辞して従軍牧師になる決意もしている。

しかし、ニーバーはウィルソンの参戦理由を終始手放しで受け入れたわけではない。「これまでの戦争で、戦争を最終的に廃絶させるという究極的な目的のために、戦争をいけにえとして用いるというような戦争はあったためしがない」(68)と冷静に考えるようにもなったからである。そして、戦争が終わった時、ウィルソンの理想が砕かれたヴェルサイユ条約に失望を覚える一方(69)、戦時中の自らの「行き過ぎた愛国心」に多少の悔いを覚えたのであった(70)。

こうして、ニーバーは、デトロイトにおける最初の数年、戦争に関わる事柄に忙殺された。それは、グスタフらから移植された社会福音的関心から、ニーバーをもうしばらく遠ざけることになった。ニーバーは、この戦争に対し、素朴に持っていた平和主義を捨てて現実主義の立場をとり、アメリカ参戦を支持したが、それは、英国をはじめとするヨーロッパ諸国の帝国主義に向かってドイツの立場を弁護し、「親ドイツ的神学者」(a pro-German divine)と目されたラウシェンブッシュらと決定的に異なる立場をとったからである(71)。ラウシェンブッシュは、ヨーロッパ諸国にはドイツに公平な姿勢をとることを要求し、アメリカには、戦争と距離を置き中立であるよう訴えたのであった(72)。それゆえ、結果として、イェール時代に始まった戦争は、学問的訓練への集中に加えて、ニーバーに、社会福音運動に関わることを戦争終結まで留保させることになったのである。

一方、この間、ニーバーが戦争関連の仕事に忙殺されていたにもかかわらず、また、一九一九年には、教派のアメリカ化の一環として取り組んだ自らの教会でのドイツ語礼拝を廃止するという教会に分裂をきたしかねないきわどい作業を敢行したにもかかわらず、ベセル福音教会は順調に成長を続けていた。[73] 戦争が終わるとともに、ニーバーは教会のさらなる充実に努め、その結果、会員も増え、一九二二年には大きな教会堂を閑静な住宅街に新築する。ニーバーはこの教会を拠点に社会問題に積極的具体的に関わるようになった。言うまでもなく、社会福音運動への本格的な参画である。

2　社会福音運動との出会い

ニーバーが社会福音運動と関わるようになった発端は、デトロイト市内の牧師たちの交わりにおけるアングリカン教会［エピスコパル教会］ミシガン管区主教C・D・ウィリアムズ（Charles D. Williams）との出会いである。ウィリアムズは、一九〇六年以降、デトロイトで社会福音運動の生き残りのグループを率い、かれが「神の人」と呼んで尊敬していたラウシェンブッシュに献呈された著書『キリスト教的奉仕と社会問題』（一九一七年）によって大きな影響を与えていた。[74] ニーバーは、このウィリアムズの社会的なキリスト教に急速に魅せられたのである。後年、「わたしをイスラエルの預言者たちのラディカルな社会倫理に引き合わせてくれたのはウィリアムズ主教であった」[75] とし、それを自らの社会福音運動との関わりの源泉であると述べている。ウィリアムズと出会ったのは一九二〇年初めのころであった。

しかし、ウィリアムズとの交わりは長く続かなかった。一九二三年、主教が急逝したからである。それにもかかわらず、アメリカ社会の「自己満足に挑戦した預言者」とニーバーが見なしたこの主教からニーバーが受けた影響は絶大であった。[76] C・C・ブラウン（Charles C. Brown）は、ちょうどそのころ、ニーバーが、ラウシェンブッシュの『キリスト教と社会的危機』（一九〇七年）と、とくに出版されて間がない『社会福音のための神学』（一九一七年）を精読したと推測している。[77] しかし、その推測が当たっているとしても、デトロイトにおけるニーバーの社会福音運動への参画は、ラウシェンブッシュの刺激によるものとは言い難い。『社会福音のための神学』がラウシェンブッシュの思想の総合ではあるものの、出版が死の直前であり、また、第一次大戦へのアメリカの参戦によってかれの主張が否定されたゆえもあって、その影響力はすでに去りつつあったからである。[78] デトロイト時代のニーバーが強烈な印象を受けたのは、ラウシェンブッシュでもその著作でもなく、むしろ、ラウシェンブッシュと同世代であったとはいえその弟子筋にあたるウィリアムズ[79]との出会いと、後述するその仲間たちとの力動的な交流からであった。そしてその仲間たちもまた、ラウシェンブッシュからの影響は限定的で、むしろ独自の社会福音思想とその活動に生きた人々であった。[80] したがって、確認しておかなければならないことは、ごく大まかにではあるが、デトロイト時代からニューヨーク初期時代のニーバーが影響を受けたのは、ラウシェンブッシュの次の世代からであり、さらにその次の世代に属し、その中で影響を受け活動をした社会福音運動家であった、ということである。すなわち、ニーバーは、いわば、ラウシェンブッシュから三世代目ないし、少なくとも二世代目にあたる社会福音運動家だったのである。それゆえ、ニーバーを含むその世代の社会福音運動家たちの間では、すでにラウシェンブッシュの名が取り上げられることは急速になくなっているのみならず、かれら自身の活動を社会福音運動と呼ぶことすらまれになっていた、ということには注意を払っておく必要があるであろう。

ウィリアムズの思想と活動はニーバーに決定的な影響を与えたが、ウィリアムズがニーバーの生涯に対して果たしたはるかに大きな役割は、ニーバーを、社会福音運動に連なる多くの活動家たちとりわけS・エディ（Sherwood Eddy）とK・ペイジ（Kirby Page）に引き合わせたことである。エディとペイジは、その後のニーバーのデトロイト時代と初期ユニオン時代に深く関わった社会福音運動の最後の担い手であった。ニーバーは、かれらをとおして労働、社会福祉、政治、人種等の分野の活動家たちと知り合い、そうした人々との交流によってニーバーの社会意識と社会的視点は格段に豊かにされ、その交流がさらに広い人脈へとニーバーを導いた。その中には、上述したように、狭い意味での社会福音運動家だけでなく、広く革新主義時代の代表的人物たち、たとえば政治家ラフォーレットや社会事業家アダムズなどもいたのである。

3　エディおよびペイジとの交流

エディは、父親に、カンザス州レーヴェンワースで薬・雑貨の大規模販売で成功し、社会改良にも力を尽くした事業家を持ち、のちにその豊かな資産を受け継ぎ、それを用いて無給のＹＭＣＡの伝道者となり、その立場で世界とりわけアジアを駆け巡り、学生伝道に力を尽くすとともに、各地の政治的社会的指導者と幅広い交流を持ったユニークな人物であった(81)。イェール大学を科学分野の専攻で卒業しているが、その在学中に大衆伝道者Ｄ・Ｌ・ムーディ（Dwight Lyman Moody）の影響を受け、ニューヨークのＹＭＣＡ支部のスタッフを務めるが、それが機縁となり、海外宣教に関心を抱いた。イェール卒業後、ユニオン神学大学院で二年、プリンストン神学大学院で一年を過ごしたが、その間、Ｊ・Ｒ・モット（John R. Mott）に率いられていた、宣教師志願者を募る学生ヴォランティア運動に参加(82)、後の出版業者でジャーナリストのＨ・Ｒ・ルース（Henry R. Luce）らとシカゴ、スタンフォード、イェール等の諸大学で運動の推進に努めた。その後、とくに第三世界の伝道に献身、ＹＭＣＡと協働しつつ、インド、中国、ロシア、エジプト、トルコ、チェコなど、六〇年の間に三〇カ国を行き来し、それらの国の学生伝道に携わるとともに、M・ガンディー（Mahatma Gandhi）、J・ネルー（Jawaharlal Nehru）、孫文、蔣介石、李承晩ら当時の指導者たちと交流を深めた。日本にも何度か訪問、キリスト教指導者たち、とくに賀川豊彦や植村環らと親交を結び、賀川を「日本のクリスチャン・ガンディー」などと呼んだりもしている。一九四八年には、昭和天皇夫妻に謁見した。

一方、ペイジは、そうしたエディの世界的な活動のほとんどに同行し、エディが主導するさまざまな活動を支えるとともに、かれ独自の平和主義思想を打ち立てた。ペイジは、テネシー州出身、アイオワ州のドゥレイク大学とその神学大学院に学び、ディサイプルズ教会の牧師となり、短い牧会を経て、ＹＭＣＡの活動に参加。シカゴ大学で修士課程を終えたのち、エディの私的秘書となり、その立場で長年にわたってエディの海外宣教や国内のさまざまな活動に参加した。(83)

ニーバーが、この二人と交流を深くしたのは、とくに以下の三点においてである。

一つは、「キリスト教社会秩序協会」（Fellowship for a Christian Social Order　以下ＦＣＳＯと略記）による活動である。これは、エディらが、ＹＭＣＡを中心にさまざまな社会福音の活動を展開するために立ち上げた、平和主義者を中心としたリベラルなクリスチャンからなる社会活動の組織である。一九二一年三月、ユニオン神学大学院のW・A・ブラウン（William Adams Brown）を含む七教派から二五名が参加して設立準備に入り、同年一一月、イェール大学神学大学院長C・R・ブラウン（Charles Reynolds Brown）、アングリカン教会主教F・M・マコネル（Francis M. McConnell）ら一二五名をもって公式に発足、エディが議長、ペイジが書記となった。(84) ニーバーがこの組織と関係を持つのはその翌年一九二二年のことである。その年、先に述べたデトロイトの主教ウィリアムズは、この協会のデトロイト支部を組織したが、ウィリアムズの勧めでニーバーは協力者として参加したのであった。

この支部の働きの中で、ペイジは、一九二三年、デトロイトで、おそらくはウィリアムズの紹介でニーバーと初めて接した。かれは、デトロイトからニューヨークに戻ってすぐにエディと、「ラインホールド・ニーバーという注目に値する（remarkable）若い牧師について」語り合ったという。数週間後、二人は、ニーバーに、この組織を基盤とした大学伝道のための巡回伝道者を委嘱することになり、このため、ベセル教会に副牧師を置く費用をエディが負担することとした。[85] この申し出を受けたニーバーは、主として大学における学生青年伝道活動に力を注ぎ、大きな成功を収めた。一九二四年、ニーバーはＦＣＳＯ（このとき議長はペイジ）の地方書記に指名され、一九二六年にはＦＳＣＯデトロイト支部長に選出されている。ＦＣＳＯは、設立六年後の一九二七年、深い関係にあった友和会（Fellowship of Reconciliation）に発展的に合流した。[86] こうしてニーバーは、エディやペイジらとＦＣＳＯを拠点に本格的に社会福音運動の活動を精力的に始めるのである。

二つは、ヨーロッパ研修旅行「アメリカン・セミナー」である。それは、エディの創意と企画による、一九二一年に始まった毎年開催の革新的なヨーロッパ研修旅行である。その前年、エディは、さらなる「社会状況の把握」や「社会問題の解決」の必要を覚え、個人的に英国で当地の労働運動について幅広い見聞の時を持った。かねて交わりのあった、最初の大学セツルメントである「トインビー・ホール」の設立指導者Ｊ・マロン（James Mallon）の仲介で、英国の労働組合会議に出席、四年後に首相となる労働党のＲ・マクドナルド（Ramsey MacDonald）ら労働運動指導者と会う機会を得た。この経験からエディは、社会福音運動家たちにとって具体的活動以上に見聞を広めることが必要であると考え、マロンの積極的な助力を得て研修旅行を企画したのである。それは、ロンドンではトインビー・ホールを拠点とし、毎年約五〇名の牧師、教育者、社会活動家たちを対象に、毎日二回ないし三回の講義を含む、約二か月にわたるかなり大規模な研修プログラムであり、「アメリカン・セミナー」と呼ばれた。

そこではマクドナルド、R・H・トーニー（R. H. Tawney）、H・ラスキ（Harold Raski）、W・テンプル（William Temple）をはじめ労働党やその他の政党の有力議員、学者、宗教家、労働運動家、社会活動家などが講師を務め、ドイツ、ポーランドなど大陸諸国での研修も含むものであった。第一回には、デトロイトの主教ウィリアムズ、コロラド州知事W・E・スウィート（William E. Sweet）、ユニオンの教授H・P・ヴァンデューセン（Henry P. Van Dusen）、それにペイジらが参加した(87)。このセミナーは、第二次世界大戦直前の一九三九年まで毎年続けられ、戦後、「シャーウッド・エディ・セミナー」と呼ばれる夏期研修に引き継がれた(88)。

ニーバーは、一九二三年の第三回セミナーに初めて参加した。参加者には、ニーバーの生涯の友人となるミズーリ州のアングリカン教会の主教W・スカーレット（William Scarlett）がいた。前年まで首相であったD・ロイド・ジョージ（David Lloyd George）、古典学者G・マーリー（Gilbert Murray）、劇作家B・ショー（Bernard Shaw）、小説家H・G・ウェルズ（Herbert G. Wells）らが講師となった。このセミナーで、ニーバーにとっての重要な経験は、スカーレットとペイジと共に、当時フランス占領下にあったドイツのルール地方を数日にわたって視察したことである。その地における過酷な状況にニーバーは衝撃を受け、当地は「最も地獄に近いものだった」と日記に記すほどであった(89)。

ニーバーにとって、このセミナーでの研修は、「第一次世界大戦後のドイツの賠償金と連合国の戦争債務とが絡み合った問題に対するニーバーの理解を拡大した(90)」という点で実りの多いものとなり、これを契機として、その次の年もセミナーに参加するとともに、それ以降もこのセミナーへの一部参加を含めてかなり頻繁にヨーロッパとりわけ英国とドイツを訪問した。そのようにして、ニーバーはのちにドイツにおけるナチスの初期の活動や社会主義国ロシアの実験の状況などを見分し、その観察と分析の論文を『アトランティック・マンスリー』誌や『クリスチャン・センチュリー』誌に投稿したが、その鋭い鑑識眼は編集者たちを引き付けた。
このセミナーが若いニーバーに視野を広げる貴重な機会を提供したことは言うまでもない。それは参加した当時の社会福音運動の活動家たちにとっても同様であった。

三つは、月刊誌『ワールド・トゥモロウ』の発行と編集である。この雑誌はもともと、のちにアメリカ社会党の党首で同党の大統領候補となるN・トマス（Norman Thomas）によって一九一八年に創刊されたものであった。一九二一年、編集の依頼を受けたペイジは、平和主義ジャーナリストD・アレン（Devere Allen）に編集長を委嘱するとともに、これにニーバーを巻き込むことを考えた。そのころ、ペイジは、自分のアイディアだったと述べているが、ニーバーをユニオン神学大学院の教授陣に送り込むことを考えた。当時、社会福音運動の旗手の一人であったユニオンの教授H・F・ワード（Harry F. Ward）にその可能性を打診したところ、招きたいが予算上難しいとの返事が返ってきた。そこでペイジはただちにエディに相談、その結果エディが最初の一年資金を提供するということでニーバーのユニオン行きが可能となった。(91)

一九二八年秋、ニーバーはユニオンに赴任すると同時に『ワールド・トゥモロウ』の編集スタッフに加わった。それはユニオン行きの条件であった。ペイジはこのために自ら編集長となったが、その後六年にわたり、ペイジ、エディ、アレン、ニーバーの四人は、編集作業を中心に親しい交流関係を築くことになる。かれらが編集した『ワールド・トゥモロウ』には、ガンディー、マクドナルド、ラスキ、H・E・フォズディック（Harry Emerson Fosdick）、J・デューイ（John Dewey）、賀川豊彦、姉崎正治といった人々がかれらの依頼に応えて論文を寄せたが、それは、エディらの人脈の広さを感じさせるものであると同時に、ニーバーにとって、視野をもう一歩拡大させる貴重な機会ともなった。

こうして、デトロイトおよびユニオン初期のニーバーは、エディとペイジとの濃密な交流の中で社会福音運動の一角に参画したのである。後年、ニーバーは、自分の人生がエディから「測り知れないほどの影響」(92)を受けたと感謝を込めて記すとともに、エディについて次のように述べている。

エディ氏は何よりもまず宣教師であり伝道者であった……その社会正義への情熱は、社会福音の伝統における最良のものを体現していた。それはしばしばかれを、ヒットラーのドイツにおいてであれ、蔣介石の中国においてであれ、王の前に立つ預言者の役割へと駆り立てた……エディ氏は、われわれすべてに、福音経験と社会的情熱が結合しうることを鮮やかに喚起してくれた。その意味において、かれは、「主の言葉」を追い求め、それを人間の高慢と偏見に対抗して宣告するヘブライの預言者精神を再生させたのである。(93)

一方、エディもその自伝の中でニーバーを、「われわれの時代に対する幻滅の預言者」であり、そのゆえに預言者たちと同じように悲観主義者と見なされたが、実際にはそうではなくあくまでも「現実主義者」であったとした。その上で、「ニーバーは、その社会福音において、ラウシェンブッシュのようなナイーヴな楽観主義者ではな」く、社会福音の目的を、「神の国の観念を教会の思想の中に確立し、世界におけるその実際的な実現を手助けすることである」と見なしたとし、ニーバーを「恐れを知らない預言者」と評した。(94)

以上のようにして、ニーバーは、社会福音運動のまっただ中で、意気にあふれた若さで講演に、執筆に、社会活動に、教会の奉仕に力を注いだのである。

4　デトロイトにおけるニーバーの社会福音運動

ニーバーは、ＦＣＳＯを拠点にして多様な社会福音的活動を担ったが、同時に、ＦＣＳＯとは別に独自の社会的活動も展開した。もっとも、それらを社会福音運動と銘打つことはしていない。しかし、そうした活動が、社会福音運動もしくはその精神の一環であったことは明らかである。代表的なものを二つ挙げておこう。

一つは、労働者の待遇改善の問題である。具体的にはフォード自動車会社における従業員の過酷な労働環境である。大衆車を開発してアメリカを車社会へと牽引しつつあったＨ・フォード（Henry Ford）は慈善的な経営者として高く評価されていたが、ニーバーは、日給五ドルという当時としての破格の待遇は、実際は、生産ラインの加速による過重な労働、設備投資のための無賃金の一時解雇、年金制度の不備、従業員の病気解雇、初任給での再雇用、失業保険無加入、目的を果たしていない義援金の負担などを考慮に入れると、十分な待遇と言えないどころか、非人間的ですらあり、それは行き過ぎた自由放任主義的資本主義がもたらす悲惨な結果であるとして厳しく糾弾した。(95) ニーバーはフォードの思い上がりに対する厳しい批判を『クリスチャン・センチュリー』誌上で展開した。(96) それに対し、フォード側はニーバーを不誠実な牧師と呼ぶとともに『クリスチャン・センチュリー』を最悪の反フォード雑誌と断じ露骨な反批判を繰り返した。しかし、工場経営者を含むベセル福音教会の教会員たちはニーバーを支持した。ニーバーは、後年、「フォードと戦うことで大人になった」と回顧している。(97) また、この労働者の窮状への共感をとおして、ニーバーは「社会福音の穏健な社会主義」に引き付けられたのであった。(98)

このフォードとの戦いはニーバーの視野を労働運動へと拡大させた。ニーバーがフォード批判を公にした一九二六年、アメリカ労働総同盟（ＡＦＬ）の年次総会がデトロイトで開かれることになり、ニーバーの教会を含むいくつかの教会は同盟の指導者たちを講演に招いた。同盟議長はＹＭＣＡで講演することになっていたが、労働組合に一致して反対であったデトロイトの実業界と市商工委員会はＹＭＣＡに圧力をかけ、その結果わずかの教会を除いて講演を取りやめざるをえなくなった。ベセル教会はニーバーの主導で、それに抵抗した数少ない教会の一つであった。(99) この経験は、ニーバーのその後の長きにわたる労働運動への関わりと労働運動の指導者たちとの交流の端緒となった。

二つは、人種問題への関わりである。一九一〇年から二五年、すなわちニーバーが牧師をしているころのデトロイトは、黒人人口が劇的に増加した時期に当たっていた。新興産業都市デトロイトには職を求めてとくに南部地域より黒人が移動し、デトロイトではそれに伴うさまざまな問題が生じていた。また、同時期、二〇世紀に入って再結成された「クー・クラックス・クラン」の活動が最盛期を迎えていた。それはデトロイトでも同様であった。ニーバーは当初より黒人の生活環境や労働状況の改善に力を尽くしていた。一九二〇年代および一九三〇年代におけるニーバーのそうした活動は、どの白人アメリカ人聖職者にも先んじたものだったと言われる。

一九二七年、そのような活動が認められ、ニーバーは、デトロイト市長の諮問委員会「人種関係に関する委員会」（The Mayor's Committee on Race Relations）の委員長に任命された。六名の白人と六名の黒人からなる委員会である。その前年一九二六年になされた市の調査報告に基づいて議論を重ね、一九二七年、報告がニーバーによって作成された。その内容は、教育、医療、娯楽、産業、福祉、住宅等についての具体的で穏健妥当な提言を含むものであった。人種問題の最終的な解決は、公共全体におけるより良い理解と偏見の減少という教化に待たなければならないとして、恒久的な委員会の設置を呼びかけた。しかし、デトロイト市は恒久委員会を設置することをせず、ニーバーの報告内容への積極的な反応は希薄であり、その意味ではニーバーらの委員会の働きは成功したとは言えなかった。それにもかかわらず、ニーバーの人種問題への取り組みは多くの人々に評価された。ニーバーがユニオンに赴任する際、デトロイトのYMCAの事務総長H・S・ダンバー（H. S. Dunbar）は、ニーバーの社会正義への献身の公正さ、「マイノリティと抑圧されている人々のために戦った勇気」のゆえに、ニーバーがデトロイトを去ることを惜しんだという[100]。

これ以外にも、社会福祉活動（J・アダムズらの指導するセツルメント運動などに関与）、政治活動（一九二四年の大統領選で独立候補ラフォーレットのデトロイト選挙支部長を務める）、平和運動（友和会に参加、その会長を務める）等、デトロイトでのニーバーの活動は多岐にわたった。

しかし、そうしためまぐるしい社会福音運動のただ中で、ニーバーは、キリスト教の社会運動の根拠となる思想に関し、それまでの社会福音運動の立場を根底からとらえなおす、独自の深遠な思索を続けていた。それは、やがて、いくつかの事象をとおして多くの社会福音運動に関わる人々を戸惑わせることにもなるのである。

四　「社会福音」へのニーバーの疑問とラウシェンブッシュ論

1　社会福音への疑問

デトロイトにおけるニーバーの社会的活動が全体として社会福音運動の枠内にあったことは、すでに述べてきたように事実である。しかし、同時に、ニーバーは、その活動に巻き込まれ、またそのいくつかの局面で指導的な立場に立ち、積極的に活動を展開しながらも、いわゆる社会福音運動の典型的な基本的考え方については当初からある疑問を持っていた。それは端的に言えば、思想的な、とりわけ神学的なリベラリズム、すなわち、人間や社会に対する理想主義的楽観主義的かつ平和主義的な見方への疑問である。

ニーバーがいつごろからそのような疑問を抱いていたかは、明確ではない。おそらくは、一九二〇年代を通じて徐々にそのような姿勢をとるようになった、ということであろう。一九二七年上梓されたニーバーの処女作『文明は宗教を必要とするか』[101]は、ニーバーがデトロイトで一〇年ほどの間に書きためた文章をまとめたものと思われるが、それにはシュライアマハーやリッチュルを思わせる思想が含まれ、その基調としてはリベラルな立場を表現しているとはいえ、すでに、罪の深みと広さへの指摘と、イエスの理想主義のこの世における不可能性と、神の絶対的な超越性への志向も明白に読み取れるものとなっているからである[102]。いわゆるリベラリズムへの疑問がそれを主題として明白に表明されたのは、「リベラリズムの黄昏」[103]と題する論文であるが、それは一九一九年という、ニーバーが社会福音的活動に参画しはじめたころであった。

しかしながら、ニーバーが最終的に社会福音的リベラリズムと袂を分かつことになったのは、一九二九年一〇月二四日のいわゆる「暗黒の木曜日」に端を発する経済恐慌であった。その凄まじさに、社会福音運動はその活動においてもその思想においても対応不可能になったからである。この経済状況はやがて一九三〇年代前半に、ニーバーをマルクス主義に接近させることになるが、それはニーバーが社会福音と決別したことでもあった。一九三二年に著された『道徳的人間と非道徳的社会』[104]は、リベラルな立場から現実主義への移行を表明した記念碑的著作と言えるものである。

もう一つ、ニーバーが社会福音運動に距離を置くようになったのは、その平和主義への疑問である。すでに述べたように、ニーバーは、エディらのＦＣＳＯの活動をその社会活動の拠点としていたが、その組織は発展的に「友和会」(Fellowship of Reconciliation) に吸収され、その後、ニーバーらの活動はこの会の活動としてなされるようになった。友和会は、第一次世界大戦中、クエーカーの原則に基づいて平和主義の理念遂行のために結成されたが、一九二〇年代急速な伸びを見せ、一九三〇年には数千のプロテスタントの牧師たちが参加していたという。ニーバーはこの会員として、のちにその執行理事会の議長として指導的な立場を占めるようになった。

ニーバーはしばしば、第一次世界大戦前は、素朴な平和主義者であったが、大戦中はアメリカ参戦を支持して現実主義者となり、戦後また平和主義者に戻り、やがて一九三〇年代に現実主義者になったと言われる。しかし第一次世界大戦後に、どれだけ徹底した平和主義者になったかは疑問である。第一次大戦後のニーバーを平和主義者とするのは、かれが友和会員になったことをその理由とした結果であろうが、実際には、ニーバーは友和会員の多くが持っていた絶対平和主義に与したことはなかったからである。[105] ニーバーが会員および議長であったころの友和会にはまだまだ多様な考えが混在していた。それが顕わになるのは一九三三年のことである。その年、友和会の中に大きな紛争が起こった。当時友和会の事務長であったＪ・Ｂ・マシューズ (Joseph B. Matthews) が資本主義の問題に対抗するためには強制力や暴力が必要であると提起したのである。これをめぐって激しく紛糾し、会員全員にアンケート調査をしたが、その結果九割がマシューズの考えに反対であった。ニーバーは、『道徳的人間と非道徳的社会』の著者として当然のことながらマシューズに賛成した少数派であった。その結果を受けて、ニーバーは、一九三四年初めに友和会から離脱する。これによって、ニーバーは、エディやペイジらと、その後も親しい交流は続いたものの、平和主義については意見を異にすることになった。(エディはのちに現実主義者となるが、ペイジは生涯徹底した絶対平和主義を貫いた。[106])

ニーバーにとって、友和会から離れるということは社会活動の基盤を失うことでもあった。しかしニーバーはそれを見越すようにして、一九三四年、社会活動の基盤となる新しい組織を立ち上げた。それが「社会主義キリスト者協会」（Fellowship of Socialist Christians）であった。J・C・ベネット（John C. Bennett）を含む少数のグループからなる組織であり、平和主義ともマルクス主義とも一線を画した社会的キリスト教の形態を模索することを主眼とした。この会はのちに、一九四七年に「フロンティア協会」（Frontier Fellowship）、一九五一年には「クリスチャン・アクション」（Christian Action）と名称を変更した。これが、一九三〇年代後半以降のニーバーの社会活動の基盤となったのである。(107)

この会は、一九三五年から一九四〇年まで、雑誌『ラディカル・レリジョン』を発行、その後誌名を『クリスチャニティ・アンド・ソサイエティ』と変更したが、ニーバーは一貫して、その両誌の編集長を務めた。また、一九三〇年代の数年、ミシシッピー州ヒルハウスの「デルタ協同農場」（ニーバーが理事長を務めた）、第二次世界大戦中、ドイツのバートボルにあった信徒のための神学校、ニューヨークのイースト・ハーレムの教区などを支える活動を行った。(108)

以上のようにして、ニーバーは、一九二〇年代から三〇年代にかけて、徐々に社会福音運動の立場から離れていったのであるが、それについて、ニーバーはそのころ、詳しく語ることはなかった。それはめまぐるしい激動のただ中で活動し思索していたニーバーとって、あらためて社会福音の思想や運動を整理・省察するという機会がなかったからであろう。それについてニーバーが論じるのはずっとのちのことであり、それはラウシェンブッシュ論においてであった。

2　ニーバーとラウシェンブッシュ

ニーバーとラウシェンブッシュの関係は、ニーバーが社会福音運動において社会活動を始めた事実のゆえに直接的であり、ラウシェンブッシュの影響は決定的だったと理解されることがある。しかし、すでにニーバーと社会福音運動との出会いの項で明らかにしたように、ニーバーが社会福音運動に参画するようになったのは、主としてラウシェンブッシュの影響によるものではない。歴史的経緯に照らせば、ニーバーは、ラウシェンブッシュの次の世代、あるいはその次の世代すなわち第三世代に属するとさえ言ってよい社会福音運動家であった。

実際、ニーバーがデトロイトで活動を始めたころ、ラウシェンブッシュはすでにその活動を終えようとしていた。その最後の著作である、社会福音の神学的立場を組織神学的に弁証した『社会福音のための神学』が出版されたのは一九一七年であり、その翌年、ラウシェンブッシュはその生涯を終えている。この書はよく読まれ、ラウシェンブッシュの代表作と見なされるものの、ラウシェンブッシュ自身の影響力はすでに峠を超えていたし、その書の出版によって、社会福音運動が新たな活力を得て、新しい展開を見せたということはなかった。それどころか、とりわけ、この書の出版と同年、一九一七年、アメリカがドイツへの戦争に参戦したことによって、ラウシェンブッシュの年来の願いは打ち砕かれ、その影響力は急速に低下したのである。

それゆえ、若いニーバーがラウシェンブッシュから影響を受けたとすれば、それは、『社会福音のための神学』のラウシェンブッシュではなく、むしろ、その一〇年前に出された、『キリスト教と社会危機』（一九〇七年）のラウシェンブッシュからであったであろう。しかしそれとても、ニーバーの個人的な経験としてそれから強烈な影響を受けた節はほとんど見受けられない。

いずれにしても、ニーバーは、その生涯に、ラウシェンブッシュについて語ることは後述する論文とごくわずかな言及を除けば、ほとんどなかった。それは、上のような理由があるにしても、表面的に見れば、ラウシェンブッシュが社会福音運動の卓越した象徴的な人物であることを考えると、やや不可思議な事態に見えるかもしれない。

古屋安雄教授は、この点に関心を寄せ、その不可思議さの理由を、同じドイツ移民における「一世の父親のドイツに対する感情、さらに二世の息子たちの反応」の視点から、ニーバーとラウシェンブッシュが「ともにドイツ系移民の二世であることと関係している」と理解している。つまり、ドイツ系二世にしばしば見られる父親の故国ドイツへの反発と愛着という心理学的要素がその背景にあり、ニーバーは「親イギリス的二世」として、「親ドイツ的二世」のラウシェンブッシュへの心理的反発からラウシェンブッシュを無視した、というのである。(109)

この古屋教授の指摘は、すでに触れたニーバーのデトロイト時代初期の論文「ドイツ系アメリカ人の生き方の失敗」の主張、すなわちドイツ系移民がアメリカという新世界に十分に適応しなかった姿勢に疑問を呈した主張に照らしてみるとき、興味深いものであり、ある説得力を持つように見える。しかし、両者が同じ二世とはいっても親子ほどの年齢差があること、また、すでに述べたような歴史的経緯を踏まえると、蓋然性の域を出ない心理分析に原因を集約させることは、やや行き過ぎであるように思われる。とはいえ、ことドイツへの戦争に対する両者の明白な姿勢の違いに関する限り、ドイツ移民が二つに引き裂かれる危機感の中で、自分の教派のアメリカ化に奔走していたころのニーバーにとって、ラウシェンブッシュの親ドイツ的姿勢が、その社会福音運動の英雄像を大幅に減じさせるものであったと推測することはある程度可能であろう。

それにしても、ニーバーがラウシェンブッシュについて触れることがきわめて限られていたことは、上に述べ来ったような理由だけで説明できるものであろうか。それらは、いずれも外的もしくは心理的要因であって、そこには両者の思想の深みに触れるものはない。ニーバーのラウシェンブッシュに対する姿勢は、むしろその思想の次元の相違にあったのではないだろうか。

3　ニーバーのラウシェンブッシュ論

その点で、検討に値するのは、ニーバーが、唯一ある程度の分量をもってラウシェンブッシュを論じた「歴史的視点から見たウォルター・ラウシェンブッシュ」と題された論考である。[110] これは、一九五七年一一月二二日、ニューヨークの聖ヨハネ大聖堂参事会と主席司祭およびプロテスタント・エピスコパル教会全国協議会の共催による「ウォルター・ラウシェンブッシュと今日の社会福音に関するコロキウム」での講演であった。いわば、ラウシェンブッシュの全体像を再検討する場での講演であり、一年後、『レリジョン・イン・ライフ』誌に一〇頁にわたって掲載されたその内容は、ニーバーの包括的なラウシェンブッシュ論と言ってよい。その要点を拾ってみよう。

ニーバーは、まず、半世紀前に当時のアメリカ宗教界に衝撃を与えたラウシェンブッシュの『キリスト教と社会危機』(一九〇七年)が、すでに時代遅れになってしまった事実を指摘し、その理由がどこにあるかを、以下の数点において明らかにした。

第一は、当時の経済的格差の状況に対するラウシェンブッシュの洞察の問題である。ニーバーは次の点においてラウシェンブッシュの観察眼を評価する。すなわち、ラウシェンブッシュが世紀の変わり目の「今日の危機」を、非常な貧富の経済格差に見たこと、「正義の規制原理としての平等の概念」を重んじ、アメリカの現状がこの規制原理に反していることを明らかにしたこと、労働者たちの年金や雇用保険の不在や不平等な税制とそれに対する政府の無能ぶりについての指摘、経済力の優先性を主張するマルクス主義的主張に接近したことなどである。ニーバーは、こうしたラウシェンブッシュの「政治と経済の関係に関する半マルクス主義的な見方」が当時の状況に当てはまる妥当なものであったとする。

しかし、ラウシェンブッシュの問題は、T・ローズヴェルトの小諸改革に象徴される革新主義的改革・改良のエートス内にとどまってしまったことである。それは、ラウシェンブッシュが、当時の真の問題が自己満足的中産階級文化とりわけ中産階級プロテスタントの存在にあったことを見逃したからである。ラウシェンブッシュは、種々の問題の根をもっぱら個人主義のせいにし、カルヴァン的道徳主義を推進し、しかも当時の階級闘争がヨーロッパからの移民にカトリックが多かったことから宗教的要素が絡み合っていたことも見逃していた。さらにその中産階級プロテスタントのエートスは、「社会的ダーウィン主義」ないし「スペンサー主義」とりわけ「自由放任主義」であったが、ラウシェンブッシュはそれを正確に認識できなかったのである。[三]

第二は、上に挙げた諸問題へのラウシェンブッシュの対処の問題である。すなわち、ラウシェンブッシュには、スペンサー主義的「イデオロギー的色彩を帯びた幻想」に根底から挑戦することがなかった、という点である。ニーバーによれば、ラウシェンブッシュの「メッセージは、単にキリスト教信仰の社会的妥当性とクリスチャンの社会的責任を主張することであった」。そしてそれを「一九世紀に支配的であった福音のリベラルな解釈をとくに強調するか応用することによって」なそうとしたのであった。それは、「ある意味で、進歩の概念と人間の完全になりうる能力の宗教的な応用」であって、いわば、「スペンサー（Herbert Spencer）に対抗してコント（Augste Comte）の主意主義的概念を据えた」ことであった。したがって、それは、「進歩の概念」の応用であるが、宗教的に言えば、ラウシェンブッシュが父親から受け継いだバプテストとしての「セクト的キリスト教のラディカリズム」の応用であり、それは、晩年の『社会福音のための神学』（一九一七）に明白であるとニーバーは見る。[112]

第三は、ラウシェンブッシュがそのセクト的キリスト教のラディカリズムの立場から注目し重視したヘブライの預言者理解に関する問題である。ニーバーは、「ラウシェンブッシュの『キリスト教と社会危機』における最も雄弁な章の一つが、『キリスト教の歴史的源泉――ヘブライの預言者』と題された最初の章である」とし、その章で、預言者が「私的道徳」だけでなく「公共の道徳」を強調したとされていることを評価した。

しかし、ニーバーは、「社会福音が、メシアニズムの意味合いを伴うヘブライの預言者信仰を十分に理解したかどうか」疑問だとする。それは、「その預言者的な証しがあまりにも単純に歴史の進化的概念と調和されすぎていたからである」。また、ラウシェンブッシュにあって、「どの民族も成就することができない要求を伴う預言者信仰の緊張の全体がまさに曖昧にされている」からである。

とはいえ、ニーバーは、そうした誤りにもかかわらず、社会福音が、社会正義と集団の道徳性に対する預言者の主張の重要性を認識していたことは、キリスト教社会倫理の永続的資源が旧約聖書にあることに注目させた点については評価できるとした。[113]

第四は、ラウシェンブッシュの新約聖書における愛の概念理解の不十分さの問題である。ニーバーは、ラウシェンブッシュの中に、ニーバー自身はそれに全面的に賛成ではないが、A・ニグレン（Anders Nygren）によって明確にされたアガペー理解がまったく見られないことを指摘する。ラウシェンブッシュにとって、愛とは「共同体を形成する能力」のことであり、そこでは、愛はすべて相互愛になり、愛と正義の緊張関係はなくなる。ニーバーは、そこに「社会福音によって展開されたキリスト教社会倫理の問題の核心」があると考える。すなわち、社会福音は、「愛の頂点の高さも正義の基礎も理解しなかった」のである。

さらに、ニーバーによれば、新約聖書で愛の頂点とされているのは、キリストの十字架における自己犠牲と赦しのモチーフであるが、「社会福音は、愛を単純に相互愛の次元に還元することによって、倫理の分野における十字架という真理の頂点を曖昧にしてしまった」。ラウシェンブッシュは、理想的な共同体に向かう社会の進歩を予想しているが、その過程で倫理におけるこの「躓きの石」を捉えることができなかったのである。[114]

第五は、アガペーと相互愛を区別できなかったゆえに、ラウシェンブッシュは、「正義の仕組み（mechanics of justice）を理解しなかった」という点である。ニーバーによれば、それは、「正義の感覚」（sense of justice）を創出した点で多大の貢献をした「社会福音の教えにおけるもう一つの欠陥」であった。なぜなら、ラウシェンブッシュらは、人間の自己執着（self-concern）とりわけ集団の自己執着の力を十分に測ることができなかったからである。ラウシェンブッシュは、『社会福音のための神学』で「原罪」について論じているが、その罪の普遍性を「欠陥のある諸制度にある利己的傾向」に帰している。しかしそうであれば、その見方は必然的にマルクス主義的社会変革へと至るはずであるが、ラウシェンブッシュは、それを示唆しはしたものの、自らマルクス主義へと踏み出すことはまったくなかった。もちろん、マルクス主義に社会制度の利己的傾向が解決できるわけではない。多くの問題をかかえていたとしてもニューディール政策や労働組合運動などにより組織的にではなく、プラグマティックに「力には力を」対応させて可能になることである。ニーバーによれば、こうした正義の機能をラウシェンブッシュは理解できなかったのである。[115]

第六は、第二点と共通することであるが、「神の国」概念の楽観性の問題である。ニーバーは、社会福音運動は、その時代背景である革新主義的進歩主義と楽観主義の世俗的リベラリズムに絡め取られてしまった、と見なした。ニーバーによれば、「ラウシェンブッシュは、その楽観主義を、『神の国』を歴史的進歩と同一視することによって、身近な表現で言い表した」。事実、ラウシェンブッシュは、『キリスト教と社会危機』で、イエスは「科学的な洞察」を持ち、「自然と歴史における有機的発展の法の本質を把握していた」として、「この成長の概念は、もっと洗練された洞察を要求するだけでなく、さらに高度な信仰を要請する」と述べているからである。ニーバーは、そこに、「偉大な神学者で偉大なキリスト教的指導者〔ラウシェンブッシュ〕の、その時代に支配的な進歩の概念への降伏」を見た。ニーバーにとって、二〇世紀に入って経験してきた幾多の悲劇に照らせば、それは、「一九世紀的希望」であり、「啓蒙思想の楽観主義」であって、「幻想」にすぎないものであった。それどころか、ラウシェンブッシュが見た、「預言者の『破局主義』や一九世紀にとって旧約聖書の『荒削りな』メシアニズムと見えたもの」にはきわめて重大な意味があったのである。それは、預言者のメシアニズムが、世界の不義を来るべきメシアの時代に委ねるべきことを主張したのに対して、「新約聖書は、勝利のメシアへの待望を拒否し、世界の罪をその身に負う受難のメシアを宣言した」からである。それは、ラウシェンブッシュの主張する「漸進的進歩の不可避性」(inevitability of gradualness) を拒否する、預言者以上に「人間の道徳的能力への深い悲観主義」を示していた。

ニーバーによれば、「正義において達成されてきたものは、社会的な諸力を注意深くバランスさせることによって勝ち取られてきた。『共同体形成の能力』としての愛が有効であるのは、愛が、正義の予測 (calculation of justice) と正義の構造を利用する場合だけである。つまり、われわれは、社会福音が想定するのと同じほど『道徳的力』を当てにすることはできない。われわれが当てにしなければならないのは、自らの権力が抑制されず、その政策が検討に付されずにいるとしたら、自分が正しくあるために十分に道徳的でないことがわかっているような最良の人間の謙遜さである」。ニーバーにとって、二〇世紀のさまざまな悲劇の経験から明らかなことは、「啓蒙主義や社会福音の思想には、われわれの精神的なあり方の日ごとの糧となってきたこの時代の悲劇的な諸現実を推測するものは何もなかった」ということであった。[116]

最後に、ニーバーは、ラウシェンブッシュを「他の世代の英雄」として、有害な権力を拒否し、キリスト教信仰を非社会性と意識的無意識的な悪の連携から救い出そうとしたことを評価した。かれらは、その手にある手段を用いて、勇気ある奉仕を果たしたからである。しかし、ラウシェンブッシュら社会福音運動家たちは、かれらが認識していた以上に、かれら自身の文化の虜であり、したがって、社会的秩序に対するキリスト教の関係についての「由々しき誤り」に頼らざるをえなかった。

その点で、ニーバーは、自分たちの場合、幸運にもそれから免れえたが、それは「歴史における摂理のわざ」によるものであって、自分たちのほうが賢かった、ということではないとし、「共同体に正義を確立することにおける、キリスト教リベラリズムとキリスト教保守主義の失敗の長い歴史は、われわれを節度ある姿勢へと招いている」と主張する。そしてそれは、「人間の状況についての福音の解釈が、福音についてのすべての現実主義や理想主義の解釈のすべてに優っている」ことを認めることなのである。[117]

4　ニーバーのラウシェンブッシュ論の評価

以上のニーバーのラウシェンブッシュ論は、ニーバーがユニオン神学大学院を引退する三年前の一九五七年に出された、いわば円熟期に達していたニーバーの包括的なラウシェンブッシュ論であり、社会福音運動の思想の最終的な評価である。その調子は、総じて肯定よりも否定の調子が顕著である。

その主旋律は、以下の三点であろうか。第一点は、ラウシェンブッシュの時代的な制約である。それは二〇世紀のアメリカを巻き込む世界的な危機である、二つの大戦とその後の冷戦を経験する以前の時代であり、ラウシェンブッシュの社会福音は、その時代のエートスの中にあったということである。ラウシェンブッシュとニーバーの間に横たわる時代の違いは、ニーバーとってはきわめて重要であり、それはほとんど決定的であった。すでに見たように、それゆえ、ニーバーはラウシェンブッシュを「明白に時代遅れ」になっていると見なし、また、その時代に「絡め取られ」その「虜」になっていたと考えたのである。もちろん、それは、ラウシェンブッシュに限ったことでなく、いかなる創造的な著作であれ人間であれ、その「宿命」の中にあるものであることを認めていた上での判断である。[118]

おそらく、このニーバーの指摘はそのとおりであったであろう。ラウシェンブッシュはやはり時代の子であり、とくにアメリカ史的には「革新主義」のエートスを体現した思想家であったことは間違いない。ラウシェンブッシュは、ドイツへの戦争を深く憂慮する中で、しかも死の前年、著したのは一九世紀自由主義神学の典型のような『社会福音のための神学』であった。J・ガスタフスン（James Gustafson）が、「ラウシェンブッシュからラインホールド・ニーバーへの移行は……グローバルな政治的経済的変化をも反映していた」[119]と述べているとおりである。

第二点は、第一点と密接に関係するラウシェンブッシュの楽観主義への批判である。ニーバーは、ラウシェンブッシュの立場を一九世紀的楽観主義、人間が完全になりうるとの思想、「神の国」思想に表れる進歩の概念に規定されているものとして、厳しく批判した。おそらくこの評価も全体として妥当であろう。ただ、ラウシェンブッシュの「神の国」の成就の可能性については、ニーバーが批判するラウシェンブッシュよりも、実際にはもう少し微妙である。あるいはニーバーの批判は、ラウシェンブッシュ以前の代表的社会福音運動家には当てはまるが、ラウシェンブッシュ自身には単純にそうではないように見えるからである。社会福音運動の指導者の思想の項で述べたように、ラウシェンブッシュは、「神の国」を、単純な歴史的可能性として受け止めてはいないように見えるからである。ラウシェンブッシュによれば、「神の国はつねに現在でもあり将来でもある」[120]また、「神の国はつねに到来しつつあるが、『見よ、ここにある』と言うことが決してできないものである」[121]。つまり、ラウシェンブッシュにとって、「神の国」の到来を、「アメリカの歴史的経験の自動的な完成ではなく、偶発的な完成」[122]と見ていたのである。

しかしそれにもかかわらず、ラウシェンブッシュには、その神の国の終末論を、「すでに」と「まだ」の弁証法で捉えるところはない。ニーバーは、その点、きわめて明快に「神の国」をその弁証法で捉え、その間に「中間時」の歴史を見、それによって歴史の複雑さを多様に雄弁に分析したのであった。しかし、ラウシェンブッシュにはそれがなかった。それゆえ、「ある面では、社会福音運動は、一九世紀プロテスタンティズムの楽観主義とユートピア主義を超えていた」とは言えるものの、ラウシェンブッシュが、「ある程度、聖書的終末論を単なるユートピアに還元し、聖書の啓示の黙示的次元を看過し、神の国の理想を、正義の優れた民主主義というアメリカの夢の実現と同一視する一九世紀の上流社会の伝統の中にとどまっていた」とする、E・ナヴェー（Eyal Naveh）の見方は妥当と言わざるをえない[123]。そうであれば、ニーバーのラウシェンブッシュ批判はその基本において間違ってはいなかったであろう。

第三点は、贖罪論の不足である。それは、預言者の思想理解、それに関わるメシアニズムと罪の理解、さらにはキリストの十字架の理解すなわち受難のメシアといったキリスト教の根幹に関わる理解の不足である。ラウシェンブッシュのこれら枢要な神学概念の理解は、明白に、一九世紀自由主義神学のそれであった。『社会福音のための神学』の内容はその典型である。そこで主な資料となっているのは、シュライアマハーの『信仰論』であり、リッチュルの『義認と和解』であり、ある部分はシュライアマハーの要約でさえあることを断っている。

『社会福音のための神学』の最終章は「社会福音と贖罪論」と題されている（ちなみに終末論はその直前の章で論じられている）が、そこでは、伝統的贖罪論で扱われてきた「満足」、「身代わり」、「転嫁」、「功績」といった聖書の概念は、「福音の精神とは無縁である」とし、[124]イエスをいわば徹底して模範として捉えている。「イエスの生は愛と奉仕の生である。あらゆる瞬間に、イエスの生は神と人々に向けられた。イエスの死もまた同じ意味を持っていた」と主張されているからである。[125]この立場は、伝統的贖罪論解釈の語を用いれば、「道徳感化説」、それもその典型であると言って過言ではない。

ニーバーにとって、イエスは、あくまでも受難のメシアであり、神が人間の苦難を自ら担うことによる罪の救いを聖書の真髄と考えているのである

以上の、ニーバーのラウシェンブッシュ論が明らかにしているのは、ラウシェンブッシュとニーバーの質的相違である。ガスタフスンは、上に引用した部分に続けて、ラウシェンブッシュからニーバーへの移行は「神学的焦点の深遠な変化を示していた」[126]と指摘しているが、妥当な見方と言えよう。その本質的な移行なくして、成熟したニーバーはなかった。

しかし、ニーバーが成熟したのちの神学的立場を確立するのは、一九三〇年代前半の、マルクス主義との取り組みの厳しい経験を経てのことであることを、付け加えておかねばならないであろう。しかも、ニーバーがマルクス主義へと踏み出すのはラウシェンブッシュの半マルクス主義的な社会現実への洞察を先へ進めたその結果でもあった。ニーバーは、ラウシェンブッシュ論の中でこう述べているからである。「ラウシェンブッシュは、それを仄めかしはしたが、マルクス主義に踏み込むことは決してなかった。しかしわれわれを含む多くのラウシェンブッシュの追随者たちはまさにそうしたのであった」[127]。ラウシェンブッシュとの連続と断絶が見て取れる貴重なニーバーの

言葉ではある。

おわりに

以上、ニーバーと社会福音運動との関わりの全体を概観した。ニーバーが、キリスト教の社会意識の醸成と実際の活動の必要を、デトロイトで社会福音運動の活動に実際に参画することによって体験的に学び、そのリーダーの一人になったことは間違いない。それはデトロイト時代のニーバーにとって圧倒的な経験であった。しかも、われわれの確認によれば、それが、ニーバーが自らの出身教派において受けていた豊富な社会意識との連続線上にあったことも間違いない。その意味で、ニーバーはいわゆる社会福音運動に、イェールで、あるいはデトロイトでまったく初めて出会ったのではない。ニーバーは、出身教派の社会福音運動的姿勢の中で育ち、その芽がデトロイトで成長し、花開いたのである。

しかし、重要なことは、ニーバーが、他のいわゆる社会福音運動家たちと異なって、その運動の基礎にある改革主義的、理想主義的、楽観主義的傾向に、おそらくはかなり早くより疑念を持っていた、ということである。そしてそれは、マルクス主義との取り組み、『人間の本性と運命』に結実する神学的取り組みを経て、ラウシェンブッシュ的社会福音との決定的に質的に異なる神学へと導かれることになったのである。

しかしニーバーは、実際の社会との関わり、のちに「ソーシャルアクション」と名づけるニーバーの政治世界を中心とする活動そのものは、デトロイト時代の社会福音運動の活動と一貫したつながりを持ち、その展開と考えてよいであろう。

要するに、ニーバーは、その実際的な社会活動においては、明白にラウシェンブッシュら社会福音運動の「延長と適用」の中にあった[128]。そこにあるのは《連続》である。しかし、同時に、ニーバーはその神学において、ラウシェンブッシュたちの社会福音運動とは質的に相違する道を歩んだ。それは《断絶》と見なすべきであろう。そしてその断絶は、その連続よりはるかに強く、また重要であった。

注

（1）Shelton H. Smith, *Changing Conception of Original Sin: A Study in American Theology since 1750* (New York: Scribner's Sons, 1955), 206. Cf. Roger Dickinson, "Rauschenbusch and Niebuhr: Brothers Under the Skin?" *Religion in Life* Vol. 27, no.2 (Spring, 1958): 163–171.

（2）Ernest F. Dibble, *Young Prophet Niebuhr: Reinhold Niebuhr's Early Search for Social Justice* (Washington, D.C.: Univesity Press of America, 1979), 87 note 11. また、Henry Steele Commager, *The American Mind: An Interpretation of American Thought and Character Since the 1880* (New Haven: Yale University Press, 1950) は、ニーバーをラウシェンブッシュの "spiritual Successor" (173) と呼んでいる。

（3）古屋安雄「R・ニーバーとW・ラウシェンブッシュ」『歴史と神学』上巻、古屋安雄・倉松功、近藤勝彦・阿久戸光晴編（聖学院大学出版会、二〇〇五年）、二六頁。「正当な継承者」とは、H・リチャード・ニーバーがかつて「バルトは社会福音の正当な継承者」と呼んだ表現（H. Richard Niebuhr, *Theology, History, and Culture*, ed. W. S. Johnson, New Haven: Yale University Press, 1996, 122）をニーバーに当てはめた表現である。古屋教授の論文は、ニーバーとラウシェンブッシュおよび社会福音運動との関わりを扱った、おそらくわが国では最初の論文である。その後、古屋教授は同様の趣旨を以下の著書でも主張されている。古屋安雄『神の国とキリスト教』（教文館、二〇〇七年）、八一—八五頁。

（4）Patrick Granfield, ed., *Theologians at Work* (New York: Macmillan, 1967), 61.

（5）Robert T. Handy, *A Christian America: Protestant Hopes and Historical Realities* (New York: Oxford University Press, 1971), 168–169.

（6）Charles H. Hopkins, *The Rise of the Social Gospel in American Protestantism, 1865–1915* (New Haven: Yale University Press, 1940), 201.

（7）A. C. Dixon and (later)Reuben Archer Torrey, eds., *The Fundamentals: A Testimony to the Truth* (Bible Institute of Los Angeles, 1910–15).

（8）George M. Marsden, *Fundamentalism and American Culture* (Oxford, New York: Oxford University Press, 2006), 91.

（9）Cf. Eyal Naveh, *Reinhold Niebuhr and Non-Utopian Liberalism: Beyond Illusion and Despair* (Brighton, Portland, OR: Sussex Academic Press, 2002), 14.

（10）保守、リベラルの対立は一九一〇年代半ばから激しくなり、二〇年代末にまで及んだ。たとえば、教育の場における進化論の扱いをめぐって保守派が勝利し、世間の耳目を集めたスコープス裁判が開かれたのは一九二五年であり、長老派における神学的論争の結果、プリンストン神学校が分裂したのは一九二九年である。

（11）Paul Merkley, *Reinhold Niebuhr: A Political Account* (Montreal and London: McGill-Queen's University Press, 1975), 48.

（12）ラウシェンブッシュは、以上に加えて、シュライアマハー、ローテ、トレルチや、ラガーツ、クッター、ベンツ、ラインハルトらスイスの宗教社会主義者たちの名も挙げている。Cf. Walter Rauschenbusch, *A Theology for the Social Gospel* (New York: Macmillan Co., 1917), 27–29.

（13）Robert T. Handy, ed., *The Social Gospel in America: 1870–1920, Gladden, Fly, Rauschenbusch* (New York: Oxford University Press, 1966), 4: "fundamentally indigenous." Cf. Hopkins, *The Rise of the Social Gospel*, vii: "uniquely American movement."

（14）Walter Nugent, *Progressivism: A Very Short Introduction* (New York: Oxford University Press, 2010), 60f. ライアンは、*A*

Living Wage (1906), *Distributive Justice: The Right and Wrong of Our Present Distribution of Wealth* (1916) などの著作や、アメリカ・カトリック教会の公式文書「司教の社会的再建計画」などをとおして大きな影響を与え、ヒルシュは、シカゴの企業家でシアーズ・ローバックの経営者J・ローゼンウォルド（Julius Rosenwald）を指導的なフィランスロピストへと導いた。

（15）M・E・マーティによれば、「社会福音」の語が最初に使われたのは、「おそらく一八八六年」、アイオワ州ドゥビュークの会衆派牧師C・O・ブラウン（Charles O. Brown）によってであったという。Martin E. Marty, *Modern American Religion* Vol. 1: *The Irony of It All, 1893–1919* (Chicago: The University of Chicago Press, 1986), 286. Cf. Handy, ed., The Social Gospel in America: 1870–1920, 5.

（16）社会福音運動の最盛期の終焉時期をどこに見るかについては幅がある。一九一〇年代半ばから後半とする見方が一般的である。ホプキンスは一九一五年としている（Hopkins, *The Rise of the Social Gospel*, 203 など）が、一九一四年とする見方もある（Vernon H. Holloway, “Utopianism and Realism in Foreign Policy,” *Christian Faith and Social Action*, ed. John A. Hutchison, New York: Scribner's Sons, 1953, 184）。一方、ハンディは一九二〇年までを考えている（Handy, ed., *The Social Gospel in America: 1970–1920*）。しかし、G・ドーリエンは、二〇年代から三〇年代初期まで、多くの神学校において社会福音運動に対する尊敬は続いていたとし、社会福音運動が一九一〇年代末とくに一九一八年に終息したとの見方に強く反対している（Gary Dorrien, *The Making of American Liberal Theology: Idealism, Realism, and Modernity, 1900–1950*, Louisville, London: Westminster John Knox Press, 2003, 127）。ニーバーが参画した状況に照らすと、すでに最盛期を過ぎていたとはいえ、社会福音運動の活力は少なくとも一九二〇年代末までは続いたと見てよいであろう。

（17）チャールズ・C・ブラウン『ニーバーとその時代――ラインホールド・ニーバーの預言者的役割とその遺産』高橋義文訳（聖学院大学出版会、二〇〇四年）、五一頁参照。

（18）Nugent, *Progressivism*, 58–61.

（19）Reinhold Niebuhr, “The Death of Senator LaFollette,” *The Christian Century* Vol. 42 (July 2, 1925): 847–48.

（20）Hopkins, *The Rise of the Social Gospel*, 279.

(21) 最近のアダムズ研究には盛んなものがある。Louise W. Knight, *Jane Addams: Sprit in Action* (New York and London: W. W. Norton & Co., 2010), 275–279. Cf. Jean Bethke Elshtain, *Jane Addams and the Dreams of American Democracy* (New York: Basic Books, 2002).

(22) ブラウン『ニーバーとその時代』、五五頁。

(23) Liston Pope, "Can Social Problems be Solved?" *Christian Faith and Social Action*, ed. Hutchison, 219.

(24) グラッデンは、ブッシュネルの個人的な友人でもあったという。Handy, *A Christian America*, 157.

(25) Washington Gladden, *Tools and the Man* (Boston and New York: 1893), 17. Quoted in Liston Pope, "Can Social Problems be Solved?" *Christian Faith and Social Action*, ed. Hutchison, 218.

(26) Hopkins, *The Rise of the Social Gospel*, 200; Christopher H. Evans, *The Kingdom is Always but Coming: A Life of Walter Rauschenbusch* (Grand Rapids, MI: Eerdmans, 2004), 108. 「応用キリスト教」の語は、一八九〇年発刊の *The Kingdom, a Weekly Exponent of Applied Christianity* の誌名に由来するが、のちに広く使用されるようになる。ちなみに、一九二九年にニーバーが占めるようになる、ユニオン神学大学院の「ウィリアム・E・ダッジ応用キリスト教」教授席は、社会福音を推進するための寄付によって、一九〇四年に設置された席である（高橋義文『ラインホールド・ニーバーの歴史神学――ニーバー神学の形成背景・諸相・特質の研究』聖学院大学出版会、一九九三年、一五―一七頁）。ヘロンは、一九〇一年、個人的な問題で会衆派教会牧師の職を解かれ、社会福音運動から姿を消す（"Dr. George D. Herron Expelled from Church," *The New York Times*, June 5, 1901）。のちに政治の世界に入り、第一次世界大戦前に、ジュネーヴで平和運動に従事。アメリカ参戦後、連合国側の情報員となり、戦後、「ウィルソン周辺のリベラル」の一人として、ヴェルサイユ条約に至る過程でのバイエルンの講和路線に影響を与えたという。牧野雅彦『ヴェルサイユ条約――マックス・ウェーバーとドイツの講和』（中公新書、中央公論新社、二〇〇九年）、一九七頁。同、七四―七五頁参照。

(27) George D. Herron, *The Christian State* (New York: 1895), 32. Quoted in Liston Pope, "Can Social Problems be Solved?" *Christian Faith and Social Action*, ed. Hutchison, 218.

(28) Ibid., 219. もっともポープは、社会福音の反神学的雰囲気は、ニーバーらによって克服されたと見ている。しかし、それ以前に、ラウシェンブッシュはすでに、その雰囲気を神学的弁証努力によってある程度克服しようとしていたことも事実である。

(29) Walter Rauschenbusch, *Christianity and the Social Crisis* (New York: Macmillan, 1907)（ウォルター・ラウシェンブッシュ『キリスト教と社会の危機――教会を覚醒させた社会的福音』ポール・ラウシェンブッシュ編、山下慶親訳、新教出版社、二〇一三年）、および、*A Theology for the Social Gospel* (New York: Macmillan, 1917)。

(30) Ibid., "Foreword." この序文で、ラウシェンブッシュは、自らの専門や個人的な性格や好みは教会史にあると述べた上で、組織神学的取り組みの必要性を指摘している。

(31) Ibid., 1.

(32) Cf. Rauschenbusch, *Christianity and the Social Crisis*, chaps 4 and 5.

(33) Rauschenbusch, *A Theology for the Social Gospel*, 47–50.

(34) Hopkins, *The Rise of the Social Gospel*, 131.

(35) Rauschenbusch, *A Theology for the Social Gospel*, 131.

(36) Ibid.; Cf. Ibid. Chapter XIII.

(37) Ibid., 140–141.

(38) Ibid., 227.

(39) Ibid. Cf. Hopkins, *The Rise of the Social Gospel*, 322: "'Progres,' said Rauschenbush, 'is more than natural. It is divine.'"

(40) Ibid., 54.

(41) Liston Pope, "Can Social Problems be Solved?" *Christian Faith and Social Action*, 218.

(42) ブラウン『ニーバーとその時代』、四一頁。

(43) 高橋義文「イェール時代のラインホールド・ニーバー――思想的格闘の始まり」『終末論と現代』「神学」五七号、東京神学大学神学会編（一九九五年）、一六六―一八二頁参照。

(44) Richard W. Fox, *Reinhold Niebuhr: A Biography* (Ithaca and London: Cornell University Press, 1996 [originally 1985]), 31. 古屋教授は、「フォックスが示しているように、ニーバーが、社会福音が強調した社会的次元とラウシェンブッ

シュの重要さについての『まったくの無視』(total neglect)はまことに『驚くべき』(remarkable)ことといわねばならない」とのフォックスの指摘「フォックス、三二頁」に触れて、なぜニーバーはラウシェンブッシュや社会福音を敢えて無視するのであろうか」と述べている(古屋「ニーバーとラウシェンブッシュ」『歴史と神学』上巻、二五頁)。しかし古屋教授が引用されたフォックスの指摘は、あくまでも、イェールでのMA論文における人格性についての議論に関連しての指摘であって、その後のニーバーも含めての指摘ではない。この指摘のすぐあとに、フォックスは、ニーバーがのちにラウシェンブッシュを熱心に研究し、デブスの社会党に加わったことなどについて付け加えているからである。したがって、フォックスは、ニーバーのイェールでの論文における社会的次元の欠如について、それを顕著なこととしそれに驚きを示しているにすぎず、また、この部分に関する限り、「批判的かつ心理的」な理解や解釈(古屋、同、二六頁)を施しているわけでもない。

(45) インネレ・ミッシオーン(Innere Mission)とは、元来「外国伝道」(Aussere Mission)に対する「国内伝道」の意である。(長く「内国伝道」と訳されてきたが、ややこなれない訳語でもあり、内実を適確に表している用語でもないので、ここではカタカナで表記しておく。)この運動の父と呼ばれたヴィヘルン(原音はヴィーヒャーン)は、一八三〇年代、キリスト教国としての真の伝道すなわち愛の行為とりわけ社会的な愛の行為としての伝道が、ドイツ国内に必要だと考えた。そしてそれを、見捨てられた子供たちのための施設「ラウエ・ハウス」の設立やペスト発生に伴う数千の孤児の救済をはじめとする社会福祉活動によって表現した。ヴィヘルンは、キリスト教信仰から生じる「社会性」によって「社会の革新」を目指す働きをインネレ・ミッシオーンと呼んだのである。北村次一『ヴィヘルンと留岡幸助——キリスト教社会改革史』(法律文化社、一九八六年)を参照。

(46) 以上については、髙橋義文『ニーバーの歴史神学』、六〇—六一頁、ならびに、髙橋義文「解説　ソーシャルワークにおける宗教——ニーバーの視点」ラインホールド・ニーバー『ソーシャルワークを支える宗教の視点——その意義と課題』髙橋義文・西川淑子訳(聖学院大学出版会、二〇一〇年)、一二九—一三一頁(本書補遺一、三六三—三六五頁)を参照。

(47) William G. Chrystal, *A Father's Mantle: the Legacy of Gustav Niebuhr* (New York: The Pilgrim Press, 1982), 47f.

(48) Ibid., 66f.

(49) Ibid., 67.

(50) Ibid., 71.

(51) Adolf von Harnack, *Das Wesen des Christentums* (1900).

(52) Chrystal, *A Father's Mantle*, 70. グスタフのハルナック書の書評、Gustav Niebuhr, "Harnacks 'Das Wesen des Christentums'," *Magzin für Evangelische Theologie und Kirche*, New Series, vol. 4 (März 1902). グスタフは、ハルナックに非常な興味を持っていたが、その思想を全面的に受け入れていたわけではない。とくにそのリベラルな神学的立場については、ハルナックもまた「時代の子」であったとして批判的である。しかし、「宗教は心の傾向だけではなく、傾向と行動であり、信仰は聖化と愛において自らを表現する」との主張には全面的に賛成した。Cf. Chrystal, *A Father's Mantle*, 71–74. ブラウン『ニーバーとその時代』、三二―三三頁参照。

(53) Chrystal, *A Father's Mantle*, 70: "it is apparent that he was now thoroughly infected with a language of the Social Gospel …"

(54) Ibid.

(55) Ibid. グスタフのリンカーンへの評価は、ラインホールドやH・リチャードにも受け継がれている。ラインホールドにとってリンカーンは理想的な政治家であり、リチャードは、南北戦争への関心を生涯持ち続け、文献を収集していたと言われる。それは、一家がリンカーンの名をとった町、イリノイ州リンカーンにいたことが影響しているかもしれない。ちなみに、リンカーンは、同州スプリングフィールドで活躍する前、十年余りこの地域で弁護士をしていた。一八五三年、この地域に鉄道が敷設された際、著名になりつつあった大統領になる前のリンカーンの名が地域の名前として採用され、市制（city）が敷かれた。

(56) 以上の経緯からすると、グスタフは、「社会福音の改革運動にほとんど関心を示していない」とするJ・P・ディギンズの見解には妥当性はない。John Patrick Diggins, *Why Niebuhr Now?* (Chicago: University of Chicago Press, 2011), 12.

(57) Naveh, *Reinhold Niebuhr*, 10.

(58) Dibble, *Young Prophet Niebuhr*, 51, 53. このニーバーの言葉に注はつけられているが、なぜか、出典資料は明示されていない。

(59) 高橋義文「イェール時代のニーバー」、一七〇―一七一頁、ブラウン『ニーバーとその時代』、四一頁。

(60) ＢＤ（Bachelor of Divinity）は、米国で、一九七〇年代初めまで、神学教育機関（Theological Seminary, School of Theology, Divinity School 等）から出されていた牧師養成の基礎学位である。学士とはいうもののリベラルアーツの学士課程を経て学ぶ大学院レベルの通常三年の教育課程である（一九七〇年代に入って、ＢＤは、Ｍ・Ｄｉｖ．〈Master of Divinity〉と改称されるようになった。イェールがＢＤをＭ・Ｄｉｖ．に変更したのは一九七一年）。一方、ＭＡ（Master of Arts）は、通常、「（学術）大学院」（Graduate School）で出す修士の学位であり、「大学院」は主としてアカデミックな研究・教育者の養成を行う課程である。ニーバーは、最初神学大学院に入学したが、入学に際し、卒業していたイーデン神学校に認可はなかったが、その教科内容が評価され、単位が相当数認められ、ＢＤ課程の三年目に受け入れられた。ニーバーは、その課程を一年で修了し、二年目に「大学院」に移った。大学院では学士号が入学の条件であったが、大学としての認可のないエルマースト・カレッジの卒業であったため、条件付きの仮入学のような資格で学びを始めた（ＢＤの学位は大学院入学の基礎資格としては認められていなかった）。しかし必要単位を履修、その内容が認められ、ＭＡの学位が授与された。

(61) 高橋義文「イェール時代のニーバー」、一七六―一七七頁を参照。マキントッシュ自身は、のちに、平和主義者として、第一次世界大戦で従軍牧師を務め、ＹＭＣＡなどの活動に従事するなどをした社会実践家でもあった。また、その後、選択的良心的兵役拒否について裁判の場で重要な一石を投じたこともある（United States vs. Macintosh, 283U.S. 605, 1931）。しかし、そうした活動は、ニーバーがイェールを終えてからのことであり、学問領域も一貫して宗教哲学、認識論の分野にあった。それゆえ、ニーバーがイェールでマキントッシュから社会意識について影響を受けたということはなかったと思われる。のちに、マキントッシュの弟子たちが、かれらの師に次のような論文集を献呈したことがあった。J. S. Bixler, ed., *The Nature of Religious Experience, Essays in Honor of D. C. Macintosh* (New York: Harper, 1937). ニーバーはこの書に、編集企画に当たった弟Ｈ・リチャード（かれの指導教授もマキントッシュであった）の要請に応じて、神学的認識論に関する重要な論文となる「神話における真理」（"Truth in Myths," Ibid., 117–135）を寄稿した。ところが、この論文集が出版されるやいなや、それが献呈された当のマキントッシュその人からニーバーの論文への激しい批判が寄せられた（Douglas C. Macintosh, "Is Theology Reducible to Mythology?" *The Review of Religion*, Vol. 4, no. 2, (January, 1937): 140–158）。しかし、見解の違いにもかかわらず、ニーバーの論考が、マキントッシュによって刺激され訓練された認識論への関心を踏まえた上で、独自に展開したものであったことは確かであり、イェールにおける哲学的訓練がのちのニーバーにその思想の展開の基礎となったことも間違いない。それのみならず、のちに、ニーバーは、「キリスト教信仰と哲学的観念論の間の多年にわたる連繫に対するマキントッシュの挑戦は重要であった」として、マキントッシュの思想を評価もしている（Charles W. Kegley, and Robert W. Bretall, eds. *Reinhold Niebuhr: His Religious, Social, and Political Thought*, New York: Macmillan Co., 1956, 4）。マキントッシュのニーバー批判とその検討については、高橋義文『ニーバーの歴史神学』、一三五—一四一頁を参照。

（62）Reinhold Niebuhr to Samuel D. Press, October 15, 1913, in Eden Theological Seminary Archives.

（63）Reinhold Niebuhr, "Intellectual Autobiography," Kegley and Bretall, eds., *Reinhold Niebuhr: His Religious, Social, and Political Thought*, 4.

（64）June Bingham, *Courage to Change: An Introduction to the Life and Thought of Reinhold Niebuhr* (New York: Scribner's Sons, 1961), 83.

（65）ニーバーの第一次世界大戦との関わりについては以下に詳しい。William G. Chrystal, "Reinhold Niebuhr and the First World War," *Journal of Presbyterian History*, Vol. 55, no. 3 (Fall, 1977): 285–298.

（66）とくに、*The Evangelical Teacher* 誌に多く書いた。一年ほどこの雑誌の副編集長も務めた。

（67）Reinhold Niebuhr, "Failure of German-Americanism," *The Atlantic Monthly*, Vol. 118, no. 5 (November, 1916): 609–614.

（68）Reinhold Niebuhr, *Leaves from the Notebook of a Tamed Cynic* (Cleveland and New York: The World Publishing Co., 1929), 35–37. 古屋安雄訳『教会と社会の間で——牧会ノート』（新教出版社、一九七一年）、二九—三三頁［以下、古屋訳を使用］。

（69）ニーバーは、一九一九年にウィルソン的リベラリズムへの失望を表明している。Reinhold Niebuhr, "The Twilight of Liberalism," *The New Republic*, Vol. 19, no. 241 (June 14, 1919): 218.

（70）ブラウン『ニーバーとその時代』、四八頁。Reinhold Niebuhr, "What the War Did to My Mind," *The Christian Century*, Vol. 45, no. 39 (September 27, 1928): 1161: "excess of patriotism."

（71）Evans, *The Kingdom is Always but Coming*, 264.

（72）Ibid.

（73）ベセル教会におけるドイツ語礼拝の廃止については以下を参照。Fox, *Reinhold Niebuhr*, 60ff.

（74）Charles D. Williams, *The Christian Ministry and Social Problem* (New York: Macmillan Co., 1917). ブラウン『ニーバーとその時代』、五一頁。

（75）Granfield, ed., *Theologians at Work*, 61.

（76）ブラウン『ニーバーとその時代』、五二頁。

（77）同。

（78）Marty, *Modern American Religion* Vol.1, 288: "when ... he 〔Rauschenbusch〕 wrote a synthetic *A Theology for the Social Gospel* in 1917 his and its energies were largely spent, his in grief over the war, and its in the face of changes it could not control or meet."

（79）ウィリアムズは、ラウシェンブッシュの『社会福音のための神学』が出版された同じ年に出版された、『キリスト教的奉仕と社会問題』をラウシェンブッシュに献呈している。その献呈の辞で、ウィリアムズは、ラウシェンブッシュを「預言者」また「神の人」と呼んでいる。Williams, *The Christian Ministry and Social Problems*. ちなみにこの書は九十年余を経た今日もなお版を重ねている。

（80）後述するエディやペイジの自伝には、ラウシェンブッシュの名のみならず社会福音の語さえ、ほとんど姿を見せない。

（81）エディの生涯については、Sherwood Eddy, *Eighty Adventurous Years: An Autobiography* (New York: Harper and Brothers, 1955) を参照。エディの自伝であるが、本章のエディの生涯についての記述はこれに拠っている。

（82）学生ヴォランティア運動のモットーは「この世代に世界のキリスト教化を」であった。これを主導するモットは、学生ＹＭＣＡ主事、世界キリスト教学生連盟総主事、ＹＭＣＡ国際大会総幹事を務め、世界教会協議会名誉議長になった。一九四六年、ノーベル平和賞を受賞。エディは、ユニオンで、この学生ヴォランティア運動に参加誓約書を出した時点で、「自分は宣教師になった」と述べている。Ibid., 82.

(83) ペイジの生涯については以下を参照。Kirby Page, *Kirby Page: Social Evangelist, The Autobiography of a 20th Century Prophet of Peace*, ed. by Harold E. Fey (Nyack, NY: The Fellowship of Reconciliation, 1975).

(84) Ibid., 99–100.

(85) Ibid., 115.

(86) ニーバーは、一九三一―三三年、友和会の議長を務めたが、その後、より厳格な平和主義への立場の移行に反対して三三年理事を辞し、三四年脱会している。

(87) 以上の段落については以下に拠る。Eddy, *Eighty Adventurous Years*, 128–130. Cf. Page, Kirby Page, 36–40.

(88) Eddy, *Eighty Adventurous Years*, 128f.

(89) ニーバー『教会と社会の間で』、五三頁（この書では、スカーレットとペイジはイニシャルで表記されている）。Page, *Kirby Page*, 38. エディもこのセミナーの期間、別なグループでルール地区を訪れている。Cf. Eddy, *Eighty Adventurous Years*, 131. ペイジもエディもルール地区のフランス軍の過酷な占領の下での人々の怒りと憎悪の姿を報告している。

(90) ブラウン『ニーバーとその時代』、五三頁。

(91) Page, *Kirby Page*, 115f.

(92) Reinhold Niebuhr, "Introduction," Eddy, *Eighty Adventurous Years*, 9.

(93) Ibid., 10–12.

(94) Eddy, *Eighty Adventurous Years*, 202f.

(95) ブラウン『ニーバーとその時代』、五六頁参照。Cf. Ronald H. Stone, *Reinhold Niebuhr: Prophet to Politicians* (Nashville, TN: Abingdon Press, 1972), 27–30.

(96) Reinhold Niebuhr, "Henry Ford and Industrial Autocracy," *The Christian Century*, Vol. 43, no. 44 (November 4, 1926), 1354–1355; "How Philanthropic is Henry Ford?" *The Christian Century*, Vol. 43, no. 49 (December 9, 1926), 1516–1517

[reprinted in *Love and Justice: Selections from the Shorter Writings of Reinhold Niebuhr*, ed. and with introduction by D. B. Robertson (Philadelphia: Westminster Press, 1957), 98–103]; "Ford's Five-Day Week Shrinks," *The Christian Century*, Vol. 44, no. 23 (June 9, 1927), 713–714 [reprinted in *Love and Justice*, 103–108]. ニーバーのフォード批判の論考によって、『クリスチャン・センチュリー』誌はデトロイトの反フォード自動車業界で高い評価を得たという。Stone, *Reinhold Niebuhr*, 28–29.

(97) ブラウン『ニーバーとその時代』、五七頁。

(98) Stone, *Reinhold Niebuhr*, 31.

(99) ブラウン『ニーバーとその時代』、五七頁参照。

(100) デトロイトにおけるニーバーの人種問題との取り組みについては以下を参照。Stone, *Reinhold Niebuhr: Prophet to Politicians*, 31–34; ブラウン『ニーバーとその時代』、五八—五九頁。

(101) Reinhold Niebuhr, *Does Civilization Need Religion?* (New York: Macmillan, 1928).

(102) 高橋義文『ニーバーの歴史神学』、七一—八二頁参照。

(103) Reinhold Niebuhr, "The Twilight of Liberalism," *The New Republic*, Vol. 19, no. 240 (June 14, 1919): 218.

(104) Reinhold Niebuhr, *Moral Man and Immoral Society: A Study in Ethics and Politics* (New York: Charles Scribner's Sons, 1932). 大木英夫訳『道徳的人間と非道徳的社会』(白水社、一九七四年)。

(105) ブラウン『ニーバーとその時代』、九四頁。

(106) Fox, *Reinhold Niebuhr*, 155. のちにペイジの自伝が出たとき、ニーバーはそれに序文を寄せ、そこで、平和主義では意見を異にしたが、友情は不変であったと述べている。Cf. Page, *Kirby Page*.

(107) Hutchison ed. *Christian Faith and Social Action*, 3–4.

(108) Ibid., 5.

(109) 古屋「R・ニーバーとW・ラウシェンブッシュ」『歴史と神学』上、二二六頁。なお、注44を参照。

(110) Reinhold Niebuhr, "Walter Rauschenbusch in Historical Perspective," *Religion in Life*, Vol. 27, no. 4 (Autumn, 1958): 527–536. この論文はのちに以下に収録された。Ronald Stone, ed., Reinhold Niebuhr, *Faith and Politics: A Commentary*

on Religious, Social and Political Thought in a Technological Age, (New York: George Braziller, 1968), 33–45.

(111) Reinhold Niebuhr, "Walter Rauschenbusch in Historical Perspective," 527–530.

(112) Ibid., 530.

(113) Ibid., 531.

(114) Ibid., 532–533.

(115) Ibid., 533.

(116) Ibid., 534–535.

(117) Ibid., 536.

(118) Ibid., 527.

(119) James Gustafson, "Christian Ethics and Social Policy," *Faith and Ethics: The Theology of H. Richard Niebuhr*, eds. Paul Ramsey, et. al. (New York: Harper & Row, Publishers, 1957), 123.

(120) Rauschenbusch, *A Theology for the Social Gospel*, 140–141.

(121) Ibid., 227.

(122) Eyal Naveh, *Reinhold Niebuhr and Non-Utopian Liberalism: Beyond Illusion and Despair* (Brighton, Portland, OR: Sussex Academic Press, 2002), 11–12.

(123) Ibid.

(124) Rauschenbusch, *A Theology for the Social Gospel*, 243.

(125) Ibid., 261.

(126) Gustafson, "Christian Ethics and Social Policy," 123.

(127) Reinhold Niebuhr, "Walter Rauschenbusch in Historical Perspective," 533.

(128) Reinhold Niebuhr, *An Interpretation of Christian Ethics* (New York: Charles Scriber's Sons, 1935), Preface.

第二章　ニーバーとマルクス主義

はじめに

ニーバーは、一九二八年九月、一三年にわたるデトロイトでの牧会生活に別れを告げて、ニューヨークのユニオン神学大学院に赴任したが、そこで迎えた一九三〇年代は、ニーバーの生涯の中できわめてユニークなエポックとなった。それはこの期間、ニーバーが政治的社会的にとくにラディカルな思想の影響を受けたからである。言うまでもなくマルクス主義の思想である。この時期のニーバーにとって、マルクス主義は単に、かれが影響を受けた多くの思想の一つにとどまらなかった。この時期、ニーバーの思想と活動の主力は、マルクス主義の受容とその批判とに費やされたとも見られるからである。したがって、マルクス主義がこの時期のニーバーにとって、さらにはその後のニーバーの思想にとって、とくに重要な位置を占めていることは、ニーバー研究者の一致して指摘するところである。

しかしながら、この時期ニーバーが、マルクス主義をどの点においてどの程度受け入れたのか、またその批判はどの点においてどの程度になされたのか、ということについて、その全体像は必ずしもそれほど明白ではない。本章では、一九三〇年代における、ニーバーのマルクス主義との思想的取り組みの全体像を確認することにしたい。それは、社会福音運動との取り組みが、ニーバーのリベラリズム克服の第一段階であるとすれば、マルクス主義との取り組みはその第二段階と言えるものであった(1)。

一　一九三〇年代のニーバーとマルクス主義

1　一九三〇年代とニーバー

ユニオン神学大学院に赴任したニーバーは、キリスト教倫理担当準教授としての働きを始めるとともに、『ワールド・トゥモロウ』誌の編集をはじめとしてニューヨークでの活発な活動を開始する(2)。S・エディ(Sherwood Eddy)、N・トマス(Norman Thomas)、J・H・ホームズ(John Haynes Holms)、E・チャフィー(Edmund Chaffee)といった、プロテスタントの社会主義的平和主義者たちの協働者となりながら、ニーバーは一九三〇年代へと歩みを進めた。

周知のように、一九三〇年代はアメリカにとって特異な時代であった。一九二九年一〇月二四日のいわゆる「暗黒の木曜日」に端を発した経済恐慌はたちまち全国をおおい、数百万から一千万にも上る失業者を生み、各種労働者の過激なデモやストライキは社会不安を増し、「黄金の二〇年代」はたちまちにして過去に追いやられた。政治の重心は急激に左傾化しさまざまの急進政党や左翼勢力が急上昇し、社会意識が増大した。アメリカ社会党は一九三二年、トマスを大統領候補に立て、八八万票を獲得する伸びを見せ、共産党もE・R・ブラウダー（Earl R. Browder）の指導のもとに広範な活動を展開した。一九三〇年代が「赤い一〇年」と呼ばれたゆえんである。[(3)]

また、この一九三〇年代は、連邦国家であるアメリカ市民たちがアメリカを全体として意識しはじめた時代でもあったとも言われる。[(4)] 大統領F・D・ローズヴェルト（Franklin D. Roosevelt）の登場による経済の立て直し、さらには国際的な危機感がそのような意識を強めていったのである。

一九三〇年代のニーバーはまさにこのような時代のただ中に生きたのであった。ニーバーは、一九二九年、社会党に入党、[(5)] 一九三〇年のニューヨーク州上院議員選および一九三二年の連邦議会下院議員選で社会党の候補者となる。また、一九三一年、「友和会」（The Fellowship of Reconciliation）の議長になり、一九三四年には、「社会主義キリスト者協会」（FSC: The Fellowship of Socialist Christians）を発足させ、翌年には同協会の活動の一つとして試みられたミシシッピー州のデルタ協同農場およびプロヴィデンス協同農場の理事長としても力を注いだ。[(6)]

また、この期間何度もヨーロッパを訪れているが、なかでも一九三〇年にはソヴィエト・ロシアを、一九三三年にはナチス・ドイツを、それぞれ訪問、視察し、その様子を見聞している。

ニーバーはこうした多方面にわたる活発な活動の中で、当時の多くの知識人や聖職者たちと軌を一にして、急速にマルクス主義思想に接近し、その相当程度を受容し、しかしほどなくして、鋭い批判を加えつつそれから離れていくのである。[(7)]

2　ニーバーのマルクス主義への接近の経緯

一九三〇年代ニーバーがマルクス主義に顕著に接近し、またそれから距離を置いていくことになったその経緯はどのようなものであったのだろうか。まず、その経緯だけを年代記的にごく簡単に概観しておこう。

すでに述べたように、ニーバーは、一九三〇年にロシアを訪れている。この年の八月、ドイツを訪問していたニーバーは、そこでエディの率いるヨーロッパ研修旅行「アメリカン・セミナー」のグループと合流して、ベルリンからロシアに入った。このロシア視察旅行で見聞したロシアの様子とそれに対するニーバーの評価は、『クリスチャン・センチュリー』誌に五回にわたって報告されている。[8] しかし、それらの報告にはまだ、マルクス主義もしくは共産主義についての積極的な評価は見られない。

ニーバーが初めてマルクス主義を公に積極的に受け止めたのは、ロシア旅行の翌年、一九三一年八月の論文「社会主義とキリスト教」[9]においてであった。そこではドイツや英国の社会主義を紹介しつつ、それがマルクス主義から分岐したものであることを認めた上で、アメリカにおけるその適合性を訴えている。

マルクス主義に対する肯定的な姿勢は、のちの批判につながる鋭い分析と批判を交えてではあるが、一九三二年の『道徳的人間と非道徳的社会』において相当程度情熱的に表現された。

一九三三年、『道徳的人間と非道徳的社会』への批判に答える論文「楽観主義とユートピアニズム」で、ニーバーは自らを「キリスト者」であるとともに、「マルクス主義者」（Marxian）でもあると明言する。[10]

同じ一九三三年、ニーバーは初めて自らを「キリスト教マルクス主義者」（Christian Marxian）と呼ぶ。[11]

明くる一九三四年、『一時代の終焉についての考察』[12]が出版されたが、それは、ニーバー自身が後年「もっともマルクス主義的な著作[13]」であると評した書であった。

一九三五年秋、その前年に発足したＦＳＣの機関誌『ラディカル・レリジョン』が発刊されたが、その創刊号における発刊の辞に当たる巻頭論説「ラディカル・レリジョン[14]」におけるニーバーは、「民主主義的社会主義者ではなく第一義的にはマルクス主義者であった[15]」と言われるほどにマルクス主義的色彩を色濃く有していた。

ところが、同じ『ラディカル・レリジョン』誌の第二号（一九三六年冬）になると微妙な調子ながら、ニーバーのマルクス主義に対する態度の基調に決定的ともいえる変化が生じる。当時アメリカ共産党が左翼勢力の結集を意図して、とくに社会党に呼びかけていたいわゆる共同戦線の提唱に対して、現下のところ西欧諸国の歴史的状況が明らかにしていることは、「新しい社会への突破の可能性」ではなく、「デモクラシー諸機構の擁護の可能性」であると訴えているからである[16]。このことは、見方によっては、ニーバーは、幾多の批判を持ちながらもそれまで基本的に同調してきたマルクス主義的な立場すなわち資本主義社会は崩壊されるべきとの立場から転向をはかったとも考えられる重要な意味を持っているであろう[17]。

しかし、一般的に言ってニーバーがいわゆるマルクス主義的立場から明白に離れたとされるのは、その共産党支配に反対して、「大学教員組合」から離脱した一九三九年のことである[18]。そして、さらには、明くる一九四〇年の秋、社会党を離れて、ローズヴェルト三選に票を投じることによって、マルクス主義との距離を決定的なものにしていった。

以上の概観から明らかなように、ニーバーがマルクス主義にとくに接近していたのは、それほど長い期間ではない。厳密に見るなら、一九三二年から一九三六年辺りまでということになるであろうし、大きく見ても一九四〇年までということになる。

しかしながら、ニーバーは一九四〇年以降マルクス主義への批判を急速に強めてはいくものの、マルクス主義における真理契機をまったく無視するわけではない。むしろその後もいくつかのマルクス主義的な視点は持ち続ける。その意味で、ニーバーの思想にとって、マルクス主義の「影響や重要性は無視してよいようなものであったと推測することは適切ではない[19]」としたK・W・トンプソン（Kenneth W. Thompson）の指摘は妥当であろう。

以上のように、一九三〇年代のニーバーがマルクス主義的思想にきわめて近く接近したことは明らかであるが、この間のとくにマルクス主義への傾斜を強めていたときでさえ、ニーバーは無批判にマルクス主義に同調したことはなかった。かれは当初より、マルクス主義に賛意を表しつつも、つねにそれに対する批判的視点を忘れることはなかったからである[20]。

したがってニーバーは、「教条主義的マルクス主義者」でなかったことはもちろんのこと、ニーバー自身キリスト教マルクス主義者をもって任じたとはいえ、この期間の全体にわたって、語の厳密な意味においてそもそもマルクス主義者であったことはなかった、と言ってよい[21]。

この点についてはニュアンスの差こそあれ、研究者の間でほぼ一致していることである。研究者たちがニーバーに冠している、「きわめて奇妙な類のマルクス主義者」（a most curious sort of Marxist[22]）、「感傷的マルクス主義者」（a sentimental Marxist[23]）、「半マルクス主義者」（the semi-Marxist[24]）といった一連のラベル、さらには後年のニーバーがこの時期の自らに与えている「疑似マルクス主義者」（a quasi-Marxist[25]）というラベルは、それらが厳密に言って適切であるかどうかは後述するように疑問なしとはしないものの、上のような事情を示すものであろう。

二　マルクス主義思想の受容と批判

1　破局主義とプロレタリアの役割

ニーバーは、当初より、マルクス主義イデオロギーの支柱である史的唯物論に同調したことはもちろんなかったし、そもそもそれについて本格的に論じることもほとんどなかった。ニーバーが「教条主義的マルクス主義者」ではなかったゆえんである。

それでは、ニーバーはどのような点においてマルクス主義の見解を受容したのであろうか。その際、受容の理由はどのようなものであったのだろうか。また、ニーバーはいったん受容した思想のいくつかに対して、やがて反省と批判を加えていくがその論点はどのようなものであったのだろうか。以下にニーバーが受容し批判していったマルクス主義の諸点について検討してみよう。

まず、第一に、ニーバーが強く引き付けられたマルクス主義の洞察は何よりも、その破局主義（Catastrophism）ならびにそこにおけるプロレタリアの役割であった。すなわち、現在の資本主義社会体制はその内的矛盾によって崩壊する、そしてそれは不可避的であって、「歴史の論理」であるとの見解である。(26) ニーバーはそこに、リベラリズムの楽観主義に対する批判としての有効性を見たのであった。(27)

資本主義社会の内的矛盾とは、言うまでもなく、階級闘争の問題である。ニーバーは、マルクス主義に対する最初の公的な論文「社会主義とキリスト教」において、「いかに多くの政治的諸現実が経済的階級利害の表現であるか」をマルクス主義の「階級闘争理論」をとおしてあらためて認識した。[28] それによってニーバーは、「階級間の調和の望みは、リベラリズムが抱いていた国際的協調の夢と同様に、無残にも失望に終わった」[29] と見なすようになったのみならず、「階級闘争は、実際のところ歴史とともに古い」[30] との認識にいたる。

この階級闘争において、ユニークな役割を果たすのがプロレタリアである。ニーバーは、『道徳的人間と非道徳的社会』において、後述するように一定の留保を付けた上ではあるが「マルクス主義的プロレタリア」に相当程度共鳴した。かれは、モラリストたちが、「権力を有するあらゆる人間は不信に値する」とのJ・マディソン(James Madison)の言葉の真理性を承認せず、したがって正義を夢見はするものの、「不正義の原因を除去し正義を樹立する政治的プログラムをもたなかった」[31] とした上で、こう述べている。

ただマルクス主義的プロレタリアのみが、この問題を、完全な明白さをもってみてきた。たとえその目的を達成すべき手段の選択において誤りをおかしているにせよ、社会がめざさなければならない理性的目標つまり平等な正義の目標を明らかにする点において、また正義の経済的基礎を理解するという点において、彼らは誤りをおかさなかったのである。……彼らが倫理的理想を政治的経済的方法でもって実現しようというリアリズムは、彼らが社会的意義をもつ理由なのである。マルクス主義的プロレタリアは、ただ単にその社会目標の呈示において正しいだけでなく、それを実現する必要の緊急性を強調することにおいても正しい。[32]

また、近代社会における権力と特権の集中化が急速に進行し、その結果良心がおびやかされ、さらに社会の根底そのものが破壊されていき、さらには国内の不平等によって他の諸国との相互性をも破られていく状況を見ているのも、「プロレタリアのみ」である。ニーバーによれば要するに、「近代社会の破滅を預言する者こそプロレタリアなのであ」り、「社会における潜在的に最も強力な救済力であるのもプロレタリアなのである」[33]。ニーバーはこの時期、「マルクスの意義は、経済学よりも」むしろ「プロレタリアの運命の劇的な、またある程度宗教的な解釈」に見出すべきだと考えていた[34]。

以上のように、ニーバーのマルクス主義的プロレタリアに対する肩入れは相当のものであった。しかし、この『道徳的人間と非道徳的社会』の段階においてさえ、プロレタリアの問題にも気づいていた。それは、プロレタリアがマルクス主義的歴史哲学および社会変革に対して持つ、それが唯一絶対であるとの「信念」にある。それは、「科学的真理のカテゴリーに属するよりは、宗教的信仰しかもその度外れたカテゴリーに属するもの」であって、そこに含まれる真理は、「彼らが考えるほどに説得的でもないし、絶対的でもない」からである。ニーバーはプロレタリアに対して二つの問題を覚えている。一つは、かれらが近代社会の価値を一切認めようとしないことであり、二つは、将来に対するかれらの楽観的、ロマンティックな態度である[35]。こうしてプロレタリアには、「狂信的」[36]かつ「幻想」的[37]になる危険があるのである。

しかしながら、この段階では、ニーバーは、そうした問題があるにもかかわらず、近代社会を崩壊させ、新しい社会建設のために、プロレタリアの「活力」のほうを評価し、狂信についてはそこに「聖なる熱狂」の可能性を見、「幻想」については、それを「当分のあいだ」という限定つきながら、「きわめて価値高い」ものとして必要であると見なし、積極的に受け止めようとしていた[38]。しかしこのようなニーバーのプロレタリアに対する情熱的な共鳴や、さらには資本主義社会の崩壊に対する期待は、長くは続かなかった。それは一つに、階級間の争いがマルクス主義的な予言に添う気配が、アメリカではなかなか見られなかったからである。ニーバーは、やがてマルクス主義的なものに熟していくとの期待を披歴しながらも、[39] アメリカには本来的なマルクス主義的プロレタリアートは存在しないのが現実であり、アメリカの労働者は、むしろ中産階級志向であるとの認識を深めざるをえなかった。[40]

二つに、これはすでに述べたように当初より気づいていたことであるが、プロレタリアの「自己を正義遂行の器と脚色する」その自己義認的態度に問題を感じたからである。[41] ニーバーは早くよりマルクス主義を一つの宗教と見なす洞察を示している。そしてプロレタリアの問題点は、階級闘争においてそれが「メシアニックな性格」を有することにある。この点については後述する。

三つに、ニーバーがマルクス主義の破局主義に疑問を感じたのは、やはりソヴィエト・ロシアの動向であった。マルクス主義に対して初めて肯定的な論文を発表した同じ年（一九三一年）に早くもロシアの危険性を指摘するいくつかの論文を発表したが、そこで、ロシアの軍国主義的傾向を指摘し、資本主義社会への挑戦としての共産主義の脅威への警戒から、ロシアと平和裏に協調すべきことを訴えている。[42] また、ロシアがその共産主義的新社会を建設してもそこには依然として多くの問題が残ることも指摘した。つまり、この時期すでに、少なくともロシア的共産主義に対しては、資本主義体制を擁護しようとする意図が見受けられる。

この意味において、ニーバーは一方においてはマルクス主義の破局主義に魅力を感じながらも、結局は、マルクス主義よりも「立憲的な伝統や社会の普遍的な知性といった歴史的諸力」による現代社会の問題解決のほうが妥当であるとの考えにいたるのである。

2　集産主義

第二に、ニーバーが一九三〇年代前半強く引き付けられたマルクス主義の洞察は、集産主義（collectivism）もしくは所有の社会化ないし国有化（socialization）の思想、すなわち私的所有否定の思想である。ニーバーは、早くも一九三一年の時点において、「私的所有を廃するという社会主義的意図については……教会の側に何ら特別な支障はないはずである」[43]とし、「所有権の絶対的性格はわれわれの世界では日々時代錯誤的になりつつある」[44]との見解を打ち出した。その後、ニーバーはこの見方を強化させていく。社会的諸過程の私的所有に固有の、経済的な力の不均衡が、現代における不正義の主たる要因であり、したがってこの特殊な要因は「社会的所有の制度によって除去され緩和されるであろう」と考え、こうした集産主義への動きは「動かしえない論理」であると見なすようになる。[45]それは、「プロレタリアは、集産主義者であらざるをえず、その集産主義は社会的解放のための不可欠の道具」であり、「工業技術社会における社会的健全さの基本条件である」からである。[46]

ところで、ニーバーの以上のような集産主義もしくは所有の社会化についての思想は決して徹底したものにはならなかった。ニーバーの集産主義への同調は、「すべての所有はロシアにおけるのと同じように厳格に集産されるということを意味するものではなく、少なくとも生産手段の国営化には懐疑的であった」からである。[47]

集産主義に対するこうしたニーバーの姿勢は、とくに農業や農民の状況への考察から出てきたものであった。ニーバーによれば、農民は、「所有についての土の感覚を持った人間」であって、「何ほどか有機的」であり、したがってマルクス主義の「都会的産業的体験に由来する教条主義的集産主義」には合わないのである。[48]ニーバーはこうした点をロシアの共産主義の中にも見出し、そこでは、「農民と産業労働者の間に利害の完璧な一致と相互性」が達成されていないことに注目する。つまり農民には、私的所有即権力といったかたちの所有観が希薄であって、かれらは「プロレタリアの集産主義を理解できない」と考える。さらにニーバーは、「農業問題と適切に扱うことができないマルクス主義理論は、西欧世界においては、農民をファシストの手中に追いこんでしまう」可能性さえ見る。[49] このような一連の、農民および農業問題に関するニーバーの洞察は、のちに、デルタ、プロヴィデンス両協同農場の責任者としての実践の思想的基盤ともなるのである。[50]

こうしてニーバーは、一九三〇年代末には、「結局、私的所有が所有による権力の唯一の形態ではない」こと、さらには、「社会主義社会は、デモクラシーなくしては、経済力と政治力を小さな寡頭政治体制に結合させるだけであって、そのようにして新しい形態の不正義を生み出す」ことになると見るようになる。[51] しかしニーバーは、マルクス主義的集産主義の普遍的適合性には強い疑念を抱きながらも、社会正義遂行のためには、その程度は別として、「所有の社会化は必要な措置である」ことはこの時期にいたっても変わらない確信であった。それは現代資本主義社会の問題の一つが、リベラルな個人主義にあると考えていたからであり、ニーバーにとってマルクス主義的集産主義はそれへの対抗として価値を有すると考えたからである。[52]

3　現実主義

第三に、ニーバーにとってマルクス主義が魅力的に映ったのは、その現実主義であった。ニーバーは、リベラルな環境の中で教育を受け、また社会福音的エートスの中で活動を開始したにもかかわらず、早くから現実主義的志向を強めていた。そのようなニーバーにとって、マルクス主義の魅力は、何よりもそれが、「社会正義の夢達成のための現実主義的プログラムを持っている」ことにあった。[53] ニーバーはこう述べている。

わが国が現在経験している打ち続く経済恐慌は、政治的にも社会的にも不活発になっている人々を、多くの人が望み求めているような社会的現実主義へとは促していない。[54]

このことは、ニーバーがマルクス主義に惹かれていった背景の一つに、当然のことながら当時の経済状況があったこと、そしてその状況を踏まえて、ニーバーはマルクス主義を「社会的現実主義」として紹介したことを意味している。

『道徳的人間と非道徳的社会』が出版されたとき、大方の注目を集めた点の一つは、その平和主義批判であった。[55] ニーバーは、ドイツ移民という特殊な立場にあったこともあってアメリカ参戦を支持した第一次世界大戦ののち、その立場を、徹底したものではないが平和主義に変えたと見られていたからである。[56] ニーバーが所属した社会党も、ニーバーが理事長を務めた友和会も、いずれも基本的に平和主義であった。しかしこの書においてニーバーは平和主義に対し明白に批判的になる。ニーバーによれば、「強制の要素は政治の中にはつねに存在する」こと、社会的不正義は、「道徳的理性的説得だけで解決されることはない」こと、「闘争は避けることができない」こと、「権力は力をもって挑戦されねばならない」ことを繰り返し述べているからである。[57] それゆえ、この書は、「平和主義グループからの良心的独立宣言」[58]とも言えようし、ニーバー自身にとって、漠然とした平和主義から明白な現実主義への移行を表明した記念碑的著作とも言えよう。

以上のことを、ニーバーはマルクス主義的現実主義的思想との折衝の中で学びとったのである。ニーバーによれば、社会的不正義の除去を目的とする闘争は、他の闘争と区別されるべきであるという点において、「マルクス主義哲学は平和主義より真実なのである」[59]。

こうして、「大規模な権力集団の道徳的限界に関するかれ［ニーバー］の積年の現実主義は、マルクス主義を研究することによって大いに研ぎ澄まされた」[60]。実際この時期のニーバーは現実主義の必要性を多く説いている。とくにリベラルな理想主義的傾向に対して、「宗教的洞察は政治行動の代償にはならない」として、教会には「政治行動」が必要であり、理想を堅持しながらも「妥協」の必要があることを知るべきであり、ときにむしろ信徒の中に健全な現実主義が見出せるとして、「信徒の現実主義」に学ぶべきことを訴えたのだった[61]。

ニーバーは、『道徳的人間と非道徳的社会』出版と同じ年一九三二年に、ニューヨーク・ソーシャルワーク大学院で一九三〇年に行った講演を、小著『ソーシャルワークへの宗教の寄与』[62]にまとめて出版しているが、そこでも、ソーシャルワーカーたちに向かって、現実主義的視点の必要性を繰り返し訴えた。

> 従来より適正な社会正義を達成するという問題は、純粋に道徳上の事柄ではなく政治的な事柄です。与えられた社会秩序をできるだけ人間的なものにするという責務とは別種の問題です。ということは、社会正義の問題は、単に増大する社会的知性や道徳的善意だけでは解決することができず、ただ搾取する者に搾取される者の力を対置させることによってのみ解決が可能となるような問題であるということです[63]。

すなわち、社会正義の達成には、「社会闘争」や「政治闘争」が避けられないということであり、「公平としての正義は、政治闘争なしに達成されることはありえない」のである[64]。それゆえ、ニーバーは、モラリストたちの見解に対抗してこう考える。

永続の平和とか人間社会の兄弟性などの夢は、決して完全に実現されることはないだろうという予言をしておくほうが無難である。それは……現実の歴史の中では、実現することは不可能であり、ただそれに接近することが可能であるだけである。(65)

以上のような見方はすでに、後年の現実主義に匹敵する十分成熟した現実主義を示していると言ってよいであろう。そしてニーバーはそれをこの時期すでに「キリスト教現実主義」(66)と呼んでいるのである。

このようにニーバーは、マルクス主義によってその現実主義的感覚を鋭利にさせていったのみならず、そのキリスト教現実主義の具体相探求の過程の中で、マルクス主義そのものにも惹かれたのであった。後年ニーバーは一九三〇年代を回顧して、「わたしは、キリスト教信仰に代わる現代の多くの選択肢を実際に験してきた。しかし、それらはやがて次々に有効な選択肢でないことが明らかになった」(67)と述べているが、マルクス主義は、この時期のニーバーにとってリベラルな個人主義的キリスト教信仰に対して有効と見えた選択肢の一つであった。ニーバーが興味を抱いたのは、「マルクス主義の政治的経済的現実主義」であって、「その分析と戦略がともに明らかにされているマルクス主義の政治的現実主義はその深みにおいてキリスト教と矛盾するものではない」との見方にいたっているからである。(68)すなわち、ニーバーはマルクス主義を、多くの留保を付けた上でのことであるが、「より高度な現実主義」(69)であるキリスト教現実主義の具体相のきわめて有効なかたちと見なしたのである。

しかしながら、ニーバーにとって、一時は「有効な選択肢」と見えたマルクス主義の現実主義も結局のところ、

「暫定的」なものにすぎないことが明らかになる。[70]ニーバーは早くから、とくにロシアの共産主義の中に見られる「政治的現実主義と非科学的教条主義の奇妙な結合[71]」に注目していたが、その「奇妙さ」は徐々にマルクス主義的現実主義への疑惑に変化する。すなわち、マルクス主義は一見現実的に見えながら、その実、「基本的には人間の本性に対するロマンティックな概念[72]」を内包しているとされるからである。また、「マルクス主義は、その鋭敏な政治的現実主義をそれ自身の社会集団に対する宗教的主張によって混乱させ、政治の中に教条を持ち込むことによって、近代社会の諸現実を見極められなくなっている[73]」。したがって、プロレタリアートの独裁というようなことは「非現実的」であり、「妄想」なのである。[74]

以上、ニーバーが一九三〇年代に魅せられたマルクス主義の諸点を三点にわたって考察してきた。内容的には、資本主義体制崩壊説、階級闘争理論、プロレタリアートの役割、集産主義、現実主義といった諸点になるであろう。これらは、ニーバーにとってひとたびは、当時のかれを取り巻いていた個人主義的でリベラルなモラリストたちのキリスト教信仰に対し、それに代わる有効な選択肢と見えた点であった。

4　宗教としてのマルクス主義

ところで、すでに触れたように、ニーバーはマルクス主義を宗教と見なして、その危険性を問題にした。宗教としてのマルクス主義の危険性の指摘は、ニーバーに特徴的であって、マルクス主義批判の中でも「もっとも独創的な要素[75]」であると言われる。いわばニーバーのマルクス主義批判の中核はここにあると言ってもよいであろう。そこで、しばらく、宗教としてのマルクス主義の分析に注目してみよう。

ニーバーがマルクス主義を宗教と見なす視点を明白に持ち始めたのはいつごろであったかは定かではない。一九三〇年のロシア訪問の最初の報告によれば、ニーバーは、工業化に向かって邁進するロシアの様子を目の当たりにして、そこに「新しい活気ある宗教」を感じている。[76]そしてその見方は、同じ年になされたソーシャルワークに関する講演においてもとられている。そこでは、ソーシャルワーカーに対して共産主義に学ぶように勧められているが、以下のように、その際共産主義は「活力ある宗教」であるとされた。

もし、われわれが、活力ある宗教を特徴づけている非常な興奮と情熱と、どのような創造的なものにも内在する熱狂の危険を伴った創造的に機能する宗教の力を見たいと思うなら、宗教を否定すると声高に主張する分派、すなわち共産主義者たちに目を向けなければなりません。共産主義は……今の時代に活力を持っているゆえに、学ぶに値する宗教であり、英雄や反逆者たちの過去を回顧する必要のない宗教です。[77]

おそらく、ニーバーがマルクス主義を宗教と見なす視点についてまとまったかたちで発表した最初の論文は、「共産主義の宗教」（一九三一年）[78]であろう。以後、『道徳的人間と非道徳的社会』、『一時代の終焉についての省察』などの著書をはじめ、多くの雑誌論文において繰り返しこの主題が論じられている。

マルクス主義を宗教とするニーバーの見解は、当初は必ずしも批判の要素を含んではいなかった。それどころか、ソーシャルワーカーへの講演のように、そこにはむしろ積極的評価の視点があった。しかし、全体として見れば、それは客観的分析であって、マルクス主義の本質を理解するにあたって通常とは異なる新しい有益な視点を提供するものであった。それは、大要次のようなものであった。

マルクス主義は、表面的には科学的かつ非宗教的な社会哲学であるが、「実際には一つの宗教である」[79]。そのように言えるのは、宗教が、その主張が純粋な合理性を超越しているという「最小限の定義」で受け止められる限りにおいて[80]、また「それによって生に意味が付与され、生の意味が感知される信仰の行為」として受け止められる限りにおいてである[81]。そして、そこで信じられる神は、「機械仕掛けの神」であって、宗教的献身の対象としての神ではなく、「歴史的過程に内在する法則」もしくは「歴史の弁証法」であって、それは、「ただ破局によって進歩と救済を期待する」といった「黙示主義」である[82]。これに著しく近似した宗教はイスラム教である[83]。マルクス主義にあっては、マルクスがこの宗教のいわば聖書であり、レーニンは中世教会にとってのトマス・アクィナス、共産党は、教会もしくは教会内のセクトや修道院に相当する[84]。さらに、階級なき社会という道徳的理想をかかげる「道徳宗教」でもある。そしてこのような宗教は、「個人の宗教ではなく、集団と階級の宗教」である[85]。

マルクス主義を宗教として受け止める以上のような視点は、マルクス主義に「ヘブライ的遺産」の「世俗化された自然主義化された形態」を見出したところから得られたものであることは言うまでもない[86]。

以上のようにマルクス主義宗教を分析したニーバーは、しかし、それを次第にマルクス主義批判の梃子にしていく。ニーバーは、先に触れたロシア訪問の折、そこに「極端さ」と「過剰単純化」と「あらゆる熱狂主義の源」を見たが[87]、それらはやがて、マルクス主義の宗教性の洞察と結び付き、それが疑惑と化していくのである。ニーバーはこう言う。

マルクス主義は不適切な宗教である。そしてそれは西欧世界に対する完全にして十分な政治哲学ではない。宗教としてのその不適切さは、人間の全体にわたる問題を政治的に解決しようとするその努力のせいであり、

政治哲学および政治戦略としてのその限界は、その宗教的教条主義的過剰単純化に起因する。(88)

そして、この「不適切な宗教」は、ニーバーにとって、単に「過剰単純化」の限界を持つにとどまらず、「政治的宗教」であるがゆえに「悪しき宗教」であり、「偽りの宗教」となる。(89)このような宗教では、宗教と政治とが不健全に混合され、政治世界の相対的価値に対して宗教的絶対的意義が主張され、マルクス主義的教条主義の「非妥協的態度」は「部分的視野を無意識のうちに絶対化する」からである。ニーバーの判断によれば、そのような立場は、結果として、「政治史上最悪の残虐と暴虐」を引き起こす。それゆえニーバーは、マルクス主義の中に「憎悪と闘争」や「野蛮さ」、さらには「復讐心」を嗅ぎとり、それに対してしばしば鋭い批判を浴びせた。(90)こうして、ニーバーは、マルクス主義思想そのものにおいても、マルクス主義の宗教的性格においても、それが取るべき有効な選択肢にはなりえないとの判断をするようになったのである。

三　マルクス主義との取り組みとニーバーの神学的確信

1　マルクス主義から預言者宗教へ

ニーバーがマルクス主義に同調したのは、個人主義的なリベラルなキリスト教に代わる有効な選択肢の一つとしての可能性をそれに見たからであったということについてはすでに述べた。ニーバーは、西欧世界におけるマルクス主義に成功の可能性を与えてきた責任の一部は、「キリスト教が、一方においてその福音の完全主義と一致し、他方において今日の政治的必然性に妥当する仕方で、政治倫理を展開することに失敗した」[91]ことにあると見た。そこには二つの局面が含まれている。一つは、キリスト教の「宗教的自己満足」と「倫理的ユートピアニズム」すなわち「悪の深み」を真に捉えていないあまりにも皮相的な態度である。[92]二つは、精神と自然の区別と緊張が見失われていることである。[93]こうしたキリスト教の個人主義的リベラリズムに対して、ニーバーはマルクス主義の有効性を見たのであったが、しかしながら、すでに述べたように、マルクス主義も結局のところ、リベラリズムと同様の「ロマン主義的ユートピアニズム」もしくは「自然主義的」形態に堕してしまっていることに気づき、「有効な選択肢ではないことが明らかになった」と断定することになる。[94]

こうして、リベラルなキリスト教にもマルクス主義にも現代における真の選択肢を見出せなかったニーバーは、「深遠な宗教」、「純粋なキリスト教」、「深遠な神話論」、「高次の宗教」、「預言者宗教」といった表現で捉えなおされる「歴史的キリスト教に、[95]「リベラルなキリスト教やマルクス主義に代わる」永続的に有効な修正がある」[96]ことを確認するのである。

『道徳的人間と非道徳的社会』が出版されたとき、弟のH・R・ニーバー（H. Richard Niebuhr［以下、リチャード］）は、それを、第一次世界大戦後最も重要な文献の一つと評価しつつも、ラインホールド宛の私信においてではあるが、鋭い批判を加えたことがあった。リチャードは、この書の理想主義的彼岸性と平和主義への批判は首肯できるが、その人間本性の理解さらには宗教それ自体の理解は「あまりにもロマンティックでリベラルである」とし、パウロ、アウグスティヌス、ルター、カルヴァンといった人々の思想がほとんど考慮に入れられておらず、「人間主義的な宗教」が語られているとした。[97]

この批判は、やや酷な批判であったようにも見える。ニーバーのこの書は、「倫理学と政治学の研究」と副題に銘打ってあるように、神学書ではないからである。ところがニーバーは、この批判をかなり真剣に受け止め、直ちに修正の姿勢を見せる。[98] そのまとまった現れが、一九三四年の『一時代の終焉についての省察』の出版となった。ちなみに、ニーバーは、この書をリチャードに献呈している。この書のテーゼは、「十全なる精神的指導は、よりラディカルな政治的志向とより保守的な政治的革新をとおしてのみなされうる」というものであり、それは、具体的には「政治的ラディカリズムと宗教のより古典的・歴史的な解釈と結び付けようとする努力」を意味した。[99] すなわち、マルクス主義の意義を評価する作業の中で、リベラリズムに共通するその根源的問題に気づいたニーバーは、リチャードが指摘した、歴史的キリスト教の本質への洞察を自らの視野に納め、それをマルクス主義のいくつかの評価しうる実践的側面と力動的に結び付けようとしたのである。

ところで、『一時代の終焉についての省察』では「神話」および「神話論」（mythology）の用語が目につく。神話の概念は、ニーバーの解釈学に貢献する重要な概念であるが、この段階ではかなり自由に使われており、哲学的科学的論理や一貫性をもって表現しえない現実を示す程度の意味で使用されている。したがって、マルクス主義もキリスト教も、さらには歴史哲学もみなそれぞれ「神話論」ということになる。ニーバーは、マルクス主義の神話論に対して、キリスト教を「深遠な神話論」と呼ぶことによってその妥当性を主張するのだが、その神話論の中核にあるのが「イエスの神話」[100]である。マルクス主義の神話もしくは神話論の不十分さを見出したニーバーは、こうして、キリスト教神話論の深みへと目を向けるのである。[101]

ここで注目すべきは、『一時代の終焉についての省察』における、「恩寵の確信」（The Assurance of Grace）と題された最終章の内容である。[102] ニーバーはこの部分で、マルクス主義とリベラルなキリスト教および伝統的保守的なキリスト教を止揚する「高次の宗教」の特質を展開している。ニーバーは、恩寵の体験が、「イエスの宗教においては、人間の生における道徳的宗教的体験全体に対し有機的に関係する」[103]ものであるとして、こう述べている。

本質的には宗教における恩寵の体験は、相対の視点から絶対を捉えることである……完全を捉えることは、同時に、人間の不完全を見る手立てであり、この認識に耐えしめる慰めに満ちた恩寵を確信する手段である……歴史のイエスは、歴史における絶対の完全な象徴であり、絶対的なるものが相対的・歴史的なるものに浸透するという宗教的概念が十全に表現されている。[104]

人間の本性には、永遠なるものおよび絶対的なるもののきらめきがある。[105]

以上のように、『一時代の終焉についての省察』の最終章には、「神学的救済論と終末論への明白な指示が認められる」[106]。したがって、しばしば「最もマルクス主義的な著作」とされるこの書は、「恩寵の確信」において、実は最も非マルクス主義的文書になっていると言ってもよいであろう。すなわち、マルクス主義にもっとも接近したと見られるこの書において、ニーバーはすでにマルクス主義から最も遠い地点に目を向けていたのである。こうしてニーバーがマルクス主義を真に克服したのは、ソヴィエト・ロシアのかかえる問題に目が開かれたからでも、ローズヴェルト大統領の登場によるものでもない。それは、実にキリスト教の「深み」の理解においてであった。

2　マルクス主義との取り組みとリベラリズム

以上のようにして、キリスト教の本来的洞察に目を留めることによって、ニーバーのマルクス主義との取り組みはひとまず終息へと向かうことになる。ニーバーは、「キリスト教マルクス主義者」に加えて、一九三〇年代、自らを「ラディカル」あるいは「キリスト教社会主義者」もしくは「社会主義キリスト者」等と呼んでいたが、これらの言葉が意味する立場から急速に離れていく。[107] このことは、政治的に言えば、社会党からの離脱、[108] ローズヴェルト支持への移行、さらにはより明白なデモクラシー擁護といったかたちで明らかとなる。ニーバーの時事的な関心は、時代の動きに沿ってではあるが、マルクス主義や共産主義からナチス・ドイツ等のファッシズムの問題へと移っていくのである。

それでは、そのようにして終息された一九三〇年代のニーバーのマルクス主義との取り組みは、その後のニーバーにとって神学的にどのような意義を持ち、またそれにどのような結果をもたらしたのだろうか。

すでに確認してきたように、ニーバーの一九三〇年代のマルクス主義との取り組みに並々ならぬものがあったことは明らかである。少なくとも、この間の著作活動の内容に照らしてみるだけでも、ニーバーがマルクス主義と思想的にも実践的にも本格的実存的に取り組んだことは間違いのない事実である。ところが不思議なことに、この時期の自分を回顧した論文「わたしの世界に衝撃を与えた十年」（一九三九年）[109] では、ニーバーはマルクス主義との取り組みについてほとんど触れていないのである。そこで回顧されているのは、もっぱらリベラリズム克服の作業である。このことは何を意味しているのであろうか。明らかなことは、ニーバーはマルクス主義との取り組みを振り返って、それをリベラリズムとの取り組みの一つとして位置づけたということであろう。

その場合二つの点を確認しておく必要がある。一つは、ニーバーは最終的にマルクス主義をリベラリズムもしくはロマンティシズムの一形態と見なすようになったということである。マルクス主義文化は「本質的にリベラルな幻想のすべてに関わっている」と見なされているからである。この点はすでにニーバーのマルクス主義批判の分析で明らかにしたことであった。

二つは、ニーバーにとって、マルクス主義との取り組みは、マルクス主義によるリベラリズムとりわけキリスト教リベラリズム批判の作業でもあったということである。ニーバーは、「リベラリズムの文化への反抗を、政治的にはマルクス主義政治学によって表現した」のである。これは、ニーバーが後年になって、こう述べたことに通じる。

リベラリズムの個人主義に対抗してマルクス主義的集産主義を、リベラリズムの楽観主義に対抗してマルクス主義の破局主義を、リベラリズムの道徳主義に挑戦してマルクス主義的決定論を用いた。(110)

ところが、リベラリズム克服のためのマルクス主義の使用は、究極的には意味を持たなくなる。マルクス主義もその本質がリベラリズムだからである。したがって、ニーバーにとって、マルクス主義を道具として取り組んだリベラリズム克服の作業は、同時にマルクス主義それ自体の問題との取り組みでもあったことになる。

ニーバーは、一九三〇年代のそのようなリベラリズム克服の作業をとおして、結局どのような地点に到達したのだろうか。ニーバーの回顧によれば、それはきわめて神学的なものであって、キリスト論的救済論的地平であった。ニーバーによれば、リベラリズムの究極的な問題は、「キリスト教の本質の総体である『神人キリスト』の教理」

すなわち、「古典的キリスト論」を拒否したことであった。そしてこの教理には次のような洞察が含まれている。第一は、「神は歴史を超越しているにもかかわらず、歴史の中に自身を知らしめる存在である」こと、第二は、「キリストによって判断される歴史は、それがキリストを十字架につけたがゆえに悲劇的であり、悲劇的に終わる」こと、第三は、「すべての人間が直面する葛藤すなわち人間が現にあることとあるべきこととの間の葛藤を解決できるのは神のみである」こと、第四に、「神がそれをなしうるのは、単に歴史を除去したり、歴史を永遠に還元させたりすることによってではなく、歴史を救済することによってである」こと、そして第五に、「この歴史の救済は、人を説得して神の律法に従わせること以上のこと」すなわち「その律法を犯す不可避性を、神が自身の上に引き受けられることによってなされる」ということである。(111)

そしてそのような仕方で受け止められるキリスト教のあり方はこう捉えられている。

キリスト教は、歴史の責務や決断から永遠の中に逃避することではない。それはむしろ、歴史における諸決断を可能ならしめ、楽観主義的幻想やその幻想の消散に伴う失望によって通常曖昧にされる歴史の中に究極以前の目標を指示するものである。したがって、キリスト教は、一方において究極以前の目標や条件付きの善を人間の究極的な善と見なしてしまうような政治的宗教に対抗して、また他方においてそれと対照的にこうした政治宗教を一見有効であるかのように見せてしまう他世界性に対抗して、絶えざる戦いを挑み続けなければならない。(112)

明白にキリスト論的で、しかもそれがつねに歴史との関係において力動的に捉えられているこの神学的確信それ自体は、もちろん、一九五〇年代の円熟したニーバーの確信である。その確信は、マルクス主義を克服して、ギフォード講演に結実する集中的な神学的研鑽の結果ではある。しかし、その確信が、一九三〇年代を回顧した文章におけるものであったという点から考えると、一九三〇年代末の時点におけるニーバーの確信が、ある程度この確信に近い、あるいは何ほどかそれを見通す地点に立ちえていたと考えて、無理はないであろう。

3　マルクス主義と神学的確信

それでは、マルクス主義との取り組みは、この確信に対していかなる関係にあるのだろうか。大きく捉えればおそらく以下の二点が指摘できるであろう。

第一点は、消極的な関係である。すなわち、マルクス主義との取り組みが否定媒介的に働いて、ニーバーをこのような神学的確信へといたらしめたということである。すでに考察したように、当初マルクス主義に、楽観主義的個人主義的リベラリズムに代わる有力な選択肢を見たのであるが、やがてそうではないことが明らかになってきたとき、ニーバーは、自らの拠って立っている歴史的キリスト教そのものの深みに目を向けるようになった。マルクス主義との取り組みがいわば触媒の役割を果たして、ニーバーを神学的洞察へと向かわせたとも見ることができよう。

フォックスは、このようなニーバーの神学への展開の過程において、弟のリチャードの役割を重視する。すでに述べたように、ニーバーにとって、『一時代の終焉についての省察』は、『道徳的人間と道徳的社会』への手厳しい批判への応答でもあった。リチャードは、この書に対して、なおいくつかの問題を感じはしたが、全体として高く評価し、「この書の神学作業への努力」に満足したのである。フォックスによれば、こうしてこの書は、西欧ブルジョワ世界の終焉を告げる「破局的な」書であるにとどまらず、より基本的な次元においては、「ニーバー自身の発展の一時代の終焉の宣言」であり、「リベラル・プロテスタンティズムに代わる真に生命力のある選択肢を創り出すために、かれが、神学へ、また預言者的『宗教的』行動へと旋回しつつあることの声明」でもあった。[113]一方、リチャードは、一九三六年に社会党を離党、ローズヴェルト支持を表明し、兄に一歩先んじてマルクス主義的影響から脱却したのであった。

第二点はより積極的な、そしてより重要な関係である。それは、ニーバーのマルクス主義との取り組みがその神学に歴史的な視点を与えることになった、ということである。この時期にニーバーが辿り着いた神学的確信を、それ以前のデトロイト時代の神学的確信に比べてみると、双方ともキリスト論的救済論的であることに変わりがないが、そこに一点明白な違いが見られる。それが歴史的視点の導入である。デトロイト時代の神学はまだ人格主義的色彩が、前章に述べた社会福音運動的リベラリズムとその社会への関心にもかかわらず濃厚であった。[114]しかし、一九三〇年代末のニーバーの神学は、神概念においても、キリスト論においても、また、救済論においても、それらはつねに歴史との関係の中で考察が深められているのである。これは、個人主義的リベラリズムに対してマルクス主義的洞察をもって対峙した一九三〇年代の苦闘がニーバーにもたらした貴重な視点であると思われる。もちろん、ニーバーは、それ以前から歴史に対して思想的にも実践的にも並々ならぬ関心を寄せていたことは明らかであり、したがってこの歴史的要素がすべてマルクス主義との取り組みに由来するということではない。しかし、この時期のマルクス主義の受容から批判への過程が少なくとも主要な契機となって、キリスト教はそのリベラルな装い、それも個人主義的で人格主義的なそれを振り払い、歴史的視点にさらされて、ニーバーの前にまったく別様の姿を現しはじめたと見ることは、十分に可能である。

したがって、ニーバーにとってマルクス主義思想は、その後のニーバーの神学に照らしてみるとき、一九三〇年代とりわけその前半に強く傾倒し、のちに批判へと転じ、やがてそれは過去のものになってしまったというようなものではなかった。もちろん、ニーバーのマルクス主義批判が特に一九三〇年代後半から手厳しさを増したことは事実である。それはまたスターリン的共産主義への批判と結び付きさらにその姿勢は徹底していくようになる。しかしながら、それにもかかわらず、ニーバーは、マルクス主義的洞察の幾多を自らの視点に取り込んでいったこともまた事実である。社会や人間への現実的な認識がそうであり、現実主義的生き方がそうであり、また広く歴史的視点がそうであった。それゆえ、一九三〇年代のマルクス主義との取り組みは、ニーバーが初めそのまま受容しようとしたマルクス主義のいくつかの教義をいったん鋭い批判にさらすことによって、それらをキリスト教的洞察へと止揚していった過程と見ることができよう[115]。すなわち、ニーバーにあって、マルクス主義的現実主義はキリスト教現実主義へ、またマルクス主義的破局主義は新約聖書の終末論へ、そしてマルクス主義的歴史理解はキリスト教的歴史理解へといわばメタモルフォーゼを遂げたのである。

おわりに

ニーバーにとって、一九三〇年代のマルクス主義との取り組みは、当初よりリベラリズム克服の作業であった。しかしその作業は、すでに述べたように、皮肉なことに、リベラリズム克服のための道具であるマルクス主義それ自体が本質的にリベラリズムであることを明らかにする結果となった。ニーバーは、これらを振り返って「知的自伝」の中でこう述べたことがあった。

［わたしの］知的巡礼は、最初さまざまなリベラルな視点をマルクス主義の視点から批判をしはじめ、徐々にそれら二つの見解をキリスト教的批判にさらすことを学んだことを示している。わたしは、聖書信仰の独自の強調を、弁証的にではなく高く評価することを学んだ。(116)

こうして、ニーバーは、神学の新たな地平へと目を開くことになる。その最初の一歩は、『一時代の終焉についての省察』出版の翌年に出された『キリスト教倫理の一解釈』（一九三五年）である。そこでは、マルクス主義への肯定的な評価はほとんど姿を消し、代わりにリベラリズムを乗り越えた確固とした視点から、「預言者宗教の真髄」を基としてキリスト教倫理の基本的問題が考察されているのである。(117)この書において、ニーバーが「新しい意味において神学者となった」(118)と言われるゆえんでもある。ニーバーは、この一九三〇年代最後の年、一九三九年に、エディンバラ大学においてギフォード講演を行った。ギフォード講演は、一九世紀スコットランドの法律家アダム・ロード・ギフォードによって寄付された基金による神学・哲学分野の著名な講演シリーズである。一八八九年に始まり、アバディーン、セント・アンドリューズ、グラスコー、エディンバラのスコットランドの四大学にゆだねられて開催されている。ニーバーはアメリカ人として五人目の講演者であった。ニーバーの講演は『人間の本性と運命』二巻（一九四一年、四二年）に結実し、「聖書信仰の独自の強調」を新しい視点から捉えた壮大な歴史の神学となり、各方面から高い評価を得たのであった。

補足　一九六〇年代のニーバーのマルクス論

一九六四年、ニーバーは、米国で出版された、カール・マルクスとフリードリヒ・エンゲルスの宗教に関するさまざまな文章を収録した『宗教について』に、八頁にわたる解説（introduction）を寄せた。[119] これは、この時期、ニーバーがマルクスのどの面にとくに関心を払いどのように批判していたがよくわかる文章である。しかも、この解説は、円熟期のニーバーがマルクスとマルクス主義の問題点を端的に評価したまとまった文章としてはほとんど唯一のものではないかと思われる。その重要性を評価したからであろう、ニーバー研究者R・H・ストーン（Ronald H. Stone）は、この解説を、かれが編んだニーバーの選集『信仰と政治』（一九六八年）に収めている。[120]

本章のニーバーを理解する参考として、この解説におけるニーバーの主張の概要を紹介しておこう。

マルクスとエンゲルスの前提

ニーバーはまず、「ドイツにおいては、宗教批判がすべての批判の前提である」とのマルクスの古典的なテーゼが、マルクスおよびエンゲルスの宗教に関するこの書のさまざまな考察の鍵であると見なす。つまり、宗教は、絶対的な真理を最終的なものとして主張をするのに対して、マルクスやエンゲルスは、「絶対的なるものの主張を、競合する特定の歴史的な利害関係を映し出すスクリーンとして用いるという方法に経験的に関心を持つ社会科学者である」ということである。マルクスやエンゲルスがした作業の多くは、他の近代の歴史学者たちと共有する、文化や政治の営みについての歴史分析と言ってよい。ところが、そうした社会科学的歴史分析が、「宗教批判がすべての批判の前提である」という絶対的な主張を、「さまざまな歴史的相対的で、通常確立されている社会的政治的諸力に対する一つの武器として使用する」ことで、そのテーゼの有効性を主張することになる。

もっとも、急進的な宗教的セクトによる支配階級への反抗であった一六世紀の農民戦争についてのエンゲルスによる分析は、そうした宗教運動を評価している。それどころか、一七世紀のクロムウェルの革命をマルクス主義運動の先駆者とするE・ベルンシュタイン（Eduard Bernstein）のような見方さえある。それらは上のテーゼと矛盾することである。しかし、ニーバーは、そのような矛盾を指摘しながらも、全体として、「絶対的なるもの主張の、歴史の相対的な諸力への関係についてのマルクス主義的見方」は「例外なしに」変わらない、と判断する。[121]

非宗教の政治宗教化と認識論

ニーバーが問題とするのは、むしろ、マルクスやエンゲルスの「多くの近代人たちと共有する経験的観察や分析への情熱」という「非宗教が、新しい政治的宗教に変化する」点である。その宗教は、「マルクスの著書（後期にはレーニンのそれ）を厳密に聖典とし偶像化し、それを、無謬のドグマに従って、社会秩序の革命的改革の原理として、悪名高い実際的で時宜を捉えた方法で説教する」のである。

ニーバーによれば、この「アイロニックな変化の秘密」への最も重要な手掛かりは、『宗教について』に収録されているマルクスやエンゲルスの初期の著作に見られる曖昧な「認識の問題」、すなわち「経験論の認識論を唯物論という形而上学的理論と同一視する一貫した傾向」にある。マルクスは、『宗教について』所収のエンゲルスとの共著論文「聖家族――批判的批判の批判」において、英国のスコラ学者ドゥンス・スコトゥス（Johannes Duns Scotus）が神学によって唯物論を論じたのみならず、自身が唯名論者であったゆえに、唯名論が英国経験論の主たる構成要素となったとした上で、その経験論の伝統全体を唯物論という形而上学的な立場と同一視したのである。

それは、認識論における観念論は形而上学的観念論にいたり、さらには「神学的偏見」へといたると考えたからである。ニーバーは、元ヘーゲル主義者で反ヘーゲル主義のマルクスが、「形而上学的観念論を宗教と同一視したのは正しかった。しかし、認識論的理論としての経験論を、形而上学的教義としての唯物論と同一視したことは誤りであった」と主張した。マルクスの形而上学は、「認識論上の問題を解決することなく、偉大な宗教的政治的ドグマの基礎となった」のである。

ニーバーによれば、こうしたマルクス主義の視点の論理は以下の主張に明白である。マルクスは、認識の問題を、認識対象としての自己と、認識主体としての自己を区別するほど深刻に受け止める理論はどれも、潜在的に観念論であるとし、それは、結局、実在それ自体ではなく空想的な「実在の写し」に卓越性を与えることになってしまうと考える。ところが、認識論への経験論的アプローチは、「唯物論」すなわち哲学的自然主義であり、空想的な実在の写しに対する［真の］実在の卓越性を保証すると漠然と考えられた認識論と同一視する。そうして、「宗教と〈観念論の名における絶対〉に反対する、科学の名における絶対的偽装に到達する」のである。その際、マルクスは、フランス唯物論に二つの形態を見、一つは自然科学に合流するデカルト的自然主義であるとするが、もう一つは、「直接、社会主義と共産主義につながる」歴史的問題に関わる唯物論であると見なし、それを自らの立場としたのである。(122)

経験からドグマへ

ニーバーは、マルクスがその結論にいたった経緯が、「経験的にではなく、演繹的に」であることに、マルクスの問題の核があると考える。ニーバーよれば、マルクスは、「単なる形而上学的唯物論という前提」から、普遍主義、集産主義、ヒューマニズム、社会主義といった「革命的で黙示的な理想主義者」に快いありとあらゆる命題を手品師のように引き出す。そうしてその過程の梯子の頂点に、「マルクスを……新しい世界宗教の崇敬される預言者とする新しい宗教的黙示の安息の地」がある。それは七世紀のイスラムに非常によく似た二〇世紀の有力な宗教である。重要なことは、この安息の地への梯子を上る過程で、マルクスが明白に、「経験的な観察と分析に対する情熱を置き忘れてしまった」ことである。

マルクスの集産主義、プロレタリア階級のメシア的役割、普遍的正義の王国への革命の教理といったことはいずれも「高度に思弁的」であり、マルクスは、それらを、かれと同じ経験論者のJ・ロック（John Locke）も同じ唯物論者のT・ホッブス（Thomas Hobbes）も無視して、「唯物論」から演繹していると、ニーバーは見る。「マルクスは、経験論者としては単なる平凡な学者であったであろう。しかし、黙示的教条主義者として、かれは新しい宗教の創始者となった」。ニーバーは、この「経験論的観察者から宗教的預言者への変容」にとくに注目する。マルクスは、有名な「フォイエルバッハに関するテーゼ」において、フォイエルバッハを含むマルクス以前の唯物論者を、現実を観想の対象としていると批判し、現実はそれを変革するために研究されねばならないとしたが、ニーバーはそこに、科学者や哲学者ではない、革命家また宗教的預言者としてのマルクスを見るのである。[123]

ヒューマニズムとアイロニー

ニーバーは、後期マルクス主義が、マルクスの「初期のヒューマニズム」すなわち、「人間疎外」論におけるヒューマニズムを評価することに異論を呈し、そのヒューマニズムは、歴史的な証拠に照らして、マルクスの政治的革命的プロパガンダに従属させられていると主張した。マルクスの人間疎外論は、一九世紀初期のヨーロッパの産業社会には一定程度妥当したにしても、開かれた社会が人権や本質的人間性の擁護へと歩を進めるようになった二〇世紀のヨーロッパ文化では説得力はない。それどころか、マルクスの疎外論は、当初から経験的正確さに欠け、階級闘争や無神論を新しい宗教に変えた革命家預言者の手段になってきた。ニーバーによれば、レーニンやスターリンら、その新しい宗教の司祭たちは今や、ユートピア的幻想と唯物論を偶像とする哲学に基づく帝国の「祭司王」になっているのである。

ニーバーは、こうしたマルクスにおける初期から後期マルクス主義者にいたるまでの展開に「アイロニー」を見た。そのアイロニーでは、マルクスが本来持っていたヒューマニスティックな情熱やその教条主義的利用と教条主義的退化のいずれも曖昧にされていない。むしろ、「その退化は、レーニンであれスターリンであれ、後期のマルクス主義者たちによって取り入れられた堕落ではない。それは、経験論の、唯物論への、さらに革命的宗教的黙示主義へのマルクスの変容に固有に内在していた」ことを明らかにしているのである。[124]

以上概観したニーバーの主張は、いわゆる「解説」の域を超えた、ニーバー特有のマルクス解釈であり、マルクス主義批判である。そのすべてを紹介することはできなかったが、ニーバーのマルクスの分析は、「解説」を寄せた『宗教について』に収録されているマルクスとエンゲルスの諸論文を踏まえ、しばしばそのテキストを引用しながらなされた詳細なものである。結局、ニーバーは、社会科学者マルクスが宗教的預言者に変容したところに、マルクスの問題の核を見た。マルクスの経験論的観察や社会分析もヒューマニズムの情熱も、すべてその変容に従属させられたのである。このニーバーの見解は晩年にいたるまで変わらなかったと言ってよい。そのマルクス主義批判は、本章で概観した一九三〇年代後半のマルクス主義批判と共通するものである。その意味では、一九三〇年代後半以降晩年にいたるまで、ニーバーのマルクスとマルクス主義に対する見方には変化がなかったと言えよう。あるいは、一九三〇年代のマルクス主義との取り組みは、ある程度完成したレベルに達していたと言ってよいかもしれない。ただ、この「解説」は、マルクスとマルクス主義における変化や展開を「アイロニー」の概念を用いその視点から見ることにおいて、より洗練され、より深みを持ったものになっている、とは言えるであろう。

注

（1）ニーバーの生涯にわたるマルクス主義との関わりについては、以下を参照。Son Mo Park, "Reinhold Niebuhr's Perspective on Marxism," [Ph. D. dissertation, Drew Universiry], 1976. 西谷幸介『ロマドカとニーバーの歴史神学――その社会倫理的意義』（ヨルダン社、一九九六年）第六章「ニーバーによる共産主義の共感的破棄」、三一七―三七三頁。とくに後者は、一九三〇年代のマルクス主義との取り組みから第二次大戦後の冷戦時代の共産主義との対峙までを包括的かつ緻密に跡づけている優れた研究である。そこでなされている、ニーバーの立場を、共産主義の「批判的受容」と見なしたロマドカとの対比において、共産主義への「共感的破棄」と特徴づけた視点は、きわめて妥当でありまた興味深い。

（2）ニーバーのユニオン神学大学院への就任は、エディの強い働きかけで変則的なかたちで実現したものであった。すなわち最初の一年間のニーバーの給与はエディが負担し、その代わりにニーバーは、ユニオンでの働きとともに『ワールド・トゥモロウ』誌の編集にも携わることが条件となっていた。Cf. Robert T. Handy, *A History of Union Theological Seminary in New York* (New York: Columbia University Press, 1987), 174–175; Richard W. Fox, *Reinhold Niebuhr: A Biography* (New York: Pantheon Books, 1985), 105, 117, 119.

（3）シドニー・レンズ『アメリカのラディカリズム』陸井三郎・内山祐以智訳（青木書店、一九六七年）、二三六頁。

「赤い一〇年」という表現は、元来モスクワ特派員を務めたE・ライオンズ（Eugene Lyons 1898–1985）に由来する。本間長世編『アメリカ世界Ⅰ　西洋史（7）』（有斐閣新書、有斐閣、一九八〇年）、一五〇–一五一頁参照。

（4）本間長世『アメリカを支えるアメリカ人』（新潮選書、新潮社、一九八七年）、一七頁。

（5）Fox, *Reinhold Niebuhr*, 117.

（6）「デルタ協同農場」は、二千エーカーほどの土地に、経済的に恵まれない小作農を招いて綿花製造協同組合を作り、南部小作農の生活水準を引き上げる試験的プロジェクトであった。理事長を務めたニーバーは、このプロジェクトを「地主主義を排する一努力」と考えていた。そこに小作農組合に参加したために大規模農園から追放された、黒人と白人の小作農の三〇家族が入植したが、数年後、種々の問題から経営危機に見舞われ、土地は各人に売却、プロジェクトは中止のやむなきにいたった。チャールズ・C・ブラウン『ニーバーとその時代――ラインホールド・ニーバーの預言者的役割とその遺産』高橋義文訳（聖学院大学出版会、二〇〇四年）、一一〇–一一一頁参照。

（7）Paul Merkley, *Reinhold Niebuhr: A Political Account* (Montreal: McGill-Queen's University Press, 1975), 80, 101–102.

（8）"Church in Russia," *The Christian Century*, Vol. 47, no. 38 (September 24, 1930): 1144–1146; "Land of Extremes," *The Christian Century*, Vol. 47, no. 48 (October 15, 1930): 1241–1242; "Russia Makes the Machine its God," *The Christian Century*, Vol. 47, no. 36; "Russian Efficiency," *The Christian Century*, Vol. 47, no. 40 (October 1): 1178–1180; "Russia's Tractor Revolution," *Christian Cenrury*, Vol. 47, no. 37 (September 17): 1111–1112.

（9）"Socialism and Christianity," *The Christian Century*, Vol. 48, no. 33 (August 19, 1931): 1038–1040.

（10）"Optimism and Utopianism," *The World Tomorrow*, Vol. 16, no. 8 (February 22, 1933): 108. ニーバーはこの時期一貫して「マルクス主義者」の語には、Marxistではなく、Marxianを当てている。

（11）"An Editorial Conversation II, Mr. Niebuhr to the Editor," *The Christian Century*, Vol. 50, no. 30 (July 26, 1933): 1007. 「キリスト教マルクス主義者」なる呼称は、ニーバーはその後もたびたび用いている。たとえば "The Fellowship of Socialist Christians," *The World Tomorrow*, Vol. 17, no. 12 (June 14, 1934): 298; "The Creed of Modern Christian Socialists," *Radical Religion*, Vol. 3, no. 2 (Spring, 1938): 17など。

（12）*Reflections on the End of an Era* (New York: Charles Scribner's Sons, 1934).

（13）Ronald H. Stone, *Reinhold Niebuhr: Prophet to Politicians* (Nashville: Abingdon Press, 1972), 61.この言葉は、一九六七年になされたストーンによるニーバーへの個人的なインタビューの中でのものであったという。Cf. Ibid., 71.

（14）"Radical Religion," *Radical Religion*, Vol. 1, no. 1 (Autumn, 1835).

（15）Stone, *Reinhold Niebuhr*, 60,

（16）"The United Front," *Radical Religion*, Vol. 1, no. 2 (Winter, 1936): 4.

（17）Fox, *Reinhold Niebuhr*, 168–169.

（18）Merkley, *Reinhold Niebuhr*, 102.

（19）Kenneth W. Thompson, "The Political Philosophy of Reinhold Niebuhr," Charles W. Kegley and Robert W. Bretall, eds., *Reinhold Niebuhr, His Religious, Social, and Political Thought* (New York: Macmillan Company, 1956), 159. Cf. "Reply to Interpretation and Criticism," Ibid., 436.

（20）John C. Bennett, "Reinhold Niebuhr's Social Ethics," Ibid., 49.

（21）Bob. E. Patterson, *Reinhold Niebuhr*. Makers of the Modern Theological Mind series (Waco, TX.: Word Books, 1977), 36; Ruurd Veldhuis, *Realism Versus Utopianism? Reinhold Niebuhr's Christian Realism and the Relevance of Utopian Thought for Social Ethics* (The Netherland: van Gorcum, Assen, 1975), 77.

（22）Merkley, *Reinhold Niebuhr*, 102.

（23）F. Ernest Dibble, *Young Prophet Niebuhr: Reinhold Niebuhr's Early Search for Social Justice* (Washington, DC: University Press of America, 1979), 118.

（24）Roger L. Shinn, "Realism, Radicalism, and Eschatology in Reinhold Niebuhr: A Reassessment," Nathan A. Scott, Jr., ed. *The Legacy of Reinhold Niebuhr* (Chicago: The University of Chicago Press, 1975) 85.

（25）Reinhold Niebuhr to June Bingham, September 24, 1957. Niebuhr Papers, Container 26.

（26）*Reflections on the End of an Era*, 18, 56; Veldhuis, *Realism Versus Utopianism?*, 79–80.

（27）"Intellectual Autobiography," Kegley and Bretall, eds., *Reinhold Niebuhr, His Religious, Social, and Political Thought*, 9–10.

(28) "Socialism and Christianity," 1038; "Christianity and Communism," *The Spectator*, Vol. 157, no. 5654 (November 6, 1936): 802–803.
Cf. Dibble, *Young Prophet Niebuhr*, 116.

(29) *Reflections on the End of an Era*, 15

(30) Ibid.

(31) *Moral Man and Immoral Society: A Study in Ethics and Politics* (New York: Charles Scribner's Sons, 1932). 大木英夫訳『道徳的人間と非道徳的社会』現代キリスト教思想叢書８（白水社、一九七四年）、三七四頁（一八二頁）。［カッコ内は、一九九八年に「白水社イデー選書」の一冊として再版されたその頁数である。］

(32) 同、三七五頁（一八三頁）。

(33) 同、三七六頁（一八四頁）。

(34) 同、三六四頁（一七二頁）。

(35) 同、三七七頁（一八五頁）。

(36) 同、四三八頁（二四六頁）。

(37) 同、四二七頁（二三五頁）。

(38) 同、四二七―四二八、四八一頁（二三五―二三六、二八九頁）。この書において「幻想」（illusion）という語には必ずしも否定的な意味はない。同、二九〇頁（九八頁）など参照。

(39) *Reflections on the End of an Era*, 82. ニーバーは、ここでは、アメリカにおける階級闘争は始まったばかりであり、その究極的な危機は世紀末まで引き延ばされるとの見方を提示していた。Cf. Ibid., 71.

(40) Ibid., 78. Cf. Ibid., 82. やがてニーバーが中産階級を評価するようになることはよく知られている。一九五〇年代になると、ニーバーは、中産階級を「摂理の賜物」であるとし、その「メシアニックな」役割を強調する。Cf. *The Irony of American History* (New York: Charles Scribner's Sons, 1952). 大木英夫・深井智朗訳『アメリカ史のアイロニー』（聖学院大学出版会、二〇〇二年）。また、アメリカは多かれ少なかれ中産階級の国になるとの見通しを持っていた。Cf. Martin E. Marty, "Reinhold Niebuhr: Public Theology and American Experience," Scott, Jr., ed., *Legacy*, 23–

24; Fox, *Reinhold Niebuhr*, 151.

（41）*Reflections on the End of an Era*, 167–168; "The Problem of Communist Religion," *The Atlantic Monthly*, Vol. 147, no. 4 (April, 1931): 462–470. プロレタリアの罪については数多く言及されている。たとえば以下を参照。*An Interpretation of Christian Ethics* (New York: Harper and Brothers, 1935), 80, 82; *Beyond Tragedy: Essays on the Christian Interpretation of History* (New York: Charles Scribner's Sons, 1937), 36.

（42）"Making Peace with Russia," *The World Tomorrow*, Vol. 14, no. 11 (November, 1931): 354, 355. Cf. "Perils of American Power," *The Atlantic Monthly*, Vol. 149, no. 1 (January, 1932): 94.

（43）"Socialism and Christianity," 1040.

（44）"Property and the Ethical Life," *The World Tomorrow*, Vol. 14, no. 10 (October, 1931): 20.

（45）*Reflections on the End of an Era*, 238.

（46）Ibid., 186, 24. Cf. Ibid., 34, 54, 59; "Russia and Karl Marx," *The Nation*, Vol. 146, no. 19 (May 7, 1936): 530–531; "The Socialist Decision and Christian Conscience," *Radical Religion*, Vol. 3, no. 2 (Spring, 1938): 1–2.

（47）*Reflections on the End of an Era*, 238. Reinhold Niebuhr to June Bingham, September 24, 1957. Niebuhr Papers, Container 26. これは、ニーバー自身が一九三〇年代を回顧した言葉である。

（48）"The Revival of Feudalism," *Harper*, Vol. 170 (March, 1935): 487.

（49）*Reflections on the End of an Era*, 245, 186, 187, 238, 187–188.

（50）古屋安雄「ニーバーとニューディール」『アメリカ研究』（第一六号、一九八二年）、一二五頁参照。

（51）"Christian Socialism," *Radical Religion*, Vol. 3, no. 4 (Fall, 1938): 3.

（52）Cf. Arthur M. Schlesinger, Jr., "Reinhold Niebuhr's Role in American Political Thought and Life," Kegley and Bretall, eds., *Reinhold Niebuhr, His Religious, Social, and Political Thought*, 94. この社会化へのニーバーの思いはやがて、ニューディール政策によってそのかなりの部分が満たされることになるが、それは、ニーバーが後に熱心なニューディール政策支持者となる理由の一斑でもあった。

（53）Stone, *Reinhold Niebuhr*, 59.

（54）“Socialism and Christianity,” 1038.

（55）Langdon Gilkey, *On Niebuhr: A Theological Study* (Chicago: The University of Chicago Press, 2001), 4　は、L・ギルキーが少年時代に目撃した、『道徳的人間と非道徳的社会』の出版が平和主義者の父親に大きな衝撃を与えた状況を印象的に記しているが、それは、ニーバーを知る平和主義者の間に多く見られた現象の一つにすぎなかった。

（56）第一次世界大戦後、『道徳的人間と非道徳的社会』までのニーバーが厳密な意味で平和主義であったかどうかは疑問である。その点については、本書第一章を参照。

（57）『道徳的人間と非道徳的社会』（大木訳）、二一七、二〇二、二〇〇、二一五頁（二五、一〇、八、二三頁）。

（58）Fox, *Reinhold Niebuhr*, 136.

（59）『道徳的人間と非道徳的社会』、四四一頁（二四八頁）。

（60）Bennett, “Niebuhr’s Social Ethics,” Kegley and Bretall, eds., *Reinhold Niebuhr, His Religious, Social, and Political Thought*, 65.

（61）“The Church and Political Action,” *The Christian Century*, Vol. 51, no. 31 (August 1, 1934): 993; “When Will Christian Stop Fooling Themselves?” *The Christian Century*, Vol. 51, no. 20 (May 16, 1934): 658.

（62）*Contribution of Religion to Social Work* (New York: Columbia University Press, 1932)　髙橋義文・西川淑子訳『ソーシャルワークを支える宗教の視点――その意義と課題』（聖学院大学出版会、二〇一〇年）。この書で、ニーバーは、当時のキリスト教ソーシャルワークの理想主義的で個人主義的で感傷主義的な傾向に、現実主義的視点から徹底した警告を発している。

（63）同、一〇六頁。

（64）同、一〇九、一一一頁参照。

（65）『道徳的人間と非道徳的社会』、二三一―二三二頁。

（66）“When Will Christian Stop Fooling Themselves?” 659.

（67）“Ten Years That Shook My World,” *The Christian Century*, Vol. 56, no. 17 (April 26, 1939): 546; Reinhold Niebuhr, “The Fellowship of Socialist Christians,” *The World Tomorrow*, Vol. 17, no. 12 (June 14, 1934): 298. Cf. Merkley, *Reinhold*

Niebuhr, 85.
(68) "The Fellowship of Socialist Christians," 85.
(69) *Beyond Tragedy*, 243.
(70) "Social Justice," 69. Cf. Veldhuis, *Realism Versus Utopianism?* 79.
(71) "Russia's Tractor Revolution," 1112.
(72) "Social Justice," 68–69.
(73) "Christian Politics and Communist Religion," *Christianity and the Social Revolution*, ed. by John Lewis, Karl Polany and D. K. Kitchin (London: Victor Gollancz, 1935), 468.
(74) "Comment on an Appeal to the Socialist Party by 47 Members," *The World Tomorrow*, Vol. 17, no. 8 (April 12, 1934): 186; *Beyond Tragedy*, 244.
(75) Stone, *Reinhold Niebuhr*, 64.
(76) "Russia Makes the Machine Its God," *The Christian Century*, Vol. 47, no. 36 (September 10, 1930): 1080. Cf. Merkley, *Reinhold Niebuhr*, 90.
(77) ニーバー『ソーシャルワークを支える宗教の視点』、七七頁。
(78) "The Religion of Communism," *The Atlantic Monthly*, Vol. 147, no. 4 (April, 1931): 462–470.
(79) Ibid., 462.
(80) Ibid.『ソーシャルワークを支える宗教の視点』、五一頁。
(81) "The Problem of Communist Religion," *The World Tomorrow*, Vol. 17, no. 15 (July 26, 1934): 378.
(82) "The Religion of Communism," 463; "Christian Politics and Communist Religion," *Christianity and the Social Revolution*, 461; "The Religion of Communism," 467.
(83) Ibid., 465;
(84) "The Religion of Communism," 467.
(85) "The Problem of Communist Religion," 378.

(86) "Is Religion Counter-Revolutionary?" *Radical Religion*, Vol. 1, no. 1 (Autumn, 1935): 17.
(87) "The Land of Extremes," *The Christian Century*, Vol. 47, no. 42 (October 15, 1930): 1241–1243.
(88) "Christian Politics and Communist Religion,"463–464.
(89) "Christian Socialism," 3; "The Problem of Communist Religion," 465.
(90) "Christian Politics and Communist Religion," 465; *Reflections on the End of an Era*, 186.
(91) Ibid., 469, 471.
(92) Ibid., 224.
(93) Ibid., 136.
(94) Ibid., 210; *An Interpretation of Christian Ethics* (New York: Harper and Brothers, 1935), 10; "Ten Years That Shook My World," 546.
(95) *Reflections on the End of an Era*, 224, 136, 280, 296, 273ff, 279, 284ff.
(96) "Social Justice," 69.
(97) H. Richard Niebuhr to Reinhold Niebuhr, n. d. Reinhold Niebuhr Papers. おそらく、一九三二年の書簡と思われる。Cf. Fox, *Reinhold Niebuhr*, 144–146.
(98) フォックスによれば、『道徳的人間と非道徳的社会』出版の翌年一九三三年になされた、イェール大学でのテイラー講演"Christianity in a Decadent Civilization"にそのロマンティックな人間本性観の修正が見られるという。Fox, *Reinhold Niebuhr*, 147.　このフォックスの見方は大枠で妥当であろう。ただ、この修正は決してこの時点で突然なされたものではないことは確認しておく必要がある。『道徳的人間と非道徳的社会』の二年前になされた講演に基づいて、前著と同年に出版された。『ソーシャルワークを支える宗教の視点』には、その基本となる趣旨は前著とほぼ同じでありながら、そこには、歴史的キリスト教の意義やその現代的妥当性への指摘が明白になされているからである。『ソーシャルワークを支える宗教の視点』第三章他参照。
(99) *Reflections on the End of an Era*, ix.
(100) Ibid., 290.

（101）神学的認識論としてのニーバーの神話論については、高橋義文『ラインホールド・ニーバーの歴史神学――ニーバー神学の形成背景・諸相・特質の研究』（聖学院大学出版会、一九九三年）第四章を参照。

（102）この最終章は、後に以下のニーバー論文選集に収録されている。Robert McAfee Brown, ed., *Essential Reinhold Niebuhr; Selected Essays and Addresses* (New Haven and London: Yale University Press, 1986), 61–71. 編者はこれを選集に収めたのは、「恩寵の現実は、後年の発見ではなく、ニーバーの著作の全体を形成するものであることを思い起こさせるもの」であるゆえであると述べているが、適切な注釈である。Ibid., vii.

（103）*Reflections on the End of an Era*, 287.

（104）Ibid., 281, 285, 287.

（105）Ibid., 283.

（106）Dietz Lange, *Christlicher Glaube und soziale Probleme, Eine Darstellung der Theologie Reinhold Niebuhrs* (Gütersloh: Güttersloher Verlagshaus Gerd Mohn, 1964), 42.

（107）ニーバーが自らを「ラディカル」と称したのは、デトロイトにおいてであった。ちなみに、ＦＳＣの機関誌*Radical Religion*の誌名を*Christianity and Society*に変更したのは、一九四〇年であった。

（108）ニーバーが社会党を離脱したのは、一九四〇年のことであるが、実際には社会党の内紛（一九三三―三四年）およびそれに伴う大衆の支持の下落等により、一九三〇年代半ばにはすでに社会党に対して失望していた。Cf. Merkley, *Reinhold Niebuhr*, 97–99.

（109）"Ten Years That Shook My World," 542–546.

（110）"Communism and the Clergy," *The Christian Century*, Vol. 70, no. 33 (August 19, 1953) in D. B. Robertson, ed., *Essays in Applied Christianity* (New York: World Publishing Co., 1959), 122.

（111）"Ten Years That Shook My World," 544.

（112）Ibid., 545.

（113）Fox, *Reinhold Niebuhr*, 153, 151.　フォックスのニーバー解釈は時に妥当性を欠くことがあるが、この点に関する限り、H・リチャード・ニーバー宛の私信などにより裏付けられる妥当な解釈であろう。

(114) デトロイト時代のニーバーの神学については、高橋義文『ラインホールド・ニーバーの歴史神学』第二章を参照。

(115) 大木英夫「解説」『道徳的人間と非道徳的社会』（白水社、一九七四年）参照。

(116) "Intellectual Autobiography," Kegley and Bretall, eds. *Reinhold Niebuhr: His Religious, Social, and Political Thought*, 9–10.

(117) *An Interpretation of Christian Ethics*, 137.

(118) Patterson, *Reinhold Niebuhr*, 37.

(119) Karl Marx and Friedrich Engels, *On Religion*, with an introduction by Reinhold Niebuhr (New York: Schocken Books, 1964). ニーバーの解説はその末尾に一九六三年の執筆と記されている（Ibid., xiv.)。本章では、Classics in Religious Studies of Scholars Press and the American Academy of Religion No. 3 (Pantheon Books, 1982) のリプリント版を使用した。ちなみに、佐藤優『同志社大学神学部』（光文社、二〇一二年）に、『宗教について』とニーバーの解説への言及がある。それによると、「ニーバーの解説を読むと、この本のオリジナルは、モスクワのプログレス出版所から出た英文書」であったとある（一〇九頁）。この情報は、リプリント版では、ニーバーの解説にもそれ以外でも触れられていないが（初版で触れられていたのだろうか）、きわめて興味深い。佐藤氏が指摘するようにその書にアメリカの神学者が解説を書いたというだけでなく、その内容がマルクスやエンゲルスへの厳しい批判ともなっているからである。

(120) Ronald H. Stone, ed., *Faith and Politics: A Commentary on Religious, Social, and Political Thought in a Technological Age* (New York: George Braziller Inc., 1968), 47–54.

(121) Marx and Engels, *On Religion*, vii-viii.

(122) Ibid., viii-xi.

(123) Ibid., xi-xii.

(124) Ibid., xiii-xiv.

第三章　ニーバーと「民主的行動を目指すアメリカ人」（ＡＤＡ）

はじめに

ニーバーは、第二次大戦後の冷戦期、一般にＡＤＡの略称で知られる、戦後アメリカ政治に重要な役割を果たした非政党的政治組織「民主的行動を目指すアメリカ人」（Americans for Democratic Action 以下ＡＤＡ）の創設者の一人として、これと深い関わりを持った。それはニーバーにおける戦後政治との取り組みに欠かすことのできない組織であり、この組織との関係は、戦後のニーバーの政治的思想的位置を確認するために無視できない要素である。しかしこれまでのところ、ニーバーとＡＤＡの関わりが具体的にどのようなものであったのかについて、その全体像は必ずしも明らかではない。断片的な言及はあるもののニーバーとＡＤＡの関係に焦点を当てた考察はなされていないからである。

それのみならず、戦後のニーバーの政治上の姿勢は時に人々に困惑を与えてきた。「いったい彼は右だったのか、左だったのか」との疑問が呈されることもあるほどである。(1) 実際、この時期のニーバーには、しばしば「プラグマティック」、「モデレイト」、「ネオ」などの修飾語が付されてではあるが、「リベラル」と「コンサーヴァティヴ」の両方のラベルが貼られてきたからである。それは、ニーバーの立場の分かりにくさを印象づけてきた。

本章の目的は、ニーバーとADAとの関係を明らかにすることであるが、それは、戦後冷戦時代のニーバーの一面を明らかにし検討することであるとともに、上のような困惑の一部を解きほぐすことでもある。

ニーバーにおける思想と活動の推移を鳥瞰するとき、顕著に認められるのは、神学的にも政治的にも、あるいは広く文化的にも、リベラリズムとの関係である。青年期に受けた教育、社会的福音運動への参加と決別、平和主義とその克服、マルクス主義への傾斜とそこからの脱却、弁証法神学の影響と歴史の神学の確立、第二次世界大戦直前から戦後にいたるアメリカ政治における立場の構築とキリスト教現実主義、公共神学としての特質等々における動きを概観するとき、否定的にも積極的にも、克服すべきものとしても受容すべきこととしても、リベラリズムはきわめて重要な要素となっている。おそらく、リベラリズムを梃子にしてニーバーの思想や活動を丁寧に追うならば、そこにはニーバーのダイナミズムと広範さが従来とらえられてきた以上に明らかになるのではないかと思われる。本章はその解明作業の一端でもある。

一　ADAとその概要

ADAは、ニーバー、A・M・シュレシンジャー（Arthur M. Schlesinger, Jr.）[2]、A・E・ローズヴェルト（A. Eleanor Roosevelt）、H・H・ハンフリー（Hubert H. Humphrey）、J・K・ガルブレイス（John Kenneth Galbraith）

らによって、一九四七年一月に結成されたリベラル派の進歩的非政党的政治団体である。その主たる目的は、ニューディール政策を拡大・推進すること、市民的自由を擁護しその拡大をはかること、国際的には国連を支持して自由主義諸国を積極的に支援すること、共産主義と絶縁することなどであった。この目的を達成するために、ＡＤＡは、政策綱領を打ち出し、リベラル派政治家の支援、議会における議員の投票行動のリベラル度の公表、議会に対するリベラルな政策立案への働きかけ、政府高官の任命や議会に出される議案への賛否の表明、議会に対するさまざまな政策の提言等のロビー活動に力を注いだ。ＡＤＡは、結成した四七年の末に、連邦議会議員の議会内での年間投票記録のチェック・リストを初めて公表したが、それは「ＡＤＡが共和党保守派の右からの政治攻勢と、共産主義者を含む左派勢力からの圧力に抗していかなる独自性を政策的に示そうと試み、またそれにどの程度成功したかをよく物語」る作業と見なされている。(3)

ＡＤＡは、その後基本的に中道から共産主義者を除く左翼の立場を包含、具体的には、その政治活動を民主党と同調するかたちで展開した。とくに冷戦時代とその後を通じて、トルーマン、ケネディ、ジョンソン、カーター、クリントンの各民主党政権を一貫して支持し、相当数の有力会員がそれらの政権に重要な役職で参加することを含めそれらの政策の多くを実際に支えた。とはいえ、朝鮮戦争の拡大やヴェトナム戦争をはじめ重要な政策について厳しい批判や懸念を表明したりすることもまれではなかった。そのような活動の中で、大統領選挙では大きな影響力を行使し、民主党の現役大統領や候補者たちがＡＤＡの大会に出席・演説することも少なくなかった。

一方、アイゼンハワー、ニクソン、フォード、レーガン、父ブッシュ、子ブッシュの共和党政権に対してはＡＤＡの政策を主張・要求し、政策ごとに賛否を明白にしてきた。九・一一以降のブッシュ政権の対応には、ＡＤＡは党がいずれであれ「テロとの戦いは支持した」が、「反テロの戦いという大義の下で振るった大きな大統領権限には、必ずしも同調しなかった」。また、「国連重視の立場からブッシュの単独行動主義外交に批判的であった」。アフガニスタン軍事侵攻は追認したが、イラク戦争には最初から強い反対を表明し、とくにその軍拡路線やイラク占領政策への批判の姿勢を堅持しながらブッシュと対峙した。(4)

こうしてＡＤＡは、その創立から六〇年を超える歴史を積み重ねてきたが、その間、多少のゆれはあっても当初目指したニューディール政策を新しい時代に適用・拡大・推進する作業において終始一貫した立場を維持してきた。現在も、本部をワシントンＤＣに置き、六万五千人の会員を擁し、活発な政治活動を展開している。(5)

以上のような歴史と活動を持つＡＤＡは、アメリカでは民主党系リベラル派の政治団体としてかなり広く知られているが、わが国では、これまでその詳細が紹介されることはほとんどなかったのではないかと思われる。しかし、二〇〇六年に、ＡＤＡの創立から現在にいたるまでの活動を丁寧に追った、砂田一郎『現代アメリカのリベラリズム――ＡＤＡとその政策的立場の変容』が出版され、わが国にもようやくＡＤＡの全体像が明らかにされるようになった。(6) しかも、この著書はその出版年である二〇〇六年の春までというブッシュ政権との取り組みを含むＡＤＡの動向までを追っている点できわめて貴重である。それは、ＡＤＡを包括的に扱ったこれまでの代表的な先行文献であるＣ・ブロック（Clifton Brock）とＳ・Ｍ・ジロン（Steven M. Gillon）の研究がそれぞれ一九六二年、一九八五年と、すでに相当古くなっていることからすると、本書はアメリカ本国でもまだ手にすることができないＡＤＡの包括的研究と言ってよい。(7)

しかしながら、ＡＤＡの活動とりわけ個別政策へのＡＤＡの姿勢に密着してその歴史を追いながらこの団体のアメリカ政治における意義を検討するというこの書の趣旨からすると無理からぬことかもしれないが、ＡＤＡに対するニーバーの関わりについてはごく限られた言及しかない。「知識人のニーバー」の名が創立者の一人として挙げられ、「神学者ニーバーの『人間に対する温和な悲観主義』」のＡＤＡへの影響について触れ、その人間観とデモクラシーを結び付けるニーバーの考えが「戦後の反共リベラリズムの哲学的な基礎になっていた」という指摘――それ自体は正確な指摘であるが――にとどまっていて、いささか残念である(8)。

というのは、ＡＤＡはおそらくニーバーなしにありえなかったと言ってよいほど、ニーバーとの関係が深いからである。ＡＤＡについて考えるにあたって、まずはニーバーが主導したその前史から見ていかなければならないし、その上でＡＤＡ設立とくにその初期の数年におけるニーバーの存在とその指導に目を配らなければならない。それのみならず、その後もＡＤＡにおけるニーバーの存在は、思想的にも政策的にも無視できない大きなものがあったのである。

二　ＡＤＡの成立背景その1――ＵＤＡの設立

ＡＤＡの歴史は、その前史として、一九四一年、ニーバーがキーマンの一人となって設立した「民主的行動を目指す連合」（Union for Democratic Action　ＵＤＡと略称）に始まる。ＡＤＡは、このＵＤＡを発展的に吸収するかたちで成立したのであり、したがって、両者の間には相当の連続性があった(9)。

ＵＤＡ設立に先立つ一九三九―四〇年は、ニーバーにとってきわめて大きな転換点となった時である(10)。一九三九年に、ニーバーはスコットランドのエディンバラ大学で、アメリカ人として五人目となるギフォード講演者として、成熟した歴史の神学を展開・提示した。それは一九三〇年代の社会的福音、平和主義、社会主義、マルクス主義克服の最終的な神学的宣言であるとともに、その後のニーバーの政治的な思想の基盤ともなるものである。当時ヨーロッパの戦況は風雲急を告げていた。四〇年六月にはフランスがナチス・ドイツに敗北、ナチス・ドイツと戦うのはイギリスのみという状態になった。カンザス州の新聞人W・A・ホワイト（William Allen White）の招請に応じてかれが委員長を務める「連合国を支援することによってアメリカを守る」委員会に参加。この年の春、チャーチルが政権の座に着いた。ニーバーは、アメリカに根強い孤立主義に反対し、イギリスを援助すべく武器貸与法の成立を強く支持した。ところが、ニーバーの属する社会党はこの年の大会でアメリカの連合国支援を拒否、それに反対したニーバーはその直後、『ネイション』誌上で社会党離党を宣言する。十年余にわたる社会党員としての立場に別れを告げ、その年の秋の大統領選ではローズヴェルトの三選に票を投じるとともに、同じ年、『キリスト教とパワーポリティクス』[11]を出版し、現実主義的立場を鮮明に打ち出した。

また、連合国支持をめぐって、不干渉主義を主張する『クリスチャン・センチュリー』誌の編集長C・C・モリソン（Charles Clayton Morrison）と対立し、長年ニーバーが意見発表の主要な場の一つとしてきた同誌と袂を分かった。この雑誌に対抗して、明くる年四一年二月、ニーバーは、J・C・ベネット（John C. Bennett）、H・S・コフィン（Henry Slone Coffin）、W・スカーレット（William Scarlet）、S・エディ（Sherwood Eddy）、H・C・ロビンズ（Howard Chandler Robbins）らを発起人として、隔週刊の新しい雑誌、『クリスチャニティ・アンド・クライシス』を発刊した。この雑誌はキリスト教関係者のみならず有力上院議員などの政治家たちを含む広い層の人々に読まれ、一九六七年には最高発行部数一万九千を超えるまでになった。[12]

以上のような過程で、労働運動指導者や社会党と袂を分かった元党員や進歩的リベラルらが、介入主義・ニューディール政策支持・反共産主義・革新主義を基としたグループを形成するようになった。そのグループのリーダー的人物が労働組合指導者Ｍ・グロス（Murray Gross）であった。かれは、「その広範にわたる講演、論文、著書をとおして、リベラルや社会主義者たちのグループに相当数の熱心な支持者たちを集めていた」[13]が、ニーバーに、社会主義者や革新主義者からなる団体の創設と参加を働きかけた。グロスは、さらに、リベラルな雑誌、『ネイション』の編集者Ｆ・カーチウェイ（Freda Kirchwey）や『ニューリパブリック』誌のＧ・ソウル（George Soule）、『コモン・センス』誌のＡ・ビンガム（Alfred Bingham）らリベラルな介入主義者たち、それにアメリカ共産党の創立者の一人で一九三〇年代に反共産主義者となっていたＬ・コーリー（Lewis Corey）、コロンビア大学教育大学院教授のＪ・Ｌ・チャイルズ（John L. Childs）らにも参加を呼びかけた[14]。

そうして、一九四一年五月十日、ニューヨークで新しい政治組織ＵＤＡが組織されたのである。創立大会では、カーチウェイが大会議長を務め、コーリーとニーバーが講演した。ニーバーがこの組織の議長に選出された。ＵＤＡは、ニューヨークの高等学校のロマンス語教師、以前の社会党員Ｊ・ローブ（James Loeb）を実務担当者・総幹事として雇用した。このとき以降、ローブはニーバーと密接な協力関係の中でその業務を遂行、のちにＡＤＡの立ち上げに多大な貢献をすることになる（ＵＤＡ設立後、グロスは自分の婦人服労働組合の仕事に戻った[15]）。

ニーバーは、『クリスチャニティ・アンド・ソサイエティ』誌で、ＵＤＡの設立とその綱領について簡潔に報告しているが、その要点は以下のとおりである[16]。

1. ＵＤＡは、民主的な文明が、国内経済における社会的利益を損うことなく、外的な危険に対し自らを防衛しなければならないと信じる中道および左派に位置する人々を結集して組織された。
2. ＵＤＡは、「二つの戦線」で戦う。労働運動を制限するような孤立主義と、孤立主義の反動としての介入主義に抵抗することである。
3.「犠牲の平等」を「犠牲の不平等」によって達成する税制を確立する。
4.目前のナチス専制に勝利し、新しい世界秩序の形成を目指す。

すなわち、UDAは、国際関係ではナチス・ドイツ等のファッシズムに対抗するために戦争に参画することがアメリカ外交の最優先事項であること、国内問題では大銀行と大企業の公有化を含む基本経済体制の変革と新しい社会的措置を講じること、具体的には高所得者に高率の税を課す税制の改革と、預金と投資への政府の規制を強化することを主張したのである。ニーバーの報告には記されていないが、UDAは、共産主義にはファッシズムとともに反対であり、四一年六月のヒットラーによるロシア侵攻のゆえもあり、ヒットラーのほうがスターリンより大きな脅威であるとしたものの、リベラルな活動や労働運動への共産主義者の侵入には警戒の手を緩めなかった。[17]

以上のように、UDAの内政政策は社会主義色が濃厚であるが、それは会員の多くが長く所属していた社会党の政策の影響下にまだあったことを窺わせるものとなっている。

UDAは、いくつかの研究委員会を設置し、「平和を含むデモクラシーに関わる戦いの種々の局面」を研究し、[18]「議員たちの投票記録を分析評価し、それらを等級に分類し、一覧表にして『ニューリパブリック』誌に発表するなど、先駆的な活動をした」[19]。そのような活動はADAに引き継がれることになるUDA−ADAの特徴ある活動の一つとなった。UDAはまた、「アメリカ海軍による商船護衛を含めて、イギリスへの全面的支援を呼びかけた」[20]。

UDAの影響力はかなりのものになったが、ニーバーやローブが願うほどには大きく発展しなかった。会員数は、四六年の段階で大きく見積もっても一万人、支部も東海岸のフィラデルフィア、ワシントンDC、ニューヨーク等に数箇所を数えるにとどまった。したがって財政状態は厳しい状況が続き、ローブら専従職員の給与支払いにも事欠くことがあるほどであった。ニーバーはＵＤＡの拡大の必要を強く覚え、資金集めの夕食会など大々的な募金運動を展開した。ニーバーの精力的な活動のゆえもあってある程度の資金が寄せられたが、財政を継続的に維持するのはなお難しい状況であった。一九四四年の大統領選ではＵＤＡは固有の役割を果たすには規模が不足していた。そうした状況を踏まえて、ローブらは何らかの新しい展開が必要と考えるようになっていた。[21]

しかし、ニーバーやローブらがＵＤＡの新しい展開を志向するようになったのは、単にＵＤＡの規模の限界や財政問題だけが理由であったのではない。そこにはもう一つ、ニーバーらが新しい展開を急務と考えるはるかに重大な政治状況があった。それは、「アメリカの革新的市民」（Progressive Citizens of America　略称ＰＣＡ）という組織設立に収斂する、ＵＤＡリベラルと路線を異にする他のリベラルたちの動きである。

三　ＡＤＡの成立背景その2――ウォーレスのＰＣＡ

ＵＤＡが一九四一年に設立されて以降ＡＤＡ設立までの数年間、ニーバーの名声はますます大きくなり、その活動には目覚ましいものがあった。四一年および四三年に、ギフォード講演を『人間の本性と運命』全二巻にまとめ順次出版したが、それはニーバーの神学思想の確立を印象づけるものであった。また、ドイツ難民を受け入れる組織を立ち上げ、四二年には『ネイション』誌に「戦後のユダヤ人」を掲載、それは英米のシオニスト支持グループによって広く配布された。それに関連してＰ・ティリッヒ（Paul Tillich）らと「パレスチナに関するキリスト教協議会」の創立に加わる。また、日系人隔離政策に強く反対を表明したが、それは第一次大戦時ドイツ系アメリカ人として同様の苦しみを自ら味わった経験に基づくものである。四四年にはデモクラシー論『光の子と闇の子』を出版、それは後述するように、後にＡＤＡの正典的・規範的文書の一つとされるようになる。四六年初めには、連邦教会協議会の戦争に関する特別委員会（委員長Ｒ・カルフーン Robert Calhoun）が出した、「広島・長崎への原爆投下を罪とする声明」に署名した二二名の神学者のひとりとなった。

この時期のニーバーは、神学者としての影響力が増しただけでなく、アメリカ国務省での評価も大きくなっている。四六年、国務省の「占領地における文化政策に関する諮問委員会」の委員となり、同じ年、国務省後援による一五人の教育使節団の一員として教育事情視察のためドイツを訪問した。また、Ａ・Ｗ・ダレス（Allen W. Dulles）の指名で「外交問題評議会」（Council on Foreign Relations 略称ＣＦＲ）のメンバーとなり、その機関誌『フォーリン・アフェアーズ』にも論文を寄せるようになる。ＣＦＲは一九二一年に設立された民間のシンクタンクであるが、政策エリートたちの討議・意見交換・研究の場として機能し、国務省へも多大な影響を与えてきた。その機関誌には大統領や閣僚たちも寄稿した。ニーバーの国務省との関係はこの時期以降さらに深くなっている。[22]

この間ニーバーは一貫してＵＤＡの議長を続けた（ＡＤＡ設立までの六年間）。しかし、ＵＤＡは、以上のような政治的にその影響力が増しつつあるニーバーの指導の下にある組織であったが、すでに述べたようにニーバーらの願うように大きな組織にはなかなか成長しなかった。それだけでなく、ＵＤＡの活動と同時期、ニーバーらが非常な危機感を覚えた別の政治的動きが活発化していた。

それは、ＵＤＡとは異なるさまざまなリベラルや左翼グループの動きである。ニーバーたちがこれらのリベラルの動きに対して抱いた最大の懸念は、対ロシア・共産主義政策であった。

ＰＣＡ設立にいたる過程はやや複雑である。基本的にはニューディール政策の維持と拡大を志向する点でＵＤＡと同じ地点に立ついわゆるニューディール・リベラルたちは、とりわけ労働組合運動を中心にいわば合従連衡を続けていた。ＵＤＡの創立以降、第二次大戦時期に活発な活動をしていた主要なリベラル派革新団体には、ＵＤＡのほかに以下の四つのグループがあった。「全国農業組合」(National Farmers Union)、「産業別労働組合会議政治活動委員会」(Congress of Industrial Organization-Political Action Committee 略称ＣＩＯ－ＰＡＣ)、「全国市民政治行動委員会」(National Citizens Political Action Committee 略称ＮＣＰＡＣ)、「芸術・科学・専門職独立市民委員会」(Independent Citizens Committee of the Arts, Sciences, and Professions 略称ＩＣＣＡＰ)である。このうち、ＣＩＯ－ＰＡＣは、四三年反労働組合法(スミス－コナリー法)に反対して結成されたが、選挙では最も有力な浮動票をかかえるグループであった。ＮＣＰＡＣは、元来はローズヴェルト四選推進のために結成されたグループであるが、戦争直後のリベラル派政治団体では最大・最強で、著名な実業家、ジャーナリスト、政治家、公民権運動指導者らが会員として名を連ねていた。ＩＣＣＡＰには、リベラル派団体の中では共産主義者が最も多く入っていた。(23)

四三年、ＵＤＡは、元ネブラスカ出身上院議員Ｇ・Ｗ・ノリス(George W. Norris)の協力を得て本格的に組織の拡大・全国展開を図ったことがあったが、当初支持を表明していた最大の革新団体ＣＩＯの会長Ｐ・マーレイ(Philip Murray)が、他の労働団体との亀裂を恐れて身を引いたため、その作業は頓挫を余儀なくされた。(24)

こうした革新団体の動きの中で、そのリーダーとして姿を現したのが、Ｈ・Ａ・ウォーレス(Henry A. Wallace)であった。一八八八年生まれ、アイオア州の農場出身のウォーレスはもともと共和党員として農業振興に力を尽くしていたが、ローズヴェルトのニューディール政策に共鳴してその熱心な支持者となり民主党に移り、ローズヴェルト政権下で、一九三三年から四〇年まで農務長官、四一年から四五年まで副大統領を務めた。しかし、ローズヴェルトは、四四年の自らの四選の際に副大統領候補としてトルーマンを選択し、その見返りにウォーレスを商務長官に指名した。ウォーレスは、引き続きトルーマン政権下の四六年まで同長官を務めたが、四六年、トルーマン政権の対ソ連強硬政策に反対し、政界引退を表明した。

このウォーレスとニーバーおよびＵＤＡは、同じ熱心なニューディール政策支持者であるゆえに当然なことであるが、きわめて近い関係にあった。とくに、四四年の副大統領の指名争いでは、ニーバーとＵＤＡはウォーレスを強く支持した。戦後世界でアメリカが国際的な責任を負うことが必要であり、何らかの世界的な組織の必要とそこへのアメリカの参加が必須であるという点でニーバーとウォーレスは一致していた。もちろん、引き続きニューディール政策のさらなる推進、とりわけ農業支援、テネシー河流域開発モデルの他の地域への展開、社会保障制度等の拡大の必要性ということでも一致していた。ＵＤＡ総幹事ローブは、ウォーレスの指名が有権者の無関心が増大している状況の克服に貢献する可能性があると、民主党全国委員長宛てにウォーレスを強く推す書簡を送った。また、ニーバー自身も、民主党大会時にウォーレスに宛てて電報を打ち、ウォーレスの指名は「絶対に必須」であるが、それは本選挙での民主党の勝利のためだけでなく、選挙運動が「将来に向けて意味あるものとなる」ためでもあると述べた。ウォーレスは、指名争いではトルーマンに敗北するが、ＵＤＡはその後もウォーレスへの支持の姿勢を崩さなかった。ＵＤＡは、商務長官として取り組んだ雇用問題ではとくにウォーレスを強く支持した。四五年初頭には、ＵＤＡは『ニューリパブリック』誌と共同で、ウォーレスを全国の指導的な革新主義者としてその栄誉をたたえる晩餐会を開いたが、ニーバーはその会の主催責任者の一人であった。この会のスポンサーとなった人々には、エレノア・ローズヴェルト（Eleanor Roosevelt）や労働運動の指導者ドゥビンスキー（David Dubinsky）、マーレイなどがいた。ウォーレスは、そのころまでには広く全国の革新主義的リベラルたちの指導者と目されるようになっていたが、UDAもそれに同調し、ウォーレスを革新的リベラリズムのチャンピオンと見なしていた。[25]

ところが、ウォーレスは四五年、完全雇用の問題に積極的に努力する一方、外交では国際連合へのアメリカの完全参加を強く主張するとともに、ソ連との協力と融和を求めたのである。ウォーレスは、三三年、アメリカがソヴィエト・ロシアを認めることに強く反対したということがあったが、当時のその判断を忘れたように、三三年以前のソ連を認めようとしなかったアメリカの政策を知る者なら、四五年現在でソ連がアメリカに疑惑を持つことは理解できると主張するとともに、ソ連にはアメリカと会う準備が半分できているとも主張した。[26]ウォーレスは、戦後世界へのかれの希望が成就するためには、ソ連との平和的な関係が前提だと信じていたのである。[27]

これがニーバーとUDAに、ウォーレスとその影響下にある他のリベラルたちに対して大きな疑念を抱かせるようになった。その発端となったのは、四六年五月、著名なリベラル・ジャーナリスト、オールソープ兄弟（Joseph W. and Stewart J. O. Alsop）による『ライフ』誌に掲載された論文「リベラリズムの悲劇」であった。[28]これは、ウォーレスの対ソ柔軟姿勢を批判するとともに、同年四月にリベラル一千人を集めてワシントンDCの商務省の講堂で開かれた「平和を勝ち取る会議」（Win-the Peace Conference）」を批判した論文である。その会議の参加者の中には、政府内外の著名な共産主義者や共鳴者たちがいたからである。

この論文が、UDAの中に依然として存在していたウォーレスに対する強い同調心を打ち砕いた。実際、「平和を勝ち取る会議」には多くの非共産主義者が出席していたにもかかわらず、UDAの指導者たちはそれに含まれていなかった。

同じ年、社会的、政治的、経済的目標をほぼ同じくするNCPACとICCAPが、CIO－PACの主導で協力関係から合同を模索する作業が進んだ。四六年九月、三団体は、シカゴで開催された左翼グループの会議「革新主義者会議」を支援、一一月、NCPACとICCAPの指導者は合同を決定し、一二月二八日、二九日に新しい組織の結成大会をワシントンDCで開催、公式に新しい組織、「アメリカの革新的市民」(PCA)が結成されたのである。[29] 大会には、二一の州から三〇〇名の代議員が集ったが、その大部分は上述三団体のメンバーであった。その役員たちに加えて「全国農業組合」組合長J・パットン (James Patton) や二人のローズヴェルト政権閣僚経験者などの著名なリベラルたちが参加、結成署名人に名を連ねた。

新しい組織の役員にはこうした団体の指導者たちが就任したが、その真の指導者はウォーレスであった。ウォーレスは、最終日に講演、その内容は、二週間前に『ニューリパブリック』誌の編集長としての最初のコラムで公にされていたが、PCAのマニフェストと言うべきものであった。[30] ウォーレスはそこで、何よりもリベラルの一致団結を訴え、アメリカ・リベラリズムの本質は「一つの世界における平和と繁栄と自由」を信じることにあり、その他のことは小さなことにすぎないと主張した。その文脈で、かれは、リベラルの間を裂いている共産主義やロシアへの姿勢を単純な表現に還元し、「ロシアへの憎しみ」を優先させる者は「平和を信じること」をしない者であり、ソヴィエトをアメリカのモデルに引き上げる者は「自由を信じること」をしない者であると述べた。つまり、反動的な「ロシア賛美派」(Russophiles) と「ロシア嫌悪派」(Russian haters) の両極端を避け、とるべきは「グローバルな協力関係を支持するリベラル」(global-cooperation-favoring liberals) の立場であるというのである。このようなかたちにおいて、ウォーレスは、アメリカのリベラリズムにとって、共産主義者やその同調者は決して敵ではなく、大企業とその代弁者たちこそ真の敵なのだと訴えた。「平等のために自由を犠牲にしようとするアメリカ左派の願いは弁償可能な過ちであ」り、「ソヴィエトの指導者たちは徐々に民主的になりつつある」のであった。言い換えれば、「内政での妥協が、国際的にはソヴィエトからの協力を引き出す」ことになり、それが世界の平和に貢献するというのである。したがって、ＰＣＡは、その前身の諸団体と同様、共産主義者とその同調者を排除することはなかった。

以上の一連のＵＤＡ以外のリベラルたちの動きとそのＰＣＡ設立にいたる経緯とそこでのウォーレスの考えは、ＵＤＡのメンバーに危機感を募らせた。そしてそれが、ＡＤＡを設立させることになったのである。

四　ＡＤＡの設立

他のリベラルたちの動きを見ながら、ニーバーらはＵＤＡの組織替えを急いだ。かれらは、同じニューディール政策の継続・発展を掲げてリベラルの結集をはかっていた。この組織改変作業において、総幹事ローブの働きには目覚ましいものがあった。ウォーレスは何といってもニューディール・リベラルの中では卓越したキャリアを持つ指導者で、ローズヴェルト政権での閣僚とりわけ副大統領経験者として、その影響力は甚大であった。しかも、それに対抗することは、ニューディール・リベラリズムの分裂を促進することでもあり、難しい作業が続いた。

しかし、ウォーレスや他の労働団体の動きを見て、ローブはすばやく動いた。四六年五月、かれはＵＤＡ執行委員会に、一一月にワシントンで大会を開き、この年に行われた中間選挙の結果を評価し、ウォーレスらと異なる他の民主的革新主義者たちを結集し共通の政策綱領を作り上げることを提案した。それは理事会の賛同するところとなったが、理事会は、ローブに大会準備にあたって有力なリベラルに参加を要請するよう指示した。ローブの要請に応えて、準備委員会にはジャーナリストのＪ・ウェクスラー（James Wechsler）、弁護士で労働運動家Ｊ・Ｌ・

ラオJr.（Joseph L. Rauh, Jr.）、歴史家シュレシンジャーらが加わったが、新しい組織創設におけるローブとこれら三人の働きはとくに顕著であった。[31]

ローブは同時に有力な政治家たちへの説得にも奔走した。その結果、エレノア・ローズヴェルトと息子のF・D・ローズヴェルトJr.（Franklin D. Roosevelt, Jr.）の参加を取り付けることに成功した。両者とりわけエレノアをめぐっては、ウォーレス支持派との間に激しい綱引きがあった。エレノアは、夫の元大統領の副大統領・閣僚であったウォーレスに個人的には強く共鳴していたが、対ソ連姿勢の相違からUDAの側につくことになった。もっとも、かの女はADA設立後も、ウォーレスがその立場を放棄してADAを支持しそれに加わり、共産主義から自由な一致したリベラル運動を形成することを願っていた。[32]エレノアの助力で、ローブは今回はCIOの強力な指導者マーレイの支持を取りつけることもできた。

このようなローブの作業のタイミングは完璧であった。四六年の夏および秋には、リベラルたちの間に、ウォーレスらに反対する相当数からなるグループが大きなうねりとなって現れたからである。その過程で、弱冠二九歳の歴史家シュレシンジャーの果たした役割が顕著であった。四六年、広く配布された『ライフ』誌掲載の論文「アメリカ共産党」[33]で、アメリカにおける共産主義者の動きを激しく批判し、強く警戒を呼びかけた。これに相前後してロシアの動きに注意を喚起したのはニーバーであった。ニーバーは、「ルーマニアやポーランドにおける選挙に対するロシアの圧力やコミンテルンの復活は、アメリカに強い姿勢をとることを要求しており、『ロシアの獰猛さ』は『さらなる譲歩』によっても軽減されうるものではない。ロシアは、戦略の面でもイデオロギーの面でも全ヨーロッパを征服しようと欲している」[34]と主張した。また、エレノア・ローズヴェルトも国連代表を務めた経験から、ロシアとの交渉の困難さについて同様の認識にいたっていた。[35]

そして、ＰＣＡ設立の一週間後の四七年一月四日、ＵＤＡが長く待望していた拡大のためのそしてＡＤＡの創立大会ともなる大会が、ワシントンＤＣのウィラード・ホテルで、一三〇名の反共産主義リベラルの出席を得て開かれた。ニーバーと、新聞記者で第二次大戦中戦争情報局長を務めたＥ・デイヴィス（Elmer Davis）が共同で大会議長となった。そこに参加した著名なリベラルには、すでに挙げた名前のほかに、ルーサー、ドゥビンスキー、Ｈ・アーネスト（Hugo Ernest）などの労働運動家、経済学者ガルブレイス、ミネアポリス市長ハンフリー、「全国黒人地位向上協会」（ＮＡＡＣＰ）の議長Ｗ・Ｆ・ホワイト（Walter F. White）、などが含まれていた。[36]

新しい組織の名称についてさまざまな議論がなされた。ＵＤＡの名称を継続するという意見も出たが、新しい組織が古いＵＤＡと混同されることを避けることも含め新しい名称をとることになった。「リベラル」の語を名称に入れるという意見については、前世紀の自由放任的なリベラリズムと混同されることを避けるという理由で、「プログレッシヴ」は第三政党の印象を避けるという理由で退けられた。結局、American Union for Democratic Action という提案を修正して、最終的に Americans for Democratic Action の名称が採択された。[37]

組織的には、ＵＤＡの現存の組織、地方組織、スタッフ、施設等をそのまま受け継ぐことが決められた。新しいＡＤＡの共同議長に、エコノミストのＬ・ヘンダーソン（Leon Henderson）とケンタッキー州ルイヴィル前市長Ｗ・Ｗ・ワイアット（Wilson W. Wyatt）、総幹事にはローブが選出された。組織委員にニーバー、ハンフリー、ホワイト、ルーサー、ドゥビンスキーらが入り、ＡＤＡの政策立案委員に、ガルブレイス、シュレシンジャー、ウェクスラーらが選ばれた。全国理事（執行委員）には、ドゥビンスキー、ニーバー、シュレシンジャー、ローズヴェルトJr.、ハンフリーらが入った。

ＰＣＡが具体的な綱領を発表しなかったのに対して、ＡＤＡはその原則と政策を以下のように発表した。

1. ニューディール政策を、保険、食料、住宅、教育についてその適正な水準を保証できるよう拡大する。
2. 集中する富や過剰な中央集権政府から市民的自由を擁護する。
3. 健全な外交は、健康で繁栄する国内経済を必要とする。
4. アメリカは、引き続き国連を全面的に支持する。ADA大会は、核エネルギーを国際的に管理するというアメリカ政府の提案を支持する。
5. アメリカの利害は場所を問わず自由な人間の利害であるゆえに、アメリカは、民主的で自由を愛する世界の人々に対し政治的経済的支援を講じる。
6. アメリカの現行外交政策の全般的枠組みの中で、場所を問わず生活水準を引き上げ、市民的政治的自由を支援する措置を講じる。これらの政策は、ジェファソン、ジャクソン、リンカーン、ウィルソン、フランクリン・D・ローズヴェルトの偉大な民主的伝統の中にある。われわれは、アメリカ国内の共産主義者もしくは共産主義の同調者とのいかなる提携も、ファッシストとその同調者との提携を拒否するのと同様に完全に拒否する。両者はともに、この共和国がそれに基づいて偉大になった自由とデモクラシーの原理に敵対するものである。(38)

ADAの広報担当者はプレスへの発表に際し、上記のうち、第五点と第六点が、他の団体とりわけPCAと異なるADAの特徴的政策であると述べた。(39)

以上の綱領の思想は、基本的にUDAの立場を引き継いだものであり、それをアップデイト・展開したものと言ってよいであろう。もっとも、共産主義者の参加を拒否するという姿勢については、この面を強調することに慎重な意見もあった。いわゆる「反共グループ」としてその面だけが強調されてメディアに取り上げられることを恐れたからである。しかし結果としては上の文言のように、共産主義者だけでなく、ＵＤＡにはなかった、同調者たちも拒否するという強い調子に落ち着いた。[40]

ところで、ＡＤＡは、あくまで非政党的な政治団体として設立され、第三党を形成する意思はなかった。それは政党を作る含みを持たせていたウォーレスやＰＣＡと異なる明白な方針でもあった。しかし、民主党との関係については微妙なところがあった。設立の際、大会の大多数は、民主党の大きな枠内にあって活動する方向に傾いていた。シュレシンジャーやエレノア・ローズヴェルトがそうであった。ところがローブは、民主党との距離を保って活動すべきだと考えており、相当な議論があった。ジロンは、民主党との適正な関係をめぐる葛藤がＡＤＡに、その歴史を通して付きまとったと指摘している。[41] ニーバーがこの件に関してどのような立場であったかはわからない。しかし、すでに述べたように、ＡＤＡは民主党とは独立した組織であるが、基本的に民主党の路線で活動し続け、ニーバーも大枠民主党の線に立っていたことは確かである。

こうして、ニーバーたちのＵＤＡの活動は発展的にＡＤＡに受け継がれ、新たな展開に向かうことになる。このＡＤＡの成立を、Ｒ・Ｗ・フォックス（Richard W. Fox）は、ニーバー自身が作り上げたＵＤＡがＡＤＡに飲み込まれることであったと見なし、ニーバーが大会の単独議長でなかったことや新しい組織の長に選ばれなかったことも含め、ニーバーにとって「ほろ苦い瞬間」であったとし、ニューヨークを本拠とした元社会党員と中程度の労働運動指導者の組織が、ワシントンを本拠とする元ニューディーラーと卓越した労働運動指導者とジャーナリストの組織へと移行したことを象徴することであったと述べている。[42] しかし、ニーバーの内面の指摘はフォックスの単なる推測にすぎず（フォックスはニーバーの内面についてしばしば推測的に心理的分析を行っているが、それを裏付ける客観的資料に乏しいことが多い）、ＵＤＡが大きく全国的組織へと転換することに具体的に奔走したロープの背後にニーバーがいたことは事実であり、この展開はニーバーの願いの成就であったというべきである。ニーバーは、同じ年四七年春に、ＡＤＡについて次のように述べているからである。

新しい組織［ＡＤＡ］は、われわれが古いグループ［ＵＤＡ］にいつも望んでいた力と領域を有している。しかし、時はこれまで味方してくれなかった……ＰＣＡ……の方向は、ほんのわずかな点さえロシアに譲るなら平和に役立つとの理由でわれわれの外交政策を強く批判する……しかしながら全体としてＡＤＡは「忍耐と確固たる姿勢」をとる政府の政策に同意する。……［世界の脅威は］外交政策と国内政策および経済問題と政治問題の双方にわたって健全な民主的方策を展開することによって克服されるはずである。(43)

ＡＤＡの活動は順調にスタートを切り、「会員はまもなく前身のＵＤＡの会員数の二倍の一万八千に増え、北西部の二三の大都市を越えて中西部および西海岸の諸都市にまで及んだ(44)」。

五　一九四八年大統領選をめぐるＰＣＡとＡＤＡ

こうして、ニューディール・リベラリズムは、ＰＣＡとＡＤＡとに分裂することになった。その分水嶺となったのは、国際的にはソヴィエト・ロシアとの関係、国内的には共産主義者とその同調者をめぐる姿勢である。ＰＣＡには共産主義者と同調者が多く含まれ、ＡＤＡはそれを徹底して排除した。

折しも、一九四八年の大統領選が近づきつつあった。ウォーレスは、第三党結成については含みを残したまま、四七年末までその動きを見せなかった。しかし、ウォーレスの政権批判と民主党批判は徐々にその度を増していた。ウォーレスにとって、マーシャル・プランもトルーマン・ドクトリンも、世界を分裂させるだけであり、各所に配置されている同盟国の兵士たちの命を危険にさらすだけで、新しい世界を作り出す可能性につながるものではなかった。そうして、ウォーレスは、四七年一二月二九日、ＰＣＡを基盤にした第三政党「革新党」（Progressive Party）の立ち上げとその党の大統領候補となることを表明、明くる四八年七月、革新党の結党大会を開催、その最終日、三万人余の支持者を前に、大統領候補指名を受諾、強力に選挙活動を開始した。その間の五月半ば、ウォーレスとスターリンの間に交わされた短い往復書簡が公にされた。その内容は、アメリカとロシアが冷静な仕方で互いの相違を交渉するその可能性に関するものであった。ウォーレスの書簡の内容に新鮮なものはなかったが、驚くべきは、スターリンの穏健で融和的な姿勢である。スターリンは、ウォーレスの提案をロシアとアメリカの国際協力の展開のためのまた同意のための有効な基礎と見なすと結論づけていたのであった。(45)

こうしたＰＣＡおよびウォーレスの動きにＡＤＡは直ちに対応し、ウォーレスの動きを批判した。スターリンとの往復書簡は個人的で非公式のものであって、スターリンがアメリカのさまざまな要素のすべてを考慮しているとは考えられないとして、ウォーレスの外交努力を斥けた。その後もＡＤＡはウォーレス批判を続けたが、ともにニューディール政策の拡大を訴えているゆえに内政問題ではかなりの部分で重なり合うところがあり、批判は必ずしも徹底しなかった。

一方で、ＡＤＡは、民主党大統領候補にトルーマンを推すことに長い間逡巡していた。ウォーレスはその間世論を引き付けていた。八月末、ＡＤＡは十分積極的ではなかったものの、ようやくトルーマン支持で固まり、選挙運動に力を入れるようになる。九月初め、ＡＤＡの政治的威信が弱まりつつあるとの会員の間の懸念もあって、危機を覚えたＡＤＡの指導者たちは、ウォーレスの運動に対抗するために簡潔な文書——パンフレットより薄くプレス・リリースの文書より長い程度の文書——を出す決定をし、その草案執筆をニーバーに依頼した。ニーバーは直ちにペンをとり、「アメリカのリベラルたちへの訴え」をまとめた。ニーバーの急いで書かれたこの文書は、焦点を絞った手厳しいものであった。ニーバーは、ウォーレスの最大の罪は、かれの「ロシアの圧力に譲る政策」が何らかのかたちでローズヴェルトの外交政策の延長上にあると示唆していることにあるとし、ローズヴェルトの外交政策の本質はウォーレスのそれとは大きく違っていると糾弾した。また、ウォーレスは、リベラルの大義を弱体化させ、ニューディールの「リベラルと労働運動の提携」を打ち壊し、それを「革新」と呼び、それもまたローズヴェルトの理想の名を用いて遂行していると批判した。そして、革新党に賛成の投票をすることは「ヨーロッパの反ファッシズムを崩壊させること」に投票することだと締めくくった。この草案はわずかだが一部慎重な表現に修正されて、「アメリカのリベラルと革新主義者たちへの訴え」（"An Appeal to American Liberals and Progressives"）と題され、一〇月半ばＡＤＡの公的文書として広く配布された。[46]

四八年の大統領選は、周知のように、ウォーレスが民主党支持者の票を相当程度奪うと思われたこと、またサウス・カロライナ州知事Ｊ・Ｓ・サーモンド（J. Strom Thurmond）がやはり民主党を離反して南部州権党を結成したがそれもまた民主党の票を奪うとされたこと、加えてトルーマンの人気が上がらないことから、トルーマン不利、共和党の候補Ｔ・Ｅ・デューイ（Thomas E. Dewey）の勝利という予想が圧倒的であった。ニーバーらの分析も同じであった。しかし、ふたを開けてみると、比較的僅差ではあったものの、選挙前のおおかたの予想を完全に覆してトルーマンが善戦、勝利を収めるという結果になった。ウォーレスは、一般投票でわずかに二・四パーセントしか得られず、州としては一州も取れず、完膚なきまでの敗北を喫した（サーモンドが得票率はウォーレスとほぼ同じでありながら南部四州を得てトルーマンを脅かしたのとは対照的であった）。これは、ニーバーらＡＤＡ会員にとっても予想外の結果であった。

こうしてウォーレスらは、選挙後にわずかな影響力さえ残すことができずに、歴史の前面からの完全撤退を余儀なくされた。これには、「ＡＤＡの働きかけによって、ウォーレスの綱領の重要な部分がトルーマン陣営に取り込まれたこと」もあって、「以後、アメリカの政治や外交問題で、ウォーレスらの声が影響力を持つことはなかった」[47]。

この選挙戦で、ウォーレスに強く反対したＡＤＡの運動がトルーマンにどれだけ具体的に利することになったかは不明である。しかし、比較的僅差の勝利であったことを考慮すると、ＡＤＡの運動が、「たとえわずかではあってもリベラルの票を獲得することにおいて決定的（crucial）であったと想定することは妥当であると思われる」との見方もできよう[48]。そうであれば、その貢献にニーバーが重要な役割を果たしたこともまた間違いではない。

ＡＤＡはこうして、リベラリズム内の戦いに勝利し、その後のとくに冷戦期間、政権に対して大きな影響力を持つようになる。「この選挙を通じてニューディール左派の遺産を引き継いだ勢力が急速に衰退したことによって、ＡＤＡはニューディールの唯一の正統な継承者となり、戦後リベラリズムの旗手となったのである」[49]。そしてそれは、途中共和党政権時代のＡＤＡにとってやや厳しい時代はあったが、六〇年代ケネディ政権からジョンソン政権時代にまで続く。

とくに、ケネディ政権には、農務長官Ｏ・フリーマン（Orville Freeman）、大統領特別補佐官シュレシンジャー、ケネディのスピーチライターを務めた特別補佐官T・ソレンセン（Ted Sorensen）らADA会員、それに労働長官A・ゴールドバーグ（Arthur Goldberg）や健康教育福祉長官A・リビコフ（Abraham Ribicoff）ら元会員をはじめADA会員らが重要な役職に登用され、ADAと政権の関係が最も密になったときであった。ケネディ政権の重要な行政的ポストに就いた会員の数は、三五名から四五名にも上ったという[50]。

ケネディ自身は、個人的にはADAの評価を十分に意識はしていたものの、ADAの会員になることはなく、下院議員および上院議員時代を通じてADAとは距離をとっていた。しかし、大統領選挙でADAの公式の支援を受け、政権に就いてからは優秀な人材を求めて結果的にADA会員を積極的に多く用いるようになった。ケネディ政権におけるADAのそのような存在に、賛意を表明するメディアもあり、ADAに友好的過ぎることに懸念を表明する向きもあった[51]。

ところで、ケネディが大統領候補に名乗りを上げた当初、ニーバーはケネディに乗り気ではなかった。ニーバーが候補に推そうとしていたのは、ADA創立の時からの同労者のハンフリーか、過去二回にわたって大統領候補に推したことのあるA・スティーヴンソン（Adlai Stevenson）であった。ところが、シュレシンジャーが支持したのは若い上院議員ケネディであった。ニーバーは、財力にものを言わせた予備選での戦い方やケネディの私生活に疑問を持ちながらも、共和党の候補がADAを批判していたニクソンに決まったこともあって、ADAとともに秋にはケネディ支持を表明、以後積極的にケネディを推している。ケネディがカトリックであることを懸念する向きに対して、それがデモクラシーの伝統に矛盾することはないとプロテスタントたちを説得することもした[52]。

六　ＡＤＡへのその後のニーバーの関わり

以上のように、ＵＤＡの設立とその活動、ＵＤＡからＡＤＡ設立への展開、ＡＤＡのＰＣＡとの戦い、わけても四八年大統領選におけるウォーレスらとの戦いにおいて、ニーバーが果たした役割は顕著であった。そこにおけるニーバーはなくてはならない存在であった。

ニーバーはその後もＡＤＡに、全国執行理事として関わりを持っただけでなく、晩年にいたるまで深い関係を維持した。もっとも、ウォーレスに勝利したＡＤＡのその後のルーティン化した日常的政治活動にニーバーが具体的に関わることは少なかった。むしろ、時々に、外交政策についての意見を表明したり、年大会などでいくつかの印象に残る講演をしたりというようなかたちでの関わりであった。

それゆえにか、フォックスは、ニーバーのＡＤＡにおける役割は限定されたものであったと、ＡＤＡへのニーバーの関わりをすでに述べたように創立大会での役割のみならずその後も一貫して小さく評価している。その根拠として、フォックスがローブにインタビューした際に得た次のような情報を挙げている。「のちに、ニーバーはかれ［ローブ］に、ＡＤＡが、日常的な政治活動に精力を消費するのでなく、もっと『教育的』であったら自分はもっと関与したのにと述べた。ローブは、思想だけでは運動は組織できるものではないと応じた」(53)。つまり、ニーバーは、ＡＤＡとは距離を置いていたという見方である。

確かに、設立後、それこそ日常的政治活動に邁進しているローブが、ニーバーにＡＤＡの具体的活動にもっと積極的に関わってほしいとの願いを持ったことは容易に推測できることである。しかし、それは決してニーバーがＡ

ＤＡと距離を置いていたという十分な理由にはならない。Ｋ・マトソン（Kevin Mattson）は、ニーバーが、シュレシンジャーやガルブレイスが「短期的な権力の動きの上」で活動しようとしているが、自分は、むしろ「権力の動機は非常に強力であるまさにそのゆえに、長期的な政治に関心がある」と述べ、ウェクスラーもそれに同調していると記しているが、[54]ＡＤＡの日常的政治活動に対するニーバーの姿勢はそのようなニーバーの関心のゆえであったのかもしれない。実際ニーバーの関心が国内的政治動向とりわけ民主党内の動きよりも広い国際関係に向けられていたことは、当時のニーバーの活動の全体を見れば明らかである。そうだとすれば、ニーバーは、日々の政治活動ではなくもっと大きな視野からＡＤＡに関わったと言うべきであり、それゆえにニーバーは、節目ごとにとりわけ外交問題について、ＡＤＡに意見を寄せ、また講演をしたのであった。その背景には、先に述べた外交問題評議会やその他の国務省関連の仕事に加えて、四九年、Ｇ・ケナン（George Kennan）率いる国務省の政策立案室（Policy Planning Staff）に、モーゲンソーやＡ・ウォルファーズ（Arnold Wolfers）らとともに諮問委員として参加したということがあった。ニーバーはそうした場所で得られた国際関係に関する情報や洞察を駆使してＡＤＡに提言をしていたのである。ＡＤＡの外交政策はニーバーが「作り上げた（crafted）」と言われるゆえんである。[55]

とはいえ、ニーバーは、内政に関しても、トルーマンの「フェアディール政策」を強く支持し、国民皆健康保険制度を主張し、四九年議会が承認した公共住宅計画など支持したが、それはそうした政策を具体的に進めるＡＤＡと協調する行動であったことも忘れてはならない。

ところで、ニーバーがＡＤＡと距離を置いていたと判断したフォックスも、創立の翌年四八年に開かれたＡＤＡ主催のローズヴェルト生誕日を祝う会で、ＡＤＡの依頼を受けて、ニーバーが基調講演をしたときの情景を印象深く描いている。[56]ニーバーは、ローズヴェルト夫人の紹介を受けて、一一〇〇名の出席者にアメリカの未熟さとヨーロッパの成熟さについて雄弁に語った。二週間後、この講演に魅せられた出席者の一人からローブ宛てに、ニーバーを民主党の大統領候補にする運動を開始すべきだという手紙さえ寄せられたという。しかし、その年、八月、『タイム』誌は創刊二五周年記念号でニーバーをカバーフィギュアとして特集したが、そこで紹介されたのは、政治家ニーバーではなく神学者ニーバーであった。それはニーバーを大統領候補にと考えた人々を失望させるものであったとフォックスは分析している。

ニーバーがＡＤＡの日常的政治活動に直接関わることが少なかったのは、当時のニーバーが、すでに述べたニーバーの国務省関係の働きに加えて他の大きな仕事に追われていたということも関係していた。学術的な仕事としては、四九年に『信仰と歴史』を出版したが、それは先のギフォード講演をもとにした著書『人間の本性と運命』の主題をさらに展開・深化した重要な著書であり、それに相当な精力を割いたことは確かであろう。(57) さらにその前年、四八年には、世界教会協議会の結成大会がアムステルダムで開催された。ニーバーは、キリスト教世界における長年にわたる願いであったエキュメニズム運動の歴史的な出来事に、その準備段階から積極的に関わっていた。大会で、ニーバーはその準備だけでなく、重要な講演も担当したが、それはもう一人の基調講演者Ｋ・バルト（Karl Barth）との神学的違いが明らかになるような内容であり、大会後二人の間で論争がなされるという、神学史的にも重要な出来事となった。(58)

さらに、ＡＤＡとの直接的な関係が少なくなった大きな要因の一つは、ニーバーの健康状態であった。五二年二月、ニーバーは重い脳梗塞の発作に見舞われ、その後、何度もの発作に苦しめられることになり、左半身麻痺の後遺症とも闘わざるをえなくなったからである。知的にはその後も旺盛で幾多の著書を生み出すことになるが、病気によって少なくとも外的には、ＡＤＡを含む政治活動には大幅な制限を余儀なくされた。

それにもかかわらず、ニーバーはＡＤＡ創立後生涯にわたって終始ＡＤＡとは近い関係にあった。ＡＤＡの主要メンバーとは個人的にもきわめて親しい友人関係を続け[59]、ＡＤＡの大きな方針とはいつも協同歩調をとった。その顕著な例を挙げれば、ヴェトナム戦争反対と公民権運動がある。とくに、ヴェトナム戦争に関して、ＡＤＡはアメリカの関与に早くより懸念を表明していた。砂田一郎『現代アメリカのリベラリズム』の次のような指摘のとおりである。

ケネディの外交についてもＡＤＡは、「われわれは南ヴェトナムへの軍事介入を重大な懸念を持って見ている」と警告している。……ケネディ大統領は……特殊部隊と軍事顧問団を……増強しつつあった。冷戦リベラリズムの流れをくむＡＤＡがすでにこの頃からアメリカの南ヴェトナムへの軍事介入に批判的な目を向け始めていたことは注目に値する[60]。

これは、一九六二年五月のことである[61]。確かに、冷戦リベラリズムといわれたＡＤＡは基本的に現実主義的な立場をとり、時の政権とくに民主党政権の大きな方針には同調してきた。そのＡＤＡがヴェトナムに関しては、早い時期から政権批判をしていた。このＡＤＡの姿勢は間違いなくニーバーの立場を反映していた。ニーバーはもっと早く、五〇年代にすでに東南アジアへの軍事介入に繰り返し警告を発していたからである。そしてＡＤＡの声明が出た同じ年六二年に、「この国［ヴェトナム］の防衛にわれわれの威信を無制限につぎ込むことが誤りでないかどうか問う必要がある」と重大な懸念を表明した[62]。そして、大統領ジョンソンが北爆に踏み切り、アメリカの参入を大幅に拡大させ始めた六五年二月以降、ニーバーは躊躇することなく、ジャーナリストＷ・リップマン（Walter

Lippmann)、上院議員Ｊ・Ｗ・フルブライト（J. William Fulbright)、シカゴ大学教授モーゲンソーらの激しいジョンソン批判に加わったのである[63]。

こうしてニーバーとＡＤＡとは日常的政治活動は別としても、アメリカの基本方針のような課題に関して両者はきわめて緊密な関係にあったのである。ＡＤＡ設立の十年後、五七年三月に開かれたＡＤＡの第一〇回記念大会に、ニーバーは次のような文章を含む特別な挨拶の言葉を書き送った。

ＡＤＡは、アメリカのデモクラシーの生命を再活性化させることにおいて十年の名誉ある歴史を刻んできた。ＡＤＡは二つの前提をもって出発したが、それらはいまもＡＤＡを導くものであるよう願っている。この二つの前提はいずれもフランクリン・デラノ・ローズヴェルトの業績に具現化していた。一つは、リベラリズムは外交政策において「現実主義的」でなければならず、国際的な紛争に力の要素を見逃してはならないということである。二つは、リベラリズムは、たえずデモクラシー社会のより完全な均衡をはかり、それによって正義が達成されるように取り組んでいかなければならないということである[64]。

ＡＤＡは、これを広く配布するとともに、ニーバーを称える決議を採択した。そこには、「われわれは、ニーバーをＡＤＡの霊的な父と仰いでいる。その偉大な精神は、われわれにとって力と霊感の源である」とあった[65]。Ｊ・タック（Jim Tuck）は、「もしＡＤＡに『チャプレン』［公共施設付き牧師］がいたとしたら、それはラインホールド・ニーバーであった」と述べているが[66]、「チャプレン」という性格をもってニーバーのＡＤＡへの関わりの全体を特徴づけることには無理がある。しかしＡＤＡのニーバーを称える決議の言葉を見ると、とくに晩年のニーバーの一面に限ればある程度意味のある性格付けと言えるかもしれない。ニーバーはＡＤＡにとって、単なる創立者の一人、またその後のＡＤＡの政治活動にとって指導的な役割を果たした人物の一人以上の存在であったからである。言い換えれば、ニーバーは生涯を通じてＡＤＡの活動を支持しかれの関心領域を主にしてであるが積極的に貢献したと言うべきであるが、それだけでなくその貢献には、他の多くの指導的会員には見られない独特のものがあったのである。

七　ニーバーの思想とＡＤＡ

そのニーバーのＡＤＡへの独特の貢献とは、思想的な影響それも神学思想的影響である。

ＡＤＡ会員である戦後リベラルにとって、次の三つの書物が正典的・規範的役割を果たしたと言われる。[67] シュレシンジャーの『ヴァイタルセンター』（一九四九年）[68] とガルブレイスの『アメリカの資本主義』（一九五二年）[69] とニーバーの『光の子と闇の子』（一九四四年）である。[70] マトソンは、とりわけ、『ヴァイタルセンター』と『光の子と闇の子』の両書を「反共主義リベラルの究極的声明」であったと見なしている。[71]

しかし、このうち、ニーバーの『光の子と闇の子』は、出版の年代からすると、ＵＤＡはすでに存在していたもののＡＤＡはまだ設立されていないときに著されているもので、直接ＡＤＡに触れたものではない。その点、シュレシンジャーの『ヴァイタルセンター』は、ＡＤＡの設立を踏まえてその方向を指示したものとしてＡＤＡにとって直接的影響を与えその指針となったものである。この書が契機となってその後、ＡＤＡの立場もしくは冷戦リベラリズムの立場は「ヴァイタルセンター・リベラリズム」という表現で人口に膾炙するようになった[72]。

シュレシンジャーのこの書の趣旨は、当時の世界状況の中で、右のファッシズムと左の共産主義というともに「双子の全体主義的体制[73]」に対し、リベラル・デモクラシーの特質と意義を訴える、というものである。シュレシンジャーは、一九九八年に出されたこの書の新版への序言[74]で、一九三〇年代、デモクラシーの大義がいかに窮地に立たされていたかをこう説明している。「大戦はデモクラシーが平和を創り出すことができなかったことを示していた。大恐慌はデモクラシーが繁栄を創り出すことができなかったことを示していた。デモクラシーは無能で混乱し麻痺しているように見えた。デモクラシーを軽蔑する態度は、一般大衆のみならずエリートたちの中にも蔓延していた[75]」。その状況は、第二次大戦後、ファッシズムが敗れた後にもなお変わらなかった。国際秩序は崩壊し、ファッシズムに対する勝利に貢献したソヴィエトの共産主義が力を行使しはじめていたからである。そしてその影響はアメリカ国内のリベラルたちのあいだにも及んでいた。ウォーレスとＰＣＡの動きに見たとおりである。

こうした状況を踏まえて、シュレシンジャーは、ファッシズムと共産主義の問題を内外の過去の歴史に遡りながらその両者の全体主義的道徳問題を浮き彫りにしながら、リベラル・デモクラシーの新しいかたちを模索しそれを訴えた。シュレシンジャーはこう書いている。ヴァイタルセンターとは、「デモクラシー内部でのリベラリズムとコンサーヴァティズムの戦い」を意味するものではないし、「今日の用心深い政治家たちによって言及されるいわゆる『中道』（middle of the road）の意味ではまったくない。中道は決してヴァイタルセンターではない。それは死せるセンターである。デモクラシー内部での議論はつねに『センターより少し左』に動くようにとのＦＤＲ［Ｆ・Ｄ・ローズヴェルト］の指示に固執していた[76]」。すなわち、シュレシンジャーは、ウォーレスたちとの妥協点を考えたのでもなければ、平面上もしくは線上（linear）のセンターを構想したのでもなかった。平面上や線上で考えれば、「センターより少し左」ということになる。しかし、シュレシンジャーは、もっとダイナミックなセンターを考えその表現を模索した。所有に対する姿勢と自由に対する姿勢の双方を視野に入れて、「右と左を……線でなく円でとらえるべき」との、元ロシア代理公使ＤＷ・Ｃ・プール（De Witt C. Poole）の示唆に共鳴していたからである。シュレシンジャーは、『ヴァイタルセンター』出版の前年、四八年四月にすでに、「左でも右でもなく、ヴァイタルセンターを」という論文でそのことを明らかにしていた(77)。しかし、シュレシンジャーは、結局、理解のしやすさから、「『非共産主義的左翼（non-Communist Left）』という表現」を「新しい政治的アクチュアリティを指示する最も良い方法」であるとした(78)。それはＡＤＡの立場が反共リベラリズムと呼ばれた立場のことではある。しかし、シュレシンジャーはその内容を外からの評価とは異なって平面的に反共ではなくそれを超越した、力動性と深みを持った立場として提示した。かれはそれを、リベラリズムの語の使用を否定しないが、むしろラディカリズムの語で打ち出し、ＡＤＡの設立とそれをめぐる新しいリベラリズムの動きを「アメリカ・ラディカリズムの復興」と称した(79)。その意味で、シュレシンジャーが意図したのは、アメリカのリベラリズムもしくはリベラル・デモクラシーの「再編」であり「再定義」であった(80)。

そのヴァイタルセンターの具体的な方針は、基本的にはＡＤＡの政策を導くものであった。それは端的にいえば、「個人の自由の維持」、「経済の民主的な制御」、「国内外における妥協を許さない姿勢」である(81)。しかし、シュレシンジャーの書の重要性は、具体的な政策論議よりも新しいデモクラシーを推進する思想的鼓舞にある。この書の最後の部分にシュレシンジャーは次のように書いた。

センターこそヴァイタルである。センターは保持されなければならない。新しいラディカリズムの目的はセンターを回復することであり、個人と共同体を実りある一致において再結合することである。新しいラディカリズムの精神はセンターの精神である。それは、人間の品位ある精神であって、専制という極端な立場に反対する。しかし、もっと根本的な意味において、センターそれ自体が一つの極端な立場を代表することはないだろうか。われわれの反対側には、堕落した勢力すなわち傲慢と権力によって人間性の敵に変えられた人々の集団があるからだ。新しいラディカリズムは、現実主義的な人間概念から力を得て、人道的でリバータリアンな価値を最も良く前進させ、個人の自由と達成を最も良く確保するという観点から、迫りくる諸問題に立ち向かうのである。(82)

以上の『ヴァイタルセンター』の立場がＡＤＡの思想的背景となった。すでに触れたように、この書がＡＤＡの正典的・規範的立場となったのである。このシュレシンジャーの思想と立場は、この書執筆時三二歳の若さとはいえ、三年前に『ジャクソンの時代』でピューリッツァー賞を受賞しているハーヴァードの歴史家としての背景が豊かに反映されている独自の思想の提示であることは間違いない。

しかし、シュレシンジャーの背後に一つの重要な源泉があることを忘れてはならない。ニーバーである。ニーバーの『光の子と闇の子』がＡＤＡ会員の間でもう一つの正典と見なされたことはすでに述べた。それがこの『ヴァイタルセンター』の哲学的前提に大きな影響を与えているのである。それは、上に引用した『ヴァイタルセンター』の最終頁の文章にも色濃く出ている。それはニーバーの現実的な人間理解である。後年シュレシンジャーは、『ヴァイタルセンター』におけるリベラル・デモクラシーの再定義は、「基本的に、ニューディールの希望とソヴィエト連邦の登場と人間理解の深化による」ものであったと述べているが、その人間理解はニーバーに触発されたものであった。[83] シュレシンジャーは『ヴァイタルセンター』でこう述べた。

人間は全体として完全ではない。しかし特別な人間集団がより完全だというのではない。これがデモクラシーの教訓であり論拠である。人間についての一貫した悲観主義……だけが権威主義を予防することができる。ニーバーは、デモクラシー理論に関する卓越した著書でこう書いている。「人間の正義を行う能力がデモクラシーを可能にする。しかし、人間の不正義への傾向がデモクラシーを必要とする」[84]。

シュレシンジャーは、ニーバーの有名になったデモクラシーに関するこの警句を九八年新版の助言でも繰り返し、ニーバーの思想がいかにこの書にとって重要なものであったかを次のように説明している。

ラインホールド・ニーバーは私の同時代人たちに対し、人間の複雑な本性についての歴史的キリスト教の洞察を復興させた。原罪は、人間状況の異常性を強力に説明するものであると思われた。デモクラシーは、人間の自己傲慢と自己欺瞞への傾向を考慮に入れなければならなかった。光の子は闇の子とともに生きることを学ばなければならなかった。人間の脆弱さを認識することは、人間の完全性への信仰よりも堅固な基礎をデモクラシーに提供するものである。[85]

この『ヴァイタルセンター』では、ニーバーの思想について、もっぱらその人間論のデモクラシーへの貢献について言及されているが、シュレシンジャーにとって、ニーバーの思想の影響はもっと深く広範である。シュレシンジャーが初めてニーバーと出会ったのは『ヴァイタルセンター』を書く八年ほど前であったが、その出会いはシュレシンジャーにとって決定的であった[86]。以来、ニーバーより一世代若いシュレシンジャーは、思想的にも政治的にもニーバーに学び、親しい交わりを続け、その政治思想の最も有力な理解者・紹介者となった[87]。

『ヴァイタルセンター』について言えば、シュレシンジャーは、後年、自伝におけるヴァイタルセンターを扱った章で、ニーバーの影響とその思想を簡潔に記している。それによれば、シュレシンジャーは、ニーバーがアウグスティヌス的伝統の下にあることを指摘した上で、ニーバーの主著『人間の本性と運命』に触れ、その説明が宗教的であるにもかかわらず、非宗教的な人々にとってもとくに強力であった主題を二つ挙げた。「人間の複雑な本性」と「歴史と永遠の関係」である。前者についてはすでに挙げた『ヴァイタルセンター』の引用に明らかである。後者については、シュレシンジャーはこう書いている。「近代の間違った考えは救いが歴史の内部で可能であるという考えである、とニーバーは考えた。しかし、人間は、すべての歴史的達成が堕落しているだけでなく、すべての歴史的な善が不完全であることを理解しなければならない。知恵は、『われわれが持っている知識と力の限界をいかに謙虚に認識するかにかかっている』とニーバーは書いた[88]」。この後、シュレシンジャーは、『ヴァイタルセンター』の三年後の一九五二年に出版されたニーバーの『アメリカ史のアイロニー』のこれまた有名な次のような一節を引用した。

いかなる価値あることも、人生の時間の中でそれを完成することはできない。それゆえひとは希望によって救われねばならない。……いかに有徳な者であってもひとのなすことはひとりだけでは達成することはできない。それゆえひとは愛によって救われるのである。たとえわれわれから見て有徳な行為であると思えるものであっても、われわれの友人あるいは敵から見ればそれは有徳とは感じられないものなのである。それゆえにわれわれは赦しという愛の究極的な形によって救われねばならないのである。[89]

以上のようにして、シュレシンジャーの思想にはニーバーが深く入り込み、決定的な場を占めているのである。すでに引用した『ヴァイタルセンター』の最後部分において、センターの必要とその確保のための戦いを情熱的に訴える文章においてさえ、「もっと根本的な意味において、センターそれ自体が一つの極端な立場を代表することはないだろうか」という疑問を自分自身にぶつけているところには、上に述べた自らの能力の限界を謙虚に認識することを訴えたニーバーの思想を自家薬籠中のものにしているシュレシンジャーの姿を見ることができる。

このシュレシンジャーの思想をとおして、ニーバーは、まさにADAの思想的背骨となっていたと言ってよい。シュレシンジャーは、「ニーバーはADAの知的指導者であった[90]」と述べているが、その知性の中身は、ADAに参加していた他の知識人たちとは根本的に異なるものであった。それは、単に現実的な人間観もしくは穏健な悲観主義的人間観と言うにとどまらない。シュレシンジャーが捉えた歴史の中の営みを永遠の視点から理解するその「視点」こそが、ニーバーのそれこそヴァイタルな次元なのである。

それが、現実政治と関連させて独特のレトリックを駆使して表現されているのが、『アメリカ史のアイロニー』である。この書は、ニーバーが病魔に襲われる直前に出版されたものである。いわば、ニーバー最盛期に書かれたもので、おそらくADAのメンバーにもよく読まれた書物ではないかと思われる。むしろADAの正典的・規範的文書というなら、『光の子と闇の子』とともにこの書もそうなってしかるべきであった。本書第四章で指摘するように、そこには、アイロニーの概念を用いて当時の国内外の政治的状況を分析するというユニークな考察がなされているが、そこに根本的に流れているのは、ニーバーの「超越的神学的視点」である。しかし、この書から多くの人々が受け取ったものは、歴史上の出来事を解釈する「道具」としてのアイロニーの概念であった。しかしニーバーにとってアイロニーの概念は単なる道具ではない。その本質から言えば歴史の両義性の中に超越的次元を見る、あえて言えば「神学的概念」として理解すべきなのである。[91]

『アメリカ史のアイロニー』が出版されたとき、それを高く評価したＰ・ヴィーレック（Peter Viereck）は、ＡＤＡの会員であれ教会の会員であれ、ニーバーの追随者たちが、深遠なキリスト教信仰を公的生活の「ヴァイタルセンター」に関連づけるニーバーのやり方を適切に把握しきれないかもしれないとの危惧を指摘した。[92] この危惧はある程度当たっていたであろう。よく読まれた書物でありながら、シュレシンジャーのような人を除けば、ＡＤＡ会員の中で、この書の神学的超越的視点をかれらのヴァイタルセンター概念に結び付けることのできた人は比較的まれではなかったかと推測されるからである。

こうして、ニーバーのＡＤＡもしくはいわゆる冷戦リベラリズムとの思想的関わりは独特のものとなった。ニーバーは、現実政治に深く関与しながらもつねに超越的視点を保持していたからである。この独自性においてこそ、ニーバーはＡＤＡと深くまた本質的な関わりを持っていたというべきなのである。

おわりに

以上、ニーバーとＡＤＡの関わりの全体像を概観した。それは、ＡＤＡ研究でもニーバー研究でもこれまで十分明らかにされていなかった局面である。ニーバー研究の視点から見るならば、ADAとの関係はニーバーにとってきわめて重要である。そこにおけるニーバーの政治思想については、とくにその現実主義について探求すべきことがなお多くあることは言うまでもないが、ニーバーとADAとの関わりの概要は明らかにしえたかと思う。

最後に、最初の問いに戻ってみよう。ニーバーは、「右だったのか、左だったのか」。ニーバーは、ニューディール・リベラリズムを受け継ぎ拡大・推進しようとしたUDAからADAが、「リベラリズム」を標榜していた限りにおいて、政治的には、ニーバーはまぎれもなくリベラルであった（既述のようにシュレシンジャーがそれをラディカリズムと名付けていることからすると、あるいはラディカルというべきかもしれないが）。しかし、このリベラルは単純に左とは言えない。ADAは、冷戦時代の多くの時期を通じてまさに体制派であったからである。ニーバーが体制の神学者と揶揄され、時にその保守性が批判されることがあるのはこのためである。国務省との関係や共産主義と厳しく一線を画したその態度は、ウォーレスのPCAとの戦いなどから融通の利かない反共イデオロギーの闘士のようにも見えたであろう。あるいはそれは、右と変わらないようにも見えたに違いない。

しかし、本来ADAの立場は、シュレシンジャーにその一端が明らかなように、そしてその背後にあるニーバーに明白なように、外から評されたような極端な反共主義ではなかった。実際、マッカーシズムが荒れ狂った時、シュレシンジャーをはじめADA会員の多くがマッカーシーの批判の矢面に立たされた。ウォーレスとPCAの対ソ融和策を厳しく拒否してきたにもかかわらずである。この面では、ニーバーは左であったと言うべきかもしれない。

ところがニーバーは、『アメリカ史のアイロニー』で、スターリン・ロシアを厳しく批判するその矛先を自らの国アメリカにも向けてその傲慢を懸念し警告を発した。それは選民意識におごれる母国イスラエルに向けて審きの言葉を語った旧約の預言者アモスを彷彿とさせるものであった。この書の末尾で、ニーバーは次のように述べたが、それこそが戦後政治に関わったニーバーの神学的洞察であった。それは、左も右もない、シュレシンジャーが構想したように、その次元を超えたヴァイタルな「センター」の視点だったのである。

もしわれわれ［アメリカ］が滅びるとすれば、敵の残忍さはせいぜい第二の原因にすぎないであろう。第一の原因は、巨大な国の強さが、その戦いの危害のすべてを見ることができないほどに眼が見えなくなっていて、その力が正しく導かれないということが起こる場合である。そしてこの眼が見えなくなることは、自然や歴史の何らかの事故によってではなく、憎しみやうぬぼれによって引き起こされることなのである。(93)

注

（1）古屋安雄『キリスト教国アメリカ再訪』（新教出版社、二〇〇五年）、一〇七頁。この問いは、古屋教授自身が抱いておられる問いか、それとも単に一般になされている問いかは明らかではない。おそらく後者であろう。

（2）Schlesinger の日本語表記には、これまで複数の表記があり困惑の種となっていた。それについて、アーサー・シュレジンガー・ジュニア『アメリカ大統領と戦争』藤田文子・藤田博司訳（岩波書店、二〇〇五年）の「訳者あとがき」に、訳者藤田文子氏が原著者本人に確認したところ、以下のような返事があったと記している。「私の好みは、歌手（singer）と同じ韻律で軽くgを発音する、ドイツ的な「シュレイジンガー」（Shlay-singer）です。でも妻は、ニューヨーク的な発音らしいのだけれども、「スレスィンジャー」（Shless-in-jer）といっています。オハイオ［かれの出生地］では、軽くgをつけて「スレスィンガー」（Sless-inger）という発音でした。要するに、標準の、あるいは公式の発音はないということです。野球用語を使えば、『フィルダーズ・チョイス』というところでしょうか。つまり、走者を刺すためにどの塁にボールを投げるかは、野手が選択すればよいということです」（一七五頁）。猿谷要『アメリカよ、美しく年をとれ』（岩波新書、岩波書店、二〇〇六年）も同じ内容を伝えている（同書一〇〇頁）。こちらは本人との歓談でのやりとりであったが、「日本では……『シュレジンガー』と書く例が多かった」が、「アメリカで聞くと、『シュレシンジャー』［スレスィンジャーでなく］が圧倒的だったので」直接聞いたところ、返事は「フィルダーズ・チョイス」の表現も含めて藤田氏の場合とほぼ同じであった。しかし、藤田氏は「日本の研究者の間で最も広く使われている」として「シュレジンガー」を採用し、猿谷氏は、「奥さんに敬意をこめて、その時からシュレシンジャーと書くことにした」という。猿谷氏が訳者の一人として参加した、『ケネディ――栄光と苦悩の一千日』（河出書房、一九六六年）では著者の表記をシュレシンジャーとしている。本書の筆者は、これまで「シュレジンジャー」の表記をとってきたが、筆者自身数年前アメリカに数カ月滞在した折に複数の研究者たちと接触した限りでは、猿谷氏が体験したと同じようにみな一様に「シュレシンジャー」と発音しているのを耳にした。かれらにはシュレジンガーもシュレジンジャーも通じなかった。そこで、今後、猿谷氏に倣って「シュレシンジャー」の表記を使用したいと考えている。

（3）砂田一郎『現代アメリカのリベラリズム――ADAとその政策的立場の変容』（有斐閣、二〇〇六年）、一四頁。

（4）同、一八八、一八九頁。

（5）ADA公式ウェブサイトの情報による。http://www.adaction.org/（二〇一三年二月一日アクセス）

（6）砂田『現代アメリカのリベラリズム』。著者砂田氏は、クリントン政権を中心にリベラル政治の歴史と展開を論じた前著『現代アメリカの政治変動――リベラル政治のらせん状発展』（勁草書房、一九九四年）でも要所でADAに触れている。アメリカのリベラリズムに焦点を当てる場合当然のことではあるが、ADAに関心を持ち続けている政治学者である。

（7）アメリカにおけるADAの包括的な研究書は以下の二冊に止まるようである。Clifton Brock, *Americans for Democratic Action: Its Role in National Politic* (Washington, D. C.: Public Affairs Press, 1962) とSteven M. Gillon, *Politics and Vision: The ADA and American Liberalism, 1947–1985* (New York and Oxford: Oxford University Press, 1987) である。前者の研究は、二〇〇八年、リプリント版が出されている。

(8) 砂田『現代アメリカのリベラリズム』、一三、一八頁。

(9) この間の経緯は以下に詳しい。Gillon, *Politics and Vision*, Chapter 1 (3–32), Brock, *Americans for Democratic Action*, 49–51.

(10) Kevin Mattson, *When America was Great: The Fighting Faith of Postwar Liberalism* (New York: Routledge, 2004), 86: "The year 1940 was transforming for Reinhold Niebuhr."

(11) *Christianity and Power Politics* (New York: Charles Scribner's Sons, 1940).

(12) Cf. Mark Hulsether, *Building a Protestant Left: Christianity and Crisis Magazine*, 1941–1993 (Knoxville, TN: The University of Tennessee Press, 1999). 古屋『キリスト教国アメリカ再訪』、二二四–二二九頁も参照。

(13) Gillon, Politics and Vision, 9.

(14) Ibid., 9–10.

(15) Ibid., 10. ロープは、ダートマス大学卒業後、ノースウエスタン大学で博士号（ロマンス語専攻）を得ている。後にケネディ政権下でペルー大使を務めた。以下を参照。チャールズ・C・ブラウン『ニーバーとその時代――ラインホールド・ニーバーの預言者的役割とその遺産』高橋義文訳（聖学院大学出版会、二〇〇四年）、一六八頁。Brock, *Americans for Democratic Action*, 4.

(16) "Union for Democratic Action," *Christianity and Society*, Vol. 6, no. 3 (Summer, 1941): 6.

(17) Gillon, *Politics and Vision*, 10–11.

(18) Ibid.

(19) ブラウン『ニーバーとその時代』、一六八頁。

(20) 同上。Cf. Mark L. Kleinmann, *A World of Hope, a World of Fear: Henry A. Wallace, Reinhold Niebuhr, and American Liberalism* (Columbus, OH: Ohio State University Press, 2000), 137–140.

(21) June Bingham, *Courage to Change: An Introduction to the Life and Thought of Reinhold Niebuhr* (New York: Charles Scribner's Sons, 1961), 255–256.

(22) Richard W. Fox, *Reinhold Niebuhr: A Biography* (New York: Pantheon Books, 1985), 238–241.

(23) Gillon, *Politics and Vision*, 6–7.
(24) Brock, *Americans for Democratic Action*, 50.
(25) Kleinmann, *A World of Hope*, 176–178, 181.
(26) Kleinmann, *A World of Hope*, 179; Gillon, *Politics and Vision*, 8.
(27) Ibid.
(28) Joseph Alsop and Stewart Alsop, "The Tragedy of Liberalism," *Life* (May 20, 1946), Quoted in Kleinmann, *A World of Hope*, 193–195.
(29) Brock, *Americans for Democratic Action*, 53.
(30) Kleinmann, *A World of Hope*, 228–230. 以下、ウォーレスの講演の内容は本書による。
(31) Gillon, *Politics and Vision*, 12: このときまで相互に面識のなかったこの三人は、以後生涯にわたる友人となったという。
(32) Ibid., 18.
(33) Arthur M. Schlesinger, Jr., "The U. S. Communist Party," *Life* (July 29, 1946): 84–96.
(34) Gillon, *Politics and Vision*, 12.
(35) Ibid.
(36) Kleinmann, *A World of Hope*, 231; Richard W. Fox, *Reinhold Niebuhr: A Biography* with A New Introduction and Afterword (Ithaca and London: Cornell University Press, 1996), 230.
(37) Gillon, *Politics and Vision*, 20.
(38) Brock, *Americans for Democratic Action*, 52. 砂田『現代アメリカのリベラリズム』、一三頁。
(39) Brock, *Americans for Democratic Action*, 52.
(40) Gillon, *Politics and Vision*, 20; Fox, *Reinhold Niebuhr*, 230.
(41) Kleinmann, *A World of Hope*, 232; Gillon, *Politics and Vision*, 19–20.
(42) Fox, *Reinhold Niebuhr*, 230.

（43）"The Organization of the Liberal Movement," *Christianity and Society*, Vol. 12, no. 2 (Spring 1947): 8, 10.

（44）ブラウン『ニーバーとその時代』、二〇八頁。

（45）Kleinmann, *A World of Hope*, 261; Ibid., 342 note 11: Henry A Wallace, "An Open Letter to Premier Stalin," *New York Times* (17 May, 1948) ; "The Text of Stalin's Reply," Ibid. (18 May, 1948).

（46）Kleinmann, *A World of Hope*, 280. Ibid., 344: [RN], "An Appeal to American Liberals and Progressives, (Draft)," [19 September 1948], ADA, ser. 2.

（47）Ibid., 281. ウォーレスは選挙後、公共的影響力を急速に失って政界を引退、その後は農業の振興に力を尽くした。五〇年、北朝鮮が南に侵攻した時、ウォーレスはそれまでの革新主義者たちと袂を分かち、朝鮮戦争におけるトルーマン政策支持を表明した。五二年九月、ウォーレスは、「わたしはどこで間違ったか」と題する論文を発表、ソヴィエトとスターリンを支持するかのようなそれまでの容共的姿勢とその冷戦政策は間違った情報に基づいたものであったと、自らの立場を撤回することを表明した。それは結果的にニーバーらの見方を受け入れたということでもあった。Henry Wallace, "Where I was Wrong," *This Week Magazine*, (September 7, 1952). ウォーレスの撤回については以下に詳しい。Kleinmann, *A World of Hope*, 289–297.

（48）Ibid.

（49）砂田『現代アメリカのリベラリズム』、一七―一八頁。

（50）Brock, *Americans for Democratic Action*, 11–12. ケネディ政権下でのその他のＡＤＡ会員の役職者に次のような人々がいた。国務副長官にＣ・ボールズ（Chester Bowles）、アフリカ問題担当副補佐官にＡ・ハリマン（Averill Harriman）、Ｇ・Ｍ・ウィリアムズ（G. Mennen Williams）、ＮＡＴＯ大使にＴ・Ｋ・フィンレター（Thomas K. Finletter）、インド大使にガルブレイス、国連総会代表にエレノア・ローズヴェルト（一九四七年以降、ＡＤＡ名誉議長）、全国労働関係委員長にＦ・マクロク（Frank McCulloch）、国連信託統治委員会代表にＪ・ビンガム（Jonathan Bingham, ニーバーの伝記を著したJune Binghamの夫で、ニューヨークの著名な法律家）、連邦動力委員にＨ・モーガン（Howard Morgan）、輸出入銀行頭取にＧ・ドッキング（George Docking）、農務副長官にＣ・マーフィ（Charles Murphy）、健康教育福祉副長官にＩ・ネスティンゲン（Ivan Nestingen）、健康教育福祉省法制問題担当補佐にW・コーエン（Wilbur Cohen）、ペルー大使にローブ（ＡＤＡ設立後五一年まで総幹事を務めた）など。

(51) Ibid.

(52) ブラウン『ニーバーとその時代』、三三七頁。

(53) Fox, *Reinhold Niebuhr*, 231.

(54) Kevin Mattson, *When America was Great*, 46.

(55) Ibid., 32.

(56) Fox, *Reinhold Niebuhr*, 233.

(57) フォックスは、『信仰と歴史』を「脆弱な書」（a weak book）と称して低い評価しか与えていないが（Fox, *Reinhold Niebuhr*, 238）、ニーバーの思想におけるその重要性からすると理解に苦しむ判断である。もっともフォックスは、ニーバーの著書を総じて高く評価していない。

(58) 一九四八年から四九年にかけて『クリスチャン・センチュリー』誌上で双方二回ずつ論文を出した論争は、まとめられて邦訳された。『バルトとニーバーの論争』有賀鐵太郎・阿部正雄訳（アテネ文庫、弘文堂、一九五一年）。論争については、以下を参照。大木英夫『バルト』人類の知的遺産72（講談社、一九八四年）、三三一―三三五頁。高橋義文『ラインホールド・ニーバーの歴史神学』（聖学院大学出版会、一九九三年）、二九八―三一五頁。

(59) Elizabeth Sifton, *The Serenity Prayer: Faith and Politics in Times of Peace and War* (New York: W. W. Norton & Company, 2003), 320–321. ではニーバーの娘である著者エリザベスが、ラオ、ハンフリー、ローブ、ルーサー、ガルブレイスらの名を挙げて、ＡＤＡメンバーとニーバーとが家族ぐるみの親しい交流関係もあったことを記憶にとどめ、若いころのかの女にとって「ＡＤＡは拡大家族のようであった」と述べている。ちなみに同書は、ジョンソン大統領がＡＤＡグループを「bomb-throwing radicals」と表現したというエピソードも伝えている。

(60) 砂田『現代アメリカのリベラリズム』、六三頁。

(61) *ADA World*, May. 1962.（砂田『現代アメリカのリベラリズム』、一〇〇頁、注９）。

(62) ブラウン『ニーバーとその時代』、三六八頁。インドシナへの懸念については、同、二七一頁。Cf. "America and the Asians," *New Leader* Vol. 37, no. 22 (May 31, 1954): 3–4; "Can Democracy Work?," *New Leader*, Vol. 45, no. 11 (May

28, 1962): 8-9; "The Problem of South Vietnam," *Christianity and Crisis* Vol. 23, no. 14 (Aug. 5, 1963): 142–143; "Dilemma of U. S. Power," *New Leader* Vol. 46, no. 24 (Nov. 25, 1963): 11–12.

（63）古屋安雄教授は、現実主義者であるニーバーがヴェトナム戦争反対の論陣を張ったとき、ニーバーの友人や弟子たちの間に驚きが走った状況を、実際に見聞したことを含めて印象的に報告している（『キリスト教国アメリカ再訪』、一一八―一一九頁）。しかし筆者は、そのような人々がそれまでニーバーが折に触れて表明していたインドシナやヴェトナムについての懸念や批判それも平和主義者たちとは異なる一貫した現実主義の立場からのそれを知らなかったことにむしろ驚かされている。

（64）ブラウン『ニーバーとその時代』、二九五頁（訳文一部変更）。

（65）同上。

（66）Jim Tuck, *The Liberal Civil War: Fraternity and Fratricide on the Left* (Lanham: University Press of America, 1998), 200.

（67）Kevin Mattson, *Intellectuals in Action: The Origins of the New Left and Radical Liberalism, 1945–1970* (University Park, PA: The Pennsylvania State University Press, 2002), 69.

（68）Arthur M. Schlesinger, Jr., *The Vital Center: The Politics of Freedom* (New York: Riverside Press, 1949).

（69）John Kenneth Galbraith, *American Capitalism: The Concept of Countervailing Power* (1952).

（70）*The Children of Light and Children of Darkness: A Vindication of Democracy and a Critique of its Traditional Defense* (New York: Charles Scribner's Sons, 1944). 武田清子訳『光の子と闇の子』（聖学院大学出版会、一九九四年）。

（71）Mattson, *Intellectuals in Action*, 69.

（72）Gillon, *Politics and Vision*, xiii et. Passim; 平田忠輔『現代アメリカと政治的知識人――ラインホールド・ニーバーの政治論』（法律文化社、一九八九年）、一二〇―一二三頁。平田氏の書は、P・マークリー（Paul Merkley, *Reinhold Niebuhr: A Political Account*, Montreal and London: McGill-Queen's University Press, 1975）のニーバー批判をやや過大評価しているように見受けられるものの、少なくともニーバーの政治的立場の全容については、要を得て簡潔に概観している貴重な研究である。

（73）Arthur M. Schlesinger, Jr., *A Life in the 20th Century: Innocent Beginnings, 1917-1950* (Boston and New York: Houghton

Mifflin Company, 2000), 510: "totalitarian twins."

（74）Arthur M. Schlesinger, Jr., "Introduction to the Transaction Edition," in *The Vital Center: The Politics of Freedom* (New Brunswick and London: Transaction Publishers, 1998).

（75）Ibid., x.

（76）Schlesinger, "Introduction to the Transaction Edition," in *The Vital Center*, xiii.

（77）Arthur M. Schlesinger, Jr., "Not Left, Not Right, But a Vital Center," *New York Times Magazine* (April, 1948) in Schlesinger, *A Life in the 20th Century*, 509.

（78）Schlesinger, *The Vital Center*, 145. シュレシンジャーの前半生の回顧録にもその最終章が「ヴァイタルセンター」と題され、この書とＡＤＡをめぐる動きが詳しく記されているが、そこでもプールの考えが図入りで説明されている（Schlesinger, *A Life in the 20th Century*, 509）。シュレシンジャーのヴァイタルセンター概念にプールが大きな影響を与えていることが看て取れる。

（79）Ibid., Chapter VIII: The Revival of American Radicalism.

（80）砂田『現代アメリカのリベラリズム』、一九頁。Schlesinger, *A Life in the 20th Century*, 511.

（81）Schlesinger, *The Vital Center*, 169.

（82）Ibid., 255–256.

（83）Schlesinger, *A Life in the 20th Century*, 511.

（84）Schlesinger, *The Vital Center*, 170.

（85）Ibid., xii-xiii.

（86）ブラウン『ニーバーとその時代』、二頁。

（87）シュレシンジャーのニーバー論で最も包括的なものはニーバーの政治論を扱った以下の論文である。Arthur M. Schlesinger, Jr., "Reinhold Niebuhr's Role in American Political Thought and Life," in Charles W. Kegley and Robert W. Bretall, eds., *Reinhold Niebuhr: His Religious, Social, and Political Thought* (New York: Macmillan Company, 1956, New Edition: 1984). この論文はのちに、Arthur M. Schlesinger, Jr., *The Politics of Hope: Some Searching Explorations into*

American Politics and Culture (Boston: Houghton Mifflin Company, 1949) に収録された。シュレシンジャーは最晩年（死の一年半前）、ニーバーが忘れられている現代の状況に対して、ニーバーの重要性を訴える記事を書いたが、おそらくそれはシュレシンジャーがニーバーについて書いた最後の文章かと思われる。シュレシンジャーがいかにニーバーに傾倒していたかを如実に示す文章でもある。Arthur M. Schlesinger, Jr., "Forgetting Reinhold Niebuhr," *New York Times Book Review*, (September 18, 2005).

（88）Schlesinger, *A Life in the 20th Century*, 512.

（89）Ibid. 訳は以下を使用。大木英夫・深井智朗訳『アメリカ史のアイロニー』（聖学院大学出版会、二〇〇二年）、一〇二―一〇三頁。

（90）Schlesinger, *A Life in the 20th Century*, 460.

（91）本書第四章参照。

（92）ブラウン『ニーバーとその時代』、二六一頁。Peter Viereck, "Freedom is a Matter of Spirit," (rev. of *The Irony of American History*), *New York Times Book Review*, April 6, 1952.

（93）ニーバー『アメリカ史のアイロニー』、二六〇頁。この文章は、Schlesinger, "Forgetting Reinhold Niebuhr" の末尾にも置かれている。

第二部　ニーバーの視座

第四章　ニーバーとアイロニー

はじめに

ニーバーの魅力の一端が、対象を見、考え、評価する際の《視点》の独自性にあることは言うまでもない。そしてその魅力がとくに独特のかたちで現れるのは、アメリカに対する見方である。その最たるものが、『アメリカ史のアイロニー』（一九五二年）[1]における「アイロニー」の概念であると言って過言ではないであろう。

ニーバーは、この書で、アメリカの諸局面をアイロニーの概念をもって分析するというきわめてユニークな方法を導入したが、そこには成熟したニーバーの視点が魅力的に現れている。この書は、思想的にも実践的にもニーバーが最盛期にあったときの作であり、ニーバーの著作の中でも最もよく読まれ、その分析の鋭敏さのゆえに各方面から高い評価を得た著作であった[2]。しかもこの書によって、アイロニーは、独特な意味でニーバー的概念として知られるようになり、その後とくにアメリカ史の分野でよく使用される概念となった[3]。

しかしながら、そのような過程で、アイロニーの概念が持つ微妙な意味合いの背後にあるニーバーの超越的神学的視点がしばしば曖昧にされ、見過ごしにされてきた。忘れてならないことは、ニーバーの「アイロニー」と神学的洞察の関わりである。「アイロニー」は単なる修辞的表現にとどまらず、実はすぐれて神学的な概念とも見られうるのである。したがって、『アメリカ史のアイロニー』は、アメリカないしアメリカ史を神学的視点から理解しようとする、ニーバーによる「アメリカ（史）の神学」のひとつの試みということになろう。[4]

本章の目的は、アイロニーの概念と超越的神学的視点の関係を、その背景に遡って明らかにすることである。したがって、アメリカ史や世界の諸状況のアイロニー性に関するニーバーの分析を直接の対象とするものではない。むしろ、その分析における神学的要素に注目し、そこにニーバーの視点の独自性を見、その意義を確認することである。

一　アイロニーと超越的視点

ニーバーによれば、アイロニーとは、歴史の具体的状況の中しばしば見られるある種のずれ――そこには場合によって笑いを誘うような滑稽さもひそむ――のことである。「たとえばもし美徳が、その美徳の中に隠された何らかの欠陥によって悪徳となってしまうような場合、あるいは強力な人間や強大な国家がその強さのゆえに虚妄に陥り、強さが弱さになってしまうような場合[5]」などに見られる状況である。

それは、「悲劇的」（tragic）とも「悲哀的」（pathetic）とも異なる概念である。前者は、「善をなそうとしているのに、あるいは悪と知りながらもそれを選ばねばならなくなってしまうような状況[6]」であり、後者は、「人生において、何の理由もなく、また過ちもないにもかかわらず、偶然や混乱によってこの身に振りかかってくるようなもの」[7]である。これらはいずれも運命的なものであるが、アイロニーはそうではない。

　ここで重要なことは、悲劇や悲哀は、たとえそれを自覚しても状況を変えることはできないが、アイロニーは、それが自覚されたとき、その状況を変えることつまり「悔い改めへと導く」[8]可能性を持ち、将来に対する責任意識を喚起するというニーバーの指摘である。すなわち、「アイロニーは悔い改めに火をつける能力」[9]を有しているのである。

　しかし、そうは言うものの、一般的に言うなら、アイロニーがつねにそのような機能を発揮するとは限らない。アイロニカルな状況に巻き込まれた歴史の渦中にある人間はしばしばその状況を自覚することができないということがあるからである。実際にニーバーも、「われわれ自身の歴史に内在するアイロニーを見出……すような余裕もなければ、そのような気持ちさえも持ち合わせていないような状況」（neither the leisure nor the inclination to detect the irony）[10]について指摘している。

　ということは、ニーバーにとって、アイロニーは、アイロニーを「見出す［見抜く］」（detect）ことを可能とさせる「余裕」（leisure）や「気持ち［傾向］」（inclination）があって初めて積極的な意味を持つのである。それは、アイロニカルな状況に対して、それを自覚することができる《距離感》と言ってもよいであろう。「アイロニーを見出すためには自分を突き放して距離をとること（detachment）が必要である」[11]からである。

　したがって、アイロニーの概念をもってアメリカを論じるニーバーの思想の特質を明らかにしようとする場合、歴史上のさまざまな局面にアイロニカルな状況を見出すその分析の鋭さと豊かさを追うこともさることながら、その前提として存在するニーバーの歴史に対する距離感もしくは超越的な視点に注目することが必要である。実際、ニーバーのアイロニーの概念はこの前提の確認なくして真に意味を持たないのである。

ところで、ニーバーにおける、歴史との距離の問題は、ニーバー神学の本質に関係する。その意味では、『アメリカ史のアイロニー』は単なるアメリカ史に関する一般的な考察ではなく、ニーバー神学の応用であり弁証の作業でもある。

ニーバーがアイロニーの概念を打ち出すようになった契機あるいはその淵源について、これまで種々指摘されてきた。たとえば、R・W・フォックス（Richard W. Fox）は、ニーバーが『アメリカ史のアイロニー』出版の前年一九五一年七月にジュネーヴでなされた世界教会協議会（WCC）準備会議の場でK・バルト（Karl Barth）と論争したことが、アメリカを全体として外から見る「距離」（distance）をニーバーに与えたと示唆している。[12] しかしこれは少々直接的過ぎるであろう。[13] また、鈴木有郷氏は、その著書『ラインホルド・ニーバーとアメリカ』で、ニーバーのアメリカ観を包括的に概観しているが、ニーバーの視点を神学的なものとして明確に示してはいるものの、アイロニーとその視点とを関係づけることをしていない。おそらくこの書全体で繰り返し指摘されている「聖書が啓示する歴史に働く神の摂理」もしくは「聖書信仰の視座」がアイロニーについてもそれを見分ける視点と考えられているのであろう。そうした表現はもちろん間違いではないが漠然としすぎていてニーバー独特の視点が今一歩明白にはならないように思われる。もう少し掘り下げた詳細な議論が必要と思われる。[14] アイロニー概念にある意味でその頂点を見るニーバー独特の視点はとても一朝一夕に得られたものとは思えないからである。確かに、『アメリカ史のアイロニー』が書かれた時代背景の動きは重要であるが、フォックスの言うように直前の出来事がその視座を提供したという見方は説得力に欠けるのではないか。また、ニーバーの視点を単に聖書の視座と一般的に言い換えるだけでは不十分であろう。

それでは、ニーバーにおける歴史を見る独特の眼の淵源はどこにあるのだろうか。社会学的に見るなら、まずはニーバーの出自にまで遡って確認する必要がある。また神学的には、一九二〇年代および三〇年代の社会福音運動やマルクス主義との取り組みから得た視点が重要である。さらには一九四〇年代の集中してなされた神学研究の成果がある。それらを経て、ニーバーの神学的視点は成熟したものとなり、歴史との微妙なしかし確固とした「距離」が確立されていくのである。そこにアイロニーの概念が登場するのである。以下に、煩をいとわず、少しくその経緯をたどって確認してみよう。

二　ニーバーの超越的視点の社会的要因と神学的萌芽

ニーバーは、アメリカ中西部、ミズーリ州セントルイスを中心とする地域のドイツ移民を主とした、敬虔主義の伝統を引き継ぐ辺境の教会とも言える北米ドイツ福音教会に、かれ自身ドイツ移民の牧師の子として生まれ育った。家庭および教派の学校エルマースト・カレッジ（ニーバーが入学したころはプロゼミナールと呼ばれていた）で使われていた言語はほとんどがドイツ語であった。またその教育内容は基本的にドイツのギムナジュウムのそれであった。その後進んだその教派のイーデン神学校でも講義はほとんどドイツ語でなされていた。このように、ニーバーはアメリカにおけるドイツ移民の共同体という文化的飛び地で人格と信仰の形成期を過ごしたのである。

のちに、東部の名門イェール大学神学大学院に進み、デトロイトでこの教派の教会の牧師になったが、遣わされたベセル福音教会ではドイツ語でなされていた礼拝を英語に切り替えたり、第一次世界大戦中は、ドイツ系移民が迫害と排斥を受ける中、それまで持っていた素朴な平和主義を捨ててアメリカ参戦を支持、自身の教派の青年たちの出兵に戦時下福祉委員会の幹事として精力的に支援したりするなど、ニーバーは一貫して自身とその教派のアメリカ化に努力した。

　また、ドイツ福音教会はやがて改革派教会と合同し、福音改革派教会となり、さらには一九五五年になってからではあるが、主流派教会である会衆派キリスト教連盟と合同、合同キリスト教会を結成した。こうして辺境的ドイツ移民の教会は主流派教会の一員になり、この合同をニーバーは高く評価したのであった。

　ニーバー自身は、一九二八年、ベセル福音教会を辞してユニオン神学大学院の教授陣に加わることによって所属教派の活動から離れ、自派の教会合同を先取りするようにしてエキュメニカルな活動へと入り、やがては世界教会協議会の結成に貢献することになる。

　しかしながら、ニーバーはユニオンに移り、エキュメニカルな活動のみならず政治的世界でもその名が広く知られるようになってからも、自らの教派とは生涯深い関係を持ち続けた。一九二三年から二二年間イーデンの理事また理事長を務めたことなどはその一例である。[15]

　ニーバーは、父方では二世、母方から言えば三世のドイツ系アメリカ人ではあったが、幼少時に受けた文化的感化は濃厚にドイツ文化そのものであった。そうした自らの民族的文化的背景に対して、青年期のニーバーがアンビヴァレントな意識を持っていたことは想像に難くない。かれのドイツ語は、イェールで英語力の不十分さに苦労するということはあったものの、ドイツ語文献に原語で当たることができるという有利さを生涯にわたって与えることになったし、ヨーロッパの政治や神学上の情報を含むさまざまな情報を得る点においても大きな力を発揮した。

　他方、デトロイトのベセル福音教会赴任の翌年、若きニーバーが初めて全国誌『アトランティック・マンスリー』に投稿した論文「ドイツ系アメリカ人の生き方の失敗」は、ドイツ移民の文化的閉鎖主義を批判した内容であり、いわば自己の背景の批判でもあった[16]。こうした自身の背景に対するアンビヴァレントな意識がどの程度どれほどの期間続いたかは定かではない。おそらくは、自身の成長とともに、とくにユニオンに行くころには成熟し安定した姿勢へと向かっていたと考えてよいであろう。

以上、ニーバーの教派的文化的背景を瞥見したが、この背景が、ニーバーにとって、対象を見る眼の形成に少なからぬ役割を果たしたと推測することは無理ではない。その眼とは、アメリカを外から見る視点である。ニーバーは、アメリカの中にありながら、まるで外国にいるかのようにそれも政治的にも教会的にも中央や主流から離れた場所で育った。大木英夫教授は、そのようなニーバーの背景を、ニーバー神学に「超越的視点」をもたらした「社会学的要因」と見て、こう述べている。ニーバーは、「そのこと［ドイツ的教会・文化的背景］を媒介としてアメリカ全体、いや世界全体をも、客観的に見ることができる超越的立場へと上昇していった[17]」。

しかしながら、この社会学的要因は、初期ニーバーの視点形成のすべてではない。そこには、大木教授の言葉を用いれば、「この社会的要因をひきたたせた神学的要因[18]」の萌芽も垣間見えていたからである。それは、イーデン在学中、生涯にわたって自身にとっての「マーク・ホプキンス」として尊敬を惜しまなかったS・D・プレス(Samuel D. Press)との出会いから生じた[19]。プレスは、イーデン神学校で四〇年にわたって教師をし、そのうち二〇年間学長を務めた。かれはイーデン最初のアメリカ生まれの教師で、当時すべての科目を英語だけで講義した唯一の教師であった。このプレスが教師になって二年目に、ニーバーがイーデンに入学している。当時、プレスは多種類の科目を教えていたが、ニーバーはそのほとんどを履修し、そこで受けた影響は大きかった。そのニーバーにとって、最も印象的で決定的な影響を受けた科目は、「アモス書」講義であった。これは旧約釈義の一部であったが、プレスはつねに現代世界との関連において講義した。講義もその一部をアモス書の使信を背景にして現代の社会問題研究に用いるというものであった。[20] その内容がどのようなものであったかその詳細は不明である。しかし、後年、ニーバーが、プレスの「アモス書講義はどのコースよりも良いものであった」と回顧した上で、「すべての神学は事実上アモスに始まる」と述べていることから、少なくとも、この科目からニーバーが受けた影響の一端を確認することができる。[21] すなわち、のちに、ニーバーは、アモスの預言にメシアニズムの歴史におけるコペルニクス的転回を見たが、それは、アモスが、選民である自国民イスラエルを突き放して他の諸国民と同列に見、相対化したからである。ニーバーはアモスの自国民に対する裁きの言葉を愛用した。ニーバーはアモスに超越的な眼を見たのである。この眼がやがてニーバーに、歴史にアイロニーを見抜く「距離」を得させるのである。

しかし、ニーバーがプレスのアモス書講義に魅せられた段階は、ニーバーの視点確立のはるか以前であり、あくまでもその萌芽にすぎない。しかし、萌芽とはいえ、それは、ニーバーに超越的視点をもたらした社会的要因が、すでにこのとき単にそれにとどまるのではなく、漠然としたかたちながら神学的な洞察もなされつつあったということの証左と見なすこともできよう。

三　マルクス主義との取り組みと神学的視点の形成

そうした神学的洞察が、その漠然の域を出て本格的なものになるその大事なプロセスは、デトロイト時代を経て、ニューヨークのユニオン神学大学院での初期、一九二〇年代から一九三〇年代半ばにいたる時期である。デトロイト時代、ニーバーは、リッチュル主義的近代自由主義神学の影響下で、具体的にはアメリカの土壌における社会福音運動の展望に望みをつなぎながらさまざまな経験を積み重ねた。しかし同時にニーバーはそのような傾向に完全に染まることはなかった。

試行錯誤の連続の中で、神学的にも社会的にも形成期というべきこの時期、その後半からニーバーにひとつの方向が出てきた。それは、社会主義的な方向である。ユニオンに移ったニーバーが交わりを深め協力したのはS・エディ（Sherwood Eddy）、N・トマス（Norman Thomas）、J・H・ホームズ（John Haynes Holms）といったプロテスタントの社会主義・平和主義者たちであった。一九三〇年代は未曾有の恐慌に見舞われ、社会不安が増し、さまざまな急進政党や左翼勢力が増大した時代であった。ニーバーは、その時代思潮に溶け込むように社会党に入党、社会党員として活発な活動を開始、一方友和会（Fellowship of Reconciliation）の会長を務めるとともに「社会主義キリスト者の会」を発足させ、その機関誌『ラディカル・レリジョン』を発刊する。その過程で、ニーバーは、本格的に急速にマルクス主義思想に接近し、そのかなりを受容し、しかしやがて、鋭い批判を加えつつそれから離れていった。

その経緯については、本書第二章で述べたとおりである。そこで指摘したように、ニーバーは一九三〇年代半ば、深くマルクス主義に傾斜した。しかしニーバーはその最も深く傾斜したそのところで、マルクス主義も結局のところ近代リベラリズムと同様、ロマン主義的ユートピアニズムであったことに気づく。そうしてニーバーはあらためてキリスト教の深みを探るのである。キリスト教を「深遠なる宗教」として捉えなおし、リベラルなキリスト教やマルクス主義に対して「歴史的キリスト教に［リベラルなキリスト教やマルクス主義に代わる］永続的に有効な修正があること」(22)を確認するにいたるのである。つまり当時の進歩的知識人たちの域を大きく抜け出すのである。その転換点にあるのが『一時代の終焉についての省察』（一九三四年）(23)である。この書はニーバーの著作の中で語の厳密な意味で最もマルクス主義的な著作とされているが、その書の最終章「恩寵の確信」において実はすでに最も非マルクス主義的著作となっている。なぜなら、キリスト教における恩寵の体験は、「人間の生における道徳的宗教的体験全体に対し有機的に関係する」ものであり、「本質的には……相対の視点から絶対を捉えること」であるとの視点が明白に主張されているからである。[24] すなわち、恩寵の超越的次元が明白に確認され、それが人間の生に有機的に関係するものであることが主張されている。ここには、超越が歴史と弁証法的に連関する文脈で捉えるという成熟したニーバーの神学の骨格が示唆されている。ニーバーにとってこれは一つの大きな転機もしくは神学的な開眼であった。

　こうしてニーバーは、キリスト教の深みの理解においてマルクス主義を克服した。その立場は、『一時代の終焉についての省察』出版の翌年一九三五年に出版された『キリスト教倫理の解釈』において明らかにされた。そこでは、マルクス主義やキリスト教的リベラリズムやモラリズムを乗り越えた視点から「預言者宗教の真髄」を基としてキリスト教倫理の根本問題が考察されているからである。[25]

　以上の、一九二〇年代および一九三〇年代は、ニーバーの神学的視点の形成期としてきわめて重要な部分である。これを経てこそその後の真に成熟した視点の獲得が可能となったからである。しかし、この時期、ニーバーは、キリスト教を社会主義的さらにはマルクス主義的な枠組みで捉えた視点で、アメリカ社会を分析、ラディカルな改革を迫ったが、それは一見、アメリカと明白な距離をとった、ある意味で預言者的な力にあふれたものであった。ニーバーのアメリカもしくは歴史的世界との「距離」が最も開いた時期と言ってよいであろう。それゆえ、この時期を、冷戦期の『アメリカ史のアイロニー』よりも、世界を見る最も鋭い力を持っていたときとして、この時期のニーバーに預言者的姿を見て、高く評価する見方がある。そしてそれは、比較的よく見られる解釈でもある。

わが国では、千葉眞教授や鈴木有郷教授などがその立場である。[26] とくに千葉教授は一貫して、冷戦期のニーバーに比べて一九二〇年代および三〇年代のニーバーのほうを、アメリカとの距離が明白に保てていたとして評価する。それだけでなく、初期ニーバーの思想を「預言者的ラディカリズム」と呼び、むしろそれにニーバーの政治思想に一貫したテーマを見、キリスト教現実主義をニーバーの政治思想の中心理念とする理解に反対して、ニーバーにおける「キリスト教現実主義は、歴史的状況に規定された偶発的な、可変的な性格を帯びたものである」と主張する。[27]

しかし、ニーバーにおいて、「預言者的ラディカリズム」と「キリスト教現実主義」は対立的なものかどうか、疑問なしとしない。むしろ両者の間に発展的な関係があると考えることもできる。何よりも、キリスト教現実主義は、一九四〇年代以降の成熟した歴史の神学を基とし、第二次世界大戦とその後の冷戦期における政治との取り組みを背景に、アウグスティヌスやE・バーク（Edmund Burke）などをとおして精錬された、後期ニーバーにとっては一つの確固たる明白な立場と見なすべきではないかと思われる。後期ニーバーのキリスト教現実主義を偶発的なものとし、三〇年代までの「預言者的ラディカリズム」（およびその復活が見られる公民権支持やヴェトナム戦争反対における最晩年の姿勢）のほうを評価するというのは、ニーバーの全体像解釈としてはやや妥当性に欠けるのではないだろうか。

なぜなら、この時期のニーバーの力強さは、キリスト教的なものであっても社会主義的マルクス主義的色彩によって助けられていた面が強くあり、この時期のニーバーのアメリカ批判のその「距離」はまだ十分に神学的に成熟していたものとは言えないからである。もちろんこの時期のニーバーが、社会主義的マルクス主義的要素に色濃くおおわれていたとしても、その中にもなおニーバー独特の神学的洞察がすでに豊かにあったことは確かである。しかし、巨視的に見るなら、ニーバーが本格的な神学研究を経て真に成熟した視点を得るのは、『キリスト教倫理の解釈』以降と言ってよい。その書で得られた「預言者宗教」の概念はさらに考究されその内実が確立される必要があった。ギフォード講演において姿を現す神学的立場からするなら、一九二〇年代および三〇年代は、全体として見るなら、ニーバー神学の、そしてわれわれの関心で言えばニーバーの神学的視点もしくは超越的視点確立の準備・形成の期間と見るほうが妥当ではないだろうか。

四　ニーバー神学の神学的視点

ニーバーの主著『人間の本性と運命』に結実するギフォード講演への招待状がニーバーのもとへ届いたのは一九三七年末であった。そして『人間の本性と運命』の第二巻が上梓されたのは一九四三年一月である。この間の数年が、ニーバーにとって、おそらくはその生涯のうち最も集中して神学研究に没頭したと思われる期間である。一九三〇年代半ばで得られた神学的開眼は、ギフォード講演の準備とその出版準備において深められ精錬され、一九四〇年代初めに成熟したニーバー神学として姿を現した。ニーバーの神学的視点、超越的視点はこの書においてその本質が確立されたのである。[28]

『人間の本性と運命』およびそれを補足するその後の神学的著作において、ニーバーの神学的視点の基礎を提供している要素はどのような点であろうか。ごく要点のみを挙げれば、以下の三点であろう。

まず、第一は、人間の「精神（＝霊）」(spirit)[29]に関するニーバーの理解である。周知のように、ニーバーは、人間を自然と精神（＝霊）の逆説的合流点に立つものと捉える。すなわち人間は自然の制約の下にその必然性に強いられて存在する。しかし人間は同時に自然の子としてだけあるのではない。人間は、「自然、生命、自己、理性および世界などの外側に立つ精神（＝霊）」でもあるからである。[30]端的に言えば、「自己超越の能力」であり、「自己自身を自らの対象とする能力」である。[31]ニーバーのこのような見方は、西欧思想に横たわる伝統的な二元的人間理解を背景にしてはいるが、そこには独自な面が見られる。それがこの自己超越的自己の省察である。なぜなら観念論と異なり、それはいわゆる理性でも観想における自己でも何らかの普遍的合理的な自己でもないからである。ニーバーよれば、真の自己はすなわちこの超越的な自己であって、「意識の意識として、意識を超えて立つ、純粋な超越的自我」[32]であり、何らかの普遍的合理的自己ではなく「特殊な自己」(a particular self)[33]である。ニーバーは、このような自己超越的自己を「神のかたち」(imago Dei)を象徴するものと見なした上で、その特質を「根源的自由」(radical freedom)[34]と表現する。それは人間の真の尊厳を担い、人間の独自性の真の源泉でもあり、それゆえに人間のあらゆる自由の基礎ともなる。

しかしながら、この根源的自由は必ずしもつねに人間の積極的局面をのみ示すものではない。ニーバーよればこの自由には「創造の可能性と破壊の可能性」とがともに含まれているのである。「罪はこの自由において犯される」からである。[35]

第二に、ニーバーの神学的視点を提供していた点は、ニーバーの終末論的歴史観における中間時の歴史に関する洞察とそこにおけるキリストの十字架の役割と位置である。ニーバーはいわゆる救済史的終末論的構造の大枠の中で、歴史をキリストの十字架と再臨の間にある中間時として捉え、これを豊かに考察した。罪はキリストの十字架においてすでに勝利が約束されその勝利は再臨において成就する。それゆえに、その間に横たわる時間を、「歴史の意味の開示と成就の間の中間時（interim）」[36]として捉え、その内実についてニーバーは次のように説明する。

「キリストの第一の来臨以後の歴史は、その真の意味を部分的に知っているという資質を持つ。……それにもかかわらず、歴史はその真の意味に対する現実的な矛盾の中にあり続ける。したがって歴史における純粋な愛は、つねに受苦愛となる」。「この中間時は、生の意味の部分的な実現とそれへの接近とともに否定し難い腐敗によっても特徴づけられる。……しかしすべての歴史的な諸達成に付随する罪の汚点は、歴史における真理や善を実現するような諸業績の可能性やそうすべき義務を破壊するものではない」[37]。すなわち、中間時の歴史は、現実的体験的には、両義性、予測不可能性、神秘性などによって特徴づけられたものになっているのである。その背後には、「歴史における真理や正義をわれわれは持っているが、それにもかかわらず持っていない（having, and yet not having）というパラドクス」がある。このようなパラドクスは、「すでに」到来しているキリストの十字架の光に照らして見るとき「恩寵のパラドクス」[38]となるのであり、ニーバーの確信によれば、「すべての歴史的営為はこの恩寵のパラドクスの下にある」のである。

第三に、ニーバーに超越的視点を与えたもう一つの要素は、キリストの十字架である。ニーバーのキリスト論もしくは救済論は、キリストの十字架を贖罪的に受け止めるとともに、それを歴史との密接な関係の中で捉えるところにある。上に概観した中間時的歴史の「中心的な見晴らし地点」（the central vantage point）を、ニーバーはキリストの十字架に見るからである。ニーバーにとって十字架は「歴史の意味の究極的な啓示であり、歴史の曖昧さを究極的に明らかにし、歴史に対する神の主権を開示する」。信仰の目で見るなら、十字架において「人間の歴史的存在の意味が成就する」のである。すなわちキリストにあって歴史の意味の完成が明らかにされるとともに、ほかならぬキリスト自身が「歴史の終末であり、生の意味の完成」となる[39]。

ニーバーは、この歴史の完成としてのキリストを「啓示の焦点」と呼ぶ。この啓示の焦点は、その形態から言えば「歴史における出来事」であるが、信仰によって把握されるときそれは単なる出来事以上のものとなる。それによって、「歴史全体の意味が理解され、歴史に対する神の主権の独特な性質が啓示される」からである。[40]

しかしながら、十字架は、歴史の完成であると同時に、歴史の未完成のしるしでもある。十字架という苦難である限りにおいて、十字架に象徴される「代償的愛は歴史においては敗北した悲劇的なものに」とどまらざるをえないからである。これが「苦難の僕」としての十字架に示されていることである。キリストの苦難は、罪に対する神の怒りの開示でもあるからである。しかしそれが同時に、信仰の目によれば、歴史の完成であり、究極的な勝利の先取りなのである。[41]

ニーバーは、以上の歴史神学的確信において、政治に代表される社会倫理的作業を真に可能ならしめ、さらにはそれに規範を提供する《中心》を発見した。それは『アメリカ史のアイロニー』をはじめ著作活動を含むその後の広範な活動の基礎となったのである。

五　『アメリカ史のアイロニー』における神学的視点

以上、ニーバーの超越的神学的な視点をその形成の背景から概観した。ニーバーが到達した歴史の神学が明らかにしているのは、ニーバーの成熟した超越的神学的な視点である。その《眼》は純粋に神学的な領域における重要な視点であっただけでなく、種々の政治的社会的評論において現実領域における独特な視点ともなる。その視点は、歴史神学的確信を、とくにアウグスティヌスやバークらの視点を取り込むとともに、現実政治それもＧ・ケナン

(George Kennan)の政策企画室への参加などとりわけ国際政治に具体的に取り組むことをとおして精錬されて、『アメリカ史のアイロニー』の重要な背景となった。[42] この書の視点に注目するとき、とくに重要なのはこの書の最終章「アイロニーの意義(significance)」である。この章の要諦は以下の点にあろう。

まず、第一は、現代歴史世界にアイロニーの要素はいたるところに存在するが、アイロニーの観点から一貫して、歴史の「筋道」を「解釈」するためには、最終的には「統括的信仰」(governing faith)もしくは「世界観」(world view)が必要である、ということである。もちろんニーバーはそれを「キリスト教的歴史観」と考えている。[43]

第二は、アイロニーの認識は、「外からの観察者」に依存する、ということである。それも、「批判的であるが敵対的ではない」という結び付きをもった客観的態度である。ニーバーは、個人には、国家や社会の栄枯盛衰から「超越する一次元」を持っていると見なす。ところが、アイロニーに巻き込まれている者がそれを見分けるのは「よほど自己批判的(very self-critical)でない限り」不可能である。しかし、ひとたびアイロニックな状況を意識するようになれば、その状況を「解消するような努力へと向かう」可能性が出てくる。しかし、ニーバーは、「アイロニーの概念による解釈は極めて困難」であるゆえに、個人に「客観的態度が達成されるのはきわめて稀なことである」[44]と言う。

第三は、人間状況に関するキリスト教信仰の解釈もしくは「聖書の解釈は一貫してアイロニックなもの」であるとの認識である。それは、「人間の自由の独特なとらえ方の故」である。「人間は自らが創造的力をもつ者ではあるけれども、しかし、被造物であることを忘れてしまう故にアイロニックな被造物なのである」。したがって、ニーバーによれば、「人間の本性と運命についての聖書の見方は、顕著な首尾一貫性をもってアイロニックな枠組みの中で動いている」。創造神話、預言者たちの警告、キリストの十字架、キリストやパウロらの言葉はみな本質的にそうである。その背後にある確信は、「人間の歴史のドラマ全体が聖なる審判者なる神、すなわち……人間の思い上がりを笑いたもう審判者なる神がすべて見そなわしておられるという信仰」である。すなわち、「高ぶるものを拒み、へりくだる者に恵みを与える」神の超越的な審判である。(45)

第四は、このアイロニーのキリスト教的な解釈は、現代のアメリカとマルクス主義もしくは共産主義に妥当する、というニーバーの洞察である。これは、言うまでもなく『アメリカ史のアイロニー』全体の主張でもある。アメリカについて言えば、アメリカの父祖たちが望んだほどにイノセントではありえないこと、アメリカ自身の美徳を表そうして責任を取ろうとすれば罪に陥ること等である。マルクス主義について言えば、その主張の根拠である貧しい者の現実は、「マルクス主義的黙示が考えるほどには無私でも純粋でもない」(46)。

第五は、アイロニーを見出すために「自分を突き放して距離をとることが必要」であり、それによってアイロニーは真の悔い改めへと導く、という見方である。これはきわめて困難なことであるが、ニーバーはその可能性をA・リンカーン（Abraham Lincoln）に見た。リンカーンは、「南北両軍が持っていたアイデアリズムの中に思い上がりの要素が潜んでいること」を認識することができたからである。すなわち、南北どちら側も自らの正当性を同じ神への信仰によって確信していた。しかしリンカーンは、全能の神はかれらとは別に「神自らの目的」を持っていると考えたのである。ニーバーはリンカーンに、「文明の道徳的遺産を守るべき忠誠と責任にとどまりつつ、他方ではその戦いのレベルを超えた宗教的高みからの展望ももちつづけるという、確かに困難ではあるがしかも不可能ではない課題のおよそ完全なモデル」を見た。このリンカーンのモデルは、共産主義のような専制の悪を否定するが、同時に、自由の徳を主張することによってのみ自らの主張の正義を確立しようとする努力をも排除することになる。すなわち、「神の目的と人間の目的との間にはある種の矛盾があるという何らかの自覚がある場合においてのみ、真の神を認識しうる」のである。[47] この共通する何らかの自覚すなわち「ある意味次元」に、究極的な解決が潜んでいるとして、ニーバーは次のように結論を述べたが、そこには、ニーバーにおける、アイロニーによる人間歴史分析が目指す究極的な地点が雄弁に主張されている。それは、冷戦というこの書の直接の時代背景を超えて、普遍的な意味を示している。

ほとんど共通するところを持たない敵との闘争の中でさえ、ある意味次元に生きる可能性と必然性がある……その意味次元とは、戦争の切迫感が、歴史のドラマの巨大さの前で感じる畏れの感覚に従属せしめられるような意味次元、またそれが歴史の諸問題の解決のために用いられる徳や知恵や力についてあまり誇らない謙虚の感覚に、あるいは敵の悪魔性とわれわれの虚栄心との両方の根底にある共通の人間的脆さと弱さとを認める悔い改めの感覚に、そして自らへりくだる者たちに約束された感謝の感覚に従属せしめられるような意味次元……である。[48]

以上、「アイロニーの意義」の章の要点を五点にまとめてみた。ここでのニーバーの主張の究極的な主張を、あえて単純化すれば、次のようになろう。すなわち、アイロニーの概念が指示するものは、対象との間の「距離」であり、それは、天に座する者の笑いの下にあって「悔い改め」へといたる可能性である。

そうだとしたら、『アメリカ史のアイロニー』において、ニーバーはアメリカに対して十分な「距離」、それも政治的文脈を踏まえた上で、神学的に洗練された「距離」を保っていたことは明らかである。ところが、この書におけるニーバーのアメリカに対する距離のとり方を不十分と見なす者は少なくない。

たとえば、フォックスは、共産主義への鋭い批判とアメリカの自己満足への告発がこの書の特徴であると、かれにしては珍しくこの書を全体として正しく理解し比較的積極的に評価しているにもかかわらず、ニーバーの「共産主義への全面的糾弾」はこの書の「最大の欠点のひとつ」と見なした。[49]つまり、ニーバーの共産主義批判は過剰であるとの指摘である。そしてそれは、かれのアメリカ批判は不十分であったということでもある。

一方、R・ライニッツ（Richard Reinitz）はもっと明白に、ニーバーのアイロニーが「歴史を見る強力な道具」であることは認めるが、『アメリカ史のアイロニー』におけるその適用は弱いと見る。この書では多く一般化され過ぎまた非歴史的な取扱となっていて、アイロニーの概念が効果的に用いられていない、その結果、アメリカに対して「十分な距離」を維持することができていないと言うのである。[50]

しかし、果たしてそうであろうか。この書における、ニーバーの一貫した厳しい共産主義批判とアメリカの自己満足・傲慢への批判は、ただ単にその厳しさの度合いを社会的政治的に比較することからだけでは、その本質を十分に捉えられないのではないだろうか。神学的側面に目を注ぐなら、先に指摘した、人間の視点とは別の神独自の視点「神自らの目的」についてのニーバーの確信が、共産主義批判とアメリカ批判の両方にどれほど通底しているかという点こそが肝心である。歴史世界の闘争（当時の時代的文脈では冷戦）にも、「畏れの感覚」や「謙虚の感覚」、「悔い改めの感覚」や「感謝の感覚」に従属せしめられるような意味次元に生きる「可能性と必然性」を訴えるその視点をニーバーに従って正しく理解するなら、フォックスやライニッツらのニーバー批判は不十分なものと判断せざるをえないであろう。ニーバーの視点は、通常の人間的な批判的視点をはるかに超えた出たところに据えられていた。この視点こそ、ニーバー独特のものすなわちかれの歴史の神学を背景にした超越的神学的視点である。それは、ニーバーの出自を背景に、社会的福音やよりラディカルな社会主義との取り組みを経るとともにその中でなされた深い神学的研究において獲得した歴史の神学から成熟したかたちで生み出された視点であった。そしてそれが、第二次世界大戦後のいわゆる冷戦を含む現実の歴史において、キリスト教現実主義の基本的視座でもあり、その文脈におけるアイロニーの概念でもあったのである。

おわりに

『アメリカ史のアイロニー』におけるニーバーのアイロニー概念を、ニーバー神学の超越的神学的視点との関係から探ってみた。ニーバーのアイロニー概念は、ニーバーの神学的な背景を無視して正しい理解はありえないであろう。逆に言えば、『アメリカ史のアイロニー』はニーバーの成熟した神学を基礎にして展開されているのである。それどころか、この書自体神学書と言ってよい。大木英夫教授はこう主張している。「われわれは、ここで、ニーバーの『アメリカ史のアイロニー』を『神学』と呼んではばからない。これは神学でなくて……なんだろうか」[52]。

もっともこの点は、ニーバーの著作であれば当然のことではある。しかし、実際には、ニーバー研究においてしばしば十分な注目を受けてこなかったように見える。『アメリカ史のアイロニー』については、歴史上の出来事を解釈するニーバーの修辞上の道具としてのアイロニーの概念にのみ注目が注がれて、その道具の視点の中身やその基礎に目を留めることがなおざりにされてきたように見えるからである[53]。

かつて、政治学者H・J・モーゲンソー（Hans Morgenthau）は、ニーバーを「あたかも外から、つまり永遠の相のもとに（sub specie aeternitatis）アメリカ社会を眺めることのできる人間」と見なした[54]。それゆえ、『アメリカ史のアイロニー』は、そのようにしてアメリカを眺めたアメリカの神学の試みであり、そこで用いられたアイロニーは、単なる修辞的機能を超えて、ほかならぬ《神学的概念》と考えるべきなのである。

注

(1) *The Irony of American History* (New York: Charles Scribner's Sons, 1955). 大木英夫・深井智朗訳『アメリカ史のアイロニー』(聖学院大学出版会、二〇〇二年)。

(2) Richard W. Fox, *Reinhold Niebuhr: A Biography* With a New Introduction and Afterword (Ithaca and London: Cornell University Press, 1996), 246; Charles C. Brown, *Niebuhr and His Age: Reinhold Niebuhr's Prophetic Roles and Legacy*, New Edition (Harrisburg, PA: Trinity Press International, 2002). チャールズ・C・ブラウン『ニーバーとその時代——ラインホールド・ニーバーの預言者的役割とその遺産』高橋義文訳(聖学院大学出版会、二〇〇四年)、二六一—二六二頁。

(3) Richard Reinitz, *Irony and Consciousness: American Historiography and Reinhold Niebuhr's Vision* (London and Toronto: Associated University Presses, 1980), 12 et. passim.; たとえば、R・ホフスタッター(Richard Hofstadter)、C・ベアード(Charles Beard)、V・L・パーリントン(V. L. Parrington)、L・トリリング(Lionel Trilling)、P・ミラー(Perry Miller)などがそうであった。Cf. Fox, *Reinhold Niebuhr*, 246–247.

(4) 大木英夫教授も、『アメリカ史のアイロニー』を、「アメリカ史をトータルに対象とし、ラディカルに取り扱った一種のアメリカの神学的研究」すなわち「アメリカの神学」と見なしておられる。同書、二九九頁(訳者あとがき)。さらに大木教授はその後、この書を概観しつつニーバーの思惟の特徴を明らかにした論文を公にされている。大木英夫「ニーバーの思惟の特質——ラインホールド・ニーバー『アメリカ史のアイロニー』をめぐって」『聖学院大学総合研究所紀要』四七号（二〇一〇年）、四三―七三頁。これは、『アメリカ史のアイロニー』執筆の時代とバルトとの違いを背景にして、この書のニーバーの思惟の特質を論じた特異なニーバー論である。
(5)『アメリカ史のアイロニー』、一〇頁。
(6)同、八、九頁。
(7)同、八頁。
(8)同、一〇頁。
(9)Fox, *Reinhold Niebuhr*, 245.
(10)『アメリカ史のアイロニー』、三五頁。
(11)同、二五四頁。〔訳語を一部変更。〕
(12)Fox, *Reinhold Niebuhr*, 243–244. ここでフォックスが触れているバルトとニーバーの論争は、エヴァンストンで開催が予定されていた世界教会協議会第二回総会の準備の二五名からなる専門委員会でのことであったが、それについては、武田清子教授が著書『戦後デモクラシーの源流』（岩波書店、一九九五年）、一八七、一八八頁および『出逢い――人、国、その思想』（キリスト新聞社、二〇〇九年）、一一〇―一一一頁で、そこに委員として出席し、両者の論争を緩和すべく努力したエピソードを記している。武田教授は、前者で、このエピソードについて記しているE・ブッシュ（Eberhart Busch）による『カール・バルトの生涯』小川圭治訳（新教出版社、一九八九年）における記述（五六一頁）の間違いを修正している。
(13)もっとも、大木教授はこのフォックスの見方をある程度重視されているようである。大木英夫「ニーバーの思惟の特質」、四四頁参照。
(14)鈴木有郷『ラインホルド・ニーバーとアメリカ』（新教出版社、一九九八年）、一九六―一九七頁。
(15)以上の背景については、ブラウン『ニーバーとその時代』第二章および高橋義文『ラインホールド・ニーバーの歴史神学――ニーバー神学の形成背景・諸相・特質の研究』（聖学院大学出版会、一九九三年）第一章を参照。
(16)"The Failure of German Americanism," *The Atlantic Monthly*, Vol. 118, no. 1 (July, 1916): 16–18.
(17)大木英夫「解説」『道徳的人間と非道徳的社会』現代キリスト教思想叢書8（白水社、一九七四年）、四九四―四九五頁。

(18)同、四九五頁。

(19)高橋義文「ニーバーとその恩師サムエル・D・プレス」『形成』No. 258・259 特集：ラインホールド・ニーバー——生誕一〇〇年を記念して（一九九二年六・七月号）、二九—三六頁。プレスは、強い敬虔主義的信仰と社会奉仕への関心を持ち、福音教会を数十年にわたって導いた指導的人物である。ニーバーは、プレスを、かつて大統領ガーフィールドが理想的教師像とした「マーク・ホプキンス」になぞらえて尊敬の念を表していた。Cf. "Intellectual Autobiography," Charles W. Kegley and Robert W. Bretall, eds., *Reinhold Niebuhr, His Religious, Social, and Political Thought* (New York: Macmillan Company, 1956), 4.

(20)高橋義文「ニーバーとその恩師サムエル・D・プレス」、三四—三五頁。高橋義文『ニーバーの歴史神学』、六二頁。ブラウン『ニーバーとその時代』、三八頁参照。

(21)"Dr. Press and Evangelical Theology," (Unpublished typescript, in Eden Theological Seminary Archives, n. d. probably 1941). これは、一九四一年、プレスの引退を記念して開かれた会でニーバーがしたスピーチ（献辞）である（この事実からこの文書の執筆年をこの年と推定した）。のちにコピーが福音教会の全牧師に配布されたようであるが、印刷されて公になることはなかった。しかし、これは、ニーバーがプレスについてかなり包括的に評価している貴重な資料である。

(22)"Social Justice," Henry W. Harris, ed., *Christianity and Communism* (Oxford: Basil Blackwell, 1937), 69.

(23)*Reflections on the End of an Era* (New York: Charles Scribner's Sons, 1934).

(24)Ibid., 287–281.

(25)*An Interpretation of Christian Ethics* (New York: Harper and Brothers, 1935), 137.

(26)千葉眞『現代プロテスタンティズムの政治思想』（新教出版社、一九八八年）、一一二頁以下。同『二十一世紀と福音信仰』（教文館、二〇〇一年）第五章「R・ニーバーと預言者宗教」。鈴木『ニーバーとアメリカ』、二九七頁ほか。

(27)千葉『二十一世紀と福音信仰』、一一三頁。千葉教授のこの主張はその後も保たれ、二〇一三年六月に開催された国際シンポジウム「ラインホールド・ニーバーの宗教的、社会的、政治的思想の研究」における講演者で、ニーバーのキリスト教現実主義を高く評価するR・W・ラヴィン（Robin W. Lovin）への「応答」においても、同じ趣旨を呈されている。それに対するラヴィン教授から明白なコメントはなかった。『聖学院大学総合研究所紀要』五七号別冊（二〇一四年）参照。

（28）*The Nature and Destiny of Man: A Christian Interpretation*. Vol. I: *Human Nature*, Vol. II: *Human Destiny* (New York: Charles Scribner's Sons, 1943).（以下NDM I, IIと略記）ギフォード講演でのニーバーの講演は、通常の講演者と違い、そのまま出版が可能であるような完全原稿を読むかたちでなく、アウトラインを用いて自由に話したという。したがって、出版されたものは講演後さらに調査研究がなされあらたな考察が加えられたものであり、ニーバーにとって講演を終えていたとはいえ出版準備はそれ自体新たな研究のときであった。ブラウン『ニーバーとその時代』、二二一―二二四頁参照。

（29）原語spiritの訳は難しい。mindとは異なるゆえもあって「精神」では不十分である。しかし、「霊」とすると文意が通じにくいところもある。とりあえず、大木教授が、『アメリカ史のアイロニー』の付録のニーバーのエッセイ「ユーモアと信仰」の翻訳で試みられた仕方に従って、「精神（＝霊）」と表記しておく。『アメリカ史のアイロニー』、二八六頁参照。

（30）NDM I, 4.

（31）Ibid.

（32）Ibid., 27.

（33）Kegley, Charles W., and Robert W. Bretall, eds., *Reinhold Niebuhr: His Religious, Social, and Political Thought* (New York: Macmillan Co., 1956), 11.

（34）*The Self and Dramas of History* (New York: Charles Scribner's Sons, 1955), 49; Kegley and Bretall, eds., *Reinhold Niebuhr*, 10.

（35）NDM I, 17, 236.

（36）NDM II, 48.

（37）Ibid., 51, 213.

(38) Ibid., 213.
(39) Ibid., 54ff.
(40) Ibid., 231.
(41) Ibid., 273.
(42) ニーバーが政策企画室の諮問委員の一人として招聘を受け参加しはじめたのは一九四九年であった。そこには、H・E・フォズディック（Harry Emerson Fosdick）の娘の冷戦戦略家ドロシー（Dorothy）も参加していた。Cf. Fox, *Reinhold Niebuhr*, 238.　またそれに先立つ一九四六年には、国務省の占領地における文化政策に関する諮問委員会および外交問題評議会の一員となり、国務省の教育使節団のメンバーとしてドイツを訪問している。このころ、ニーバーは米国政府とりわけ国務省と深い関係を持った。
(43) ニーバー『アメリカ史のアイロニー』、二二八頁。
(44) 同、二二九―二三二頁。
(45) 同、二三二―二四二頁。
(46) 同、二四二―二四八頁。
(47) 同、二五五―二五九頁。
(48) 同、二五九頁（強調付加）。
(49) Fox, *Reinhold Niebuhr*, 244, 247.　ちなみに、ニーバーの著作に対するフォックスの評価は全体としていつも高くない。とりわけ、『光の子と闇の子』（*Children of Light and Children of Darkness*, New York: Charles Scribner's Sons, 1944）や、『信仰と歴史』（*Faith and History*, New York: Charles Scribner's Sons, 1949）などがそうである。たとえば後者は、ギフォード講演とともに、『アメリカ史のアイロニー』の背景をなす重要な文献と考えられるが、フォックスはそれを「脆弱な書」と決めつけている（Fox, *Reinhold Niebuhr*, 238）。しかし、ニーバーの著作のうちで最も高く評価したものが『アメリカ史のアイロニー』であった。
(50) Reinitz, *Irony and Consciousness*, 90-92.　他方、鈴木有郷氏は、『アメリカ史のアイロニー』は高く評価しているが、その後のニーバーの思想には、時として「アイロニーの精神からの逸脱や矛盾」があって、アメリカとの適切な距離がとれなくなったと指摘している。鈴木『ニーバーとアメリカ』、一九八―二〇〇頁参照。

(51) 大木英夫「ニーバーの思惟の特質」、六九頁。

(52) ライニッツなどはニーバーのアイロニーについて、ニーバーの用い方にはそれを不十分として批判しているものの、概念それ自体については、それを世俗化した上で歴史解釈の道具として高く評価しているが、それはいわば『アメリカ史のアイロニー』の最終章を無視していることでもある。Cf. Reinitz, *Irony and Consciousness*, et passim.

(53) ハンス・モーゲンソー(大木英夫訳)「ラインホールド・ニーバー――現代における預言者的実存」大木英夫『終末論的考察』(中央公論社、一九七〇年)、二〇二頁。

第五章　ニーバーとピューリタニズム

はじめに

『あなたはルター派ですよね。違いますか』とあなたは言われます。こうお応えしておきましょう。わたしは、トマスやアリストテレス、ロックやコント、あるいはヘーゲルなど、理性的な人間が有徳な人間でもあると信じる思想家に反対することにおいてはルター派です。しかし、わたしは政治においては一貫して反ルター派（anti-Lutheran）です。というのは、政治においては、ルターの悲観主義は……政治的絶対主義を支持するものだからです……ミルトンは、歴史上の偉大な人物のなかで、わたし自身の立場と多少類似する立場を表しています。[1]

これは、英国の陸軍相を務めたことのある労働党政治家J・ストレイチー（John Strachy）が、一九六〇年、ニーバーの主著『人間の本性と運命』[2]を読んで、その感想を詳細に綴ったニーバー宛の手紙に対するニーバーの返信の一節である。ここには、ニーバーの思想について、それまでほとんど目にしてこなかった重要な一文がある。それは、「わたしは政治においては一貫して反ルター派です」という文章である。J・ミルトン（John Milton）がニーバーの好む歴史上の人物であることはつとに知られてきた。しかしニーバー自身が一般にルター派神学者と見られてきたことに対してこのように応じたことは知られていない。そこには、ニーバーの思想理解への新しい視点が含まれているように思える。しかし、「反ルター派」（反ルター的、反ルター主義）とはいかなる意味なのだろうか。

おそらく、この文章を理解する一つの鍵は、ニーバーのピューリタニズムへの姿勢にあるのではないかと思われる。ニーバーにおける非ルター的要素の一端がそこに窺われると思われるからである。そうだとすると、さまざまな問いが湧いてくる。ニーバーは、ピューリタニズムをどのように理解していたのだろうか。そこには明白なピューリタニズム観のようなものがあるのだろうか。ピューリタニズムは、ニーバーの思想において何らかの位置を占めているのだろうか。占めているとして、それはどのようなものなのだろうか。またニーバーの思想解釈さらにはニーバーの今日的意義の考察において、ピューリタニズムに対するニーバーの見方は何らかの意味を持つのだろうか。

本章の目的は、以上のような問いに対して、ニーバーのピューリタニズムへの言及をたどり、その主要点を整理・考察しつつ、応答を試みることである。これまで、以上のことに焦点を当てた研究は少なくともまとまったものとしては見当たらない。しかしこのような研究は、ニーバー理解にもう一つの局面を開く可能性につながるのではないかと思われる(3)。

以上のことを課題とするにあたって、あらかじめ以下の二点を確認しておきたい。一つは、ニーバーは、ピューリタニズムについて包括的に論じていないどころか、それに触れる場合でもきわめて限定されている、ということである。また論じているところでも歴史研究としては扱っていないということである。二つは、いわゆる歴史家ではないニーバーにおけるピューリタニズムを考察するには、ピューリタニズムをかなり漠然とした概念で捉えておかなければならないということである。すなわち、ここでのピューリタニズムには、次のようなことが含まれたものと考えることにする。それは一七世紀におけるイギリスのピューリタニズム、一七世紀のアメリカのニューイングランドにおけるピューリタニズム、それらにおけるカルヴァンおよびカルヴィニズム理解、その後のとくにアメリカにおけるピューリタン宗教のエートスとそこにおけるさまざまな特徴である(4)。したがって本章においてピューリタニズムという場合、以上のような広義の、ときにはやや曖昧な概念であることを断っておきたい。

一　ニーバーはルター派か――その教派的背景

ニーバーは、一般にルター派教会の出身として知られ、その神学も基本的にルター的な線で受け止められることが多い。そしてその見方は全体として必ずしも間違いではない。しかしながら、詳細に見てみると事態はそれよりも複雑である。そこで、まずこの観点からニーバーの教派的背景の歴史的事実を確認しておこう(5)。

ニーバーが生まれ育った教派は、アメリカ中西部のミズーリ州セントルイスを中心とするドイツ移民の教会「北米ドイツ福音教会」（The German Evangelical Synod of North America）である。この教派は、一八四〇年、ドイツ移民のために大陸より派遣されていた牧師八人の交流の場「西部ドイツ福音教会連合」から始まったが、これに参加した牧師や信徒たちの背景を考慮に入れると、歴史的には次の二つの線が見出される。

一つは、自らの歴史的淵源をプロイセン合同教会の成立に見ていたという点である。プロイセン合同教会は、一八一七年、プロイセン王フリードリヒ・ヴィルヘルム三世の主導によりルター派と改革派が合同して成立した教会である。教会連合では、最初の牧師八名のうち七名がルター派で改革派が一名であったが、その改革派の牧師が最初の議長となった。つまり教会連合は当初より合同教会的であった。(6)

福音教会連合の歴史的淵源のもう一つは、ドイツ敬虔主義との関係である。牧師たちの多くが、バーゼルやバルメンといったドイツ敬虔主義のセンターから派遣されてきた者たちであったからである。これらの敬虔主義の団体は、ルター派の影響下にはあったが、組織的には非教派的であり、事実上合同主義であった。

当初牧師の同志的交流の場として結成された教会連合は、諸教会の必要に迫られて、順次教団としての体裁を整え、一八七七年、北米ドイツ福音教会となった。こうした教団形成の過程で合同教会主義に立っていたことは、初期にまとめられた信仰告白的な文書の次のような文言に明らかである。

西部ドイツ福音教会は……ルター派および改革派教会の諸信条――その最も重要なものは、ルター派ではアウグスブルク信仰告白、改革派ではハイデルベルク信仰問答である――においてなされる聖書の解釈を、それらが一致する限りにおいて受け入れる。一致しない部分については……教会連合は、その主題に関わる聖書の言葉に厳格に従いつつ、福音教会において広く認められている良心の自由に任せる。(7)

これは、「典型的な合同神学」の表明である。(8) ところが、それにもかかわらず、福音教会で実際に教会の体験において強力であったのはむしろ敬虔主義に流れるルター派的要素であった。

このルター派的エートスを神学的自覚的に表明したのは、福音教会最初の神学者と言われたA・イリオン

(Andreas Irion）であった。かれは、一八六二年、福音教会信仰問答の解説をしているが、それは初めて明白にルター派の立場からなされたものであった。その後その理解は教会内に受け継がれ、ニーバーが学んでいたころのイーデン神学校では、科目を問わず繰り返し強調されていたのはルター的信仰義認の教理であったと言われる。こうして教団名のevangelicalも元来はドイツの合同教会の名称にちなんだものであったが、そのころには、ルター派の立場を表す語として教団内外に受け止められるようになった。

しかし、一方において、合同教会の伝統も維持しつづけたことは確かである。なぜなら、この教会がのちに二度にわたる教派合同を成し遂げているが、その時の根拠はこの合同教会の伝統であったからである。合同は、一つは改革派教会との間で、一つはカルヴィニスト的伝統に立つ会衆派との間でなされた。

最初の合同は、一九三四年になされた、やはりドイツ移民の教会である「合衆国改革派教会」（General Synod of the Reformed Church in the United States）との合同である。その結果、「米国福音・改革派教会」（Evangelical and Reformed Church in America）となった。その後二十年余り存続するこの教派は、一般に「E＆R」と呼ばれるようになる。

二度目の合同は、一九五七年のことになるが、「会衆派キリスト教会連盟」（General Council of the Congregational Christian Churches）との合同である。長期にわたる交渉を経て合同し、「合同キリスト教会」（The United Church of Christ）が成立した。今日アメリカにおける主流派教会の代表的教派である。そしてこちらは、前の合同とは違って、ニューイングランド・ピューリタニズムの主たる担い手であった「会衆派（コングリゲーショナリスト）」との合同という、歴史も神学もまったく異なる教派との合同であった。

これらの合同がなされた時、ニーバーはすでに一九二八年以降、ユニオン神学大学院で、教派を超えて活躍をしていた。しかしニーバーは、この二つの教派合同にはいずれにもきわめて積極的であったが、とくに会衆派との合同は、その長い準備期間を含めて、後述するように、ニーバーにおけピューリタニズムへの積極的な姿勢が見られるようになる時期に当たっており、その背景の一つになっていたと推測することも不可能ではないであろう。

ニーバーは、若い時からアメリカの教派主義に疑問を持ち、自らの教派がそれを打ち破って展開することを夢見ていた。そのニーバーに具体的な教派合同という考えが芽生えたのはおそらくデトロイトに牧師として赴任した一九一五年ごろである。その年になされたドイツ福音教会の七五周年記念説教で、自らの教派の立場が基本的にはルター派的であるとしても、歴史的・神学的にはむしろ合同教会の流れの中にあることに注意を喚起し、暗に改革派教会との間に神学的に違和感のないことを強調しているからである。

しかし、ニーバーが自らの教派に向けて改革派教会との合同を具体的に提案したのは、一九一八年のことである。「われわれはどこに行くべきか」と題した論文で、福音教会のルター的要素は必ずしも本質的なことではないこと、改革派との間にある聖餐に関する伝統の違いは当面の合同には支障にならないこと、したがって「この合同に、神学的障害は事実上何もない」ことを強く訴えた[9]。この提案は、教団内に大きな波紋を投げかけ、広範な議論を呼んだが、この時点での教団の大勢はニーバーの提案にかなり強く否定的であった。しかし、ニーバーはその後も粘り強くその主張を続け、一九二〇年代末ようやく具体的な合同の機運が生まれ、改革派教会との合同へと向かうようになる。そのような文脈の中で、ニーバーは、自らのルター派の歩みを振り返り、次のように述べている。

プロテスタンティズムの最良の型は、ピューリタンの伝統とルター派の伝統との相互作用を必要とする[10]。

これは、ごく単純な表現であり、若いニーバーが教派合同という具体的な事柄に関連して述べたことであったが、自らのルター派的傾向から距離を置き、広い視野から分析した基本的な結論と言ってよい。こうしたニーバーの理解について、ニーバーの教派的背景の歴史を研究した、W・G・クリスタル（William G. Chrystal）は次のように述べているが、のちのニーバーの姿勢を考えると、きわめて重要な指摘である。

ルターとカルヴァン、ルター的内面性（innerlichkeit）とアメリカ・カルヴィニズムの道徳主義（moralism）の「融合」（union）というその［ドイツ福音教会］の考え方は、かれ［ニーバー］自身の真理探究の「中心的位置」を占めるようになった。(11)

以上のように、ニーバーは、教派的背景からすると、単純にルター派神学者とは言えない。所属教派の立場では、合同教会、ルター派、改革派、さらに会衆派と、多くの要素を踏まえた教会の牧師であり神学者であった。このことは、われわれの関心からも確認しておく必要があろう。

二　初期ニーバーにおけるピューリタニズム(12)

1　「ピューリタニズムと繁栄」（一九二六年）におけるピューリタニズム

ニーバーは、一九一五年、デトロイトの牧師になると同時に活発な執筆活動を開始した。当初は、ほとんど所属教派の雑誌への寄稿であったが、ほどなくしてそれ以外の雑誌にも寄稿するようになる。その中で注目されるのは、著名な全国的総合誌『アトランティック・マンスリー』にも寄稿を始めたことである。それは編集者に認められて寄稿を重ねることになり、やがて晩年にいたるまで重要な意見発表の場の一つとなる。この雑誌への五回目の寄稿論文が「ピューリタニズムと繁栄」（Puritanism and Prosperity）（一九二六年(13)）であった。この時期、ニーバーは、ピューリタニズムをどのように捉えていたのだろうか。

ニーバーがこの論文で意図したことは、当時のアメリカの経済的繁栄の問題を考察・指摘することであった。当時一九二〇年代アメリカは好景気に沸いていた。「新産業主義」の時代と呼ばれ、「黄金の二〇年代」とも称せられた。それは革新主義のエートスに支えられた明るい時代であった。しかし、ニーバーはそうした急速な発展を遂げていく産業の一大センターであるデトロイトで、博愛的経営者と称えられていたヘンリー・フォードの自動車会社の、実際にはすさまじい悪条件で働く労働者の現実を目にして、フォードの偽善を批判しそれに厳しく対峙した。この論文を書いた年、アメリカ労働総同盟（ＡＦＬ）の年次大会がデトロイトで開かれ、ニーバーは、地元産業界の激しい反同盟の圧力の中、大会に積極的に協力した数少ない牧師の一人であった。そうした状況において、経済的繁栄をどう考えるか、その根本的問題は何なのか、その解決の道はあるのか、といったことは当時のニーバーにとって具体的かつ緊急の課題であった。

この論文を、ニーバーは、アメリカの繁栄が他国の追随を許さないほどになっているさまを分析することから始め、次のように論じている。「われわれは、富と繁栄が普通人の重要な部分となっている、世界の歴史上最初の文明を築いてきた」。それはそれに先立つ文明における貧困からは解放したが、今「新たな種類の奴隷状態」に陥っている。そこでは、文明は、「文明から徳と文化を奪う」仕方で生活の手段に取り憑かれてしまっている。

ニーバーはこのように述べた上で、こうした「繁栄の源泉の探求」が重要だと主張する。繁栄には近代科学の進歩をはじめ通常取り上げられるさまざまな要素があることは当然である。しかし、ニーバーはその深層に目を留めて、こう主張した。

アメリカの繁栄の現象全体を十分に説明するために、われわれは少なくとももう一つの要因を調べなければならない。それは経済生活の研究においてこれまでほとんど注目されてこなかったこと、すなわち、「宗教の要因」である。(14)

ニーバーのこの主張の背後にあるのは、M・ヴェーバー（Max Weber）のピューリタニズムと資本主義の関係に関するよく知られた議論（『プロテスタンティズムの倫理と資本主義の精神』）である。この論文の前年、ニーバーは、いわゆるヴェーバー・テーゼの説明とその意義について述べた、「資本主義――プロテスタントの所産」を公にしていたが、それが議論の背景になっていた。(15)

ニーバーは、キリスト教史上の例を挙げて、ヴェーバーの所論が妥当であることを認めた上で、アメリカがとくにその顕著な例となっているとして、「アメリカは最もピューリタン的であると同時に、西洋諸国の中で最も繁栄している国家である」と考える。つまり、アメリカのピューリタン的徳がアメリカの繁栄をもたらしたのである。しかし、ニーバーはそのピューリタン的徳が皮肉にも大きな問題に陥ることになったと考え、「われわれのピューリタン的な徳は、われわれを力と特権へと引き上げた」と見る。ピューリタニズムは、アメリカの中産階級の伝統的な徳――節制、正直、倹約など――の宗教的根拠となったが、まさにその徳そのものによって、中産階級は権力と地位を持つようになり、それは、「ピューリタン的異教」(puritan paganism) へと傾く。そこでは、「五感の罪」(sins of senses) は忌避されるが、精神の罪 (sins of mind) は容認されている」。「詳細にわたる個人の道徳」と「利益と権力に対する無恥な情熱」とが結び付く。その結び付きが巨大な富を生むことになり、それは、結局、元来のピューリタン的徳を崩壊させ、五感の罪も精神の罪も遠ざけることのない「まったくの異教」(a pure paganism) に堕してしまう。それは、ニーバーにはピューリタニズムの道徳的限界と見えた。それゆえ、ニーバーは、「ピューリタニズムの道徳的限界は、そのような崩壊を不可避的な宿命としているようである」と言うのである。これに関連して、ニーバーはピューリタニズムのもう一つの問題も指摘する。それは、勝利を可能と見なし、妥協や、無敵に見える敵との対立などを否定するピューリタニズムの生き方にある「偽善」の要素である。

そうしてニーバーは、そのような問題と戦うために、「道徳的理想主義の新しい方向づけ」を必要とし、それは、貪欲と不誠実、異教的権力や傲慢、異教的頽廃的快楽等を扱う方法を知っている「宗教と倫理」であると結論づけるのである。(16)

以上のニーバーの分析は、アメリカにおけるピューリタニズムのアイロニカルな側面をえぐり出すものであるが、このころニーバーはすでに、のちのニーバーを十分に思わせるそのような視点を持ち合わせていることがわかる。こうしたピューリタニズムへの否定的な指摘はその後も続く。その一例は、ニーバーが一九三〇年、ニューヨーク・ソーシャルワーク大学院（のちのコロンビア大学ソーシャルワーク大学院）で行った講演『ソーシャルワークを支える宗教の視点』[17]である（出版は一九三二年）。そこにも、ピューリタニズムもしくはピューリタン宗教について相当程度触れられているが、そのほとんどは消極的ないし否定的な道徳主義として扱われている。たとえば、「宗教的遺産をほとんど失うほど宗教を現代文化に同化させてきたピューリタニズム」、「二世紀前の中産階級にとって意味があったもので……今日にはほとんど意味がない」[18]ピューリタニズム、「中産階級が非常に頻繁に宗教的敬虔の衣を［偽善的に］身にまとって」いる[19]「カルヴィニズムとピューリタンの宗教」といった具合である。

しかし、ニーバーは、ピューリタニズムがアメリカの問題だと捉えているが、そのことは、決してピューリタニズムがアメリカにおいて果たした機能を全面的に否定するものではない。ニーバーはその積極的な機能もまた見ていた。それは、上の論文や著書にも暗示されていることであるが、そのことが明らかにされるのは先を待たなければならない。

2　『文明は宗教を必要とするか』（一九二七年）におけるピューリタニズム

『文明は宗教を必要とするか』[20]は、ニーバーがデトロイトでの牧会を終えようとするとき、一九二三年から主として『クリスチャン・センチュリー』誌に発表してきた論文をもとに出版したニーバーの処女作である。

この書で、ニーバーは、「宗教と生活――対立と妥協」（Religion and Life: Conflict and Compromise）と題した第

五章において、中世から宗教改革にいたる歴史上の見解を検討する文脈で、カルヴァンとの関係でピューリタニズムについて数頁にわたって述べている。その章でニーバーは、先の論文「ピューリタニズムと繁栄」と内容的に重なる洞察も多いが、以下のように論じている。

カルヴァンのもとで宗教的に鼓舞された禁欲や節制などが下層階級に道徳的品位や自然な自尊心を与えた。「こうしたピューリタンの徳は北ヨーロッパ世界全体とアメリカに……堅固な活力と道徳的推進力をもたらしたが、それは、近代世界におけるかれらの政治的覇権の展開において小さくない役割を果たした」。また、アメリカはどこの国よりもピューリタン的であったが、それは、「ここ［アメリカ］の処女地［は］、最も近代的なヨーロッパ諸国の文化においてさえ固く組み込まれている中世主義の痕跡によって制限されることがなかったからである」。「しかしながら、ピューリタン宗教と世界との対立は、宗教的理想と世界の原始的な衝動や欲求との間の妥協にいたらざるをえなかった。その道徳的な弱さは、世界に勝利することができるというその単純素朴な確信と、歴史がそれらに絶対性を与えてきた、さまざまな相対的なものや限定されているものを見つけ出すことができないその無能力にある。もしイエスの霊的理想主義がキリスト教の規範であるとすると、カルヴィニストとピューリタンはそれから逸れてしまったが、その事態は、かれらの理想の概念それ自体においてかれらが自覚する以上に深刻であった。「人格への愛と畏敬がイエスの倫理の基礎であるが、カルヴィニズムにおいてそれはまったく欠如している」。「もし、カルヴァン的ピューリタン的理想主義が、まさにその理想主義概念において前提とされた規範から離れたとしたら、そこから生じたさまざまな道徳的現実は、イエスの倫理の絶対的理想主義と似ても似つかないものになってしまった」(21)。そうして、ニーバーはこう述べる。

物質的に利益を得ることを宗教的に認めたことは、歴史上新しいことであり、近代社会の道徳的雰囲気を形成することに寄与したことは間違いない。その社会では、勤勉が大きな徳であり、貪欲がつねに付きまとう慾である。わが国の営みのパラドクスへの鍵となるのはアメリカのピューリタニズムである。それこそ、すべての近代国家の中で、われわれが最も宗教的でありながら同時に最も物質的であることを説明するものである。もし、ピューリタニズムが、倹約の美徳がいかに容易に貪欲の悪徳に変化するかを理解することができなかったとしたら、それは、富が供給する権力に内在する徳の危険から正しい魂を守ることに十分意を払わなかったということである……ピューリタニズムには管理者の務め［スチュワードシップ］の教理があるのは確かであるが、それは、権力それ自体に適用されるのではなく、経済的権力がもたらす特権のほうに適用されてしまった。(22)

ここには、すでに、ニーバーのピューリタニズムに対するかなり成熟した見解が見受けられる。それは、まだ、カルヴァンと後代のカルヴィニズムが厳密に区別されず、したがってカルヴァンとピューリタニズムが混在してはいるが、のちのニーバーの洞察と解釈につながる重要な点が指摘されている。

一つは、ピューリタン的徳、言い換えればピューリタン宗教の精神が、近代世界とりわけアメリカに堅固な活力と道徳的な推進力をもたらす一定の役割を果たしたとの見解である。

二つは、ピューリタン宗教は結局この世界と妥協し、本来の徳がパラドクシカルにアメリカの世俗化に寄与してしまったという解釈である。いわばピューリタニズムの歴史のアイロニーである。

三つは、その理由は、ピューリタン宗教の道徳の弱点である単純素朴（ナイーブ）さであったとの指摘である。そこには現実的視点が欠如していたということである。

ニーバーに以上のような分析と洞察をもたらしたのは、先の論文にあるヴェーバーに加えて、R・H・トーニー(Richard Henry Tawney)の『宗教と資本主義の興隆』(23)であった。この書は『文明は宗教を必要とするか』出版の前年一九二六年に出ているが、ニーバーは、その出版の年、それについて書評し、高く評価していた。(24)あるいはそれに加えて、一九三二年のニーバーの出世作とされる『道徳的人間と非道徳的社会』(25)で用いられている、V・L・パーリントン(Vernon Louis Parrington)の研究『アメリカ思想の主要な潮流』(26)も使用したかもしれない。いずれにしても、『文明は宗教を必要とするか』は、大半、デトロイトでの牧師時代に書かれているが、そのころすでに、このような文献を使っていたのである。

もっともニーバーが、道徳主義とは別に、一八世紀のアメリカのピューリタニズムはもちろん一七世紀イギリスにおけるその淵源の歴史について、基礎的な知識を早くより得ていたことはある程度推察できる。イーデンでは、ドイツ福音教会の中で際立ってエキュメニカルな視野を持っていた、ニーバーが最も影響を受けた教師S・プレス(Samuel Press)からそのことを学んでいた。プレスは、ニーバーも受講した「アメリカ神学」という科目で、J・エドワーズ(Jonathan Edwards)やニューイングランド神学、とくにアメリカにおけるカルヴィニズムの貢献について強調していたからである。(27)もちろん、その後のイェールでもそこで当時もっとも著名な教会史家W・ウォーカー(Williston Walker)からも学んでいたであろう。(28)

しかしそれにしても、ニーバーが、本格的にピューリタニズムの深みに触れるのは『文明は宗教を必要とするか』から一〇年ほどを経てからである。本格的には、一九三九年になされたギフォード講演が最初である。それ以降、分量はそれほど多いわけではないが、ニーバーは折に触れ、要所でピューリタニズムの洞察に言及する。

そうした作業を検討する前に、それに貢献したであろう、ニーバーと同時代になされたピューリタニズム研究とニーバーとの接触について概観しておこう。

三　アメリカにおけるピューリタニズム研究とニーバー

1　ニーバーの時代のピューリタニズム研究

ニーバーが自覚的にピューリタニズムの歴史をそれまでより深く学ぶことになるのは、一九三〇年代末以降に現れた新しいピューリタニズム研究の成果によるものと思われる。それはとくにP・ミラー（Perry Miller）をとおしてであり、それに加えて、おそらくW・ハラー（William Haller）をとおしてではないかと推察される。

この両者は、周知のように、同じ時期に最初の重要な研究を、十数年後の同じ時期に次の大作を公にしている。ニューイングランドにおけるピューリタニズムについてのミラーの最初の研究『ニューイングランドの精神――一七世紀』は一九三九年に(29)、ハラーの研究『ピューリタニズムの興隆』はその前年一九三八年に出ている(30)。そして、ミラーのニューイングランド・ピューリタニズム研究第二部『ニューイングランドの精神――コロニーからプロヴィンスへ』(31)は一九五三年に、ハラーの次の研究『ピューリタン革命における自由と改革』(32)は一九五五年に、それぞれ出版されている。

ニーバーが、とくにこれらの著作から、一七世紀英国のそれであれ、一七世紀および一八世紀ニューイングランドのそれであれ、それまでにニーバー自身が得ていた情報に加えて、ピューリタニズムについて包括的に学んだことはおそらく確かであろうと思われるが、その詳細は残念ながら推測の域を出ない。

というのは、ミラーについて書かれたものとしては、一九五三年の研究とその数年前に出た『ジョナサン・エドワーズ』の二つの著書についての書評があるだけであり[33]、ニーバーの著書にミラーへの言及はほとんど見出せないからである[34]。もっとも、両者の間には、「一九五〇年代初期からミラーが没する一九六三年までの間に数回の間接的な学術的な交流があった」とは言われている[35]。その一つは、一九五四年に、コロンビア大学二百周年を記念して、ユニオン神学大学院が主催した一五〇名ほどが参加したシンポジウムで、ミラーとニーバーが、イェールの教授R・L・カルフーン（Robert L. Calhoun）およびハーヴァードの学長N・M・ピュージ（Nathan M. Pusey）とともに発題講演をしていることである[36]。そこでのミラーの発題には、ニーバーの名に触れ、議論の中でやり取りがあったことが暗示されている（その記録はない）。また、一方、ミラーも、ニーバーの著書『信仰と歴史』[37]を書評しているが、全体として高い評価を与えている[38]。R・W・フォックス（Richard W. Fox）は、ミラーを「ニーバーの友人で称賛者」[39]としているが、その根拠は示されていない。しかし、すでにハーヴァードの教授として、それまでのピューリタニズム観を一新したピューリタニズム研究家として高く評価されていたミラーを、かれより一世代上ではあるが活躍時期が同時代であったニーバー（ミラーはニーバーより一三歳若く、八年早く没している）もまた同じ評価をしているところからすると、ニーバーのピューリタニズム理解の背後にミラーの研究成果がその多寡は別にしても一定程度取り入れられていると推測することは決して不可能ではないであろう。ちなみに、ニーバーはのちにハーヴァードの教授A・ハイマート（Allan Heimert）と共著で『そのように構想された国家』[40]を出版しているが、ハイマートはミラーの弟子で後継者であった。

一方、ハラーについては、ニーバーとの交流をうかがわせる資料は現在のところ見出せていない。ハラーの著作についての書評もされていないし、ニーバーの著書のどこにもハラーへの言及も注記もないからである。しかし、ハラーは、一九〇九年から一九六〇年まで四一年にわたり、ユニオン神学大学院に隣接するコロンビア大学の女子大部バーナード・カレッジで教鞭をとっており、その間ユニオン所蔵のピューリタニズム関係資料の「マカルピン・コレクション」（McAlpin Collection of British History and Theology）[41]を使用してピューリタニズム研究をしていること、共同学位プログラムなどによるユニオンとコロンビアが深い関係にあったこと（ニーバーもコロンビアの大学院課程の教授陣に加わっていた）、さらに、バーナード・カレッジには、一九四〇年、ニーバーの妻アースラ（Ursula M. Niebuhr）が教授陣に加わっていること、年齢的にもほぼ同世代（ハラーはニーバーより七年早く生まれ、三年遅く没している）であること等々を勘案すると、ニーバーとは一定の交流があったと推測して無理はない。そうだとすると、ニーバーが、ミラーに加え、当時の際だったハラーの研究を読み、それを自身のピューリタニズムに関する情報の重要な源の一つとしたと考えてもよいであろう。

ところで、これら二人に、逆にニーバーが一定の影響を与えた面があったことも指摘されている。それはニーバーのアイロニーの概念である。フォックスは、恐慌ないし第二次世界大戦の時期に全盛期を迎えた多くに歴史家たちがニーバーのヴィジョンに鼓舞されたとし、その中にミラーを挙げている。[42]しかしそこにハラーの名はない。ハラーも含めてそのことをより詳細に指摘しているのは、ニーバーのアイロニー概念を研究したR・ライニッツ（Richard Reinitz）である。[43]かれは、ミラーについてはニーバーの書評から、ミラーはアイロニーが行きつく思い上がりの危険を警告したと指摘した。ハラーについては、「ニーバー的アイロニーは、ウィリアム・ハラーのイギリス・ピューリタニズムとイギリス革命におけるその役割についての繊細で広範な研究の主要な主題に影響を与えている」[44]と述べ、ピューリタンの教理と方法が結果として世俗社会の発展に寄与してしまったこと、人民の自由な教育と世論の確立の願いが結果として政府に従属してしまったこと、権力の改革をしようとしたが結果としてピューリタンからも国教会の意図からもまったく異なる社会ができてしまったことなどの指摘にニーバー的アイロニーが具体的に表れているとした[45]。

それにしても、ニーバーは独自の思想家であり、ニーバーのピューリタニズム理解がもっぱらミラーとハラーに拠っているということではない。ニーバー自身、ピューリタニズム関係のオリジナルな文献にじかに当たっていることも事実であり、ニーバー独自のピューリタニズム観を持っていたことも事実である。ニーバーにおける他の思想家の影響の状況からするとそのように考えるほうが妥当であろう。

2 ミラーの著書への書評「ピューリタンの良心」におけるピューリタニズム

ここで、ミラーの研究に関するニーバーの書評の要点を確認しておこう。それは、『ニューイングランドの精神——コロニーからプロヴィンスへ』についての書評「ピューリタンの良心」(Puritan Conscience)(一九五三年)である。ニーバーは、ミラーの前著『ニューイングランドの精神——一七世紀』を、それによってミラーを「われわれの歴史的ピューリタニズムに関する最も徹底した有能な研究者」として確立したと見る[46]。さらに、ミラーは、当時の文献をふんだんに用いて当時の人々に語らせるかたちで歴史を再現した「細心な学者」であるが、決して「衒学的」ではなく、「歴史の科学に芸術家の想像力を重ね合わした」学者であり、その研究は、「良い歴史記述(historiography)は芸術と科学の両方であることを証明している」とニーバーは評価した。

ニーバーはこの書の意義を次のような点に見た。

第一は、当時のピューリタニズムの精神がわれわれ現代人のそれといかに異なっていたか、ということを明らかにしていることである。それは、ピューリタンの道徳と現在の道徳規準とがいかに違っているかということでもある。ニーバーは、ピューリタニズムの精神が、われわれにとってもその次の世代にとっても、「奇妙な始まり」(strange beginning)であったと見なしている。

第二は、ミラーが何らかの先入見を持ってこの歴史を見ていないこと、すなわちこのような古い奇妙な文化を現代の評価で色づけて見てしまう「上から押し付ける姿勢」(a note of condescension)を徹底して避けていることであり、そのゆえに、「アイロニックな歴史の豊かな味わい」(the full flavor of the ironic history)を描き出すことができたことである。

第三は、上の二点よりも本質的なことであるが、一七世紀における、ピューリタニズムが新大陸に適応していくさまとその成功による失敗の物語は、一六世紀［宗教改革の歴史］よりも興味深いとしているということである。それはすなわち、「聖徒の支配」によるカルヴィニストの実験におけるカルヴィニズムの中核部分の矛盾の崩壊に関わる歴史である。それは、「分離派の無責任」に見られる「完全主義の衝動」と市民社会全体を、聖徒の支配による神の主権のもとに置こうとする「神政政治の衝動」の矛盾である。この二つの衝動の調整が「半途契約」を生み出した。完全主義は、ヴェーバーの「世俗内禁欲」に相当するが、ビジネスの成功をもたらしたものの、それによって元来の敬虔は崩壊してしまった。その文脈で、ニーバーは、ミラーの次のような示唆に注目する。すなわち、儀式的な嘆きの説教に対する罪の絶えざる告白は、儀式以上のものになった。人々は自分が聖徒ではないこと、また自分が告白する悪はそう簡単に除去することができないことを知った。なぜならその悪は善と緊密に関わっているからである。ニーバーは、ミラーのこの視点に自らの現実主義的な人間理解を見、評価したのであった。

以上の意義を確認した上で、ニーバーは、ミラーの叙述に基づいてカルヴィニズムの欠陥に注目する。それは、カルヴィニズムの特殊摂理（special providence）の理論である。それによれば、自然災害も都市の騒乱も神の怒りの結果と解釈され、それは、人々を懺悔と断食へと駆り立てる。反対にすべての良い現象は神の和らぎの証明となる。このような信条が、一八世紀、ピューリタニズムから「ヤンキーイズム」への頽落を早める働きをしたとニーバーは主張する。(47)

さらに、ニーバーは、聖徒による徳の思い上がりも大きな問題と考える。それは、この世的報いを約束するような徳であるのみならず、それが政治的な権威の基礎ともされるからである。ピューリタン説教者たちは政治的独裁者であり、かれらの正当化と偽善は明白である。ニーバーによれば、ミラーは優れた芸術家として、「聖徒の思い上がりがもたらした不可避的なシニシズムと恨み」をかれらに語らせるかたちで明らかにした。そしてこうした恨みが結局聖徒たちの権威を崩壊させたのである。

ニーバーは、そのようなカルヴィニストの「聖徒の支配」の実験は、その類の実験のすべてを終わらせるに十分であったが、それは、「新しい、もっと恐るべき、われわれが共産主義として知るその［聖徒の支配の］世俗版を阻むことはできなかった」と主張する。ニーバーは、ミラーが明らかにしたニューイングランドの政治に共産主義に共通するものを見たのである。とはいえ、ニーバーは、歴史にそれ自身を語らせることにミラーの研究の価値があるゆえに、そこから道徳を取り出すのは愚かなことであると断ることも忘れることはなかった。

四　一九四〇年代以降のニーバーにおけるピューリタニズム

こうして成熟したニーバーは、一九二〇年代の考察を踏まえ、ミラーやハラーその他の文献資料を読みこなすことをとおして、以前にましてピューリタニズムの歴史の詳細を受け止め、それに対するニーバー自身の洞察や解釈を自らの神学的・社会倫理的考察に含め生かすようになっていった。その作業は、おそらく一九三九年、エディンバラ大学でなされたギフォード講演の準備あたりから始まったと言ってよいであろう。それは、一九二〇年代の社会福音運動の影響と三〇年代のマルクス主義の影響を脱し、あらためて歴史的キリスト教の深み（profundity）を本格的に探求すると同時に、その視点からアメリカや世界の現況を分析し将来を展望する、ニーバーにとってとくに重要な神学研究への集中の期間である。

それ以降のニーバーにおけるピューリタニズムへの言及は、出版されたギフォード講演『人間の本性と運命』[48]から晩年にいたるまでの、論文集を含む主要な著作の多くに見受けられる[49]。そこにはかなり多様な視点が含まれるが、その主要点をあえて整理するなら、以下のように、デモクラシー制度を支える人間観とデモクラシー社会におけるトレレーション（宗教寛容）の問題およびアメリカのデモクラシーの歴史的な淵源に関する議論の三点になるかと思われる。

1　デモクラシーの人間論

ニーバーは、ピューリタニズムの人間観を全面的に評価してはいないように見える。それは、すでに考察した、初期ニーバーのピューリタニズム論からも明らかである。しかし、詳細に検討してみると必ずしもそうとも言えない。むしろ、デモクラシーを支える人間観の観点に立てば、ニーバーの理解するピューリタニズムの人間観は重要な意義を持ってくる。

ニーバーは、ピューリタン的人間論に非常な疑問を持っていたが、その根本は人間の傲慢に由来する思い上がりである。それゆえ、ニーバーはその問題をきわめて深刻に考えた。それはピューリタニズムの道徳的限界とも見えた。しかし同時に、アメリカの歴史は、そうした問題を避けるためにさまざまな制御機構を整備し、それによってその限界をある程度緩和することができたとも考えている。

ニーバーは、「この国の政治機構の中にはカルヴィニストであったこの国の祖父たちが固持してきた権力の利己的な運用に対する防御策がさまざまな仕方で存在している」ことを認めていた。合衆国憲法には、J・コットン(John Cotton)の次のような警告が多く含まれているからである。「全世界はこの生身の人間に、われわれが与えてもよいと思う以上のいかなる権力をも与えてはならない。なぜなら人間はその権力を執拗なまでに行使しようとするからである。……その上偉大な言葉を語る自由を持っている人間は、その同じ自由を持って神の名を汚すような言葉を用いることさえできるからである」[(50)]。さらに、ニーバーは、次のようなJ・ブライス(James Bryce)の文章を引用している。

アメリカの政府と憲法は、カルヴィニズムの神学とトーマス・ホッブスの哲学に基づくものであると人は言うが、少くとも、一七八七年の憲法ににじみ出ている人間理解の中には旺盛なピューリタニズムが存在しているということは真実である。その憲法は、原罪を信じ、それ故法を破る者に対してはそれを防ぐため閉めるべき扉は閉めておこうと決意した人びとの作物であった。……この憲法の目的は、善い政府を確保することによって偉大なる共通目的を達成しようとするよりは、悪い政府から生み出される悪のみならず、いかなる政府であれ、それが強大になり過ぎて、政府より先に存在する共同体や個々の市民の脅威となることから生じる悪をも回避しようとすることなのである。(51)

しかし、この人間観は、ブライスが言うようにまったくカルヴィニズムの人間観というわけにはいかないように思われる。なぜなら、そこには、原罪を持つ人間を憲法をもって制御するそのようなシステムが、人間によって据えられ、人間によって運営されるものとされているからである。カルヴァン的原罪すなわちカルヴァン的全的堕落(total depravity)には、神政政治をもってしか対抗できないであろう。ニーバーの人間理解は、しばしば原罪の用語をもって展開されたその罪論にもかかわらず、カルヴァン的全的堕落を拒否するものである。(52)デモクラシー論で言えば、そのことをニーバーは次の有名な言葉で表現した。「人間の正義を行う能力がデモクラシーを可能にする。しかし、人間の不正義への傾向がデモクラシーを必要とする」。(53)

思想的には、アメリカ憲法にはピューリタニズムの人間観だけでなく、ジェファソンの啓蒙主義的人間観も入っていたことは言うまでもない。ニーバーはそのことをむしろ評価している。「アメリカ建国初期の生活を形成したニューイングランドのカルヴィニズムとヴァージニアの理神論及びジェファソン主義という二つの大きな宗教的・

道徳的な伝統[54]」を認めていたからである。[55]

しかしそのような人間観は、ニーバーによれば決して非ピューリタン的ではない。ニーバーは、一七世紀のピューリタニズムの中に、ヒューマニズムないしルネサンス的人間観とカルヴァン的人間観の融合があったとし、それを評価していたからである。その代表がミルトンであった。ニーバーはこう述べている。

ジョン・ミルトンは、ルネサンスのヒューマニズムとセクト的キリスト教を結びつけて驚くべき総合へともたらした。[56]

これは、ニーバーが、ストレイチーへの返信で、冒頭に引用した部分に続いて、「実際、一七世紀の何人かのピューリタンたちは、私の本『人間の本性と運命』の中で取り上げた誰よりも、ヒューマニズムの立場とキリスト教的立場を結合させているように私には思えます」と述べていることにつながる。[57] しかし、ニーバーは、その前に、ミルトンのデモクラシーに対する意義を次のように確認もしていた。

デモクラシー思想に対するジョン・ミルトンの精神的貢献は、神が、人間に超越的な価値を与え、国家も尊重しなければならない超越的な権威に人間を結び付けたという、そのキリスト教的確信に基づいていた。意味深いことに、ミルトンは、ルターにおいて二つの領域の厳しい分離を意味した聖句「カイザルのものはカイザルに、神のものは神に返しなさい」を用いてルターとは異なる結論を引き出し、良心が政治社会から自由であることを主張した。「わたしの良心は神からいただいたものである。それゆえわたしの良心をカイザルに渡すわけにはいかない」とミルトンは言った。この確信なくして自由社会はつくられえなかったであろう。この確信が、良心に関するきわめて重大な問題に関して、個人を促して社会に挑戦させたのである。[58]

ニーバーによれば、以上のような意味においてピューリタニズムの人間論は、デモクラシーに貢献しているのである。

最近、政治学者G・マッケナ（George McKenna）が、ニーバーを「ピューリタン・デモクラット」と呼んだ。[59]それは、ニーバーのデモクラシー論の基礎にある罪の教理が「ピューリタン的原罪の教理[60]」だからと言うのである。しかし、これはすでに見たように、やや単純すぎる理由である。むしろ、われわれが確認したように、ニーバーにはピューリタニズム的人間観、とりわけミルトンに代表される人間観が息づいているゆえに、「ピューリタン・デモクラット」であったと言うべきであろう。

2　トレレーションの問題

ニーバーのピューリタニズムへの言及において顕著であり重要なのは「トレレーション」（宗教寛容[61]）についての議論である。これについて、ギフォード講演の第二巻『人間の運命』第八章および『光の子と闇の子』第四章が扱っているが、そこにおいて、ニーバーは、トレレーションの有効な考え方の源泉を一七世紀イギリスのピューリタニズムに見ている。

ニーバーは、トレレーションについて、宗教上の多様性を克服して文化の原初的な統一を回復しようとするカトリシズムのアプローチと、伝統的な歴史的諸宗教を否定することによって文化的統一を達成しようとする世俗的な解釈を検討したのち、宗教的多様性の中で宗教的生命力を維持しようとする第三のアプローチの必要を主張する。[62]それは、「文化の宗教的深所を破壊することなく、自由社会の前提の限界内において宗教的、文化的多様性を認めることである……宗教信仰のあらゆる実際的表現は、歴史的偶然性と相対性とをまぬがれないという事実を謙遜と懺悔とをもって認めながらも、なお、自らの最高の洞察を宣言しようとするものである[63]」。

ニーバーはそのような宗教的謙遜（religious humility）をデモクラシーの前提にふさわしいものと考える。それは「深遠な宗教」とニーバーが表現するキリスト教信仰の洞察に基づくものである。その洞察は、自らの有限性を否定しようとする傲慢こそ罪の本質であるとするゆえに、「宗教信仰は絶えざる謙遜の泉」となるのである。そして、「アングロ・サクソンの寛容の本当の基礎は、一七世紀イギリスの宗教経験の中にある」と見なすのである。しかし、クロムウェル時代の宗教闘争において必ずしも単純に寛容が確立されたわけではない。その中のさまざまな集団・分派によって勝ち取られたとニーバーは見る。インデペンデント、レヴェラーズ、ルネサンス的ヒューマニズムの影響を受けたアングリカンの穏健派、その他のノン・コンフォーミスト（非国教徒）たちである。[64]その代表を、ニーバーはとくにミルトンとJ・ソルトマーシュ（John Saltmarsh）に見る。ミルトンは、真理についてのすべての歴史的な把握が断片的な性格のものであることを、『アレオパジティカ』[65]で明らかにした。「われわれはいまだそれら［真理］のすべてを見出していないし、上院も下院も主の再臨まで見出すことはないであろう」[66]。同じことは、ソルトマーシュによっても述べられている。「お互いに、誤りのない絶対確実の力を仮定しあったりはすまい。……なぜなら、主が我々を共に同じように眼識のあるものにと心の眼を開き給うまでは……」[67]。

こうしてニーバーは、そこからデモクラシーに重要なトレレーションの基本姿勢をピューリタニズムの歴史の中に見出すのである。成熟したトレレーションを持つことができなければ、次のような事態を生むことになるからである。

真理への忠誠はその獲得の可能性への信頼を要求する。他方、他者を受け容れることはわれわれ自身の真理の究極性への信頼が破られることを要求する。しかし、もし、われわれがその答えを持ち合わせていない問題への答えがないとしたら、打ち砕かれたわれわれの確信は敗北（文化の領域では懐疑主義）か、それとも、それ以上に大きなわれわれの困惑を確信の背後に隠そうとする思い上がり（文化の領域では狂信）のいずれかを生み出す。[68]

それゆえ、ニーバーは、一七世紀イギリスにおける激しい歴史的戦いから生まれた「宗教的謙遜」にこそトレレーションの可能性を見るのである。

3　アメリカ・デモクラシーの淵源

ニーバーは、前項で見たように、アメリカのデモクラシーの淵源は一七世紀イギリスのピューリタン革命にあると見ているが、これについて他の文献より詳しく論じているのは、『敬虔で世俗的なアメリカ』[69]所収の論文「自由と平等」（Liberty and Equality）（一九五七年）[70]である。この論文は、ニーバー自身が「イギリス、フランス、アメリカの政治的・社会的倫理に関する研究」であるとしているが、表題のとおり、「自由」と「平等」をめぐる歴史的な動きが包括的に整理され、その文脈でアメリカのデモクラシーの淵源に関する見解が明白に主張されている点で、重要な論文である。[71]

まず、ニーバーは、その課題を次のように提示する。保守主義とリベラリズムの間の論争は、正義の原理としての自由と平等という二つの原理の重要性に関わっている。平等の原理は階層社会への批判規準に関わっており、自由の原理は共同体の一致のために働く。しかし、両者がそれぞれの立場を完全かつ絶対的に主張すれば、共同体が崩壊してしまう。したがって、平等がどのように社会的政治的階層組織に関係するか、自由がどのように共同体の凝集性と安定性に関わるかが問題となる。それは、双子の規制原理であり、ともにそれぞれが「単純な歴史的可能性」と見なされる同じ危険の中にある。自由は、絶対的な意味では実現不可能であり、それは平等の原理と同じである。

以上のように課題を確認した上で、ニーバーは、アメリカとフランスのデモクラシーの源泉について次のように述べている。

とくにフランスとアメリカにおけるデモクラシーの神話によれば、こうした自由と平等の双子の原理を歴史に最初に導入したのはフランス革命であった（その原理は『友愛』〈fraternity〉の概念と共に使われたが、それは実際の政治にとっては自由と平等より適切でもあり不適切でもあった）。確かに、この二つの原理が歴史的に実現するとの幻想を醸成したのはフランス啓蒙主義であった。しかし、この原理は、その前の世紀、クロムウェルの軍隊の左翼のラディカルなキリスト者の間に発生したのである。啓蒙主義は、こうしたノン・コンフォーミストのキリスト者の黙示的なヴィジョンの世俗版にすぎないのである。[72]

しかし、この二つの原理のうちの平等のほうが自由よりもはるかに長い歴史を持っていたとニーバーは続ける。それは、ギリシャのストア哲学に発し、ローマのストア哲学で実際の政治において展開された。その古典時代の洞察は、フランス啓蒙主義の単純な平等主義よりも勝っていたとニーバーは判断し、次のように言う。

古典時代は、自由の原理を平等の原理と連動させることはしなかったし、それはフランス啓蒙主義によって発見されたものでもなかった。イギリスのノン・コンフォーミストが初めて、自由と、正義の二つの原理の一つとしての平等と接合させたのである。(73)

さらにニーバーによれば、個人の自由（freedom）という概念が現れるのは、最初はキリスト教信仰によってである。そこには、個人の無比性に対する高い価値と、個人が権威の源泉であり、共同体を超越する究極的な成就であるとの信仰があったからである。とはいえ、キリスト教信仰があればそこに正義の原理としての個人の自由（liberty）が確立されるわけではない。実際カトリックのキリスト教の中でも、また宗教改革のキリスト教の中でさえ、国家に対する個人の権利は確立されなかったからである。「『福音的』自由というルターの概念は宗教的には強力（potent）であったが、政治的には不適切（irrelevant）であった」。(74)そしてニーバーは、すでに取り上げた例をここでも繰り返している。「宗教的概念が政治的市民的自由に適合するようになったのは、ミルトンが、有名な聖書の言葉『カイザルのものはカイザルに、神のものは神に返しなさい』を、『わたしの良心は、わたしが神からいただいたものである。それゆえそれをカエサルに渡すわけにはいかない』を意味すると解釈してからであった」。(75)

要するに、ニーバーは、大木英夫教授の表現によれば、ルターの福音的自由の政治的不適切は、「ピューリタニズムにおいて克服され、それによって福音的自由（evangelical freedom）は市民的自由（civil liberty）へと発展せられたと見ている」のである。(76)

しかし、その自由と平等との関係は一筋縄ではいかない。それは、クロムウェルの軍隊の中でも緊張があり、レヴェラーズは自由を強調し、ディガーズは平等に傾いていたからである。そしてその緊張は、クロムウェルの時代から今日にまで続いているとニーバーは見る。ニーバーによれば、自由と平等は「パラドクシカルな関係」にあるのである。(77)

ところで、歴史に自由と平等を最初に導入したのはフランスであるとの神話について、なぜそのような見方が一般的になったのか、ニーバーは次のように解釈している。

アメリカ人たちが想像するところでは、フランスは、有機的な貴族政治の文明の型を打破した最初の国であった。しかしながら、実際にはフランスは二番目の国であって、最初の国ではない。英国におけるクロムウェルの革命がフランス革命に一世紀以上先んじていたのである。ところが、その間に英国で王政復古があり、再び国王が立てられた。フランスやアメリカの平等主義者にとっても自由主義者にとっても、君主制はきわめて有害な権力の象徴であった。それゆえ、クロムウェル革命は忘れ去られ、フランスが、その国自体の評価でも、わが国の評価でも、自由と友愛の新しい時代の象徴となった。これは残念なことであった。というのは、事実上、フランスは、すべての抽象的リベラリズムの化身ともなったからである。(78)

ニーバーにとって、そうしたフランスによって担われた抽象的理想は、言うまでもなく危険である。それは歴史に適合しないからであり、そこには自由のパラドクス的性格が認識されていないからである。その点で、ニーバーは、名誉革命後の世界に照らせば、「開かれた社会の道徳的諸現実と折り合いをつけることにおいて、英国には、フランスに勝る歴史的な有利さがあることは明らかである」と主張する。(79)

ニーバーは以上のように論じた上で、「アメリカの思想と実践」は、貴族制的歴史の背景を持たない処女地につくられたユニークなデモクラシーであることを強調したが、同時に、アメリカのデモクラシーの「理論は多くフランスに」由来しているが、「実践はイギリスに」由来していることもまた認識しておく必要があると注意を喚起している。しかし、「権力の分割」によって、政府の中核に権力の均衡を打ち立てようとした努力は、新しい発想であり、それは「カルヴィニズム的源泉に由来する」ものである。「全体として建国の父祖たちは、人間の完璧さに関し、フランスの哲学者たちより楽観主義的ではない見方をとっていた」。(80)

こうして、ニーバーは、アメリカのデモクラシーのみならずいわゆる近代デモクラシーの源泉をカルヴァン的キリスト教の影響を受けた一七世紀英国のピューリタニズムに見ていたのである。

おわりに

以上、ニーバーのピューリタニズムへの言及を概観してみた。それはピューリタニズム論とまでは言えないにしても、われわれが瞥見しただけでも、そこに無視できない相当内容のある洞察があることは確かである。われわれが理解したニーバーにおけるピューリタニズムの確認は、とくにニーバーをどう解釈するかについて、重要な視点を提供しているように思われる。それは以下の三点である。

第一は、従来、ニーバー神学全体をルターの線で解釈する傾向が強かったが、それに幾分の修正を迫ることになるのではないか、という点である。もちろんニーバーにルター的要素が濃厚であることは否定できない。したがって、ニーバーをもっぱらカルヴァン的に解釈することはもちろんできない。しかし、ピューリタニズムに照らしてニーバーを見直すことは、今後のニーバー解釈に新しい視点を与え、これまでより詳細な陰影に彩られたニーバー像を手にする可能性があることは確かであろう[81]。

第二に、ニーバーのデモクラシー論もまた従来ルターの線で「贖罪の神学」の適用として解釈されることが多かったが、それはかなりの程度見直されなければならないと思われる。それはニーバーの神学思想の解釈よりも多く修正が迫られる面であろう。というよりも、ニーバーのデモクラシー論はむしろピューリタニズムの線を基本において理解するほうが妥当なのではないか[82]。

第三に、ニーバーの文化・社会に対する姿勢は、H・R・ニーバー(H. Richard Niebuhr)の『キリストと文化』の類型に照らせば、従来、パラドクス(二元論)型(「パラドクスにおけるキリストと文化」型)にカテゴライズされる傾向が強かった。しかし、ニーバーのピューリタニズムへの言及からすると、むしろコンヴァージョン(回心)型(「文化の変革者キリスト」型)の要素もまたニーバーにあったことを考えなければならないであろう[83]。

以上のことは、ニーバー解釈の本質に関わることである。ストレイチーへの返信で、ニーバーが、「わたしは政治においては一貫して反ルター派です」と述べたことを無視するわけにはいかないゆえんである。問題はその意味のさらなる解明である。ニーバーの読みが相当修正されなければならないということでもあろう。

ところで、このことは、現代におけるニーバーの意義に関してどのような意味を持つのであろうか。一つは、ニーバーの「冷静を求める祈り」（Serenity Prayer）に照らして言えば、「変えることのできないことを受け入れる冷静さ」よりも、「変えるべきことを変える勇気」に軸足を置くニーバー像を提示することである。それは、ルター的贖罪論的ニーバーにとどまらないニュアンスを暗示する。「変えるべきこと」とは可能性の問題ではなく当為の問題である。それは、「不可能の可能性」（impossible possibility）[84]というパラドクスを踏まえた、「決定されていない諸可能性」（indeterminate possibilities）[85]を歴史の中に求める具体的で積極的な姿勢である。そのようなニーバーの思想には、今日のような時代にこそあらためて学ぶべき意義があるのではないか。

二つは、ニーバーがその淵源についての議論において確認した、アメリカのデモクラシーの性格である。アメリカにおいて「デモクラシーの神学者」として知られるニーバーが明らかにしているその洞察内容を、われわれの側でも確認する必要に迫られているということである。これは、わが国のデモクラシーの淵源に深く関わることであり、ニーバーのデモクラシー論は、わが国でもっと学ばれる必要があるのではないだろうか。「ニーバーにおけるピューリタニズム」は、こうしたことにつながる課題ではないかと思う。

注

（1）Urswula M. Niebuhr, ed., Remembering Reinhold Niebuhr: Letters of Reinhold and Ursula M. Niebuhr (San Francisco: HarperSanFrancisco, 1991), 402. ジョン・ストレイチー（Evelyn John St. Leo Strachey, 1901–1963）は、イギリスの

政治家、著述家。一九二九年より労働党下院議員。三一年労働党脱退、共産党に入党。三〇年代著名なマルクス－レーニン主義思想家となる。四一年マルクス主義から離れ、共産党を出て、空軍に入る。四五年労働党下院議員に復帰。アトリー政権下で、空軍次官（四五―四六年）、食糧相（四六―五〇年）、陸軍相（五〇―五一年）を務める。党内左派の理論家。ニーバーがストレイチーに初めて会ったのは、一九六〇年春、ニューヨークにおいてであった。A・M・シュレシンジャー（Arthur M. Schlesinger, Jr.）、W・H・オーデン（W. H. Auden）も同席した。その時ストレイチーはニーバーの議論に魅せられ、帰国後早速ニーバーの主著『人間の本性と運命』を読んだ。その感想を六月八日付の長い手紙（上の書で五頁を超す）に詳細にしたためニーバーに送った。引用文は、その手紙へのニーバーの七月一八日付返信からである。ニーバーは、すでにストレイチーのインドの行政に関する著書を『道徳的人間と非道徳的社会』（一九三二年）で用いており（白水社イデー選書版、一五七頁）、以前からその名を知っていたが、個人的な接触はそれまでなかったため、「知られざる神」をもじってかれのことを「知られざる友人」であったと言ったという（Ibid., 394f.）。ちなみに、関嘉彦・三宅正他訳『現代の資本主義』（東洋経済新報社、一九五八年）、関嘉彦訳『帝国主義の終末』（東洋経済新報社、一九六二年）、笹川正博訳『生き残りの可能性——戦争の防止について』（朝日新聞社、一九六四年）などの翻訳がある。

（2）*The Nature and Destiny of Man*, Vol. I: Human Nature（New York: Charles Scribner's Son, 1941）; Vol. II: *Human Destiny*（New York: Charles Scribner's Son, 1943）. 以下、第二巻をNDM IIと略記。

（3）ニーバーの政治論やデモクラシー論が複数取り上げられている、今年出版された新しいニーバー研究論文集 Daniel F. Rice, ed., *Reinhold Niebuhr Revisited: Engagements with an American Original*（Grand Rapids: Eerdmans Publishing Co., 2009）にも、ピューリタニズムおよびその関連事項への言及は見られない。こうした状況の中で、早くより折に触れ、ニーバーにおけるピューリタニズムの重要性を示唆してこられたのは、ニーバーの指導で一七世紀英国のピューリタニズムの研究で博士号を取得された大木英夫教授である。ニーバーが、大木教授の厳密な歴史研究を踏まえた重厚なピューリタニズム研究の博士論文を指導したという事実自体、ニーバーのピューリタニズムへの関心を窺わせることである。

（4）大木英夫教授は、日本のプロテスタントにおけるピューリタンの影響を論じた論文で、特定の歴史概念としての

「ピューリタニズム」と厳密に区別した上で、それに連続するものとして、「ピューリタン宗教」という概念を提唱され用いられた。本章の主題の場合、その両方を含む広い概念としておかなければならないであろう。（大木英夫「日本におけるピューリタン宗教の受容」『ピューリタニズムとアメリカ――伝統と伝統への反逆』講座アメリカの文化1、大下尚一編、南雲堂、一九六九年、三四五頁。この論文はのちに大木英夫『歴史神学と社会倫理』ヨルダン社、一九七九年に収録。）

（5）ニーバーの教派的背景については、以下の拙著に拠った。詳細な文献資料はそちらを参照されたい。高橋義文『ラインホールド・ニーバーの歴史神学――ニーバー神学の形成背景、諸相、特質の研究』（聖学院大学出版会、一九九三年）第一章。

（6）また、彼らの名称のevangelicalの使用も、のちのルター派を表す語ではなく、ドイツで使用されていたdie evangelische Kircheに倣ってのことであった。

（7）Albert Mucke, *Geschichte der Deutschen Evangelischen Synode von Nord-Amerika* (St. Louis: Eden Publishing House, 1915), 118. Quoted in William G. Chrystal, *A Father's Mantle: The Legacy of Gustav Niebuhr* (New York: The Pilgrim Press, 1982), 14f.

（8）Ibid., 15, 53.

（9）"Where Shall We Go?," *Magazin für Evangelische Theologie und Kirche*, 47, 3 (March, 1919): 194–201, in *Young Reinhold Niebuhr: His Early Writings 1911–1931*, ed. by William G. Chrystal (St. Louis: Eden Publishing House, 1977), 101–112.

（10）"What is Disturbing the Lutherans," *Christian Century*, Vol. 43, no. 37 (September, 16, 1926): 1161.

（11）William G. Chrystal, "Introduction," *Young Reinhold Niebuhr*, 23.

（12）筆者は、厳密にではないが、初期ニーバーを、デトロイト時代とユニオン初期時代に当たる一九一五―一九三四年と考えている。ちなみに、中期ニーバーは一九三五―一九六〇年、後期ニーバーはそれ以降、一九一五年以前は揺籃期に当たると考えている。

（13）"Puritanism and Prosperity," *The Atlantic Monthly*, Vol. 137, no. 6 (June, 1926): 721–725.

（14）Ibid., 722.

(15) マックス・ヴェーバー『プロテスタンティズムの倫理と資本主義の精神』大塚久雄訳（岩波文庫、改訳一九八九年）。この書の英訳が出るのは一九三〇年であり、当時ニーバーはドイツ語原書を用いていた。"Capitalism—A Protestant Offspring," *The Christian Century*, Vol. 42, no. 36 (September 3, 1925): 600–601. また、ニーバーがヴェーバーのこの書を読んだのは、E・トレルチの『キリスト教諸教会および諸集団の社会教説』の刺激をとおしてであったという（チャールズ・C・ブラウン『ニーバーとその時代——ラインホールド・ニーバーの預言者的役割とその遺産』高橋義文訳、聖学院大学出版会、二〇〇四年、六四頁）。ちなみにニーバーはトレルチについても書評を書いている。"Christianity's Social Teaching," Review of Ernst Troeltsch, *The Social Teaching of the Christian Churches*, tr. by Olive Wyon, *The World Tomorrow*, Vol. 14, no. 12 (December, 1931): 409.

(16) "Puritanism and Prosperity," 725.

(17) *The Contribution of Religion to Social Work* (New York: Columbia University Press, 1932). 髙橋義文・西川淑子訳『ソーシャルワークを支える宗教の視点——その意義と課題』（聖学院大学出版会、二〇一〇年）。

(18) Ibid., 59.

(19) Ibid., 31f.

(20) *Does Civilization Need Religion—A Study of the Social Resources and Limitations of Religion in Modern Life* (New York: The Macmillan Company, 1927).

(21) 以上、Ibid., 98–101.

(22) Ibid., 103.

(23) Richard H. Tawney, *Religion and the Rise of Capitalism* (New York: Harcourt, Brace, 1926). 出口勇蔵、越智武臣訳『宗教と資本主義の興隆』上、下（岩波書店、一九七七年）。

(24) "How Civilization Defeated Christianity," Review of *Religion and the Rise of Capitalism* by R. H. Tawney, *Christian Century*, Vol. 43, no. 28 (July 15, 1926): 895–896. この書評でニーバーは、「宗教改革は、それに先行する一世紀前かあったヨーロッパの経済的社会活動のさまざまな過程を促進させたにすぎない」とのヴェーバーへのトーニーの批判と修正を受け入れている（895）。ブラウン『ニーバーとその時代』、六四—六五頁参照。

（25）*Moral Man and Immoral Society: A Study in Ethics and Politics* (New York: Charles Scribner's Sons, 1932). ラインホールド・ニーバー『道徳的社会と非道徳的社会』大木英夫訳、現代キリスト教思想叢書8（白水社、一九七四年）、三四三頁。白水社イデー選書（一九九八年）。

（26）同（イデー選書版）、一五一頁。Vernon Louis Parrington, *Main Currents in American Thought*, Vol. I, The Colonial Mind (New York: Harcourt, Brace and Co., 1927). このパーリントンのアメリカ思想三部作の一つは、当時のニーバーにとって、ニューイングランドの思想状況の情報源の一つになっていたと推察される。

（27）Cf. Samuel D. Press, "History of American Theology," Undated and incomplete typescript, in the Eden Archives; Chrystal, "Introduction," *Young Reinhold Niebuhr*, 30.

（28）ニーバーはウォーカーの教会史の三科目を受講したという。Richard W. Fox, *Reinhold Niebuhr: A Biography*, with a New Introduction and Afterword (Itheca and London: Cornell University Press, 1996), 35. ウォーカーは、ニーバーが受講したときにはすでに、宗教改革史、ニューイングランド史、カルヴァン研究を世に出していた。ニーバーの著書や論文にはいつもまず主題を歴史的に追い、それとの関係で自らの主張を提示するといった傾向が顕著であるが、それは若い時にウォーカーから受けた訓練と関係があるであろう。

（29）Perry Miller, *The New England Mind: the Seventeenth Century* (New York: Macmillan Co., 1939).

（30）William Haller, *The Rise of Puritanism* (New York: Columbia University Press, 1938).

（31）Perry Miller, *The New England Mind: From Colony to Province* (Cambridge, MA: Harvard University Press, 1953).

（32）William Haller, *Liberty and Reformation in Puritan Revolution* (New York: Columbia University Press, 1955).

（33）"Backwoods Genius," (Review of Perry Miller, *Jonathan Edwards*, William Slone Associates, 1949), *Nation*, 169, 27 (December 31, 1949): 648; "The Puritan Conscience," *New Republic*, Vol. 129, no. 5 (August 31, 1953): 18.

（34）ニーバーがミラーを注記しているのは、『アメリカ史のアイロニー』に一か所だけあるが（四五頁）、ミラーが編纂したピューリタン資料集 *The Puritans: The Sourcebook of Their Writings* (1938) から、ジョン・コットンの言葉を取り出しているにすぎない。

（35）Jon Butler, "Three Minds, Three Books, Three Years: Reinhold Niebuhr, Perry Miller, and Mordecai Kaplan on

"Religion," *Jewish Social Studies: History, Culture, Society*, Vol. 12, no. 2 (Winter 2006): 18.

(36) Perry Miller, Robert L. Calhoun, Nathan M. Pusey, Reinhold Niebuhr, *Religion and Freedom of Thought: A Vigorous and Candid Appraisal of Free Intellectual Enquiry and the Christian Religion* (New York: Doubleday & Company, 1954).

(37) *Faith and History: A Comparison of Christian and Modern Views of History* (New York: Charles Scribner's Sons, 1949). 以下、FHと略記。

(38) Perry Miller, "The Great Method" (Review of *Faith and History*), *Nation*, Vol. 169, no. 6 (August 6, 1949): 138–139.

(39) Fox, *Reinhold Niebuhr*, 278.

(40) Reinhold Niebuhr and Alan Heimert, *A Nation So Conceived: Reflections on the History of America From Its Early Visions to Its Present Power* (New York: Charles Scribner's Sons, 1963). この書には、ミラーの文献がかなり引証されている。しかし、全文がニーバーとハイマートの完全な共著というかたちになっているため、ニーバー自身がどの程度実際にミラーを引用したか不明である。

(41) 大木英夫教授のピューリタニズム研究もこのコレクションに当たり（おそらく日本人として初めて）、そこに収蔵されている多くの第一次資料を利用されている。大木英夫『ピューリタニズムの倫理思想』（新教出版社、一九六六年）参照。

(42) Fox, *Reinhold Niebuhr*, 247.

(43) Richard Reinitz, *Irony and Consciousness: American Historiography and Reinhold Niebuhr's Vision* (London and Toronto: Associated University Press, 1980).

(44) Ibid., 49.

(45) Ibid., 54. 本書第四章参照。

(46) "The Puritan Conscience," 18. 以下、この項における引用はすべてこの書評論文からのものである。

(47) この主張はのちに、*Pious and Secular America* (New York: Charles Scribner's Son, 1958), 11でも繰り返されている。

(48) ピューリタニズムについて言及があるのは、第二巻である。

(49) その主なものは、『光の子と闇の子――デモクラシーの批判と擁護』武田清子訳（聖学院大学出版会、一九九四年）、以下『光の子』と略記。『アメリカ史のアイロニー』大木英夫・深井智朗訳（聖学院大学出版会、二〇〇二年）、以下『アイロニー』と略記。*The Self and Dramas of History* (New York: Charles Scribner's Son, 1955), 以下SDHと略記。*Man's Nature and His Communities: Essays on the Dynamics and Enigma of Man's Personal and Social Existence* (New York: Charles Scribner's Son, 1965), 以下MNHCと略記。

(50) 『アイロニー』、四四頁。これは以下からの引用。James Bryce, *The American Commonwealth*, Vol. I, 306.

(51) 同、四五頁。

(52) それゆえ、ニーバーは原罪に呼応させて「原義」（justitia originalis）を重視した。これについては、以下の拙著を参照。高橋義文『ラインホールド・ニーバーの歴史神学』、一八一―二〇二頁。

(53) 『光の子』、七頁［訳文変更］。

(54) 『アイロニー』、四六頁。

(55) ニーバーはジェファソンを評価したが、それに関し、ニーバーが、「ロックよりもミルトンを、ジェファソンよりもジェームズ・マディソンを好んだ」と言われていることは留意するに値する。Ronald H. Stone, *Reinhold Niebuhr: Prophet to Politicians* (Nashville and New York: Abingdon Press, 1972), 164.

(56) NDM II, 233.

(57) Ursura M. Niebuhr, *Remembering Reinhold Niebuhr*, 402.

(58) SDH, 229. ニーバーは、ミルトンのこの主張を他の著作でも繰り返し用いている。たとえば以下のとおりである。*Pious and Secular America*, 69（注68）; NDM II, 193n; MNHC, 26.

(59) George McKenna, *The Puritan Origin of American Patriotism* (New Haven & London: Yale University Press, 2007), 251.

(60) Ibid., 255.

(61) トレレーションを「宗教寛容」と呼ぶことについては、以下に従った。大木英夫『新しい共同体の倫理学――基礎論』下（教文館、一九九四年）四五頁。

(62) 『光の子』、一三一頁。

(63) 同、一三五、一三六頁。

(64) 同、一三七頁。NDM II, p. 233.
(65) John Milton, *Areopagiteca.* 原田純訳『言論・出版の自由――アレオパジティカ他一編』（岩波文庫、岩波書店、二〇〇八年）。
(66) Ibid., 236.
(67)『光の子』、一三七頁。NDM II, 236.
(68) Ibid., 243.
(69) *Pious and Secular America.* この書には、ニーバーが一九五六―五七年の間に執筆したそれぞれかなり長文の論文九編が編まれている。標題論文をはじめ、アメリカとロシア、アメリカにおける人種問題、クリスチャンとユダヤ人の関係、それにニーバーの思想の特質をよく表している「秘義と意味」など重要な論文が多い。
(70) Ibid., 61–77. 初出は、"Liberty and Equality," *The Yale Review,* Vol. 47, no. 1 (September): 1–14である。
(71) この論文は後述するようにすでに、ニーバーのピューリタニズム解釈として、大木英夫『ピューリタニズムの倫理思想』に引証されている。西谷幸介『ロマドカとニーバーの歴史神学――その社会倫理的意義』（ヨルダン社、一九九六年）も、この論文に注目し、その内容を詳述している。同書、四八五―四八七頁。
(72) *Pious and Secular America,* 67.
(73) Ibid., 68.
(74) Ibid.
(75) Ibid., 69.
(76) 大木英夫『ピューリタニズムの倫理思想』、二一一頁。大木英夫『新しい共同体の倫理学』上、一九九頁参照。同、下（一九九四年）、四〇―四一頁。
(77) *Pious and Secular America,* 69.
(78) Ibid., 71.
(79) Ibid., 73.
(80) Ibid., 75f.

（81）ニーバーの神学をルターの線で解釈した代表者は、Ｄ・Ｊ・ホールである。かれはニーバーにとくにルターの十字架の神学を見た。このホールの解釈はきわめて説得力があり、それ自体貴重な貢献である。しかし、そのホールも、ニーバーは「コンヴェンショナルな意味で『ルター派』ではない」と断っている。ニーバーのルター性の「非コンヴェンショナル」な側面はどのように明らかになるのだろうか（Douglas John Hall, "The Logic of the Cross': Niebuhr's Foundational Theology," in Rice, ed., *Reinhold Niebuhr Revisited*, 62）。

（82）近藤勝彦『デモクラシーの神学思想――自由の伝統とプロテスタンティズム』（教文館、二〇〇〇年）は、一章を割いてニーバーのデモクラシーの神学を論じているが（第五章）、主として「贖罪の神学」として解釈している。そこには「歴史の神学」の要素にも目配りがなされているが、その論調は前者が濃厚である。同書は結論的にニーバーを「ルター的ミルトン」と呼んでいるが、「ミルトン」の部分の説明はやや不明確に見える。全体として、少しくルター的過ぎる解釈である。またその章の付論「ニーバーにおけるカルヴィニズムの理解」では、ニーバーの強いカルヴァン批判が厳しく批判されている。しかし一方において実はニーバーのルター批判も相当強烈である。ニーバーのカルヴァン批判はルター批判と関連させて論じる必要があるように思われる。また、ニーバーの思想を全体として適確に捉えたＫ・ダーキンのニーバー論におけるデモクラシーの神学の解釈もまたルター的である。Kenneth Durkin, *Reinhold Niebuhr* (London: Geoffrey Chapman, 1989), 110–132. 西谷幸介『ロマドカとニーバーの歴史神学』も、デモクラシー論を含むニーバーの歴史神学における「贖罪論アプローチ」の有効性を強く主張している。しかし同時に、ニーバーがルターの贖罪論の社会倫理の「欠陥を補うもの」として、「非決定的な可能性」というルネサンスの思想を評価したとして、その贖罪論的解釈に留保を付けている（四四〇頁）。

（83）H. Richard Niebuhr, *Christ and Culture* (New York: Harper & Row, 1951). 赤城泰訳『キリストと文化』（日本基督教団出版局、一九六七年）。Ｈ・リチャードは、この書でラインホールドをルターらとともにパラドクスもしくは二元論型に入れているように見える。ただし、それは本文でではなく、パラドクス型の説明の脚注に『道徳的人間と非道徳的社会』を挙げているだけである（Ibid., 183 n30, 赤城訳、四一七頁）。『キリストと文化』が出た時にはすでに『人間の本性と運命』が出版されているが、リチャードはそれには触れていない。リチャード自身ラインホールドの立場を全体としてどのように見ていたのか不分明である。ちなみに、類型論における類型はあくまでもいわば「理念型」であり、人物であれ事象であれ、単一の類型にのみ当てはまる歴史の現実などありえないことは言うまでもない。

(84) *An Interpretation of Christian Ethics* (New York: Harper & Brothers, 1935),『光の子』、一八八頁。

(85) *Faith and History: A Comparison of Christian and Modern Views of History* (New York: Charles Scribner's Sons, 1949), 230. ニーバー研究において、「不可能の可能性」に比べて「決定されていない可能性」の概念はそれほど注目されてきていない。そこにも修正が迫られるであろう。

第六章　ニーバーの教会論

はじめに

「ニーバーの教会論」という表題に違和感を覚える向きがあるいはあるかもしれない。ニーバーには教会論がない、ニーバーは教会を重んじていない、ニーバーの神学で教会は本質的な位置を占めていない等々の見方が相当程度広がっている状況があるからである。そのことをとくに声高に主張する近年の代表者は何といっても、S・ハワーワス（Stanley Hauerwas）である。かれは、その思想のエッセンスがまとめられていると言ってもよい、二〇〇一年、英国のセント・アンドリューズ大学でなされたギフォード講演『宇宙の筋目に沿って――教会の証と自然神学』(1)において、端的に次のように主張した。

ニーバーは、倫理学でも神学でも、教会の説明をしていない。ニーバーの著作から教会が欠如していることへの標準的な説明は、ニーバーの経済的政治的事柄への集中がかれに教会論を展開することを許さなかったということである。この説明は、ニーバーの著作における教会の欠如が偶然的な見落としであるように思わせている。しかし、実際には、この欠如はニーバーの神学と倫理学にとって不可欠の要素である。……ニーバーが教会をキリスト教が時代をとおして存在するための社会学的必要性と見なしていることは明らかである。しかし、教会を倫理的認識論的必然性とは見なしていない。その神学的視点に照らせば、ニーバーは、「教会」が、世からかれらを召し出された神に奉仕する人々のことであることを信じることができなかった。(2)

ハワーワスは、かれが理解したニーバー神学のこのような事態をニーバーにおける「教会の不在」(absence of the church)(3)と表現し、「ニーバーは、その神学においてこの教会に位置を与えなかった」と断じた。(4)ハワーワスは同様の主張をすでに二〇年前からしているが、この種の指摘は実はそれよりさらにはるか以前からなされてきたことであった。D・B・ロバートソン(D. B. Robertson)によれば、「数えきれないほどの」人々がさまざまな立場から同様の指摘をしてきたが、その初めは、一九三七年になされたJ・C・ベネット(John C. Bennett)の指摘に遡るという。(5)

しかし、ニーバー解釈として本格的に神学的にそれに触れたのは、おそらくW・J・ウォルフ(William John Wolf)が最初であろう。かれは、一九五六年、ニーバーへの献呈論文集でニーバーの人間論を論じたが、そこで、救いに関するニーバーの社会的な説明に、キリストにおける贖罪のわざを継続する神の器として新約聖書が提示する教会がないとしてそれを「重大な欠落」(a critical omission)と見なした。(6)ニーバーに教会論が欠けているとのこれ以降の指摘は、おそらくこのウォルフの主張を元になされてきたように思われる。(7)

しかし、以上のような見方は正確なニーバー理解とは言い難い。確かに、ニーバーが教会について本格的に組織的な説明をしたことはなかったし、いわゆる教義学的教会論を展開したこともなかった。(8)しかしだからといって、ニーバーに教会に関する言及や思想がないかと言えば明らかにそうではない。その点、ウォルフはハワーワスより慎重であった。かれは、ニーバーの著書にはすでに教会についての重要な言及がある程度あることを認めており、ニーバーの「思想におけるこの未開拓な分野を誇張することは不公平であろう」と冷静にかれの指摘に留保を付けていたからである。(9)

ところが、事実はウォルフの留保をはるかに超えて、ニーバーは教会について相当量語り論じているのである。確かに、教義学的に教会の項目を挙げて整理し論じるという点では、ニーバーにとって教会論がある意味で「未開拓な分野」であったとまでは言いえても、(10)生涯に書いた教会に関する言及はほとんど無数に上るのみならず、神学的にも踏み込んだ考察を展開しており、それらを詳細に検討するならば、教会の「欠如」とか「決定的な欠落」とか、ましてや「教会の不在」などと言うことはそれこそ「誇張」であり、まったく的を射ていない指摘であると言わなければならない。

ニーバーが教会を重んじていないという理解に問題を覚えたロバートソンは、散在するニーバーの教会に関する代表的な論文を集めてその他の論文とともに一書に編み、『応用キリスト教論集』(11)として出版した。それは、ニーバーの教会に関する豊富な言及に人々の目を喚起させるものとなったが、ロバートソンは、その序文でウォルフの指摘に触れ、それを踏まえた上でこう述べている。「実際には、この論文集が示すように、かれ［ニーバー］は、予想される以上に教会に多大な注目を寄せている。また、かれは、この機関［教会］を、かれの評価が表面上認められているよりはるかに高く積極的に尊重しているのである」(12)。

本章では、そうしたニーバーの教会に関する言及を検討して、あえて「ニーバーの教会論」と題したが、それには十分な妥当性があると考える。筆者は、かつて、Ｐ・ティリッヒ（Paul Tillich）がニーバーの認識論を「隠された認識論」と呼んだことから、ニーバーには「隠された構造」ないし「隠された教義学」があると指摘したことがあったが[13]、教会論の場合は明らかにそれらよりもはるかに明示的（explicit）である。ところが、そのようなニーバーの教会に対する考え方をまとまったかたちで取り上げた研究はほとんど見当たらない。例外と言えるのは、R・H・ストーン（Ronald H. Stone）とB・E・パターソン（Bob E. Patterson）である[14]。とくに後者はニーバーの教会論を社会秩序との関係で論じていて興味深いが、残念ながらどちらも簡潔な概要の域を出るものではない。

本章の目的は、ニーバーの教会論の特質とその豊かさを包括的に明らかにし、それによってハワーワスらによるニーバー解釈の誤解を解きほぐすとともに、ニーバーの思想の基盤の一端をあらためて確認することである。その際、一般にニーバーの教会への言及があまり知られていないと思われるゆえに、以下、ニーバー自身の言葉を多く引用しながらその特徴を追っていくことにしたい。

一　教会についてのニーバーの基本概念

ニーバーは、かれに献呈された論文集における上に挙げたウォルフの指摘に対して、その書の末尾に置かれたニーバー自身の「解釈と批判への返答」において、次のように述べた。

教会に対するわたしの姿勢に関するかれ［ウォルフ］の批判を、何の弁明もしないで受け入れるわけにはいかないと思う。わたしは、恵みの共同体としての教会の価値を以前にも増して認めてきたつもりである。教会は、歴史上幾多の腐敗にまみれてきたにもかかわらず、パウロがイスラエルについて言ったように、「神の託宣」を担っている。教会は、人間の傲慢を打ち破る神の裁きの言葉と、失意の淵にある人々を引き上げる神の憐れみの言葉とにいつも身を開いている歴史の中の際立った場所である。このような見方が大きくなりつつある認識であるという限りにおいて、ウォルフ教授の批判は正しい。しかし、宗教共同体の思い上がりや型にはまった品位なき律法主義や宗教的狂信によって、いかに多くの新しい悪がこの世に入り込んでいるかを見るとき、わたしが心配するのは、教会へのますます高まるわたしの評価がわたしを裏切って自己満足の手にわたすことがないようにということである。(15)

これは、教会が軽視されているとのウォルフを含むそれ以前からの批判に対して、ニーバー自身がそれにじかに応じたほとんど唯一の貴重な文章である。ニーバーはそれまでこうした批判に直接応じることはしてこなかったからである。ニーバーはここで、ウォルフに配慮しながらも本質的にはその批判が当たらないと明言するとともに、自身が教会をどのように理解しているかということについてごく簡潔にではあるが明快に説明している。そこには、「恵みの共同体」、「神の託宣」、「裁きの言葉」と「憐れみの言葉」、「歴史の中の際立った場所」といった表現とともに、将来の教会の「自己満足」に陥る「心配」の表明が見られるが、それらはニーバーの教会概念の重要な局面を構成している要素を如実に示しているからである。すなわち、教会の源泉と機能とその現実である。ニーバーの教会論を明らかにするに当たって、まずはそれらの点から検討してみよう。

1　教会の源泉

ニーバーは、教会を表すのに多様な用語や表現を用いている。「教会」（ニーバーは一九三〇年代半ば以降、自らの考える教会には大文字で始まるChurchを多く使用している）を別にすれば、「キリスト教共同体」、「信仰共同体」、「希望にあふれた信者（hopeful believers）の共同体」、「悔い改めた信者（contrite believers）の共同体」、「人を救う残りの民」（saving remnant）、「赦された罪人の共同体」、「新しい共同体」などである。しかし、全体としておそらく最も多く使用したのは、「恵みの共同体」（community of grace）という表現である。それは、一九四〇代に初めて見られ、それ以降頻繁に使われるようになった。

恵みの共同体とはニーバーにとってどのようなものであろうか。それによって何を示そうとしたのだろうか。それは何よりも、教会が単なる人間的社会的共同体ではないということである。ニーバーにとって、教会はまずもって、他のさまざまな共同体とは異なる、神の恵みに端を発する特別な共同体である。その恵みとは言い換えれば啓示であり、具体的には十字架と復活であり、さらにはそれを受け止める出会いと悔い改めと信仰である。教会が啓示に基づくものであることを、ニーバーは次のように述べている。

「キリストにおける神」の啓示が、その啓示によって集められた信仰共同体にとって、運命の力（a force of destiny）である。教会は、たとえ「神の愛」を人間存在の規範と見なすことが重要なことだと考えているとしても、永遠の倫理的真理を提示するために存在しているのではない。キリストにおける真理は思弁的に確立されうるものではない。それは、個人であれ集団であれ、キリストの仲保によって示された模範に従って神と出会うときにのみ確立されるのである。[16]

最初の契約から［キリストの］復活にいたるまで、民に対する神の啓示は歴史の中に埋め込まれている。神は、「いろいろな時に、いろいろな方法で」（ヘブル人への手紙一・一）語られる。そして、啓示は、歴史の過程をとおして、「この終りの時には、御子によって、わたしたちに語られた」（ヘブル一・二）という頂点に向かって動いている。この啓示を信仰によって受け入れることは、そこにおいて啓示が生起する共同体の根源的な分岐に関わることである。それは特定の民や民族であることではなくなる。啓示は、信仰によって啓示を受け入れることに基づいて集められる「神のイスラエル」（ガラテヤ人への手紙六・一六）を創り出すのである。[17]

すなわち、教会は啓示にその根拠を置くゆえに、それは単なる倫理的真理を提示するための機関や特定の社会的民族的集団に還元できるものではない。さらにこの文章には、ニーバーの啓示理解の重要な特徴も表れている。ニーバーにとって、啓示は神の自己開示であるが、それは、歴史に深く巻き込まれて歴史の中で生起するものである。ニーバーが聖書の宗教を「啓示宗教」として捉えてきたことは自明のことである。それはリベラルな神学思潮の中に身を置いていた若い時から一貫して変わらなかったことである。ニーバーは、伝統的教義学の分類に沿って、一般啓示と特殊啓示を区別するが、特殊啓示は「歴史的啓示」とも言われる。それは、単なる人間の神探求の歴史でも、「神の人格性に対して人間が徐々に見出してきた適切な定義の記録」でもなく、むしろ「その中に神の自己開示を信仰が見分ける歴史における出来事の記録である。信仰が見分けるものとは……神による人間の出会いを明らかにする神の行為である」[18]。この神の自己開示の究極はイエス・キリストの出来事である。「キリストの生涯と死は……神の人格性の究極的な啓示と見なされる」からであり、したがって「キリスト教信仰はキリストにおける啓示を究極的なものと見なす」のである。[19]

ニーバーによれば、このキリストにおける啓示に教会はその存在の根拠を置いているのである。すなわち、「教会は、キリストのからだであり、キリストは生ける神の啓示である」。[20] その際、ニーバーは、キリストの十字架と復活をこの啓示の具体的な頂点と見なす。「十字架の死と復活という頂点は、一連の啓示全体の頂点」であり、それらは、「自己放棄である十字架」と「自己再生である復活」を含むものである。[21] 教会との関連でニーバーはとくに復活における啓示を重要なことと考え、きわめて明瞭に次のように断言する。

信者の交わりとしての教会は、明らかに復活の事実についての確認に基づくものである……復活を信じること……この奇跡なしには教会は生まれえなかったし、その存在を続けることもできなかったであろう。それは、歴史の非常に曖昧な事実と思われることの中に、神の主権の勝利を認めるという奇跡である。……このようにして教会は、キリストの真の意味を徐々に悟るようになったということを基礎にしているのではない。それは復活において真のキリストを認めるという奇跡を基礎として建てられているのである。[22]

復活が教会を生み出した出来事だということは、教会がキリストを生ける主として認めることである。ニーバーは、自身の受難を予告しはじめたイエスをいさめるペテロに、イエスが「サタンよ、引き下がれ」と応じたマタイ福音書のエピソード（マタイ一六・一七—二三）について、イエスを主と認めることが教会の決定的な特徴であることをこう述べている。

この対立は、各時代を通じてキリスト教会のうちに存在する究極的な視点と人間的視点の混合の正確な象徴的描写である。イエスを主と認める共同体である限り、それは新しい共同体であり、他のあらゆる人間的共同体と異なるものである。[23]

教会の源泉に関する以上のニーバーの立場は、いわば教会を啓示論的に基礎づける作業とも言えるであろう。ところで、ニーバーの啓示概念は当然のことながら啓示に対応する信仰を要請する。ニーバーによれば、「キリストは、信仰と悔い改めによるほかは、神の啓示として知られえない」[24]からである。したがって、「人間の悔い改めは教会の人間的な基礎である。しかし、神の恵みはその完成である」[25]。その上で、ニーバーは、教会と聖霊の関係にも触れて、「神は教会に福音を与え、聖霊は、福音に対する信仰を持ち続けさせる」[26]と述べていることにも注意を喚起しておかなければならない。ニーバーに、教会論と並んで聖霊論も欠落しているというのがしばしばなされるニーバーへの批判であるからである。しかし、ニーバーは実際には、言及は少ないものの、枢要なポイントで聖霊の重要な役割を明白に認識しているのである。[27]

こうして、ニーバーにとって、教会は、神の啓示とりわけキリストの復活に根差し、それを受け止める悔い改めた信仰者によって構成され、聖霊によって維持される特別な共同体なのである。このような理解は、教義学的に言えば、教会を聖霊論的に基礎づける方向が示唆されていると見ることもできるであろう。

2　教会の機能と現実

（1）教会の機能

神の啓示とりわけキリストの復活に基づき、悔い改めた信仰者より成る教会の主たる機能を、ニーバーはどのように考えていたのだろうか。上に挙げたウォルフへの応答の文章によれば、「教会は……『神の託宣』を担っている。教会は、人間の傲慢を打ち破る神の裁きの言葉と、失意の淵にある人々を引き上げる神の憐れみの言葉とにいつも身を開いている歴史の中の際立った場所である」(28)。すなわち、神の託宣とは、神の裁きと神の憐れみの言葉である。この点について、ニーバーは、次のように述べている。

> 教会は、人間の社会にあって、人間の野望に対する審判として立つ永遠の神の言葉によって人々が困惑させられるそのような場所である。しかし、それは、「あなたは、心の中にあったことを見事に成し遂げた」［歴代誌下六・八］という憐れみと和解と慰めの言葉が聞かれる場所でもある。ここで人間の不完全性は、廃棄されることなく、超越させられる。ここで、人間は罪人にとどまるとはいえ、人間の罪は神の憐れみによって克服される。いかなる教会も、すべての人間の生がその中にある部分的で有限な歴史から人間を吊り出すことはできない。「効率的な恵み」を約束し、それによって人が人であることをやめ、すぐにでも神の国に入るという解釈は、誘惑であり、妄想である。教会は神の国ではない。教会は、神の国が神の言葉をとおしてすべての人間の営為に影響を与え、神の恩寵が神の審判を受け入れた人々に用意される、人間社会における特別な場所である(29)。

ニーバーにとって、教会は、人間の社会にある「特別な場所」である。それは、罪の人間とその集団にとって裁きの言葉が発せられると同時に、神の憐れみの言葉を告げるという独特の場であるからである。それは社会、国家等の共同体とは明瞭に区別される機能を持った共同体である。裁きと憐れみについて説教することは教会の主要な役割であるが、ニーバーにとって、「教会はそれ自体けっして回復の仲保者ではない。教会は、もろ刃の剣のような神の言葉が罪人と罪との間を真に分離する場所である。それはたとえ教会の中にあったとしても人間自身が決して創り出すことのできない分離である」[30]。

そしてそのようにして、教会は、「理想的に」言えば、「いかなる国家や文化も最後には生の意味を成就しうるとか歴史の目的を完遂しうるといった誤った信仰を抱かずに、国々に悔い改めと再生を呼びかける『人を救う残りの民』(saving remnant)」なのである[31]。ニーバーは、教会の機能を、単に人間個人への働きかけに限らない。「国々」という公的集団にまで、悔い改めと再生を呼びかけることに教会の使命があると考える。これは、後述する教会と社会との関係に関するニーバーの理解につながるものである。

(2) 教会の現実

ニーバーは教会の機能を以上のように捉えていたが、現実の教会がその機能を健全に果たしてきたとは考えてはいなかった。むしろ歴史的教会に関してニーバーはその問題と腐敗の状況を多く指摘した。その際、ニーバーは次のように、伝統的な「見える教会」と「見えない教会」の区別を受容し、そこから教会の現実に目を向けている。

教会は、自らの自尊心すなわち独善においてまったく揺るぎない者および自己強化の目的のために宗教の形態を利用する者と、「砕けた魂と悔いた心」［詩篇五一・一七］をもって生きる真のクリスチャンとから成る奇妙な混合体である。われわれが、真の、しかし見えない教会を構成しているこの後者のグループに所属しているかどうかは、神をおいて誰も知ることができない。[32]

周知のように、ニーバーは、「集団的傲慢が罪の最終形態である」[33]と見なし、「傲慢の不可避の付随物が不正義である」[34]とし、その現象を歴史上のさまざまな集団に見ているが、いわば「罪の地形学」とでもいうべきその描写は広範できわめて鋭いものであった。ニーバーによれば、このような集団の罪に巻き込まれ腐敗を繰り返したのは、世俗の集団だけではない。教会もまたこの罪を免かれることはできなかった。

国家と同様、教会も集団的利己主義の手段となりえた。すべての人は真理に達しえないという預言者的な真理を含むあらゆる真理は、罪深い傲慢の僕にさせられかねない。[35]

こうして、ニーバーは中世教会のさまざまな事象、歴史的教会を神の国と事実上同一視したこと、とりわけカトリック教会の姿勢などをその典型的な例に挙げた。とくにカトリック教会の教皇制に象徴される尊大さには、「カトリック的異端」として厳しい批判を浴びせた。[36]一方、プロテスタント教会もまたその誘惑から逃れられたわけではない。ニーバーによれば、教皇が反キリストだと主張したルターは宗教的に正しいとした上で、そのプロテスタントが、「キリスト教の福音についてのより預言者的な声明と解釈が自らをカトリックより勝った徳を保証すると見なすや否や、プロテスタントもまた自己中心の罪の中に失われる。また万人司祭というプロテスタントの教理が、個人の自己神化に行き着きかねないという事実がある。それについてはむしろカトリックの教理のほうが、より大きな抑止力を有している」[(37)]。

こうして、ニーバーにとって、カトリックもプロテスタントもともに傲慢の罪から自由ではない。それどころか、「人間の霊的な傲慢に対抗する究極的な保証はない。かれは罪人であるという神の目から見た認識でさえ、まさにその罪の手段として用いられうるのである」[(38)]。

以上のゆえに、ニーバーは、宗教的な傲慢に対してきわめて厳しい批判を浴びせ、それはキリスト教会自身にも及んだ。こうしたニーバーの教会に対する厳しい姿勢もまた、ニーバーが教会を評価していないとの批判につながる理由ともなった。

ニーバーは晩年、同時代の神学者たちをインタビューしたP・グランフィールド（Patrick Granfield）の「贖いについての社会的説明で、あなたは教会の役割を十分に強調していないという人たちがいる」との指摘に対して、こう応じている。

　わたしは自分の知っているカトリック、プロテスタント双方の教会の歴史的な［腐敗の］現実の影響を受けてきた。……わたしはまたセクト的プロテスタンティズムの影響も受けてきたが、同時にとくに、世俗的な政治学者の友人たちの教会に対する批判的な態度の影響も受けてきた。かれらは、宗教的共同体を腐敗に巻き込まれているものとのみ見ていた[(39)]。

ここで、ニーバーは、教会の腐敗についての自らの立場が世俗的な政治学者の友人たちの影響だと述べているが、正確には、そうした友人たちの教会批判がニーバー自身が持っている批判と共通したということであろう。

以上のように、ニーバーは歴史的な教会の現実を相当腐敗に巻き込まれているものと見ていた。したがって、ニーバーにおいて教会の現実への批判は鋭くまた大きなものであった。そこにはカトリックとプロテスタントの違いはない。しかし、それはニーバーが教会の本来の機能が完全に失われ、その価値がなくなったと見ていたということではない。それどころかニーバーは教会に大きな期待と希望を持っていた。この点について、M・L・スタックハウス（Max L. Stackhouse）は、「ニーバーは教会に深いセンスを持っていた……ニーバーがしばしば行った教会批判もかれが教会により大きな潜在力があると見ていたことの表れである[40]」と述べているが、きわめて適切で重要な指摘である。

3　教会の終末論的性格

さらにニーバーは、教会を終末論的な視点からその将来を見ることも忘れていない。ニーバーは、『信仰と歴史』の最終章「教会と歴史の終わり」において、教会の終末論的考察を豊かに展開している。それは、サクラメントとの関係を含む洞察豊かで教会の希望を展望した雄弁な説明でもある。その一部を引用してみよう。

キリスト教会は希望を抱く信者の共同体である。かれらは、生も死も、生の全体とすべての歴史的な栄枯盛衰が、キリストにおいて至高の形で啓示された聖にして憐れみ深い神の主権の下にあることを確信するゆえに、現在の歴史も将来の歴史も恐れない。それは、最後の審判を恐れない共同体である。それは、罪なき聖人によって構成されているからではなく、審判がたとえ逃れられないものであるにしても憐れみに満ちたものであることを知っている赦された罪人の共同体であるからである。もし、神の審判が、徳を装うことによって抵抗されるのではなく、悔い改めをもって受け入れられるなら、審判は、新しいより健全な基礎の上に生を回復する憐れみを啓示する。

理想的には、教会は、悔い改めた信徒のそのような共同体である。現実には、教会は、つねに生の意味を単なるもう一つの早まった結論に結び付ける、救われた者の共同体になる危険の中にある。教会は、邪悪な者に対して自分たちを擁護するよう神に求める義なる者の共同体になる危険の中にある。あるいはさらに悪い場合、自分たち自身の義の果実によって神を擁護すると主張する者の共同体となる危険の中にある。その場合、教会は、愛を確実な所有として主張することによって、悔い改めた心の果実であるキリストの真の愛を失ってしまう。

要するに、教会はつねに、十分に終末論的でないゆえに反キリストになる危険にさらされているのである。(41)

ニーバーは、この文章の後に、「十分に終末論的でない」教会のあり方について三つの危険を挙げている。一つは、ヨーロッパ大陸における「現在的な形態の終末論」である。それはパリサイ的道徳的虚飾から逃れることに集中するあまり、世界に対する教会の責任を否定する生き方である。これは明らかにK・バルト（Karl Barth）をはじめとする弁証法神学の方向である。かれらの終末論は、ニーバーからすれば、超越論的現在的終末論であって、そこには水平的歴史の見方が欠如する歴史観であり、聖書的とは言えないのである。(42)二つは、カトリック的生き方である。それは終末論的な見方を否定し、教会それ自体を神の国に最も明白に接近すると主張する、「歴史の中に超越的完成を成就しようとする」試みである。三つは、「媒介なき恵み」によって生きようとする、言い換えれば直接性を重んじる神秘主義的生き方であり、聖者が直接的恵みによって完全に達しうるとの立場である。

それに対して、ニーバーの終末論理解はいわば救済史的なそれであって、「すでに」と「まだ」の弁証法的な関係における終末理解である[43]。教会は、その中間時を生きるのである。それゆえニーバーは、「教会は、愛によって生きようとすれば、信仰と希望とによって生きなければならない。信仰と希望はともに歴史の曖昧さに関わるからである[44]」と主張する。歴史が曖昧の中で推移する中間時にあって、教会は、すでに与えられている赦しと悔い改めをもってその究極的完成の時を目指すということになる。ニーバーはそこに必要なのは「大いなる謙遜」であり、幸いなことに現実の教会にもそのしるしがあり、それは今の教会が全体教会であるとの断片的な主張が確かな所有物として絶対的な真理や恵みを主張しなければ、それを超えて一つなる「真に普遍的な教会のヴィジョンへと導くであろう」と、教会の希望を語っている[45]。

ニーバーは、教会が歴史の中間時をそのような終末論的希望を持って生きていくためにはサクラメントを必要とすると考える。

信仰と希望によって生きる恵みの共同体は、サクラメンタルでなければならない。それは、究極的な徳と真理を《持っているが持っていない》ということを象徴するサクラメントを持たなければならない。教会は、キリストのアガペー愛に参与しているとはいえ、その愛に達しているかのように装うことがないように、サクラメントを持つ必要がある[46]。

それゆえ、ニーバーは、洗礼と聖餐式の重要性を確認する。洗礼は言うまでもなく、キリストの死と復活にあずかることであるが、「わたしたちは、その死にあずかるバプテスマによって、彼と共に葬られたのである。それは、キリストが父の栄光によって、死人の中からよみがえらされたように、わたしたちもまた、新しいいのちに生きるためである」（ローマ六・四）とのパウロの言葉に、「クリスチャンの自己に死ぬことの結果としてのいのちを《持っているが持っていない》という意識」すなわち死から解放されているがなお新しいいのちは「あるべき」ものとして将来の実現を待たなければならないとニーバーは解釈する。そこに中間時の「すでに」と「まだ」の緊張関係を見ているのである[47]。

聖餐式――ニーバーはこれをキリスト教会の至高のサクラメントと見なす――もまた「この終末論的緊張」に満たされている。「だから、あなたがたは、このパンを食し、この杯を飲むごとに、それによって、主がこられる時に至るまで、主の死を告げ知らせるのである」（コリント第一　一一・二六）とあるように、クリスチャンの共同体は、「このサクラメントにおいて、大いなる記憶と大いなる希望によって生きるのである」。この終末論的緊張が失われると教会は堕落せざるをえない。ニーバーによれば、たとえば、人種的偏見は本来教会にはないはずであるが、実際にはその誘惑の中にある。したがって、「教会のうちに、この堕落に関するサクラメンタルな苦悩がないとしたら、それはたやすく人種的誇りと頑迷が生じる場所となる[48]」のである。

ニーバーは、「理想的には、サクラメントはクリスチャンの生活を道徳的虚飾から救う」と確信する。しかし、ニーバーはまた、その「サクラメントもまた堕落する可能性がある」と見なす。「終末論的緊張がサクラメントからなくなると、サクラメンタルな敬虔はとくにひどい宗教的自己満足の源となる」からである。それは、「容易に一種の魔術に頽落し、悔い改めを知らない心に……単純な道徳主義よりもはるかに安価な安定を与えることになる[49]」からである。

こうしてニーバーにとって、教会は、「サクラメント的共同体」であり、「終末論的共同体[50]」なのである。

二　ニーバーの教派的背景とエキュメニズム

以上、ニーバーの教会論の基礎を概観したが、ここで、ニーバーの教会論との具体的な関わりとして、ニーバーの教派的背景とエキュメニカル運動への参与の概要を確認しておこう。ストーンが言うように、「かれ［ニーバー］の教会の神学は、改革派―ルター派の伝統および合同キリスト教会の会衆主義的考え方とエキュメニズムへの参加によって形成された[51]」とも言えるからである。

ニーバーの教派的背景について、ここで教会論との関係で今一度その要点を確認しておくことにする[52]。

1　ニーバーの教派的背景

ニーバーが生まれ育った教派は、アメリカ中西部のミズーリ州セントルイスを中心とするドイツ移民の教会「北米ドイツ福音教会」（Der deutscher evangelische Synode von Nord-Amarika, The German Evangelical Synod of North America）である。この教派は、ドイツ移民のために大陸より派遣されていた牧師八人の交流の場「西部ドイツ福音教会連合」から始まった。しかし、これに参加した牧師や信徒たちの背景を考慮に入れると、歴史的には次の二つの線が見出される。

一つは、この教会連合は、自らの歴史的淵源をプロイセン合同教会の成立に見ていたという点である。プロイセン合同教会は、一八一七年、プロイセン王フリードリヒ・ヴィルヘルム三世の主導によりルター派と改革派が合同して成立した教会である。教会連合に参加した最初の牧師八名のうち七名がルター派で改革派の一名が最初の議長となった。つまり教会連合は当初より合同教会的であった。また、彼らの名称のevangelicalの使用も一九七〇年代以降のアメリカにおけるいわゆる福音派につながる意味で用いられたのではなく、ドイツで使用されてきたdie evangelische Kircheに倣ってのことであった。（したがって初期の時点では「福音主義」と訳したほうがよいかもしれない。）しかし、それにもかかわらず、教会連合は、大陸の合同教会とはかなり隔たった形態であり、実際にはむしろ、ミシシピー河流域に定着したドイツ移民の増大によって引き起こされたアメリカ固有の現象として生じた教会であった。ただ、この合同教会の伝統がのちにこの教会を二度にわたる教派合同へと導く重要な神学的背景となったこと、またそれに深く関与したニーバーにとって大きな意味を持っていたことは留意に値することである。

福音教会連合の歴史的淵源のもう一つは、ドイツ敬虔主義との関係である。教会連合の牧師や信徒たちの背景を考えると、ヨーロッパとの関係は、プロイセン合同教会よりもむしろこの敬虔主義との関係のほうがはるかに直接的であった。牧師たちの多くが、バーゼルやバルメンといったドイツ敬虔主義のセンターから派遣されてきた者たちであったからである。（この文脈では、体制派プロテスタント教会を示す「福音主義教会」の語を用いるのは躊躇されるため、暫定的に「福音教会」とした。）

当初牧師の同志的交流の場として結成された教会連合は、諸教会の必要に迫られて、牧師按手の執行、「福音教会教理問答」の出版、機関紙の発行、カレッジおよび神学校の創設、礼拝式文の成文化、讃美歌集の編纂と順次教団としての体裁を整え、一八八六年教団を結成、その後いくつかの同種の数個の教派を含んで、一八七七年、北米ドイツ福音教会となった。

以上のような歴史を有する教会を背景に、ニーバーはこの教会の牧師の子として生まれ、中西部のただ中のドイツ移民の教会のエートスの中で育った。そしてニーバーが、のちに一三年間牧師として奉仕をしたのは、デトロイトにおけるこの教派の教会であった。したがって、ニーバーの教会についての初期の考察はこの教会をいわば「生活の座」(Sitz im Leben) としてなされたものである。

北米ドイツ福音教会は、すでに触れたように二度にわたる大きな教派合同を経験した。一つは、一九三四年になされた、「合衆国改革派教会」(General Synod of the Reformed Church in the United States) との合同である。この教会は元来ドイツ改革派教会と呼ばれ、ドイツとくにラインラントおよびスイスから移住してきた改革派の移民の教会として、一八世紀初頭ペンシルベニア州を中心に成立した教会である。合同に際して担当委員会の委員長として主要な活躍をしたのはニーバーの弟H・R・ニーバー (Helmut Richard Niebuhr) であったが、ニーバー自身も重要な役割を果たした。[53] 両教派は合同して、「米国福音・改革派教会」(Evangelical and Reformed Church in America) となった。その後二十年余り存続するこの教会は、一般に「E&R」と呼ばれるようになる。そしてこの合同がなされるころまでに、当初はドイツのプロテスタント教会に倣って付けた evangelical church の名称は、一般には事実上ルター派を意味するようになっていた。したがって、いずれもドイツ移民の教会という共通性はあったが、教派的にはルター派と改革派の合同と見なされた。

二つは、一九五七年のことになるが、「会衆派キリスト教会連盟」(General Council of the Congregational

Christian Churches）との合同である。長期にわたる交渉を経て、「合同キリスト教会」（The United Church of Christ）が成立した。歴史的にも神学的にも大きく異なる教派間での合同で珍しいケースであった。

ニーバーは、二つの合同に先んじて、一九二八年ユニオン神学大学院赴任と同時に所属教派における活動を離れてすでにエキュメニカルな活動に入っていたが、この二つの合同を強く支持し、そのための推進活動を積極的に行った。

以上のような歴史を持つニーバーの教派の伝統にはニーバーの教会論の文脈でどのような神学的特徴があったのだろうか。それはおそらく、以下のように、敬虔主義のエートス、ルター主義を強く内包した合同教会の伝統、社会に対する強い関心、エキュメニカルな性格の四点であろう。

第一は、敬虔主義のエートスである。これに深く包まれていたそのゆえにドイツ福音教会の神学的立場は、正統主義的信条主義と合理主義的自由主義的立場の両者を排するものであり、基本的には素朴な敬虔を重んじるものであった。しかしそれは決して反知性主義やファンダメンタリズムのそれではなく、その知的厳密さへの探求意識には強いものがあり、A・ハルナック（Adolf von Harnack）らの神学的リベラリズムへの関心も高かった。こうしてニーバーは、知的批判的精神が敬虔な精神と結び付きうる神学的土壌の中で若き日を送ったのである。

第二は、ルター主義を強く内包した合同教会の伝統である。ドイツ福音教会はすでに述べたように、プロイセンの合同教会を強く意識して形成された教会であり、この教会に牧師を派遣したドイツの敬虔主義は事実上非教派的であり、その神学もアウグスブルク信仰告白（ルター派）とハイデルベルク信仰告白（改革派）の両者をともに重んじることを明言する典型的な合同教会的神学であった。それにもかかわらず、この教会の実際の信仰的内実はルター派敬虔主義が優勢となり、ニーバーが学んだころのこの教会の神学校イーデン神学校ではルター的信仰義認の教理が科目を問わず強調されていたという。しかしそうであっても、合同教会の伝統も失われることはなかった。

第三は、社会に対する強い関心である。ドイツ福音教会はその当初より、ドイツにおけるJ・H・ヴィヘルン(Johann Hinrich Wichern)らのいわゆるインネレ・ミッシオーン(Innere Mission)の影響を受けて、社会福祉活動にアメリカの教会では先駆的な活動をした。この面で顕著な働きをしたのはニーバーの神学校における教師S・プレス(Samuel Press)であり、ニーバーの父親グスタフ・ニーバー(Gustav Niebuhr)であった。てんかん患者や知的障害者の施設などの創設や女性の奉仕活動であるディアコニッセ運動の推進などに教派を超えて献身した。しかも重要なことは、プレスやグスタフらは、こうしたインネレ・ミッシオーンを、通常の福祉活動にとどまらず社会変革運動の一環と捉えていた。ニーバーは、こうした恩師や父親の大きな影響を受けて若い時より、社会活動にとくに目が開かれ、のちのニーバーに顕著な社会・歴史意識につながっていくのである。

第四は、エキュメニカルな性格である。ドイツ敬虔主義の影響を受けて、合同神学をその基盤に据えた福音教会の歴史には、そのルター派的エートスにもかかわらず、エキュメニカルな視野が開かれていた。すでに述べた二度にわたる教派合同はその明白な現れであった。その方向を担った指導的人物はここでもプレスであった。かれは世界教会協議会成立の基となるそれに先立つエキュメニカルな会議に出席し、地元のセントルイスでも他教派との交流を積極的に推進し、学生たちにもその意義を教えた。そして、すでに述べた二度にわたる教会合同に際して、福音教会側のリーダーシップをとったのはこのプレスであり、とくに最初の合同ではかれの下でニーバー兄弟も具体的作業に加わった。ニーバーはプレスの強い影響を受けて、若いころよりエキュメニカルな活動に積極的に参加し、次項に述べるように、のちに世界教会協議会設立に深く関与することになる。

以上、ニーバーの教会的背景を瞥見したが、このようなドイツ福音教会に属する牧師として、デトロイトにあったこの教派に属する教会ベセル福音教会に奉仕し、それは一三年に及んだ。そこでのニーバーの教会理解と実際の活動は、かれの教派の特徴に重なるものであり、のちのニーバーの教会論の基礎を特徴づけることになる。

言い換えれば、ドイツ福音教会の背景はニーバーの教会論にそのまま深く関わっているのである。ニーバーにとって、教会とはその原型をドイツ福音教会に持つ教会に他ならなかった。ニーバーは、のちにエキュメニカルな交流において、多様な教派的背景の牧師・神学者と交わったが、とりわけアングリカン教会の牧師・神学者たちとの交わりの深さは顕著であった。英国人の妻アースラ（Ursula M. Niebuhr）がアングリカンであったこともあり、それには特別な敬意を持ち続けた。また、超教派のユニオン神学大学院の教師として、教派にとらわれないプロテスタント教会の牧師養成の神学教育者であった。それにもかかわらずニーバーは、生涯この教会に属する牧師であり続けたのみならず、福音教会の牧師・指導者と深いつながりを保ち、時に応じてこの教会のためにさまざま奉仕と貢献をしている。母校イーデン神学校の理事、理事長を長く務め、その充実のために相当な働きをしたことなどはその顕著な一例である。

このように、ニーバーは、ドイツ福音教会から米国福音・改革派教会を経てキリスト合同教会に属する牧師・神学者であり続け、基本的にはその視点から教会を評価・批判・省察したのである。

ニーバーはのちに、そのような自身の教会的立場を、「非国教会」（non-conformism）、「自由教会」（free church）、「非典礼的教会」（non-liturgical church）、「福音主義的伝統」（evangelical tradition）の中にある者として規定していた。[54] また、「会衆教会的・会議的」（congregational and conciliar）教会で「低教会的教会政治」（low-church polity）が妥当な教会政治形態と考えていた。[55] さらに、ニーバーは自ら、「セクト的プロテスタンティズム」も経験したとも述べているが、自らの出自であるドイツ福音教会にそのような要素も見ていた。[56]

ところで、ニーバーの妻、アースラは、すでに述べたように、英国人でハイ・チャーチ系アングリカンであったが、後述するニーバーの典礼への関心にアースラの影響もあったことは確かであろう。彼女は、イングランド教会の伝統の中で、とりわけ母親の厳しい宗教的な教育を受けて育ち、その後も一貫して典礼と神学と音楽に深く傾倒していた。[57]それゆえ礼拝のあり方についてはニーバーとの間に創造的な緊張があったという。[58]

こうした教会史的伝統に関する自己規定と教会政治の特徴はかれの教会論の重要な要素である。この点からしても、ニーバーの教会は本来、「コンスタンティヌス主義」的伝統とは反対の立場にあったと言うべきである。[59]

2　ニーバーとエキュメニズム

ニーバーの生涯における顕著な活動の一つはエキュメニズムへの参与である。その詳細についての研究も別の機会を期さなければならないが、ここでは教会論を念頭において概要を確認するにとどめる。

すでに述べたように、ニーバーは中西部のドイツ移民の教会というパロキアルな世界に育ちながらも早くよりエキュメニズムに眼が開かれる教育を受けた。また、自らの主体的な判断としても、若い時よりエキュメニズムの必要性を強く意識していた。ニーバーに教派合同という考えが芽生えたのは、デトロイトで牧会を始めて間もなくの一九一五年ごろに遡る。ニーバーは、自らの教派の中で、改革派との合同を呼びかけたほとんど最初の人物であり、その作業に深く関与した。それは、ドイツ福音教会に流れている合同教会の伝統を踏まえたものであった。このとき若いニーバーは、この合同は、福音教会と改革派教会の「双方の教派に新鮮な生命とインスピレーションをもたらし」、「アメリカのキリスト教界に真の貢献をするであろう」と論じた。[60]これは、二回目の合同についても変わることのない確信であった。

こうした自分の教派におけるエキュメニカルな作業に先んじるように、ニーバーはデトロイト時代からエキュメニカルな活動に活発に参加していた。しかしそれだけではなく、やがて世界的なエキュメニカル運動に関わるようになる。その最初は、一九三七年に開かれた、教会・社会・国家に関するオックスフォード会議への出席であった。そこには、プレスも出席していた。プレスはそれを遡って、一九二五年のストックホルムにおける生活と実践委員会および一九二七年のローザンヌにおける信仰と職制会議にも出席していた。その師の活動を継承するようにして、その後、ニーバーは、一九四八年のアムステルダムでの世界教会協議会創立総会の準備と実行、一九五四年のエヴァンストンでの第二回協議会総会の準備に関わった。[61] こうしたエキュメニカルな活動の中で二〇世紀の神学・教会を主導した著名な教会人・神学者たちとの深い交流がなされた。

オックスフォード会議でニーバーは、「世俗世界におけるキリスト教会」と題する講演を行った。[62] それは、ナチス体制によって出席を阻まれたドイツの教会の人々の欠席に象徴される次第に増大する危機を踏まえて、ローマ世界が崩壊しつつある中で書かれたアウグスティヌスの『神の国』に触れながら、「キリスト教信仰のもっとも真実な解釈は、奢り高ぶる文化が謙虚にされるような危機の中で得られる」と示唆するものであった。[63] この講演は、エキュメニカル運動に「ニーバーが個人的な影響を与える端緒とな」るとともに、とくに英国の出席者たちとニーバーの意義深い出会いの場ともなった。[64]

アムステルダムで開かれた世界教会協議会創立総会では、ニーバーはバルトの基調講演の数日後、「社会的国家的秩序におけるクリスチャンの証」と題して講演した。[65] この二人の講演は総会後に『クリスチャン・センチュリー』誌上での論争に発展したことは周知のことである。そこでの議論は、「キリスト教的マーシャル・プランはありえない」（バルト）、「われわれは人間であって神ではない」（ニーバー）というそれぞれの表題がその内容の特徴をよく表している。[66] バルトが「ただ神の国を指し示すこと」が教会の最優先課題だとしたのに対して、ニーバーは、戦後世界の混乱状況を背景に、「消極的に言えば、キリスト教会は、世俗文化においてであれキリスト教文化においてであれ、あらゆる形態の傲慢と虚飾の証人となることでなければならない……積極的に言えば、われわれの責務は、キリストにおけるあがないの福音を、個人をはじめ国家・階級・文化に提供することである」と主張した。[67] その後、エヴァンストン総会の準備のための神学者会議でバルトと親しい交流を結びながらも時に激しい論争を繰り広げることもあった。[68]

こうして、ニーバーは世界教会協議会のエキュメニカル運動に深く関与し、一九五二年病魔に襲われるまでの活発な準備会への参加および幾多の論文や報告を含めて、大きな影響を与えまた協議会の発展のために尽くした。[69] それは、ニーバーの若い時からのエキュメニズムへの強い関心の暫定的ではあるが最終的な具体化であり、ニーバーの教会理解の明確な現れでもあった。しかし同時に、ニーバーは、世界教会協議会に過剰な期待を寄せていたわけではない。諸教会が、一定の活動と確信を共有することができることが当面の課題であった。すでに述べたように、現実の教会もまた罪に巻き込まれているからであり多くの誘惑と戦っているからである。ニーバーは、世界共同体の達成を「不可能の可能性」と呼んだことがあるが、ニーバーにとって完全な教会の一致もまた「不可能の可能性」であらざるをえなかった。したがってニーバーが世界教会協議会に期待したものは次のようなきわめて現実的なものであった。

世界教会協議会は、それを願う人もあれば、それを恐れる人もあるような決してスーパー・チャーチではない。協議会では、「生活と活動」と「信仰と職制」について委員会が設けられているが、信仰と職制委員会が完全な一致にいたることはまずないであろう。［しかし］この必要がわれわれを過剰に困難な状況に陥れることはない。世界教会協議会は、諸教会が相互に友好的に出会う基盤となり、神学の違いによって不可能になることがないような種類の共通の活動と、世界におけるわれわれキリスト者としての証しが必須のものであるとの共通の確信を遂行する道具となることで十分である。(70)

三　ニーバーにおける「証し」としての社会倫理的取り組み

ニーバーの教会論の際立った特徴は、社会倫理的取り組みを教会の重要かつ必須のものと見なしていることである。これは、すでに取り上げた教会の機能の一部ではあるが、それとは別にここで取り上げておこう。すでに述べたように、ニーバーはその背景となるドイツ福音教会の中に受け継がれていた社会への強い関心の影響を反映して、若い時から社会への強い関心を持っていた。それは、デトロイトで牧会を始めて直ちに顕在化し、まもなくさまざまな社会問題と具体的に格闘するようになった。ニーバーは、一九五六年、かつてのデトロイトでの牧師時代を振り返ってこう述べている。

あの牧会における祭司の生活は、幸いとわざわいのすべての次元にわたる人間の問題に直面しつつ、大都市の不毛な無名性の中で「恵みの共同体」を形成しながら少しでも役立つものになろうという試みであった。(71)

すなわち、ニーバーは当初より、牧師の働きあるいは教会は、「すべての次元にわたる人間の問題」に「少しでも役立つ」ことがその使命であると考えていた。そしてそれは実際には、社会の諸問題と取り組むことを意味していた。しかし、当時のニーバーの教会には、その伝統に社会への強い関心があったにもかかわらず、その問題に積極的に深く関わる雰囲気は事実上不十分であったようである。若いニーバーはそれに強い不満を覚えていた。

なぜ宗教が全体としてこんなに無力なのか。……教会の協議会は、理念に対する感情をかきたてようとする試みで始まりそして終わる。たいていの場合、それはイエスの人格に対する人格的な忠誠というようなことでいわれるが、その感情を具体的な問題や企画と結びつけるということはほとんどなされない。現代の工業生活というのは非倫理的であろうか。国々は帝国主義的であろうか。家庭は崩壊しているであろうか。若い人々は価値の感覚を喪失しているであろうか。そうだといわれるが、われわれにくり返し語られることは、ただ「霊による新しいバプティズム」、「宗教の新しいリバイバル」、「宗教的意識の大覚醒」による以外の何ものによっても解決はないということだけである。

だがなぜ具体的であってはいけないのだろうか。なぜ教会は現代の困難な諸問題に対するキリスト教倫理の応用を特殊的に提示しないのだろうか。(72)

教会の道徳は時代錯誤的だ。教会ははたして現代社会の真の諸問題と十分に取り組むために必要な道徳的洞察と勇気を持つようになるだろうか。それらをもつためには、数世代の努力とそして少なからぬ殉教が要求されるであろう。[73]

ここには、ニーバーは自らの教会の敬虔主義的伝統に多少苛立っているようにさえ見える姿がある。ニーバーにとって、キリスト教の福音は個人だけでなく社会に妥当するはずなのである。この考えは、一九三〇年代に入って『道徳的人間と非道徳的社会』[74]で厳密にまた雄弁に展開された。すなわち、個人とは異なる社会集団の固有な問題とそれへの対応である。キリスト教はそうした社会にも深く関わるべきなのである。ニーバーは、「死をとおして得られる命というキリスト教教理の妥当性」は、「個人的有機体だけでなく、集団的有機体」にも当てはまるという確信を持っていたからである。[75]その文脈で、ニーバーは、「集団の再生における信仰共同体の役割」を強調したのであった。[76]

個々のキリスト者と同様、共同体また機関としての教会は、道徳主義や狂信を避けながら、その社会的教えと行動を今日に適合的で責任を負ったものとするという挑戦に立ち向かわなければならない。これは、宗教が絶対的な真理と徳を保持しているという見せかけにいかに容易に貢献してしまうかを考えると、とくに困難な責務である。……キリスト者であるわれわれすべては、教会が「神の託宣」を持つと信じている。すなわち、教会は、キリスト教的啓示において与えられている生についての究極的真理を証しする共同体なのである。[77]

ニーバーにとって、教会が個人のみならず社会の改良に参加することは、キリストを信じる信仰の「証し」以外の何物でもなかった。ニーバーは、教会と自身にとって、その教える任務の全体を、福音と世界の間に相互関係をもたらすことを目的とする以外に何もないと理解していた。教会論はニーバーにとって、福音の説教者と現代の人間との間に生じる継続的な論争の手段であった。

四　ニーバーの礼拝論

ニーバーは、教会の機能として、個人のみならず社会における証しのわざに目をとめ、実際にそれに深く参与した。しかし、同時にニーバーは、教会それ自体の機能として、とくに礼拝のあり方に強い関心を寄せ、それについてきわめて具体的実践的な指摘と提案をしていた。ニーバーの礼拝への関心には非常に強いものがあり、そこにはニーバーの教会論の重要な側面が具体的な相においてよく表れている。その要点を確認しておくことにしよう。おそらく、ニーバーの礼拝論は、かれの教会への愛と情熱がほとばしり出ているまさに実践神学的実存的教会論と言ってよい。

1　礼拝の象徴性

キリスト教信仰は、礼拝について、適切な神学（an adequate theology）と適切な典礼（an adequate liturgy）と適切な象徴性（an adequate symbolism）という導管（conduits）を必要とする。(78)

これはキリスト教礼拝の営みについてのニーバーの基本的な考え方が明瞭に出ている文章である。礼拝に関して、「神学」と「礼典」と「象徴性」が指摘されているが、それぞれに付けられている「適切な」(adequate）は神学的含蓄をもった形容詞として理解しなければならない。キリスト教信仰は、その「導管」を通ってはじめてそれこそ適切に営まれるというのである。

まず注意すべきは、象徴性についての指摘である。ここには、ニーバーの礼拝への大きな関心事が明白に現れているように見えるからである。これは明らかにニーバーの神学的な認識論とも言える神話・象徴論を踏まえた主張である。

ニーバーは周知のように、宗教的真理は象徴的もしくは神話的な表現方法でのみ言い表されると考え、独特の神話・象徴論を展開した。(79) ニーバーは、R・ブルトマン（Rudolph Bultmann）の非神話化のプログラムに真っ向から反対して、聖書の神話や象徴を除去したり実存的な解釈を施して非歴史的な概念に還元したりするのではなく神話や象徴に即しそれに沿ってその深みを捉えることの重要性を主張した。ニーバーはこう主張する。

> 神話の最も本質的な特徴は、おそらく、それが時間の中における無時間、現実的なものにおける理想的なものを指し示し、しかも、時間的なものを永遠的なものに引き上げるのでもなく、時間における永遠的なものおよび理想的なものの意義深いきらめきを否定するものでもないということである。(80)

超越的神を拝するために合理的言語のみでは不十分である。そこには象徴が重要な役割を果たす。礼拝は全体として象徴性の高いものでなければならない。同時に、礼拝を象徴として受け止め理解しなおす必要がある。しかしながら、ニーバーは自らの所属教派の伝統にしたがって、礼拝の中心を説教に置くことは必要であると考えている。その点で典礼教会の伝統には与しない。しかし、その上で、超越性を象徴的に示す諸表徴が礼拝に必要だと考えるのである。

2 典礼の評価

礼拝における象徴性は端的には教会の儀式もしくは礼典もしくは典礼に現れる。[81] ニーバーの教派的背景に述べたように、ニーバーは典礼的教会の出身ではない。むしろ非典礼的教会の流れの中にある。といっても、リバイバリズムの伝統とは異なる教派である。ニーバーの育った教会は、ドイツ敬虔主義の伝統にあるとはいえ、その礼拝や教会組織等はかなり厳格なものであった。

中西部には、ニーバーの出身教派と並んで、同じルター派でもプロイセンの合同教会に頑強に反対したドイツのザクセン地方からの移民が、きわめて厳格な信条主義的教会を形成していた。同じセントルイスを中心にしたルター派ミズーリ・シノッドである。この教派は首尾一貫した信条主義を貫き徹底して妥協を排した教会であった。この教派とニーバーの教派は神学的に対立する状況にあった。ミズーリ・シノッドから福音教会は「自由主義者」との批判を浴び続けた。ニーバーの父グスタフは、そうしたミズーリ・シノッドの批判に対抗して福音教会擁護の論陣を張った代表的な牧師であった。

以上のように、ニーバーの出身教派は、ミズーリ・シノッドと比べれば、非信条主義で、したがって典礼の面でも非常に自由な教会であった。ところが、そのような教会ではあるが、教派結成の早い時期に「福音教会教理問答」や「礼拝式文」を整備・出版しているところなどから推測すると、アメリカにおけるいわゆる福音派的な教会のそれに比べれば、儀式的要素ははるかに濃厚であったように思われる。

それにもかかわらず、ニーバーは、こうした自らの出身教派ドイツ福音教会について、典礼への意識と理解が脆弱であることがその欠点であるとも見た。そしてそれにとどまらず、そうした傾向はアメリカの非典礼的プロテスタント教会に普遍的に見られる現象と見なし、典礼への再認識を求めている。ニーバーの礼拝の象徴性の強調を具体化する提案である。

ニーバーの典礼への関心は、デトロイトで牧師をしているときに、とくにアングリカン教会の牧師たちとの交流の中で始まった。同時に、一九二三年、ニーバーは、親交を持った社会福音運動の旗手ＹＭＣＡ指導者Ｓ・エディ（Sherwood Eddy）の企画した、牧師、教育者、社会活動家のための一〇週間にわたるヨーロッパ研修旅行に参加、初めてヨーロッパを訪れたが、その地における諸教会の礼拝・礼典に深い感銘を受けたことも重要なことであった。ニーバーは、研修旅行から帰国すると自分の教会の礼拝改革にも取り組んだ。

　ヨーロッパですごした夏のあと、秋になってから私はわれわれの礼拝を充実発展させることに専心している。かの地で見た非国教会での多様な礼拝式から非常な感動をうけたので、それを真似しようと決心した。……もちろん英国国教会の礼拝には独自の感動があるが、それを可能にしている技術はわれわれには手にある。……いま私は連禱、告白文、讃美やそのほか儀式的な美や意味のあるものはすべて少しずつとりいれて……いる。……形式のない礼拝のほうが形式を重んじる礼拝よりもっと自発的であり、それゆえにより宗教的であるという考えは……あやまりである。(82)

このようなニーバーの、典礼的伝統的教会の礼拝に刺激を受けた礼拝充実の取り組みは、ニーバーの典礼思想を研究したＤ・Ｒ・ベインズ（David R. Bains）によれば、一九二〇年代半ばからのアメリカの主流派教会における典礼改革運動の一端につながるものであった。[83] 各教派では委員会が設置され礼拝式文を改定するなどの作業が行われ、そうした努力を受けて、当時あった連邦教会協議会（Federal Council of Churches）は礼拝委員会を設け調整作業を行ったが、ニーバーが自分の教会で試みた改革作業は、こうした大きな動きのごく小さな部分にすぎなかったとはいえ、ニーバーの位置がこの典礼改革運動の最前線の近くにいたこととと、ニーバーの神学にとって礼拝が重要であったことを明らかにするものであったという。[84] ベインズは、「ニーバーがその神学的プログラムの一部として、典礼改革を支持したことはあまり知られていない」と述べているが、ニーバー研究として新しい指摘であろう。[85] とはいえ、成熟したニーバーは、同じ問題意識を持ちながらも、典礼的伝統にある教会の礼拝の真似をすればよいと考えていたわけではない。ニーバー最盛期に当たる一九五一年にこう述べている。

われわれの問題［典礼的センスに欠けているという問題］は、もちろん、単にかれら［典礼的教会］の形式を真似することで解決するものではない。真似は、すでにいくつかの非典礼的教会で、劇風の（芝居じみた）形態の典礼や形式においてなされているが、そこには、聖書の霊感に鼓舞された公同の礼拝ではなく、感傷的耽美主義が露骨に現れている。[86]

自由な礼拝は、あらゆる面で個性的になりすぎる傾向がある。礼拝の先導者の個性をあまりにも中心にすぎている。……説教者の紹介が関係者によって、ときにユーモラスに、ときに陳腐なかたちでなされるが、それらはほとんどの場合、まったく必要のないものである。典礼教会の型と伝統は、説教者の個人的な特異性を隠し、自己顕示の誘惑を防ごうとする。自己顕示の誘惑は、通常認識されているよりもはるかに大きい。(87)

ニーバーは、典礼の重要性を強調しながらも、安易に典礼教会を真似することは否定した。そのような真似は、福音的な教会においてしばしば見受けられることであるが、まるでドラマのような儀式的な礼拝である。ニーバーはそれを実際目撃しそれに参加するという経験もしている。一九四〇年代半ばのある日曜日、福音派の教会が巨大な映画館で行ったイースターの礼拝である。そこにニーバーが見たのは、見世物（spectacle）であり、感傷主義であり、自己顕示（exhibitionism）であり、無定形（formlessness）であった。悪い意味で個性的に過ぎるのである。そこには、真の宗教性も神の恩寵の神秘も見出すことができなかった。

一方ニーバーは、典礼的教会の問題点も正しく捉えていた。一つは形骸化であり、二つは閉鎖的になりがちであるということである。実際歴史的に、こうした典礼的伝統の教会は必要以上に自分たちの伝統を守ることに固執してきたし、アメリカにおけるキリスト教全体の益となりえてこなかった。

しかしながらニーバーは、それにもかかわらず、典礼や型がアメリカのプロテスタント教会にとって重要であることを強調した。

適切な型を持たない宗教的な自発性は、品位なき形式主義よりももっと品位のないものに堕落する。それは空しさへと頽落し、映画のような強力な世俗主義的象徴によって満たされることとなる。(88)

つまり、ニーバーは型や形式を重んじる礼拝には欠点や危険もあるが、その問題よりも、自発性を重んじる自由形態の礼拝のほうにより大きな問題を覚えた。ニーバーは、「適切な型」と「適切な典礼」こそが、福音派的プロテスタント教会で一般になされている礼拝形式よりはるかに信仰のリアリティを表現するものであり、それこそが、信仰の営みに不可欠の「導管」だと考えていたのである。

3　礼拝における祈り

以上のようにニーバーは典礼への関心を強くする。その文脈で、ニーバーは礼拝における《祈り》についても多く述べている。祈りは言うまでもなく典礼の一部である。上の考察と重なるが、祈りに関するニーバーの観察と提案を概観してみよう。

まず、アメリカの非典礼的プロテスタント教会でなされるいわゆる牧会祈禱は、「長すぎるとともに形が無さすぎ」であるとニーバーは指摘する。そこには会衆の霊的必要に触れることが少ない。牧師は自由勝手に祈っている。少し長いがニーバーの言葉を二三引用してみよう。

伝統的、歴史的な祈りについての訓練がないところには、必要で永続的な祈りの主題すなわち、讃美、感謝、告白、献身、仲保といった主題がおろそかにされる傾向がある。……公同の礼拝の祈りの言葉は、あまりにありきたりか、センチメンタルか、必要以上に飾り立てるかのいずれかである。礼拝をもっと「美しく」しようとする近年の努力は、もともとの陳腐さと平凡さに変えて過剰に飾り立てた詩的な言葉を用いがちである。そこに依然として欠落しているのは簡素な上品さ（chastity）である。簡素な上品さは詩的なリズムを妨げるものではない。[89]

通常、祈りには型が無く、美しさに欠ける。福音派諸教会から生まれた古い自発性と、かつて興奮をもたらした宗教的情熱を表した祈りは、神とのくだけた会話に退化した。しかも牧師はそうした祈りの中で間接的に会衆に向かって説教をしているのである。……決まり文句が辟易するほど繰り返される。そうした祈りからは、聖書的表現と典礼的型がまったく姿を消している。[90]

典礼的な表現と聖書の言葉はそれ自体として価値があるのではないし、われわれは礼拝における美しさを、それ自体を目的として強調しているのではない。事実、非典礼的教会には、典礼教会の諸形式を真似ようとする傾向がある。しかしそれは美的な配慮を主たる動機としてなされているものであって、われわれはそれを支持しない。われわれが必要としているのは、礼拝におけるさらなる霊的リアリティである。これは、牧師が祭司としての責務を真剣に受け止めなければ可能とはならない。祭司の責務は神に向かってくだけた調子で語ることではない……祭司は、全会衆の基本的な宗教的願望と感情をどのように表現すべきかを知らなければならない。これは、高度な訓練を必要とする困難な責務である。訓練が必要である。祈りが注意深く準備されていないとき、すべての人の基本的な共通の絶えざる宗教的必要を忘れ無視する誘惑にさらされるからである。[91]

もはや解説の要はない。ニーバーにとって、プロテスタント教会の欠点は、「公の礼拝における陳腐さ（banalities）と感傷、および美と品位と宗教的な広さと深さの欠如」なのである。[92] その点で、ニーバーは、スコットランド教会の礼拝に非常な感銘を受けている。

> スコットランド教会では、牧会祈禱は聖書的形式と包括性を実現しているが、それはわれわれに欠如しているものである。また、その礼拝の雰囲気には荘重さと威厳があるが、われわれはそれを実現していない。[93]

ここには、ニーバーの考える牧会祈禱の特質が明らかである。それは荘重さと威厳とともに、聖書的形式と包括性の強調である。聖書的な形式とは、聖書の内容に神学的に調和していて、しかもそれがきちんとした型を形成しているということである。それは、言語表現として歴史の審判を経てきた、洗練された表現を意味していたであろう。ニーバーは、ときにアングリカン教会の『祈禱書』から祈りの文言を取り入れるということもしていたという。[94] ちなみに、ニーバーは『祈禱書』にアウグスティヌスの神学が息づいているとして、それを神学的にも評価していた。そこに洗練された祈りの典型を見ていたのである。

こうしたニーバーの祈りに対する姿勢は、有名な「冷静を求める祈り」（The Serenity Prayer）をはじめとして、その生涯に幾多の珠玉のような祈りの言葉を生み出した。その一部がニーバーの妻アースラによって『正義と憐れみ』と題されて、編集・出版されているが、そこにはニーバーの祈りが息づいている。[95]

しかし、この書の祈りでも明らかなことは、ニーバーにとって祈りは単なるかれの個人的信仰や内面的敬虔の表現ではないということである。ニーバーにとって、祈りは、かれの教会論の重要不可欠な構成要素であるのみならず、広く歴史に関わり、ニーバーの神学と倫理学の奥深くに関係しているのである。

おわりに

以上、ニーバーの教会論の全体を概観した。そこから明らかになることは、第一に、ニーバーに教会論は決して欠如していない、ということである。それどころか、ニーバーは徹頭徹尾、自らの確固たる教会論を背後に踏まえた「教会人」であった。ニーバーの牧師・神学者・神学教育者としての活動は言うまでもなく、その多岐にわたる社会活動とりわけその精力の多くを割いた国際政治を含む政治への発言や実際の活動もまたその根底に教会人としての意識が厳然として存在していたのである。したがって、ニーバーの教会論は、ニーバーの自己規定であり、自己批判であり、自己形成であると言えよう。

第二に、ニーバーは教会を明白に啓示論的かつ聖霊論的に基礎づけている。つまり、ニーバーの教会論の基礎はすぐれて神学的な性格を有しているが、それはニーバーの思想（社会倫理学や政治学を含めて）の重要な特質が明白に現れ出ているところである。

第三に、ニーバーは、とくにかれに顕著な政治を含む世俗社会における活動をあくまでも「教会の証し」と理解していたことである。その理解においてそれはキリスト教弁証の作業でもあった。ニーバーにあって、証しと弁証は対立するものではない。

第四に、ニーバーは、教会の独自性を強調していないとしばしば受け取られてきたその理解は誤りであるということである。それどころか、ニーバーはその多様な思想的実践的活動において、終始教会の独自性を確保してきた。この点で、M・E・マーティ（Martin E. Marty）の次のような判断はきわめて妥当と言うべきある。

ニーバーは、教会の特殊な責任を否定することなしに、後年「公共の神学者」となり、アメリカ史を解釈し、国事にかかわり、後に彼がそのような者として記憶されるモデルとなった。(96)

また、R・M・ブラウン（Robert McAfee Brown）の次の文章もニーバーの教会論によく当てはまる理解である。

人間として、かれ［ニーバー］は絶え間なく政治――地方政治、州政治、国内政治、国際政治の次元における政治――に巻き込まれた。しかし、同時に、かれは、神学者、倫理学者、教会人として、「信仰の判断では理解できない政治」と「人間の葛藤から遊離した信仰」が、われわれが負けてはならない双子の誘惑であることを明らかにしながらその生涯を送った。言うまでもなく、およそかれがそれに負けることはなかった。(97)

ニーバーにとって、教会は、赦しと裁きの神の言葉が託されている、赦された罪人からなる共同体であり、神の意思を世界に対して証しするまさに「恵みの共同体」にほかならない。ニーバーはそのような教会に生き、その使命に殉じた「教会人」であったのである。

したがって、本章の冒頭に挙げたハワーワスのニーバー批判はほとんど的を射ていないと言わざるをえない。ハワーワスの側から言えば、事実は、ハワーワス自身が理解する教会とニーバーの理解する教会には大きな違いがあるということなのではないだろうか。そうであれば、ハワーワスはニーバーの教会論に自分の教会論を対峙させてもっと実りのある議論を展開すべきであった。ところがかれは、ニーバーの神学全体に対するほとんどアプリオリな疑惑（したがって慎重・詳細な議論をしていない）から、その文脈でニーバーに「教会の不在」を見て批判するが、それはニーバー解釈としてきわめて問題のある作業である。[98]

本章は、すでに述べたようにニーバーの教会論の全体の概要を示したにすぎない。ニーバーの教会論については、たとえば、カトリック論、エキュメニカルな活動と思想についての詳しい考察、あるいは、H・R・ニーバーの教会論との比較など、歴史的にも神学的にもさらに考究すべき課題があり、それはニーバーにおける教会がどれほど重要で豊かなものであるかを明らかにすることになるはずであるが、それらについては他日を期さざるをえない。しかし、本章でニーバーの教会論をめぐる基礎的情報は明らかになったであろう。

注

（1）Stanley Hauerwas, *With the Grain of the Universe: The Church's Witness and Natural Theology* (Grand Rapid, MI: Brazos Press, 2001). この書については、「ハワーワスのプログラムの決定的な声明」とも評されており、ハワーワスの思想のエッセンスが盛られている書と言ってよいであろう。「筋目」の訳については、本書第八章注2を参照。Stanley J. Grenz, "Article Review: Stanley Hauerwas, *The Grain of the Universe*, and the most 'natural' natural theology," *Scottish Journal of Theology*, Vol. 56, no. 3 (2003): 381.

（2）Hauerwas, *With the Grain of the Universe*, 137.

（3）Ibid. ハワーワスは、このようなニーバー解釈をすでに二〇年以上前からしていた。たとえば以下のとおりである。「ニーバーと社会福音運動家にとって、キリスト教倫理の対象はアメリカであった……このことはおそらく、ニーバーは教会の社会的重要性にほとんど意を払わなかったどころか、最終的には、かれがアメリカに向けた手厳しい批判にもかかわらずアメリカがかれの教会であった、というしばしばなされる観察の説明となっている」。Stanley Hauerwas, "On Keeping Theological Ethics Theological," *Against the Nations: War and Survival in a Liberal Society* (Minneapolis: Winston Seabury Press, 1983), 31, 47, n. 22.

（4）Hauerwas, *With the Grain of the Universe*, 138.

（5）John C. Bennett, *Religion in Life* (Winter, 1937) in "Introduction" by D. B. Robertson, *Reinhold Niebuhr, Essays in Applied Christianity*, ed. by D. B. Robertson (New York: Meridian Books, Inc., 1959), 11.［以下、EACと略記。］

（6）Charles W. Kegley and Robert W. Bretall, eds., *Reinhold Niebuhr: His Religious, Social, and Political Thought* (New York: The Macmillan Company, 1956), 248. ちなみに、この同じ論文集で、P・シェラー（Paul Scherer）も、ニーバーの説教を分析してそこには概して教会がないと判断している（Ibid., 331）。

（7）たとえば以下を参照。Harold R. Landon, ed. *Reinhold Niebuhr: A Prophetic Voice of Our Time* (New York: Seaburg Press, 1962), 19–21, 61–62, 82; Nathan A. Scott, Jr., ed., *The Legacy of Reinhold Niebuhr* (Chicago and London: The University of Chicago Press, 1974), 19–20; Richard John Neuhaus, ed., *Reinhold Niebuhr Today* (Grand Rapids, MI: Eerdmans Publishing Company, 1989), 117.

（8）チャールズ・C・ブラウン『ニーバーとその時代――ラインホールド・ニーバーの預言者的役割とその遺産』高橋義文訳（聖学院大学出版会、二〇〇四年）、二七頁。

（9）Kegley and Bretall, eds., *Reinhold Niebuhr: His Religious, Social, and Political Thought*, 249.

（10）もっとも、教会論が「未開拓」と言った場合、それでは他の分野で未開拓でない神学の個別分野がニーバーにあったと言えるであろうか。ニーバーはいわゆる教義学者ではなかったし、したがって教義学的個別分野を詳細に展開したことはほとんどなかった。おそらく唯一の例外は人間論であろうが、それとても、いわゆる教義学的議論もしくは神学個別分野の域をはるかに超え、ニーバーの神学の特質全体にわたるユニークな人間論である。したがって、ニーバーが将来教会論を「開拓」し展開することを期待すること自体、ニーバーの神学的思考の特質を正しく捉えた上でのこととは言えないのではないだろうか。このニーバーの特質を、大木英夫教授がかつて「非神学としての神学」、また「教義学史の終わり」と特徴づけたことがあるが、それは、ニーバーの神学における個別分野をとりわけ教義学的視点から見ようとする際には忘れてはならない視点である。大木英夫「ニーバー」小林公一編著『キリスト教教育の背景』（ヨルダン社、一九七九年）、一〇〇―一〇九頁を参照。

（11）Cf. EAC.

（12）"Introduction" by D. B. Robertson, Ibid., 12.

（13）高橋義文『ラインホールド・ニーバーの歴史神学――ニーバー神学の形成背景・諸相・特質の研究』（聖学院大学出版会、一九九三年）、二〇頁。（以下、『ニーバーの歴史神学』）「隠された教義学」とは元来、西谷幸介氏が用いた表現である。同書、三四〇頁注15を参照。

（14）Ronald H. Stone, *Professor Reinhold Niebuhr: A Mentor to the Twentieth Century* (Louisville, KY: Westminster/John Knox Press, 1992), 177–180; Bob E. Patterson, *Reinhold Niebuhr* (Waco, TX: Word Books, 1977), 139–144.

（15）Kegley and Bretall, eds., *Reinhold Niebuhr: His Religious, Social, and Political Thought*, 437.

（16）Ibid., 20.

（17）*Faith and History: A Comparison of Christian and Modern Views of History* (New York: Charles Scribner's Sons, 1949), 148.［以下、FHと略記。］

（18）*Nature and Destiny of Man*, Vol. 1: *Human Nature* (New York: Charles Scribner's Sons, 1941), 136–137.［以下、NDM Iと略記。］

（19）Ibid., 142. ちなみに、ニーバーの啓示概念は、「歴史的啓示」の語を含む歴史と啓示の関係などにおいて、弟のH・R・ニーバーの啓示理解に通じるものがある。Cf. H. Richard Niebuhr, *The Meaning of Revelation* (New York: Macmillan Co., 1941) 佐柳文男訳『啓示の意味』（教文館、一九七五年）。

（20）*Beyond Tragedy: Essays on the Christian Interpretation of History* (New York: Charles Scribner's Sons, 1937), 84.［以下、BTと略記。］

(21) FH, 149.
(22) Ibid., 147–148.
(23) Ibid., 147, n2.
(24) Ibid., 148.
(25) BT, 61.
(26) Ibid., 122.
(27) ニーバーにおける聖霊論欠如の批判は、教会論欠如の批判とともにニーバー批判の典型のようになってきた。しかしその批判は妥当とは言えない。この点については、高橋義文『ニーバーの歴史神学』、二五六—二六八頁および四〇九—四一〇頁を参照。
(28) Kegley and Bretall, eds., *Reinhold Niebuhr: His Religious, Social, and Political Thought*, 437.
(29) BT, 62.
(30) Hans Hofmann, *The Theology of Reinhold Niebuhr*, tr. By Louise Pettibone Smith (New York: Charles Scribner's Sons, 1956), 126.
(31) FH, 230.
(32) Kegley and Bretall, eds., *Reinhold Niebuhr: His Religious, Social, and Political Thought*, 7.
(33) NDM I, 214.
(34) Ibid., 223.
(35) Ibid., 217.
(36) EAC, 第四章 Catholic Heresy の表題のもとにある諸論文を参照。ただし、これらはいずれも、第二バチカン公会議以前のカトリックについての論評である。ニーバーは、第二バチカン公会議におけるカトリック教会の新しい動きに対しては高い評価を下している。また、早くより一貫して、カトリック教会の社会意識にはプロテスタントに勝るものがあると判断していた。それには中世以来の修道院の社会奉仕への非常に高い評価も含まれる。Cf. *The Contribution of Religion to Social Work* (New York: Columbia University Press, 1932): 髙橋義文・西川淑子訳『ソーシャルワークを支える宗教の視点』（聖学院大学出版会、二〇一〇年）、一五―一八頁。

（37）NDM I, 202

（38）Ibid.

（39）Patrick Granfield, *Theologians at Work* (New York: Macmillan Co., 1967), 66. このニーバーのコメントを、ストーンは、インタビュアーのグランフィールドがカトリックであることを念頭に置いた「賢明な」（shrewd）応答であったと見ている。Stone, *Professor Reinhold Niebuhr*, 180.

（40）Max Stackhouse, "A Book Review of Robin W. Lovin, *Reinhold Niebuhr and Christian Realism*," *The Journal of Religion*, Vol. 77 (April, 1977) : 325–326.

（41）FH, 238.

（42）ニーバーとバルトの終末論の比較については、以下を参照。高橋義文『ニーバーの歴史神学』、二一一―二二〇、二九八―三一五頁。

（43）ニーバーの終末論理解については、同上、第六章を参照。

（44）FH, 240.

（45）Ibid.

（46）Ibid.

（47）Ibid.

（48）Ibid., 240–241.

（49）Ibid., 241–242

（50）Paterson, *Reinhold Niebuhr*, 144.

（51）Stone, *Professor Reinhold Niebuhr*, 177.

（52）高橋義文『ニーバーの歴史神学』第一章を参照。本章のこの部分はこの書の第一章に基づいている。したがって詳しい文献資料についてはこの書を参照いただきたい。

（53）H・リチャード・ニーバーの処女作 *The Social Sources of Denominationalism* (Henry Holt and Campany, 1929)（柴田

史子訳『アメリカ型キリスト教の社会的起源』ヨルダン社、一九八四年）が、この作業の中から生まれたことはよく知られている。東方敬信『H・リチャード・ニーバーの神学』（日本基督教団出版局、一九八〇年）、一二一一三頁参照。

（54）EAC, 29, 40, 63 etc.

（55）Stone, *Professor Reinhold Niebuhr*, 177.

（56）Granfield, *Theologians at Work*, 66.

（57）Cf. Ursula M. Niebuhr, ed., *Remembering Reinhold Niebuhr: Letters of Reinhold & Ursula M. Niebuhr* (San Francisco: Harper San Francisco, 1991), 11–12.

（58）この点については、ニーバーの娘エリザベスが次のように回想している。「適切な礼拝形式に関する母の見解と父のそれとの間には緊張があった。父は、福音教会の自由で即興的な日ごとの祈りと説得力のある説教の伝統に慣れていた。この典礼上の不協和音は、わたしの子供時代の音楽に、生き生きとした、そして時には難しい基礎低音を創り出していた」（Elizabeth Sifton, *The Serenity Prayer: Faith and Politics in Times of Peace and War* 〈New York & London: W. W. Norton & Company, 2003〉 135）。また、ニーバーは、ノンコンフォーミズムの礼拝における説教の重要性を、家族で出席したアングリカン教会の礼拝の形態を妻と論じ合うかたちをとって興味深く論じているが、そこには、アングリカンの立場を支持しないと同時その魅力を受け止めていることがよく読み取れる。Cf. “Sunday Morning Debate,” EAC, 42–48.

（59）ニーバーをコンスタンティヌス主義とするハワーワスの批判が妥当でないことはこの点からも明らかである。Hauerwas, *With the Grain of the Universe*, 107, 111, 115, 221.

（60）“To the Editor,” *Theological Magazine of the Evangelical Synod of North America*, Vol. 56, no.1 (January, 1928): 49–50 in *Young Reinhold Niebuhr: His Early Writings, 1911–1931*, ed. and Introduction by William G. Chrystal (St. Louis: Eden Publishing House, 1977), 111–112 n1.

（61）Cf. EAC, 23n. ニーバーは、エヴァンストン総会準備には関わったが、健康上の理由で総会に出席することはできなかった。

（62）"The Christian Church in a Secular Age" in *Christianity and Power Politics* (New York: Charles Scribner's Sons, 1940), Chapter 16.

（63）ブラウン『ニーバーとその時代』、一〇九、一一〇頁。

（64）同、一一〇頁。

（65）*Christian Realism and Political Problems* (New York: Charles Scribner's Sons, 1953) Chapter 8: The Christian witness in the Social and National Order.

（66）この論争は、日本で訳出・編集され出版された。有賀鐵太郎・阿部正雄訳『バルトとニーバーの論争』（アテネ文庫、弘文堂、一九五一年）。この論争については、以下を参照。大木英夫『バルト』人類の知的遺産72（講談社、一九八四年）、三三一—三三七頁、高橋義文『ニーバーの歴史神学』、二九八—三二五頁。

（67）*Christian Realism and Political Problems*, 111.

（68）その舞台裏の一コマについて、武田清子教授が、自身が関わり、その目の前でなされた一九五二年の神学者会議でのバルトとニーバーの論争を興味深く記している。武田清子『戦後デモクラシーの源流』（岩波書店、一九九五年）、一八七—一九四頁。

（69）EAC第五章にその関連の論文や報告一六編ほどが収録されている。

（70）EAC, 343.

（71）*Leaves from the Notebook of a Tamed Cynic* (New York: Willet, Clark, and Company, 1929). 古屋安雄訳『教会と社会の間で——牧会ノート』（新教出版社、一九七一年）、二頁。

（72）同、七二—七三頁（一九二五年）。

（73）同、七六頁（一九二五年）。

（74）*Moral Man and Immoral Society: A Study in Ethics and Politics* (New York: Charles Scribner's Sons, 1932). 大木英夫訳『道徳的人間と非道徳的社会』（白水社、一九七四年）。

（75）FH, 226.

（76）Langdon Gilkey, *On Niebuhr: A Theological Study* (Chicago: The University of Chicago Press, 2001), 195.

(77) *Christianity and Power Politics*, 218.

(78) EAC, 55.

(79) ニーバーの神話象徴論については、高橋義文『ニーバーの歴史神学』第四章を参照。

(80) *An Interpretation of Christian Ethics* (New York: Harper and Brothers, 1935), 50f.

(81) 「典礼」はliturgyの訳である。ニーバーがLiturgical Churchと言った場合、それはカトリック教会やアングリカン教会それに保守的なルター派教会を指している。しかし、この語がプロテスタント教会について用いられる場合、日本語の「典礼」にはやや違和感があるが、訳し分けると混乱をきたす恐れもあるので、liturgyには一貫して「典礼」の語を当てた。

(82) 『教会と社会の間で』、六二―六三頁。

(83) David R. Bains, "Conduits of Faith: Reinhold Niebuhr's Liturgical Thought," *Church History*, Vol. 73, no.1 (March 2004): 168–194. ベインズは、アラバマ州バーミンガムにあるバプテストの大学 Samford University のアメリカ・キリスト教史の教授。

(84) Ibid., 170.

(85) Ibid., 168.

(86) EAC, 55.

(87) Ibid., 60.

(88) Ibid., 55.

(89) Ibid., 59.

(90) Ibid., 48.

(91) Ibid., 49.

(92) Ibid., 61.

(93) Ibid., 63.

(94) Ursula M. Niebuhr ed., *Remembering Reinhold Niebuhr*, 6.

（95）*Justice and Mercy*, ed. by Ursula M. Niebuhr (New York: Harper & Row, Publisher, 1974). 梶原寿訳『義と憐れみ』（新教出版社、一九七五年）。

（96）ブラウン『ニーバーとその時代』、四一五頁による。

（97）Robert McAfee Brown, "Reinhold Niebuhr: His Theology in the 1980s," *Christian Century* (January 22, 1986), 66. この論文におけるフォックス評価やニーバーと解放の神学との関係についてのブラウンの見解には必ずしも与しえないが、引用した部分については重要で妥当な確認である。

（98）ハワーワスのニーバー批判については、本書第八章を参照。

第三部　ニーバー批判をめぐる議論

第七章　ユルゲン・モルトマンのニーバー批判をめぐって

はじめに

ニーバーとJ・モルトマン（Jürgen Moltmann）はともに、いわば世界適合性を求めた神学として、二〇世紀半ば以降の歴史世界に深く関わり、その中で世界に開かれた独特の神学を展開した。その面で、この二人の神学的政治的関心には一定の共通性があったと言ってよいであろう。ところが、残念なことに、二人の間に神学的折衝が行われたことはなかった。

もちろん二人の間には世代の差があった。ニーバーは一八九二年に生まれ、モルトマンは一九二六年生まれである。その間には三四年の年齢差があった。したがって、ニーバーが存命中にモルトマンと学問的対話ができた期間はごく限られている。しかし、モルトマンにとって、ニーバーは、一世代年長の神学者としてその本格的な神学的折衝の対象になってしかるべきであったと思われるが、モルトマンにそのような作業がなされた形跡は、後述するように一件を除いて、現在にいたるまでまったくと言ってよいほど見当たらない。

ニーバーは、モルトマンが本格的に神学を学び始めた一九四八年のころ、主著『人間の運命と本性』（一九四一、四三年）[1]を公にしてすでに数年を経、アメリカを代表する神学者、思想家として広く認められ、現実政治においても、たとえばトルーマン政権の外交政策の立案に顧問として参加するなど精力的な活動を展開し、いわば最盛期を迎えていた。その一九四八年、ニーバーは『タイム』誌二五周年記念号のカバーフィギュアに取り上げられたが、それは、当時のニーバーの影響力の大きさを象徴する出来事でもあった。一九六〇年、六八歳でユニオン神学大学院を引退、しかしその影響力はなお一九六〇年代の末まで続く。引退後、ハーヴァード、コロンビア、プリンストン、バーナード等の諸大学で講義や研究を続け、ユニオン神学大学院でも一九六八年まで上級セミナーを担当するとともに、論文、論説、書評等の執筆活動も旺盛であった。とくに、一九六五年二月以降は、ベトナム戦争のエスカレーションとともに、現実主義的な立場からベトナム戦争反対にも筆をふるっている。雑誌への執筆は一九六八年から急速に少なくなるものの一九七一年まで続き、その年一九七一年六月、七八歳で死去した。

ニーバーの生前に上梓されたモルトマンの著作は、一九六四年の『希望の神学』（英訳は一九六七年）[2]と、一九六〇年から六八年までに発表された諸論文を収録した『神学の展望』（一九六八年）[3]にとどまる。（ちなみに、『人間』[4]の出版はニーバーが死去した一九七一年、『十字架につけられた神』[5]の出版は一九七二年、ニーバーの死の翌年であった。）したがって、少なくとも、『希望の神学』は、ニーバーの目に留まる可能性があった。しかし、実際には、ついに、それを目にすることはなかったようである。ニーバーの著書や雑誌論文・書評等で、モルトマンに触れた部分は見出せない。すでに晩年を迎え病気との闘いに苦しんでいたこともあって、精力的にヨーロッパの神学を吸収しそれと思想的に対峙した往年の鋭さはなくなっていたのであろう。ニーバーがモルトマンと思想的に出会い、それと神学的に対話するには、世代の差は大きすぎた、ということであろうか。[6]

一方、モルトマンにとって、ニーバーはどのような存在だったのだろうか。モルトマンにとってニーバーは、ある意味で特別な存在であった。というのは、モルトマンが、第二次大戦後戦争捕虜としてイングランドのノッティンガムの捕虜収容所ノートン・キャンプに収監されていたとき、そこで初めて読んだ神学書がニーバーの『人間の本性と運命』の第一巻『人間の本性』であった、ということだからである。キリスト教と距離を置いた環境に育ったモルトマンが、聖書を読み、神学に関心を抱くようになったのは、戦争捕虜のキャンプにおいてであった。ノートン・キャンプは、イギリスのYMCAの援助による、戦後ドイツ再建のために設立された教師や牧師を養成する場所であった。神学校が用意され、A・ニグレン（Anders Nygren）ら多彩な神学者たちが訪れ講義した。実は、ニーバーも、実現はしなかったが、一九四七年一〇月に、この神学校の校長から講義の依頼を受けていた(7)。立派な図書館もできていたというが、モルトマンがニーバーのその書を見出したのは、一九四七年、その図書館においであった。当時のかれには、その書の大半は十分理解することができなかったものの、その悲観主義的人間観には強烈な印象を受けた、という(8)。

しかしながら、キャンプから解放され、一九四八年以降、本格的に神学を学び、やがて神学者として活躍するようになるその過程で、おそらくはニーバーの思想をも吸収・検討したに違いないが、実際には、その間、そして現在にいたるまでも、モルトマンがニーバーを著書の中で本格的に扱うことはなかった。少なくとも、『希望の神学』に始まる初期の三大著作とその後の組織神学論叢全六巻(9)、その他、近著『希望の倫理』も含めた主要著書に(10)、ニーバーに触れた部分はまったく見出せないからである。また、最近翻訳されたモルトマンの自伝『わが足を広き所に』(11)においても上に挙げたキャンプでのニーバーの著書との出会いのほかに、ニーバーの名は出てこない。モルトマンは、K・バルト（Karl Barth）やR・ブルトマン（Rudolf Bultmann）らと取り組み、それらと異なる新しい視点の構築に集中していたということであろうか。

実は、そのようなモルトマンが、一度、ニーバーについて、ごく簡潔にではあるが、かなり踏み込んだ考察を公にしたことがある。それは、米国のエモリー大学で客員教授を務めていたモルトマンの指導により、一九八九年、ニーバーの現実主義とモルトマンの政治神学の比較研究で同大学から博士号を取得したR・T・コーネリソン(Robert Thomas Cornelison)の博士論文が、一九九一年に書物として出版されるに際してその書にモルトマンが寄せた「序文」(Foreword)である[以下「序文」と表記](12)。その「序文」で、モルトマンは、ごく簡潔にニーバーとモルトマンについてコーネリソンの扱いが公平正確であり、著者の今後の活動に期待すると述べた上で、残りの大半の紙幅を割いて、ニーバーと自分の違いについて論じたのである。五頁ほどの短い文章であるが、そこには、モルトマンがニーバーとその思想と実践をどのように理解していたか、どのような批判を持っていたかが凝縮されて端的に提示されている。おそらく、これは、モルトマンがニーバーについて論じた唯一の文章ではないかと思われる(13)。

そこで、本章では、この「序文」の内容を検討することをとおして、モルトマンのニーバー評価の特質を理解し、その妥当性を検討することにしたい。また、それによって、明らかとなるニーバーとモルトマンの思想的違いの一端にも触れ、それを、両者の現代的妥当性の検討へ目を向ける契機とすることができればと思う(14)。

一　モルトマンのニーバー評価の概要

モルトマンの「序文」の内容は明快である。「二つの運動[ニーバーのキリスト教現実主義とモルトマンの政治神学]

のより良い相互理解のために、いくつかの特徴といくつかの対立点を自伝的に提示する」ことを目指すとした上で、ニーバーの神学の全般的な性格を指摘し、そののち、ニーバーの問題と思われる点を五項目の命題にして論じ、それを踏まえて、モルトマンから見た、ニーバーとモルトマン自身の基本的な神学的視点の違いを明らかにしている。その内容を追っておこう。

1　ニーバー神学の全般的性格について

モルトマンは、捕虜収容キャンプで初めてニーバーの『人間の本性』を読んだ時のことを振り返って、この書の「罪に対する一定の悲観主義的な態度」には強く引き付けられ、納得したと述べている。それは、当時かれ自身捕虜という絶望的な状況にあったからである。しかし同時に、「希望に満ちた理想世界を『それにもかかわらず確信して』いた」とも付け加えている(15)。これが、ニーバーへの最初のモルトマンの印象であった。それは、素朴なものではあったが、後述するように、その後のモルトマンのニーバー理解を決定づけることになったように思われる。

モルトマンは、ニーバーが、社会福音運動の楽観主義から、キリスト教現実主義における生の悲劇的感覚と呼ばれうる立場へといたる道を歩んできたが、その道は、第一義的には、「各時代のさまざまな出来事という歴史的な文脈によって決定された」道であると見なす。すなわち、一九三〇年代から一九六〇年代にかけて、反共ファッシズムとその体制の恐怖、スターリン・ロシアの圧政と脅威、それらに対する軍事的防衛的デモクラシーの必要といった極端に危機的な世界にあって、キリスト教現実主義の政治学の意義は明白であったとして、モルトマンは、ニーバーの神学の全体的性格を以下のように理解した。

ニーバーが主唱するキリスト教現実主義は、わたしには、共産主義やファッシズムという敵に対して実行可能な力を総動員し、キリスト教的な原則によって人々を説得するための一種の「非常時の神学」（emergency theology）のように見える。当時のアメリカのクリスチャンたちは極度に理想主義の影響を受けていた。それゆえ、ニーバーの著作に現れるのは、リベラルで、社会的もしくは平和主義的ユートピアニズムに対する明白な反論である。あるいは、その反論の中でニーバーが真に反応していたのは、かれ自身のうちにある理想主義的で空想的な思いであったかもしれない。(16)

それに対し、モルトマンは、自身が身を置いた時代状況は違っており、ニーバーとは「反対の方向に向かった」として、こう述べた。戦争の悲惨な経験の中で惹かれたのは、ヘーゲルではなくキルケゴールであり、「歴史の目標としての神ではなく十字架の神学」であった。また、一九四八年、捕虜収容所から解放されてドイツに戻った時、そこで見たのは、ドイツのキリスト教現実主義の保守的シンドロームに圧倒されている社会であり個人である。アデナウアー首相とディベリウス監督の下で目標となっていたのは、新しい未来ではなく、「古い関係の復興」であった。「実験をするな」が当時のスローガンであった［keine Experimente!――一九五七年の選挙でアデナウアーが掲げたスローガン］。その雰囲気が変化し、未来に向かう勇気が目覚めてくるのは、一九五〇年代末から一九六〇年代初めになってからである。E・ブロッホ（Ernest Bloch）と『希望の原理』を発見して、「私的自己」への実存的な関心を後にして、「審判と神の国をもって政治世界に立ち向かおうとする政治神学」に向かい始めたのであった。

モルトマンは、以上のように述べて、一九四五年から一九八九年の「序文」執筆の時点にいたる諸経験が自身の神学に影響を与えたことを認めたが、自身を、「一種の悲劇的な現実主義」から「希望の神学」へと、また「信仰の私的な理解から『政治神学』」へと突き動かしたのは、「時代の状況（コンテキスト）への応答だけでなく、キリスト教の主題（テキスト）の洞察」であったと総括した。(17)

2　ニーバー神学の問題点について

モルトマンは、以上のように、自伝的な背景を踏まえて、ニーバーの立場と自身の神学の全般的な性格の違いを明らかにした上で、「キリスト教現実主義はどれほどキリスト教的か」との問いを立て、その観点から、五項目にわたって、ニーバーの立場に疑問を投げかけ、それに対するモルトマンの見解を提示した。もちろん、モルトマンが、そのような問いを立てたということには、ニーバーの現実主義はキリスト教的とは言えないという判断が含意されていることは言うまでもない。

ここで、五項目の全文を紹介しておこう。なお、原文では各項に表題は付いていない。表題は筆者が便宜的に付けたものである。

(1)「罪」の理解

「罪をそれ自体において認識し定義することは可能であろうか。罪は、神の前で初めて告白可能なのであり、恵みの提示の中で初めてその深さを把握することが可能なのではないのか。罪をそれ自体において利己主義および自己利益として定義するとしたら、神との関わりがなくなる。それは、一般的な現象を説明し、罪を悪として退けるためにそれを『罪』と呼んでいるにすぎなくなる。こうした一般的な人間の現象を変えることができないゆえに、その現象は告発されるだけでなく正当化されるのである。世界はこのようなものであり、いわゆる現実主義者が第一義的に扱うのは、人々の利己主義と自己追求である。それは、『罪人の義認』とは無関係であり、罪それ自体の義認にすぎない[18]」。

(2) 罪と国家権力の関係および罪と神の恵みとの関係

「したがって、そうした『現実主義的な』結果は、罪人の赦しではなく、目前の一般的な罪である利己主義と自己追求にさまざまな限界を設けるために強力な国家権力を要求することである。政治は権力の衝突が基になっているという強調や政治は強制力を行使する国家の本質に属するとの強調は、神の恵みの概念に対応しない原罪論に基づくものではないのか[19]」。

(3) ルター的パラドクシカルな両義的悲観的人間観と神の恵みとの関係

「キリスト教現実主義にとって、クリスチャンであることは、罪人であるという事実を克服することではなく、『義人にして同時に罪人』(simul justus et peccator)というパラドクシカルな存在になることである。このルター的概念が、人間の行動の両義性と悲劇的な人間存在に対するニーバーの強調の最も深い根拠であることは確かである。しかしながら、パウロは、人間の経験から出発してこう述べた。『罪の増し加わったところには、恵みもますます満ちあふれた』(ローマ五・二〇)。ルターも、パラドクシカルな状況を広げて、『事実においては罪人、希望においては義人』(Peccator in re, justus in spe)と言った。わたしの言葉で言えばこうなる。真に現実主義的なキリスト者は希望の人である、と。神の力強い恵みの体験が希望の楽観主義につながると理解することが可能なのは、まさに罪への現実主義的態度のゆえである。これは、決してやみくもで欺瞞的な楽観主義ではない。むしろ、経験のみならず希望をとおして賢明となる楽観主義である」[20]。

(4) 神の超越性と歴史の終焉としての審判とその神の国との関係

「キリスト教現実主義は、神の超越とこの罪の世界に対する神の審判を強調する。それは言うまでもなく正しい。しかし、神の審判はつねに『神の国』の前触れにすぎない。なぜなら、預言的黙示的意味では、世界における神の正義は神の新しい世界の基礎となるからである。神の審判は、終末論的な意味では、一時的なものにすぎない。最後の言葉はこうである。『見よ、わたしはすべてのものを新たにする』(黙二一・五)。不正や罪や死に対する神の『否』は、聖書の解釈に従えば、神が愛によって創造し、それゆえに贖ってくださるすべての被造物に対する神の『然り』に服している。『歴史の終焉』(finis historiae) としての神の審判の終末論的理解で安易に止まる者は、早く止まり過ぎである。万物の新しい創造における『世界の目的』(telos mundi) を発見するために、さらにその先を行く必要がある」[21]。

(5) 創造の原初的な善への信頼と政治の関係

「罪を深刻に受け止めることには、神の善き創造の原初の祝福への信頼に取って代わる能力もなければ、決定的な神の国の希望に取って代わる能力もない。この神学的洞察は次のような実践的な結果をもたらす。すなわち、政治は、そもそも権力の戦いや強制などではなく、人間の合意である。人間が国家を必要とするのは、人々が罪人だからではない。人々が本質的に『共生的』で社会的であるゆえに、国家を造るのである（J・アルトゥジウス）。義はあらゆる国家に必要である。暴力と強制とドイツ的『レアル・ポリティーク』の上に建てられる国家は砂の上に建てられたものである。そこには永続する未来はない」[22]。

3　モルトマンのニーバー評価の結論――悲観主義と楽観主義

モルトマンは以上のように指摘した上で、結論として、ニーバーの立場を「いつも最悪の場合を考える」神学だとして、以下のように整理した。

要するに、未来に対して二つの異なる姿勢がある。一つは、つねに最悪の場合を考慮に入れる姿勢である。最悪のことが起これば、その姿勢は適切であったということになるし、起こらなければ喜ぶことができる。もう一つは、つねに最善に期待する姿勢である。最善のことが起こらなければ失望するが、起これば幸せになれる。わたしは、より良い未来への希望を明け渡すよりも、一千回失望したいと思う。「幻がなければ民は堕落する［滅びる］」のである（箴言二九・一八）。［新共同訳、強調はモルトマンによる。］[23]

最後に、モルトマンは、一九八九年以降の社会主義諸国家の崩壊と新しいドイツとヨーロッパの出現に触れて次のような点を付け加えた。冷戦時代、人々はみな将来への希望を棄てて現実主義者になった。それゆえに、「一九八九年以降、ヨーロッパに起こったことをその一〇年前に予測した人物は、ユートピア主義者と見なされるだけではなく夢想家と見なされて退けられた。だが事実は、そのような人こそ、現状維持的なユートピア主義者の中で、唯一の現実主義者であった、ということである」[24]。
要するに、モルトマンは、「最悪の場合を考慮に入れる姿勢」を持つニーバー的現実主義が、このような歴史の新しい事態によっていかに不適切であったかが証明されたと判断しているのである。

二　モルトマンのニーバー評価の検討

以上のモルトマンのニーバーの理解とそれへの批判は妥当なものだろうか。結論から言えば、残念ながら答えは「否」である。モルトマンのニーバー理解は正確とは言えず、それゆえ当然のことながら、それに基づいた批判も大半適切とは言い難い。

モルトマンのニーバー評の内容は、すでに述べたように、一九四七年、捕虜収容所でニーバーの『人間の本性』を読んだ時の印象の延長上にあると言ってよい。すなわち、ニーバーの「罪に対する一定の悲観主義的な姿勢」である。当時のモルトマンにとってそれは強烈な印象であった。しかし、すでに述べたように、モルトマンはそのニーバーの姿勢に引き付けられながらも、実際には、希望と理想世界の到来への期待を棄てなかった。というより、モルトマンは当時捕虜としての苦しい状況にあり、そえゆえにニーバーの洞察に惹かれたことが、かえって、自らのうちにある楽観主義的な思いに火を付けることになったのかもしれない。そこに、後にモルトマンが、ブロッホの刺激を受けて希望に目を向けることになった素地のいくらかがあったとも言えよう。

いずれにしても、その最初の印象は、どうやらその後のモルトマンのニーバー観に決定的な影響を与えたようである。「序文」は、それが記された一九九一年の時点でもなおその基本が変わっていないことを如実に示しているからである。しかし、それは、モルトマンのニーバー理解にとって益をもたらす結果とはならなかった。最初の印象があまりに強かったため、それによってモルトマンのニーバー理解は大きく損なわれてしまったように見えるからである。ニーバーの思想を一貫して悲観主義的な枠組みで捉えることは、正確なニーバーの理解を阻害こそすれ、それを有利にする道ではない。それどころか、最初の印象を引きずったまなされた「序文」におけるニーバー批判はニーバーのテキストに即しているとは言い難く、結果として、印象批評の域にとどまってしまったとさえ見られよう。

また、そのようなモルトマンのニーバー理解とそれへの批判は、その基本において、モルトマンに特有のものではない。長年にわたってしばしばニーバーに批判的に向けられた視点と多くの点で共通しているからである。

以上の点について、その消息を検証してみよう。

「序文」におけるモルトマンの主張の要点は、ニーバー神学は二〇世紀半ばの状況に対応すべく企図された「非常時の神学」であり、それゆえに人間の分析と時代のへの対応から導き出された神学であって、キリスト教の洞察から導き出された神学ではない、したがって、ニーバーの現実主義はキリスト教的とは言えない、それは、神の国への希望に基づく聖書的な立場ではなく、非聖書的な政治的悲観主義である、ということである。モルトマンは、ニーバーの問題点を指摘するにあたって、「キリスト教現実主義はキリスト教的か」の問いを掲げたが、すでに指摘したように、それは、その問いへの答えが「否」であることを意味していたのである。

モルトマンは、その理由を、五項目の「命題」（theses）として提示したが、それらの項目は内容的にかなり重なるものであり、独立したいわゆる命題とまでは言い難い。そこで、モルトマンの議論を、ニーバーの罪の理解と啓示との関係、ニーバーのいわゆる悲観主義的人間観、ニーバーの終末論と神の国の三点に整理して、その理解の妥当性について検討することとにしたい。

1　ニーバーの罪の理解と啓示との関係（主として第一項、第二項に関係）

この点についてのモルトマンの批判は、ニーバーの「神の恵みの概念に対応しない原罪論」に向けられている。罪を神の恵みとの関わりの中で論じていない、それゆえ、聖書的な罪人の義認とは無関係な罪理解だというのである。それは、「罪をそれ自体において」分析したため、それによって明らかになった「利己主義および自己利益」は単なる人間一般の現象であって、聖書の罪ではない、ということになる。

以上のモルトマンの指摘には、おそらくニーバーの神学的認識論あるいは啓示論への疑惑が含まれている。「罪を神の恵みの概念に応答しない」とか「罪それ自体における」分析ということは、要するに、啓示から出発せずに、人間本性をそれ自体において分析している、ということを意味していると考えられるからである。それはさらに、ニーバーの神学が「状況（コンテキスト）への応答」であって「キリスト教の主題（テキスト）の洞察」に基づくものではないとのモルトマンのニーバー神学全体への疑惑に繫がるであろう。

果たしてそうであろうか。

罪の強調とその展開をニーバー神学の本質的特徴と捉え、それゆえ、かつてニーバーを「罪の神学者[25]」と呼んだり、さらには、その神学を「人間論への還元[26]」と見なしたりする見方さえ現れたが（それらは現在では過剰な判断とされているが）、モルトマンの疑惑は方向としてやややそれに類似するものと言えるかもしれない。

しかし、モルトマンの疑惑は、単にニーバーの罪論が過剰であるということだけではない。ニーバーの罪の扱いは聖書的でない、あるいは、神の恵みの視点すなわち啓示の視点から論じられ分析されていない、ということなのである。したがってそれはかなりラディカルな批判ということになろう。

確かにニーバーは、罪の問題を人間本性の分析から始めている。すなわち「自己」（self）の分析である。その自己が「自然」（nature）と「精神＝霊性」（spirit）の逆説的合流点に立つものであると理解される。人間は、一方で「自然の子」で、その必然性の束縛の中にあるが、他方で、「自然、生命、自己自身、理性、世界などの外側に立つ一つの精神＝霊」でもある。後者は、「自己超越の能力」であり、「自己自身を自らの対象とする能力」である。これこそ「真の『自己』」であり、その特質は端的に「根源的自由」と見なされている。ニーバーによれば、そのような自己超越的自己の局面は、「神の像」（imago Dei）の象徴に相当するのである。しかしそれは、「創造の可能性と破壊の可能性」の両面を含むものであるが、ニーバーは、罪論をそこから展開するのである。[27]

ニーバーは、人間自己は、創造の可能性と破壊の可能性に由来する「不安」あるいは「自由の眩暈」の状況が、誘惑の機会ともなって、罪の「内的前提条件」（internal precondition）を構成する。ニーバーによれば、この人間に不可避的な不安の状況から、罪は「不可避的」に生起するのである。言い換えれば、人間の根源的自由において罪は生起するのである。「歴史のあるところに自由があり、自由があるところ罪がある」。[28]それは「自己中心的自己」（a self-centered self）のなせることであり、その具体的表れを、エゴイズムすなわち「傲慢」に見るのである。傲慢とは言うまでもなく究極的には神との関係のことである。それゆえニーバーは、傲慢の本質を「神への反逆」さらには「神の位置の不当な奪取」と「定義」しているのである。[29]その上で、そうした罪は人間に普遍的であり、その意味においてそれを「原罪」の用語をもって表すのである。それはアダムの罪に関係するとされるが、「歴史的遺伝」的ではなく、人間に不可避的・普遍的であるがゆえである。[30] したがって、「罪をそれ自体において利己主義および自己利益として定義するとしたら、神への関係はなくなる」（第一項）というモルトマンの理解は適当ではない。

ニーバーは、その概念から、人類のあらゆる面における罪の現実を完膚なきまでに暴き出した。それは、ニーバーのきわめて特徴的な部分であり、罪の多様な表れに鋭く切り込むのである。あるときは、自己の内部を心理学的に抉り出し、あるときは政治的視点から集団の罪を糾弾した。いわば、「罪の地形学」（topography）[31] とでも言うべき論述である。その分析の対象となる罪の現象は文字どおり広範多岐に渡る。このようなことが可能なのは、ニーバーにとって、原罪の教理は「経験的にのみ実証しうる教理」[32] であるからである。そしてそのような意味で、聖書の原罪の教理はほかならぬ歴史世界の現実にきわめて明確に妥当するのである。

以上のように、罪自体から、あるいは経験からその聖書的洞察にいたる順序は、ニーバーの罪論だけでなく、たとえば救済論においても見られる。ニーバーは十字架のキリストを、世界の各所・各時代に見られるメシアニズム（救済者待望信仰）のさまざまな形態の分析から始めて、旧約の預言者によるメシアニズムも含めて、それらの諸メシアニズムの問題点を分析し、それとの連続と断絶の弁証法において究極のメシアなるキリストとその十字架の意味を明らかにする。それもまた見方によっては、メシアニズムをそれ自体として分析していて、神の恵みから、あるいは啓示からの分析でない、ということになるのかもしれない。[33]

しかしながら、罪であれ救済論であれ、そこにはニーバーの独特の神学的認識論が踏まえられていることを忘れてはならない。罪に関して言えば、論述の順序として、罪をそれ自体として分析し、そこから聖書の罪理解を受け止めているように見えるが、実は、ニーバーの本質的な議論から言えば、その逆である。ニーバー神学は、啓示に始まりそれに根拠を置く神学である。とくに十字架について、早くより、それを「究極的現実の啓示」として捉え、その姿勢は一貫していた。[34]ニーバーにとって、啓示とはあくまでも神の自己開示である。それは人間の神探求の歴史でもなければ、近代の神解釈でもなく、その究極はイエス・キリストの出来事である。「キリストの生涯と死」が「神の究極的な出来事」であり、「啓示の焦点」[35]とされるからである。これが、ニーバーの基本的な啓示理解である。[36]

それでは、なぜニーバーは罪論を人間自己の分析から始めているのだろうか。なぜ、究極的な「啓示の焦点」から考察を始めないのだろうか。実は、ここにニーバーの啓示と経験、信仰と歴史の関係についての独特な論理がある。ニーバーはその関係を次のように整理する。

われわれの解釈は、あらゆる解釈が最終的分析においてそうであるように、「ドグマティック」もしくは告白的である。[37]

ひとたび啓示を受け入れるならば、経験は、歴史における倫理問題を解釈する適切な原理となる。[38]

歴史的出来事の経過が不可避的に出来事の預言者的解釈［聖書的解釈］を生み出すものではない。しかし注目に値することは、いったん預言者たちの神への信仰が受け止められるとき、歴史はそのような解釈をまさに正当化するということである。それどころか、あるがままの歴史が生み出すのではない解釈原理を持つことなしに、歴史を解釈することはまったく不可能である……分析・解釈の原理として、信仰の何らかの前提を用いないような、出来事の経緯の分析はありえない。[39]

ここには、啓示の洞察あるいは預言者的解釈［聖書的解釈］がニーバーの論述のあくまでも出発であることが明白に主張されている。しかし、「ひとたび」それが受け入れられると、歴史はそれを正当化し、それが今度は歴史解釈の原理となる、というのである。この啓示と経験の間を行き来する仕方で、ニーバーは経験を分析するのである。この姿勢をニーバーは、「信仰の前提と経験の事実の間の循環関係[40]」と呼んだのである。

これは、ニーバーの単なる論述の特徴ではない。それは深くニーバーの啓示理解であり、いわばニーバーの神学的認識論の基本構造である。そして、それは、キリスト教弁証作業にも深く関わっている。

モルトマンの批判は、こうしたきわめて重要なニーバーの特質を見逃している皮相的なものである、と言わざるをえないであろう。

2　ニーバーのいわゆる悲観主義的人間論について（主として第三項および第五項に関係）

モルトマンは、ニーバーの罪論の啓示との関係に疑義を呈するとともに、その罪理解からくる「悲劇的な人間存在」理解を問題にした。ニーバーにおいては結局「罪人であるという事実を克服すること」がなく、ただ「義人にして同時に罪人というパラドクシカルな存在」にとどまっているからである。そこでは、神の力強い恵みの体験が不足し、希望にいたらないのである。さらに、ニーバーには、「神の善き創造の原初の祝福への信頼」が欠如していると見なす。

ニーバーの人間論が悲観主義的である、ということは一般にそのように理解されているとおり、ある程度確かである。しかし、より厳密にニーバーの思想をたどっていくと簡単にそのように断定することはできない。

ニーバーが罪をとくに取り上げ、人間の普遍的な事実としていかに人間がエゴイズムに染まっているかを、当時ほとんど一般には忘れられていたと言ってもよい「原罪」の語を用い、「罪の地形学」的洞察を駆使して明らかにした。それは、この主張をした二〇世紀半ば、「人間の無垢と徳への信頼の中で育てられた」アメリカの知識人たちに「驚愕」をもって受け止められた。[41] それゆえ、ニーバーは「罪の神学者」と呼ばれ、悲観主義的人間観がニーバーの思想の主要な特徴であるかのように理解されるようになった。

しかし、ニーバーは、決して人間を罪のカテゴリーでその特質のすべてを説明したわけではなかった。実際、すでに述べたように、ニーバーの分析した人間自己は、「創造の可能性と破壊の可能性」の両面を含むものであった。人間には「破壊の可能性」とともに「創造の可能性」もあるのである。

それゆえ、ニーバーは、『人間の本性』において、人々を「驚愕」させた罪についての論述の後、この書の最後に、人間の「原義」(justitia originalis) についての章を設け、罪によって損なわれてはいるものの、人間の創造的局面が間違いなく残っていることを詳細に論じているのである。しかも、「原罪」の用語（内容ではなく）については、晩年、現代人に誤解されやすい用語であったとしてその使用の撤回を表白したことがあったが、それよりもいわば中世的な「原義」の用語をラテン語のまま使用して論じた。そこから明らかになることは、ニーバーは、原罪の用語をもって人間の罪性を強調するとともに、「原義」の用語をもって人間の義なる性質、創造的可能性へと至る局面を同程度に強調した、ということである。言い換えれば、ニーバーは、人間を終始一貫、原罪と原義の弁証法の中に見ていたのであり、さらにはそのような人間を歴史のドラマの弁証法の中で捉えていた、と言ってよい。

ニーバーの「原義」論において結論的なことは、いかに汚され堕落していようとも、人間の本性には、本来的原初的な「義」もしくは「完全」の次元の片鱗が、「神の像」(imago Dei) として残存しているということである。罪は不可避的普遍的にすべての人間をおおっているが、それにもかかわらず、「罪は人間の真の本質の腐敗ではあっても、その破壊ではない」、人間は病気ではあるが死んではいない。これがニーバーの、罪の普遍性と不可避性と重大性を徹底して強調したニーバーのもう一つの、しかもきわめて重要な確信である。

その「原義」をニーバーはこう理解する。それは、人間が普遍的に体験する「かつての祝福された状態の記憶」である。罪は決して正常なものではなく、つねに異常な事態として自覚されているという事実である。そこには「かつて破った律法の反響が良心の中に響き渡っている」という人間内部における体験がある。すべての人間は誰しも自分が本来どのようにあるべきかを意識しており、したがって現在の状態と本来あるべき状態との間に存在する矛盾と、そこに生じる不安とをつねに意識しているのである。そしてその意識と記憶は、「自己自身を超越する瞬間の自己」そのものである。すなわち、原義は、「自由な人間の究極的な要求として人間とともに存在する」のである。その「要求」また「律法」として良心の中に響き渡っているのは、端的には、神と隣人への愛の戒め（マタイ二二・三七—三九）である。ニーバーによれば、それは律法以上のものであり、「人間の究極的な律法」であり、そのような律法としての原義は要求として人間のうちにあるのである。(42)

以上のように、ニーバーは、罪論に劣らない雄弁さで人間の原義と可能性について論じている。とはいえ、ニーバーの原義は、きわめて弁証法的に緊張した仕方で理解されている。それゆえ、ニーバーのこの姿勢になお悲観主義を見ることも可能であろう。しかし、ニーバーは、この原義論を基礎に、その後、破壊性や歴史の限界を踏まえながらも、多様なかたちで人間の創造性と歴史の可能性を語るのである。その一つを挙げれば、ニーバーには、「決定されていない諸可能性」(indeterminate possibilities)[43]の強調がある。これは、ニーバー研究においてもそれほど注目されていない概念である。しかし、これはニーバーを理解する場合、きわめて重要な鍵となる概念である。ニーバーは、歴史に可能性を見ていたのである。

以上のことに照らしてみるなら、ニーバーを「ルター的」としてのみ捉えるわけにはいかない。それどころかニーバーは、ルターの義認論を高く評価しながらも、そこには「敗北主義」ないし「静寂主義」があると繰り返し批判してもいるのである[44]。(ちなみに、モルトマンも、ルターについてその「十字架の神学の政治的意味での限界」として、ニーバーのルター批判に類似する見方を提示している[45]。)

ニーバーの人間論を悲観主義と見なす見方は、いささか正確さに欠けると言えまいか。もちろん「罪を深刻に受け止めることには、神の善き創造の原初の祝福への信頼に取って代わる能力もなければ、決定的な神の国の希望に取って代わる能力もない」(第五項)とのモルトマンの指摘はニーバーにとってもそのとおりである。それゆえニーバーにとって、「キリストは、創造された秩序の啓示を超えそれ凌駕する自らの贖いの生命力において神を啓示する贖罪者である[46]」。モルトマンは、ニーバーが罪を指摘することで人間の問題を解決できると考えていると見なし、ニーバーの現実主義を「ドイツ的『レアル・ポリティーク』」と同一視しているが、それはニーバーへの大きな誤解である。ニーバーが主張したのは、キリストの贖罪を背後においた、人間本性における罪と義、破壊性と創造性の弁証法において人間と歴史を捉えた「キリスト教現実主義」であって、一般の政治的現実主義ましてやいわゆる「レアル・ポリティーク」とはその本質において大きく異なるものであった[47]。

3　ニーバーの終末論と神の国（第四項に関係）

モルトマンは、ニーバーの「神の超越と罪の世界に対する神の審判の強調」が、神の裁きが「つねに『神の国』の前触れにすぎ」ず、「一時的なものにすぎない」という側面を十分に捉えていないと批判した。

確かにニーバーは、神の超越と審判ないし終末を強調する。しかしそれはモルトマンが理解するように単純ではない。すでに述べた、人間の創造性と歴史の可能性についてのニーバーの弁証法的理解は、審判ないし終末に対するニーバーの解釈にも及んでいるからである。

ニーバーにとって、審判、神の国、永遠といった終末論に関する理解は一様ではない。その特質は、つねに徹底した弁証法的二面性の保持にある。ニーバーの終末論の性格は、あえて単純化すれば、実存的現在的性格と時間的未来的性格が、微妙な弁証法的緊張関係を保ちつつ、その全体を捉えているところにある。それは、歴史を、「すでに」と「まだ」の緊張関係にある、歴史の「意味の開示と成就の間の『中間時』」として捉えるいわゆる救済史的終末論の大枠における終末の理解である。(48) 中間時の歴史は、現実的には両義性、予測不可能性、神秘性などによって特徴づけられ、そのような緊張感を保ちながら終末へと向かう。しかし、その終末は歴史を否定することではない。ニーバーによれば、「歴史の究極的な完成は、歴史的な過程を超えたところにある」と同時に、「終末は歴史的過程を否定するのではなく完成する」ものだからである。(49) ニーバーにとって、歴史の終末はいわゆる「終焉」(finis) ではない。それは歴史の意味の成就であり完成である。そうであれば、ニーバーは、安易にそこで終わっているわけではない。

ただ、モルトマンが「神学的着想の冒険」をもって歴史の終末のその先にまで、すなわち「神の国」の現実にまで目を向けようとするのに対して、社会福音的神の国の待望に失望したニーバーが、終末の先にはほとんど目を向けず、それを神の秘義に委ねているということは事実である。[50]とはいえ、それは、ニーバーが終末をもっぱら否定的に理解しているということを意味するものではない。したがって、ニーバーは「被造物に対する神の『然り』」を否定しているわけではない。まして、「歴史の終焉としての神の審判の終末論的理解で安易に……早く止まり過ぎである」とは、ニーバーの立場に対する行き過ぎた解釈である。モルトマンはニーバーの終末論の弁証法的性格に満足できなかったということなのであろう。

三　ニーバーとモルトマンの違い

以上、モルトマンが提示したニーバーへの五項目にわたる評価の基本的な内容について、その妥当性を検討してきた。ここでは、それを踏まえて、「序文」における、ニーバーの神学の全体に対する評価についても、その妥当性を問い、その上で、ニーバーとモルトマンの神学的な違いについて検討してみよう。

1　ニーバー神学全体へのモルトマンの評価

モルトマンのニーバーへの疑義は、次の三点にまとめられるであろう。第一は、ニーバーの神学ないし現実主義は、「時代の状況(コンテキスト)」への対応から引き出されたものであって、「キリスト教の主題(テキスト)の洞察」からではない、という点である。第二は、ニーバーの神学は、ニーバー自身も含むニーバーの時代状況を受けて、一方でファッシズムや共産主義の危機に対して、他方でアメリカにおけるリベラリズムへの対応としての「非常時の神学」（emergency theology）であった、という点である。第三は、そのようなニーバーの神学は、結果として、悲観主義に色濃く染められた立場であって、そこには真の希望がなく、時代の新しい事態に対応することができないものであり、実際対応できなかった、ということである。

以上の、モルトマンによるニーバーへの立場への疑義は、いわばニーバーの立場を根底から問題とするラディカルなものである。しかし、ニーバーをそのように判断することには妥当であろうか。

第一の点については、すでに検討した、ニーバーにおける経験と啓示の循環関係という神学的認識論の議論がその答えになるであろう。ニーバーにとって時代の状況（コンテキスト）がきわめて重要であったことは言うまでもない。あるいはそれはニーバーのとくに特徴と言ってよいかもしれない。しかしそれにもかかわらず、ニーバーの神学の出発はあくまでも啓示（テキスト）であった。そうだとすれば、第二に、ニーバーの神学を、時代の危機に対応する「非常時の神学」と見なすことは適切ではないであろう。ニーバーにあっては、啓示から出発して経験を分析することによって、啓示の歴史的妥当性を見出し、その分析をもって、時代の問題と立ち向かった、ということではなかったか。確かにニーバーにとって、歴史の当面の問題は、ファッシズムや共産主義であり、道徳的シニシズムやロマンティシズムないしリベラリズムであった[51]。ニーバーはそれらの問題をキリスト教の主題をもって分析し批判しその克服をはかったのである。決してその逆ではなかった。

したがって、ニーバーにとって、問題は時代に制約された問題であり、その問題を分析しその本質をあぶり出す作業がかなりの部分を占めることになった。それゆえ、ニーバーの現実主義における積極面の不足を指摘する声がある。しかしそれは、批判されるような悲観主義ではない。ニーバーは、実際には希望を語り、確固として歴史の可能性を見ていたからである。

モルトマンは、「一九八九年以降、ヨーロッパに起こったこと」をニーバー的現実主義が見通すことができなかったとし、希望を抱き続けた者のみが、一時は夢想主義者として退けられたが、それを予測した、むしろかれらこそ「唯一の現実主義者」であったと示唆している。モルトマンらがどの程度その出来事を予測できたのかについては知らない。しかし、次の事実は挙げておかなければならないであろう。ニーバーが、一九五二年の時点で、かつてイスラム・トルコが「内部における腐敗によって自ら滅んでいった」ように、共産主義ロシアもまた同様に内部崩壊していくであろう、ただしそれにはなお「数十年を必要とする」であろうと述べ、そのことを認識し、その時まで「必要な忍耐」を持つためには、「より大きな歴史の流れ」を忘れないことであると付け加えていた、という事実である。[52] ニーバー的現実主義の視野は、目先の緊急非常事態にだけ向けられていたのではない。非常な慎重さをもってではあるが、むしろそれを超えるはるかな歴史の先を見ようとしていたのである。

2 罪の問題

以上のように、「序文」に提示されたモルトマンのニーバー評は妥当とは言えない。しかし、この「序文」は、そのままモルトマン自身の神学の特徴を端的に示すものともなっている。この点について最後に簡単に触れておきたい。その重要なポイントはおそらく罪に関わる問題である。なぜなら、悲観主義の問題も希望をめぐる議論も究極的に罪の理解にかかっていると言ってよいからである。[53]

モルトマンの「序文」（第一項、第二項、第三項）の内容から伝わってくることは、ニーバーの罪への関心を過剰と見なしている、ということである。もちろんすでに検討したように、モルトマンは、ニーバーの罪へのアプローチが適切でないという啓示との関係や認識論的問題も提起した。しかし、同時に、ニーバーの罪への関心は聖書的ではない、キリスト教的ではない、との意識を強く持っていることもまた明らかである。すなわち、ニーバーの罪論では、「義認」や「罪人の赦し」が力を持っておらず、罪に対する恵みの勝利が十分に主張されていない、ルター的「義人にして同時に罪人」にとどまっているというのである。そしてモルトマンは、罪を真に現実主義的に受け止めるならば、むしろそれは「神の力強い恵みの体験が希望の楽観主義につながる」と主張するのである。

ここで明らかになることは、罪の理解について、両者の間に違いがあるということである。しかし、それは、罪の重大性の軽重、深浅の問題ではない。むしろ、罪の性格の問題である。そしてそれは両者の十字架の理解に深く関わる。ニーバーにとってもモルトマンにとっても、十字架が神学の究極の規準ないし主要なモチーフであることは言うまでもない。ニーバーの神学を「十字架の神学」として捉えることはしばしばなされており、それは妥当な解釈であると言ってよいからであり、モルトマンの神学については、モルトマン自身がそう公言しているからである。(54)

ところが、その内容は非常に異なっている。ニーバーの十字架の理解は、贖罪論としておおむね伝統的な理解の下にある。ニーバーにとって十字架の主題は、徹頭徹尾、罪の問題であり、それからの救済である。その救済は、過去の歴史的な解釈には多様な批判も持ちながら、全体としては、やはり伝統的な贖罪論の線で解釈されている。十字架につけられたキリストは、「苦難のメシア」であり、その苦難は「代償的苦難」また「代償的愛」だからである。(55)ただ、その十字架の神学は、ルター的十字架の神学を「歴史的現実の中に持ち込まれたところの十字架の神学」として、歴史的次元に開かれている神学であった。(56)しかしなおそれは、罪からの贖罪的救済また和解の神学であり続けた。

一方、モルトマンの場合は伝統的理解とは異なる。モルトマンにとって十字架の主題は、罪というよりも《苦難》であるからである。すなわち神義論的な問題である。したがって、『十字架につけられたキリスト』の主題は、贖罪ではなく、御子における神の死であり――それは神を不死とする伝統的「神概念の革命」を意味する――、そのようにして苦難の中にある人間と連帯する神であり、人間を苦難から解放する神である。そこではむしろ伝統的救済論ないし贖罪論の放棄さえ主張する。(57) したがって、モルトマンは、ルターの十字架の神学には「政治的な意味での限界」があったとし、「十字架の神学を世界理解と歴史理解に至るまで展開し……社会批判にも関わる十字架の神学」を志向したのである。(58) それはもはや伝統的贖罪論、和解の神学ではなかった。

こうして、ニーバーとモルトマンの間には、罪をめぐり、十字架の理解をめぐり大きな違いが生じているのである。

おわりに

以上、モルトマンがニーバーについて評価した小さな文章に表されたモルトマンのニーバー理解がいかに妥当性に欠けるものであるかを論じてきた。また、そこに明らかになっている両者の神学的特徴の一面にも触れてきた。

かつて、モルトマンの『希望の神学』が世に出た時、大木英夫教授は、その著を、「神学の最先端の問題と取り組みながら組織神学それ自体を社会問題とかみ合わせようと志向する」試みとして、また、「二〇世紀のプロテスタント神学をもうひとたび『組織神学から社会倫理へ』と転換せしめるという可能性」を持ったものとして高く評価したが(59)、その上で、その問題点を、「根本的な宗教問題」として次のように指摘した。

　はたしてキリスト教を〈希望の宗教〉として性格づけることは、キリスト教の本質にふさわしいだろうか……これは、キリスト教をユダヤ教の一セクトにしてしまうのではないだろうか……キリスト教的宗教性は、〈希望の宗教〉の切断から、切り株から新芽が出るように、発生する全く新しい宗教なのである……ということは、キリスト教が〈希望の宗教〉の発展ではなく、克服だということである。つまりキリスト教的宗教は〈希望〉のスタイルでえがかれてはならない……キリスト教は単なる〈希望の宗教〉としてではなく、〈愛の宗教〉として自己を現したのである……キリストの十字架と復活において……〈愛〉が開示されているのである……十字架は、ユダヤ的希望の宗教との絶対的対立を表すだけでなく……宗教的に偽装されたエゴイズムに対する徹底的否認［審判］を示しているからである……モルトマンは、〈約束〉の視点から歴史的世界の視野をもつのに対し、われわれは、〈審判〉の視点から世界的視野を得るのである……モルトマンにおける〈審判〉の把握の弱さが問題となる……(60)。

　この指摘は、われわれの議論の根本に触れているように思われる。モルトマンの問題を指摘する大木教授の視点はニーバーのそれに重なると言って過言ではないであろう。希望は、旧約からの視点を将来へと展開したものである。しかし、愛は、それを切断しその上で新しい世界を切り開くものである。モルトマンは人間の問題の本質を、罪であるよりも苦難と考えた。苦難は解放の対象であろう。しかしニーバーは神への反逆として、それゆえにエゴイズムとして顕れる罪そのものを重視した。罪は贖罪の対象であろう。贖罪は十字架に象徴される審判を含む、《否定媒介》による救いである。解放はむしろ《約束》の成就である[61]。

モルトマンのニーバーを批判的に考察した小さな論考は、モルトマンがニーバーをどのように受け止めていたかを示すきわめて貴重なものである。その批判自体は妥当ではないとしても、そこには、結果として、モルトマンとニーバーの神学的違いが浮き彫りにされているとも言えるからである。そして、その違いは深遠な神学的議論を誘発するはずである。しかし、モルトマンの論考は、そのような次元における、ニーバーとの創造的な対話を示唆するものではなかった。それは悔やまれることではあるが、むしろ、それはわれわれに課せられた課題と考えるべきなのかもしれない。

ニーバーの《否定媒介的歴史の神学》とモルトマンの《連続的約束的歴史の神学》は、一方はアメリカにあって、他方はヨーロッパにあって、歴史の諸問題と取り組んだ神学であった。二一世紀を生きるわれわれは、それぞれの神学の意義をどのように受け止めるべきだろうか。

注

（1）*The Nature and Destiny of Man: A Christian Interpretation* Vol. I: Human Nature（New York: Charles Scribner's Sons, 1941, 以下 NDM I), Vol. II: *Human Destiny*（New York: Charles Scribner's Sons, 1943, 以下 NDM II).

（2）ユルゲン・モルトマン『希望の神学――キリスト教的終末論の基礎づけと帰結の研究』高尾利数訳（新教出版社、一九六八年、原著一九六四年）。
（3）ユルゲン・モルトマン『神学の展望――現代社会におけるキリスト教の課題』喜多川信、蓮見和男訳（新教出版社、一九七一年、原著一九七一年）、iv頁。
（4）ユルゲン・モルトマン『人間――現代の闘争の中におけるキリスト教人間像』蓮見和男訳（新教出版社、一九七三年、原著一九七一年）。
（5）ユルゲン・モルトマン『十字架につけられた神』喜多川信、土屋清、大橋秀夫訳（新教出版社、一九七六年、原著一九七二年）。
（6）もっとも、モルトマンと並ぶ同世代のドイツの神学者ヴォルフハルト・パネンベルクとは、パネンベルクが一九六七年、ニューヨークにニーバーを訪ねて対話するという直接の接触があったことからすると、ニーバーとモルトマンとの間にその機会が訪れなかったのは残念なことであった。ヴォルフハルト・パネンベルク『神学と神の国』近藤勝彦訳（日本基督教団出版局、一九七二年）参照。
（7）Ernst Dannan to Reinhold Niebuhr, October 21, 1947 in Niebuhr Papers, Container 5. ちなみに、この書簡によると、神学校の名称は Der Evangelische Theologische Schule für Deutsche Kriegsgefangene in England とされ、校長ダナン自身も捕虜の一人であった。
（8）ユルゲン・モルトマン『わが足を広きところに――モルトマン自伝』蓮見幸恵、蓮見和男訳（新教出版社、二〇一二年）、五八―六一頁。Robert Thomas Cornelison, *The Christian Realism of Reinhold Niebuhr and the Political Theology of Jürgen Moltmann in Dialogue: The Realism of Hope* (San Francisco: Mellen Research University Press, 1992), ii. およびJ・モルトマン『神の到来――キリスト教的終末論』J・モルトマン組織神学論叢5、蓮見和男訳（新教出版社、一九九六年）、八頁。モルトマンは、「ドイツ観念論の詩人や哲学者と共に育ってきた」が、聖書を読んだのは、ベルギーの捕虜収容所でアメリカ人チャプレンによって新約聖書を与えられてからのことであったという。
（9）『十字架につけられた神』および『聖霊の力における教会』喜多川信他訳（新教出版社、一九八一年、原著一九七五年）。

（10）『神学の展望』（一九七一年、原著一九六八年）、『二〇世紀神学の展望』〈「二〇世紀における神学の道」、「今日の神学の調停」、「戦後ドイツの神学」、「希望の神学」の四論文を所収。原著それぞれ、一九八四、一九八六、一九七九、一九八五年〉渡部満訳（新教出版社、一九八九年）、*Ethik der Hoffnung* (2010, ET: *Ethics of Hope*, 2012)。

（11）モルトマン『わが足を広きところに』。

（12）**Jürgen Moltmann, "Foreward," Cornelison,** ***The Christian Realism of Reinhold Niebuhr and the Political Theology of Jürgen Moltmann*****, i-v.** モルトマンがエモリー大学キャンドラー神学大学院の客員教授を務めたのは、一九八三年から九三年までであった。コーネリソンがPh．D.の学位を取得したのは一九八九年である。また、コーネリソンは、院生として、モルトマンおよび当時やはりエモリーで客員教授をしていたアルゼンチンの解放の神学者Ｊ・Ｍ・ボニノ（**Jose Miguez Bonino**）の両者の助手を務めたという。**Cf. Ibid., vii.**

（13）これは現在の時点での推測であり、注も含めて本章で触れたモルトマンの著作以外で、ニーバーを論じた部分があるかどうか、詳細は未検証である。

（14）ちなみに、これまでのところニーバーとモルトマンを比較した研究はきわめて限られている。本格的なものとしては、おそらく、コーネリソンのほかには、その数年前になされた千葉眞教授の研究（**Shin Chiba, "Transcendence and the Political," Ph. D. Dissertation, Princeton Theological Seminary, 1983.** 後に若干の修正と付加を施した日本語版『現代プロテスタンティズムの政治思想――Ｒ・ニーバーとＪ・モルトマンの比較研究』新教出版社、一九八八年）に限られるであろう。いずれも優れた研究である。ただ、コーネリソンは、千葉教授の博士論文を参照はしているが対話の相手としていないように見える（参考文献では、千葉教授の書をニーバー研究としてだけ位置づけ、著者名を注も含め終始、**C. Shiba** と誤って表記している）。コーネリソンにとって貴重な先行研究だけに千葉教授の研究をもっと重視してしかるべきであったと思われる。

（15）**Moltmann, "Foreword," ii.**

（16）**Ibid.**

（17）**Ibid., ii-iii.**

（18）**Ibid., iii.**

(19) Ibid., iii–iv.
(20) Ibid., iv.
(21) Ibid.
(22) Ibid., iv–v.
(23) Ibid., v. 強調はモルトマンによる。
(24) Ibid.
(25) Bob E. Patterson, *Reinhold Niebuhr* (Waco, TX: Word Books, 1977), 81.
(26) Richard Shaull, "Theology and the Transformation of Society," *Theology*, 25 (April, 1968): 24–25.
(27) この段落について以下を参照。NDM I, 1–4, 54–56; *The Self and Dramas of History* (New York: Charles Scribner's Sons, 1955), i, 17, 33, 49.
(28) NDM II, 80.
(29) NDM I, 16, 179.
(30) この段落、NDM I, Chapter VII を参照。
(31) この表現は以下による。William John Wolf, "Reinhold Niebuhr's Doctrine of Man," in *Reinhold Niebuhr, His Religious, Social, and Political Thought*, eds. Charles W. Kegley and Robert W. Bretall (New York: Macmillan Co., 1956), 241.
(32) *Man's Nature and His Communities: Essays on the Dynamics and Enigma of Man's Personal and Social Existence* (New York: Charles Scribner's Sons, 1965), 24.
(33) ニーバーのメシアニズム論（諸メシアニズムとキリストの関係）については以下を参照。NDM II, Chapter I and II.
(34) *An Interpretation of Christian Ethics* (New York: Harper and Brothers, 1935), 90.
(35) *Faith and History: A Comparison of Christian and Modern Views of History* (New York: Charles Scribner's Sons, 1949), 141.
(36) Cf. NDM I, 125–149.

(37) NDM I, 6.
(38) Ibid., 97.
(39) Ibid., 141.
(40) "Intellectual Autobiography," in *Reinhold Niebuhr, His Religious, Social, and Political Thought*, 9, 16. それゆえ、ニーバーは次のように言うこともできた。「規範的人間としてのキリストという教理は、自然宗教と啓示宗教の間に止まろうとする。というのはこの教理は、人間の道徳的生を厳密に分析するなら、永遠と接する次元があるという意味で自然宗教に属し、信仰がなければその意味を最終的な論理帰結まで突き詰めることができないという理由で啓示宗教に属するからである」(NDM II, 75-76)。
(41) チャールズ・C・ブラウン『ニーバーとその時代――ラインホールド・ニーバーの預言者的役割とその遺産』高橋義文訳（聖学院大学出版会、二〇〇四年）、二頁。これは、A・M・シュレシンジャー（Arthur M. Schlesinger, Jr.）がはじめてニーバーの罪の思想に接していだいた感想である。
(42) 以上、原義については、NDM I, Chapter X. なお、ニーバーの罪論と原義論に関する詳細な議論については以下を参照。高橋義文『ラインホールド・ニーバーの歴史神学――ニーバー神学の形成背景・諸相・特質の研究』（聖学院大学出版会、一九九三年）第五章。
(43) *Faith and History*, 230.
(44) NDM I, 185-187. さらに187-198を参照。
(45) たとえば、『十字架につけられた神』、一一三頁。
(46) NDM I, 28.
(47) ニーバーは、H・J・モーゲンソー（Hans J. Morgenthau）ら、現実主義政治学者たちと現実政治において多く同じ立場に立った。しかしニーバーは、かれらとキリスト教的な視点では違っていたと、しばしば確認している。たとえば *Man's Nature and His Communities*, 70-75.
(48) Ibid., 49, 288. 高橋義文『ニーバーの歴史神学』第六章参照。
(49) NDM II, 291.

(50) モルトマン『神の到来』、六―九頁。これに対し、ニーバーは「キリスト教的希望を表現する際、ある程度の節度を持った抑制を維持する重要性」(NDM II, 298) を主張する。
(51) ニーバーの以下の著書はまさにそれとの戦いの書である。そこでは、ナチスやファッシズム、あるいは共産主義だけが批判の対象ではなく、自国アメリカやリベラル・デモクラシーをもその対象としているのである。『光の子と闇の子――デモクラシーの批判と擁護』武田清子訳（聖学院大学出版会、一九九四年、原著一九四四年）、『アメリカ史のアイロニー』大木英夫、深井智朗訳（聖学院大学出版会、二〇〇二年、原著一九五二年）。
(52) 同、一九三―一九五頁。
(53) ニーバーとモルトマンの違いについての包括的な議論は、コーネリソンと千葉眞教授の研究『現代プロテスタンティズムの政治思想』を参照。とくに千葉教授の研究におけるニーバーとモルトマンの比較はより包括的で、その指摘は説得的である。
(54) ニーバーは自ら自分の立場を十字架の神学と称したことはないが、その概念で受け止められることは時々なされている。たとえば、Douglas John Hall, "The Logic of the Cross': Niebuhr's Foundational Theology," in *Reinhold Niebuhr Revisited: Engagements with an American Original*, ed. Daniel F. Rice (Grand Rapids, MI: Eerdmans Publishing Co., 2009); 高橋義文『ニーバーの歴史神学』、二五五―二六五頁等を参照。モルトマンが、自分の立場を自らしばしば十字架の神学と称していることは周知のことである。コーネリソン書への「序文」および、ユルゲン・モルトマン『十字架につけられた神』喜多川信他訳（新教出版社、一九七六年）を参照。
(55) **NDM II, 44-46.** 千葉眞『現代プロテスタンティズムの政治思想』、三五三―三五四頁、および高橋義文『ニーバーの歴史神学』、二四七―二四八頁参照。
(56) 大木英夫「ニーバー」小林公一編著『キリスト教教育の背景』（ヨルダン社、一九七九年）、一〇七―一〇八頁。
(57) モルトマン『十字架につけられた神』、五三頁。
(58) 同、一〇二―一一七頁。
(59) 大木英夫「組織神学から社会倫理へ――『希望の神学』の実践的志向の批判的考察」大木英夫『歴史神学と社会倫理』（ヨルダン社、一九七九年）、三〇二頁。この論文は、元来『今日と明日の間の神学』（『福音と世界』臨時増刊号）第一号、一九六八年、に所載されたものである。なお以下も参照。大木英夫「バルトとモルトマン――三位一体論、とくに聖霊論の対比」『ユルゲン・モルトマン研究』組織神学研究会編（聖学院大学出版会、一九九八年）、三―四一頁。

（60）大木英夫「組織神学から社会倫理へ」、三一一―三一三頁。

（61）モルトマンに贖罪論の契機が希薄であることについては、その問題点も含め、近藤勝彦教授が同様の見方を展開している。以下を参照。近藤勝彦『キリスト教倫理学』（教文館、二〇〇九年）、三一四―三一八頁、近藤勝彦『二十世紀の主要な神学者たち』（教文館、二〇一一年）、九八―一一〇頁。

第八章　スタンリー・ハワーワスのニーバー批判をめぐって

はじめに

近年、ニーバーの批判を最も激しく展開してきた神学者が、S・ハワーワス（Stanley Hauerwas）であることは、研究者たちには周知のことである。ハワーワスは、二〇〇一年度ギフォード講演者として、英国セント・アンドリューズ大学に招かれて、とくに著名な神学者として評価されるようになったが、[(1)] その講演は同年、『宇宙の筋目に沿って――教会の証しと自然神学』（*With the Grain of the Universe: The Church's Witness and Natural Theology*）[(2)] と題されて出版された（以下*Grain*と表記）。この書は、かつてギフォード講演を担当したW・ジェームズ（William James）とニーバーとK・バルト（Karl Barth）の三者を取り上げて論じながら、自らの神学的立場を打ち出したものである。そこに際立っていたのは、自然神学の概念規定の奇抜さに加えて、何よりも徹底したニーバー批判である。しかもその批判は驚くほど手厳しいものであり、完膚なきまでにニーバーの神学的政治的プログラムのすべてを否定し去るというおそらくこれまでに類のないものである。[(3)]

もっとも、ハワーワスがニーバーを批判したのは、この書が初めてではない。おそらくまとまった論文としては、一九七六年に出された「歴史的ニーバーの探求」[4]が最初の本格的なニーバー批判ではないかと思われる。その後、いくつもの論文や著書でニーバーに批判的に触れることになるが、それらの集大成のようにして包括的・本格的にニーバーを論じたのが、このギフォード講演である。

とはいえ、この書は、ニーバー論に終始しているわけではない。それは、ニーバーをジェームズとバルトととも に、とりわけバルトとともに扱うことをとおして、ハワーワスの重要な神学的主張が展開されている。この書が、「ハワーワスのプログラムの決定的な声明」[5]などと言われるのもこのゆえであろう。

そこで、本章では、このギフォード講演におけるニーバー批判の要点を整理し、その上で、ハワーワスの意図の基本的問題を指摘し、それに照らしてニーバーの思想の意義について考えることにしたい。

一　ハワーワスによる「自然神学」の再規定——ニーバー批判の前提

ハワーワスは、ギフォード講演が元来自然神学についての講演として設置されたものであったことから、自然神学を背景としてジェームズ、ニーバー、バルトを検討する。しかし、ハワーワスの自然神学は、従来理解されてきた概念をまったく覆すものであった。従来、自然神学は、神の啓示の一部とみなされる創造された秩序についての理性的手段による思索をとおして、神に関する特定の知識を獲得する試みという学問分野である。それは、また、神が存在するという主張への哲学的な基礎を説明する企てとしても定義される。言い換えれば、「自然神学は……神についてのキリスト教独特の説明を構築する普遍的に接近可能な基礎を……提供すること」であった。[6]

ところが、ハワーワスは、以上のような従来の自然神学は、トマスへの誤解および啓蒙主義と宗教改革の所産であって、そこで扱われる神は三位一体の神ではないとして、新たな再定義を試みる。それによれば、自然神学とは、「キリスト教的確信が、神の善き被造物として存在するすべてを描写するためにどのように働くかを明らかにすること」（*Grain*, 142）であり、それは、「たとえ罪の状態の下でさえ、世界が神に捨てられていないことを証しする試み」（*Grain*, 20）でもあるという。

言い換えれば、「十字架の卓越性」を主張することである。ハワーワスに示唆を与えたのは、J・H・ヨーダー（John Howard Yoder）の「十字架を負う人々は宇宙の筋目に沿って働く」（*Grain*, 17）[7]という言葉である。「宇宙の筋目」（the grain of the universe）に沿うことこそ自然神学の営みだと考えるのである。したがって、ハワーワスは、十字架が神と世界についての真の知識にとって決定的であると考える。十字架を負うことは宇宙が真にそれである道の中核に位置するのである。

この自然神学の概念を規準として、ジェームズを、科学的な形をとった自然神学、「大学が……教会の代替となる」（*Grain*, 85）ような自然神学として、ニーバーを、「神学的主張を、かれの時代の科学的政治的前提に受容されやすくしようとする仕方で、それに順応させ（naturalize）」（*Grain*, 115）、「あらゆる確信を、デモクラシーの企図を維持させるために重要かどうかという点からその重要性を判断する」（*Grain*, 40）ような、「人間性から神へと向かう」（*Grain*, 108）自然神学としてともに退け、バルトをハワーワスの言う意味での自然神学として高く評価し、バルトを「ギフォード講演の偉大な『自然神学者』」（*Grain*, 9–10, 20）と宣言するのである。

二　ハワーワスのニーバー批判の概要

すでに述べたように、ハワーワスは、ニーバーの神学を究極的に従来の自然神学の試みとして批判する。そのニーバー批判の姿勢は徹底しており、その目は、ニーバー神学のあらゆる面に向けられている。それらは相互に重なり合っているが、便宜上箇条書きに整理してみると以下のようになろう。

（1）ニーバー神学はリベラリズムの神学であり、コンスタンティヌス主義である。

ハワーワスは、ニーバーの神学を、一部そうでないところがあることを認めた上で、全体としては、「プロテスタント・リベラリズムの前提の中に」あると見なす（*Grain*, 21）。ハワーワスによれば、「ニーバーの神学的方法はジェームズとトレルチの興味深いブレンドであった。トレルチと同様、ニーバーは、近代の知的発展がキリスト教信仰を理解不能にしていると考えた」（*Grain*, 111）。

ハワーワスは、ニーバーのイェール大学でのＢＤ論文におけるジェームズの影響がその後のニーバーの神学に及んでいると見なしている。その最たるものは、ニーバーの神話の概念である。「永遠の神話の真理は……ジェームズがしているような経験による検証をとおして立証されうるものである。ニーバーのギフォード講演は、キリスト教神話が真実であることを立証するかれの最も持続性のある試みであった」（*Grain*, 111）。

ちなみに、ニーバーの「神話」はトレルチの影響だと指摘した上で（*Grain*, 109）、ハワーワスはこう主張する。「ニーバーの最も基本的な神学的前提がトレルチによって形作られているとは言わない。ニーバーのリベラリズムはかれがトレルチを読むはるか前に形成されていた。しかし、トレルチがニーバーにとって、いわば、そのリベラリズムを結び付けた神学者になったということは確かに事実であると思う」（*Grain*, 107）。

こうしてハワーワスはニーバーを、ジェームズ―トレルチの線でリベラリズムの前提のうちにいる神学者であると主張する。

しかし、ハワーワスにとって、ニーバーのリベラリズムは否定されるべき神学である。なぜなら、ニーバーの神学は、「リベラルな文化と政治に受け入れられやすいリベラルなキリスト教についての説明」（*Grain*, 88）となっているばかりか、それを巧妙に作り上げようとしたと見るからである。ニーバーは「キリスト教を、西欧における社会秩序を保持するための『真理』に変革し」、「教会の存在をキリスト教にとって偶然的なものにしてしまった」（*Grain*, 39）。ニーバーは、「神学的主張を、かれの時代の科学的政治的前提に受け入れやすくするというかたちで自然なものにしようとした」（*Grain*, 115）。すなわち「順応主義」（accommodationism）だというのである。

この問題は、言い換えれば、いわゆるコンスタンティヌス主義の問題である。ハワーワスの確信によれば、「コンスタンティヌス主義は、教会をこの世界で快適にさせるためにキリスト教を利用する試みであり、そのようなところでは、証しはもはや必要とされない」（*Grain*, 221）。

(2)　ニーバーの神学は人間学である。

ハワーワスは、ニーバーの神学は結局のところ神学ではなく人間学になっていると断定する。「ニーバーにとって、神学は、人間の状況についての挑発的な説明をする能力によって試される――あるいは、ニーバーの言葉を用いれば、正当性が立証される――ものであった。したがって、ニーバーの神学は、神学は、その主題が神であるというそのもっともらしい前提にもかかわらず、実際には人間について語るごまかしの方法であるというルートヴィヒ・フォイエルバッハの議論の完全な例証であるように見える」（*Grain*, 115）。「かれの神学は事実上人間学である」（*Grain*, 117）。

ハワーワスは、ニーバーの『人間の本性とその運命』が人間の罪深さについての説明からではなく、一般化された人間論から始めているということを、以上にように考えるヒントの一つとしている。

（3）ニーバーの神は神ではない。

ハワーワスは、ニーバーの神概念についても以下のように判断する。

ニーバーの神信仰は表面上明白である。しかし実際には、ニーバーのキリスト教的表現のゆえに、次のことが見えなくなっている。すなわち、「形而上学的には、かれの『神』（god）は『それより大いなるものが存在するに違いない』というジェームズ的意味以上の何物でもない」。「ニーバーの神（god）はわれわれ自身の反映にすぎない」。「ニーバーにとって、神について何が啓示されているかは、神が啓示されているという単純な事実以上に重要ではない」。「言い換えれば、ニーバーはかれの神理解を、啓示を必要とする人間についてのかれの理解に相関させているのである」（以上*Grain*, 122）。

また、ハワーワスによれば、ニーバーは、三位一体についても次のように考えている。「それ〔三位一体〕もまた例のごとく、ニーバーには神の超越性と内在性を合わせ維持するための象徴にすぎない」（*Grain*, 128）。「ニーバーは、三位一体をわれわれの『神体験』を説明する神学概念以上の何ものでもないと考え続けている」（*Grain*, 122）。

ハワーワスは、R・ソン（Robert Song）の以下の批判に同調する。「ニーバーにとって、神とは、生には、世界のカオスを超越しこの世でわれわれが達成することのできる秩序を可能とする究極的な統一性があることを信じる必要があるということの名辞以上の何ものでもない。……ニーバーは三位一体的言語を用いているが、『人間の本性と運命』の神は実際には、ユニテリアンにとどまっている」。それどころか、「どんなに寛大に見ても、究極的には、ニーバーの神学は、神それもユニテリアン的神にさえ焦点を合わせていない。むしろ、ニーバーの主要な目的は終始、『人間の限界を重要視すること』、とりわけ『歴史的責任を喜んで受け入れるよう』人々を鼓舞することである」（*Grain*, 131）[8]。

（4）ニーバーの神学的説明は無時間的・非歴史的である。

ハワーワスは、ニーバーの神学的説明には歴史的現実性が欠如しており、それはいわば思弁的な説明に堕していると見る。ハワーワスによれば、ニーバーは、「キリスト教の真理を単なる『人間の状況についての普遍的で無時間な神話の確認』として描い」ており（*Grain*, 38, 39）、「ニーバーの歴史的一般化は、歴史が重要であるとの主張にもかかわらず、本質的には神への人間の関係についての無時間的な見方を具体化するニーバーの方法である」（*Grain*, 117）。

（5）ニーバーは、宗教は文化に依存するという前提に立っている。

ハワーワスによれば、ニーバーはトレルチの影響を明白に受けているが、その最たるものが、宗教は文化に依存するものだという確信である。「トレルチと同様、ニーバーは単純にこう考えている。キリスト教の理解度

(intelligibility) は、『われわれの時代の文化の方向付けの』挑戦に応答する能力に依拠する」(*Grain*, 116 n8)。

ちなみに、ハワーワスは、H・R・ニーバー(H. Richard Niebuhr)の『キリストと文化』にも同様の批判を抱いている。ハワーワスは、この書の類型論そのものの問題以上に、そこでは文化が際限なき忠誠を得ているように思われ、「キリスト」が第二義的になっているとしてそこに強い批判を浴びせている。「わたしたちの現状を正しく分析する上で、およそ『キリストと文化』より障害となる書物はないと確信する。ニーバー[H・R・ニーバー]は、われわれの政治がその神学を決定づけることを見抜いている。キリスト者は『文化』を拒むことができないというかれの指摘は正しい。しかし、キリスト者に対して、文化を受容するようにとか……神の創造と救いの働きという名のもとで展開される政治を受け入れるようにとの呼びかけは、コンスタンティヌス的な社会政策を支持するものである(9)」。

また、ニーバーの社会倫理では、社会に焦点を当てるあまり、「個人」が看過されているとも批判している(*Grain*, 119, n14)。

(6) ニーバーには教会論が欠如している。

ニーバーに教会論が欠如しているということはしばしば指摘されてきたことであるが、ハワーワスは一歩進めて、その点をニーバー神学の根本的な問題として以下のように批判する。

「ニーバーは、倫理学でも神学でも、教会の説明をしていない。ニーバーの著作から教会が欠如していることへの標準的な説明は、ニーバーの経済的政治的事柄への集中がかれに教会論を展開することを許さなかったということである。この説明は、ニーバーの著作における教会の欠如が偶然的な見落としであるように思わせている。しかし、実際には、この欠如はニーバーの神学と倫理学にとって不可欠の要素である。……ニーバーが、教会を、キリスト教が時代を通して存在するための社会学的必然性と見なしていることは明らかである。しかし、教会を倫理的認識論的必然性とは見なしていない。その神学的視点に照らせば、ニーバーは、『教会』が世からかれらを召し出された神に奉仕する人々のことであることを信じることができなかった」（*Grain*, 137）。

以上は、ハワーワスが長年にわたって繰り返し主張してきたニーバーの教会論に対する批判の端的な要約と言ってよい。

三　ハワーワスによる「教会」と「証し」

ハワーワスは、ジェームズやニーバーを徹底的に批判した上で、それへの対抗として教会と証しを重視する。その主張は、ギフォード講演以前からなされてきたことである。たとえば以下の文章はその典型である。

告白する教会は、回心主義教会と同様に人々に回心を求めるが、代替のポリスすなわち教会という対抗文化の社会構造として……バプテスマによってスタートする長いプロセスの一つを回心として捉えていこうとする。それは、教会が教会となること、つまり信仰とヴィジョンの賜物を喪失しているこの世界が決してなし得ない何か、つまり教会が可能とするものを求めていくのである。告白する教会は、この世に対してはっきり目に見える場としての可視的教会になろうとし……共同体を形成する神の驚くべき力を証していくのである。行動主義教会のような制限なき文化受容でなく、むしろ文化否定へと進んでいこうとする。(10)

それを踏まえて、ハワーワスは、ギフォード講演で、教会についてバルトの教会論と証しを高く評価する。

キリスト教国の衰退の中で、キリスト教は見えなく(invisible)ならざるをえない。……この不可視性(invisibility)がジェームズやニーバーの仕事を同時に理解不能で首尾一貫しないものとした。……バルトは、衰退するキリスト教を支えるために近代性が提供したパンくずを拒否した。キリスト教の伝統の聖書的神学的源泉を再確認しながら、バルトは、キリスト教世界の後に現れるであろう福音の可視性(visibility)を心に描いた(*Grain*, 240)。

しかし、ハワーワスはバルトを無条件で受け入れているわけではない。

バルトは、キリスト教神学の、世界によって設定された真の言語能力の推定される諸条件への順応化に挑戦した。かれの挑戦は驚くべき知的業績である。しかしそれは知的業績にすぎなかった。かれの愛するモーツァルトの音楽のように、バルトの仕事はあまりにも単純にゼウスの頭から発しているように見える(*Grain*, 216)。

それにもかかわらず、ハワーワスはバルトをニーバーに代わる真の神学と見なした。ハワーワスによる両者に対する判断の結論は以下のように単純化されている。

　ニーバーの神学は、真実なキリスト教的話法を喪失し、それゆえキリスト教的実践を喪失した姿の反映である。それと対照的に、バルトの神学は、真実なキリスト教的話法の確固とした表示である（*Grain*, 140）。

さらに、ハワーワスは、バルトとともにヨーダーと教皇ヨハネ・パウロ二世（John Paul II）を高く評価する。ヨハネ・パウロ二世は「証し」の点で、「バルトと幾分共通する立場に立っていると思われる」（*Grain*, 217）と見るからである。ハワーワスによれば、「バルトの業績は、ジョン・ハワード・ヨーダーやヨハネ・パウロ二世のような証しがなければ衰退せざるをえない」（*Grain*, 216）。ヨーダーとヨハネ・パウロ二世の二人こそ、われわれに必要な真の政治の回復をもたらしているのである。

　ジョン・ハワード・ヨーダーとヨハネ・パウロ二世は、神学的に明確な証人である。かれらの証しは、教会が宣言する真理が、なぜ証しなしには真理として知られえないかを語るようかれら自身に要求する。こうして……かれらは、とくに優れた証人なのである（*Grain*, 218）。

四　ハワーワスのニーバー批判の検討

1　ハワーワスのニーバー神学批判について

以上のハワーワスが指摘するニーバー神学の問題は、ほとんどすべて、長年にわたってすでに多方面からニーバーに向けられてきたものであり、ニーバー解釈の中でこれまで種々議論されてきたことである。リベラリズム、神学の人間論への還元、教会論の欠如、三位一体の概念の不十分さ、神話の概念やそれに関連するニーバーの神学的認識論の問題等々がそれである。それに関するニーバーの神学的見解や政治的な姿勢については言うまでもなく賛否両論である。したがって、ハワーワスがギフォード講演を主とする諸著作の中で取り上げているニーバーをめぐる問題は決して新しいものではない(11)。

ただ、ハワーワスに特徴的なことは、上に挙げた課題についてニーバーを、徹底して完膚なきまでに批判したことである。ニーバーを評価するわずかな点は見られるものの、全体としてはニーバーのほとんどすべてを否定したと言ってよいであろう。しかし、ハワーワスの議論や主張は、過去のニーバー研究の中でなされてきた議論からすると明らかに厳密さを欠いており、そこに注目すべき新しい視点はほとんど見られず、全体としては妥当性に欠くものと言わざるをえない。なぜなら、ハワーワスの批判には神学的理由が厳密に提示されておらず、何よりもニーバーのテキストに即して議論されていないからである。たとえば、ニーバーの神学が人間学だとの批判についても、単に一般的な人間の状況分析からその議論を展開しているという理由だけで、その主張の根拠はきわめて脆弱である。それは他の批判についても同様である。それらについてさまざまな先行研究との対話もなされていない。というより、ほとんどアプリオリに判断を下しているように見える。しかも事柄を過剰単純化していると見える点も少なくない。したがってニーバー解釈の問題として、ハワーワスの見解と厳密な神学的折衝を試みようとすると困難を覚えざるをえない。言い換えれば、ハワーワスがどれだけニーバーのテキストに聴いているか疑わしいのである。

なぜそうなのだろうか。それはハワーワスが一つの大きな失望に支配され、そこからニーバーを判断しているように見えるからである。ハワーワスには、神学的政治的リベラリズム、およびその順応主義とコンスタンティヌス主義と見える面、また近年の主流派教会に対する深い失望と批判がある。ハワーワスにとって、二つの競合する見方の間で中立を維持するかのように見えるニーバーらリベラリズムの努力は、公的な営みにおける宗教的アイデンティティの抑制につながると考えるからである。つまり以下のようなハワーワスの確信である。

ニーバーは、アメリカの楽観主義的リベラリズムとロマンティシズムの見事な批判者であったが、同時にわたしにとってアメリカのリベラル派の典型であった……わたしは、建設的なキリスト教社会倫理が、「デモクラシー」をより良くするためというより、教会の自己同一性を発見するためのものである、と考えるようになった。(12)

キリスト教社会倫理の第一の責務は、「世界」を改善し正しくすることではなく、キリスト者たちが、キリストの物語がわれわれの存在の真実な説明であるというその確信と矛盾しない共同体を形成することを援助することである。(13)

ハワーワスはこの意識に終始圧倒的に支配されているように見える。しかもその意識はきわめて強烈で、ニーバー神学批判は徹底してその前提からなされているのである。したがって、その批判には必然的にバイアスがかかってしまう。それゆえハワーワスのニーバー批判は、全体として冷静な神学的議論となっていないし、妥当性に欠けるものになってしまうのである。

その深い失望に対して、ハワーワスは、ニーバーらに対抗し、ヨーダーに決定的に触発されて、教会と証しを強調することになる。そしてそれはかれに、バルトへの、さらにはヨハネ・パウロ二世への評価をももたらす。

したがって、ハワーワスのニーバー批判への検討は、その根底にあるハワーワスの神学的プログラムへの検討とならなければならないであろう。ここではそのすべてを検討するわけにはいかない。そこで、以下の二点のみに触れておく。

2　教会と証しの概念およびコンスタンティヌス主義の問題

ハワーワスは、リベラリズムに対する失望からニーバーを順応主義として拒否し、自らは、「この世に住む異星人」（Resident Aliens）としての教会を強調する。もちろん強調は「異星人」のほうにある。しかし、教会と社会・国家との関係を考えると、このハワーワスの方向に希望があるだろうか。

R・W・ラヴィン（Robin W. Lovin）は、ハワーワスの「証し」の概念について、次のように述べているが、それは「証し」という概念の社会倫理的な機能への疑問である。

証しは、社会がより道徳的でより正しい、キリスト教共同体のようになるようにとの広い社会にたいする勧告ではない。……証しとは、教会がどういうものであるという教会の主張の統一性を表わすものである。(14)

その上で、ラヴィンは、ハワーワスの問題を次のように指摘する。

ハワーワスは、リベラルな試みの失敗がアメリカ社会を、他の意味の根源を求める偶像崇拝的な探求へと追いやるものと考えている。[しかし] この分析は、ニーバーら現実主義者の分析に似てくるのではないか。ハワーワスのリベラル・デモクラシーについての批判と、キリスト教現実主義者のデモクラシーの幻想についての特徴的な評価との間には強い類似性があることをハワーワスは認識できていない。(15)

ハワーワスの問題点に対する一つの説得力のある指摘ではないかと思われる。社会倫理を考えるときその背景となる世界の分析は必須のことだからである。

さらに、ハワーワスと親しい関係にあるR・ベラー (Robert N. Bellah) もまたハワーワスのコンスタンティヌス主義批判について次のように指摘しているが、マイルドな表現ながら、ハワーワスの問題を鋭く突いてはいまいか。この文章の背景となっているのはジョージ・W・ブッシュ前大統領の邪悪な世界の除去を意図する政策である。

[ハワーワスの糾弾に対して] リベラル・プロテスタント神学者たちの嫌疑をはらそうとするつもりはないが、

その神学者たちが、保守的プロテスタントたちが無意識にしていたことをまさに意識的にしたという事実は、かれらに批判的な相違と再評価の可能性を与えた。ラインホールド・ニーバーやその弟［H・リチャード・ニーバー］が、邪悪な世界を除去するようアメリカに要求することを支持したということは想像しにくいし、そうすることを最も声高に主張する両ニーバーの後継者たちも同様であったとは考えにくい。たとえその中に「テロに対する戦争」について知的で精緻な議論をする擁護者が危うくそうなりかけた者がいたとしてもである。カトリックには、正義の帝国とその世界的使命を賛美する声がまったくないとは言えない。しかし、最も無批判に新しいコンスタンティヌス主義を受け入れたのは福音派キリスト教であるということを否定することはできないであろう。もしそれが教会であるとしたら、今日のアメリカにおいて教会をして教会たらしめるということは何を意味しているのだろうか。……もしハワーワスが、「今や、われわれはこれまで以上に、とくにメノナイトとカトリックの伝統の間にある種の関連を持たせるようなイエスの政治を必要としている」と言うのであれば、わたしはおそらく同意するであろう。問題は、神と王を再び混同しているように見える今日の社会にあって、そのような政治をどのようにして示すことができるかである。(16)

ハワーワスが同調する福音派キリスト教が、ヨーダーのメノナイトは別にしても、プロテスタントの現実主義者以上にハワーワスが批判するコンスタンティヌス主義を受け入れているというベラーの指摘は、ハワーワスの問題点を鋭く突いている。

以上のマイルドな表現をとった批判と異なり、きわめて厳しく批判をしたのは、J・M・ガスタフスン（James M. Gustafson）である。かれは、ハワーワスを、「社会学的部族主義者」（sociological tribalist）と見なし、ハワーワスは、「キリスト教を、科学と文化のより広い世界を真剣に受け止めることから孤立させ、曖昧さを含む道徳的社会的生の営みへのキリスト者の参画を限定した」[17]と判断しているからである。

3　弁証学の可能性――教義学がそのまま弁証学たりうるか

ハワーワスの立場は、明白に弁証学的作業を否定するということである。それがハワーワスの言う自然神学である。というより、教会が真に教会となるなら、そこに意図せざる弁証が起こるということであろう。そのことを、ハワーワスはよく知られた文章でこう言い表している。

教会が社会的戦略を持っているのではなく、教会が社会的戦略である。[18]

一見大胆な確信に見えるが、神学的に言えば、教義学がそのまま弁証学として機能するという主張であろう。ハワーワスは、ニーバーに代表されるプロテスタント・リベラリズムのキリスト教弁証作業が結果として、社会への順応主義に陥ってしまったと考えている。それゆえに、教会をして教会たらしめることが焦眉の急と考え、それが社会戦略また政治政策として有効性を持つというのである。

しかし、その教会がそのまま社会倫理的作業さらには弁証的作業たりうるだろうか。教義学はそのまま弁証学たりうるのだろうか。

かつてそうたりうると考えたのがバルトであった。バルトは徹底して弁証学（バルトの当面の論争の相手であったE・ブルンナー〈Emil Brunner〉の場合、論争学 Eristik〉を拒否する。バルトによれば、「真の弁証は、意図してなされるものではなく、信仰が真に信仰となることによって不信仰が克服されるとき、『意図せずして』『生起する』ものとし、『弁証学や論争学はただ出来事として存在しうるのであり、プログラムとして存在することは不可能である』」からである。(19)

ハワーワスの立場はここでもバルトの方向と言ってよいかもしれない。少なくともハワーワス自身はバルトの線に立っていると考えている。ハワーワスは、ニーバーとバルトの神学の相違を、「世界が何であるかを教えてくれる能力に見切りをつけた神学」と「事柄が何であるかを確信を持って非弁証的に宣言する神学」の違いに見、バルトを評価しているからである（*Grain*, 21）。

しかし、ハワーワスのその判断は妥当であろうか。ハワーワスとバルトは外見上類似しているかに見えるが根本的には異なっているのではないだろうか。そもそも教会の概念からして異なっているのではないだろうか。バルトが教会の真の姿すなわち「現実的な（wirkliche）教会」と言うとき、それは「出来事」として「生起する」ものであり、「プログラムとして存在することは不可能」なものであるからである。ハワーワスの考える教会や証しは、明らかにプログラムとしてこの世に見えるかたちで存在するものである。

一方、ニーバーは事実上、教義学がそのまま弁証学とはなりえないと考えている。ニーバーの生涯の作業は、神学的にも政治的にも究極的にはキリスト教弁証の作業であった。一九五六年、ニーバーが六十四歳のとき、かつての教え子や友人たちから贈られた献呈論文集に付された自伝的エッセイで、「わたしは、四半世紀にわたってキリスト教社会倫理を教えてきたが、『弁証学』という補助的分野も担当してきた」と述べ、かれの関心が「世俗時代にあって、キリスト教信仰を擁護し正当化すること」にあったと述べている。(20)明らかに、ニーバーは自覚的に弁証学の作業を遂行していたのである。その論文集に寄稿している多くの政治学者や歴史家等の思想家たちに受け入れられ評価されながらも、ニーバーは《順応》（accommodate）することなくかれらとの共同作業がそのままキリスト教信仰の弁証でもあると明言し、しかもそれを「証し」と理解した。そしてそれゆえにこそその特徴ある思想が世俗的世界から高い評価を受けたのである。

しかし、バルトの出来事の神学は、相対世界における微妙な判断には有効ではないとニーバーは判断した。その顕著な例が、かつての冷戦時代における共産主義体制への評価である。その結果については議論があるに違いないが、ニーバーの眼からすれば、かれが警告していたように、相対的な次元における判断を誤ったということになろう。バルトが思い入れた社会主義諸国はバルトの死後二十年余を経てであるが、もろくも崩壊していったとも見られうるからである。一方、ニーバーは、共産主義の問題を鋭く捉え、社会主義陣営の崩壊を予測した。(21) この違いは、両者の弁証学の違いの結果とは言えないだろうか。

おわりに

現代のアメリカは混乱の中にあるように見える。このようなアメリカに、ハワーワスのプログラムはどれだけ効力を持ちうるだろうか。むしろ、見直すべきは、ニーバーの弁証学的作業ではないだろうか。

ケネディ政権で大統領特別補佐官を務めたニーバーの長年にわたる一世代若い友人であった歴史家Ａ・Ｍ・シュレシンジャー（Arthur M. Schlesinger, Jr.）が、亡くなる一年半前、二〇〇五年に、「ラインホールド・ニーバーを忘れている」[22]という論文を発表したことがある。かれは、アメリカで、二一世紀になってさまざまな宗教の高揚現象が見られるにもかかわらず、そこにニーバーの名が出てこない状況に警告を発し、あらためてニーバーに関心を向けるよう訴えた。そして、「ニーバーが時代の流れから外れたのは、おそらく、九・一一が、わが国のイノセンス神話をよみがえらせたからである」という見方を提示した。おそらく正鵠を射た観察であろう。

もっともそれに対し、ニーバーは忘れられているどころか、多くの人々からなお注目されているとの指摘もなされた[23]。また、専門的研究の世界ではニーバー研究がその間も変わらずに活発であり続けていたことは確かである[24]。しかし一般的状況はシュレシンジャーの指摘のとおりであった。

しかし、その状況は、その指摘後まもなく大きく変わることになった。アメリカが、テロとの戦いとされたアフガニスタンからイラクにおける戦争の泥沼に足を取られ、その行くべき道を見失いかねない危機状況の中で、ニーバーが、澎湃としてあらためて注目され始めるようになったからである。それは、「ニーバー・リバイバル」と呼ばれる状況を生むようになる。残念ながら、シュレシンジャーはその状況を見ることなく世を去った。

シュレシンジャーは、ニーバーの『アメリカ史のアイロニー』の最末尾の文章を引用してその論文を締めくくったが、ここでは、その直前の文章を引用しよう。そこに盛られている、神学的洞察を政治学的判断に含蓄させるニーバーの主張を、順応主義やコンスタンティヌス主義に帰してしまうことができるだろうか。冷戦を背景に述べられたものであるが、そこある現実主義的な弁証的センスは、ハワーワスの批判の妥当性を疑わせるものとなってはいないだろうか。

ほとんど共通するところをもたない敵との闘争の中でさえ、ある意味次元に生きる可能性と必然性がある……。その意味次元とは、戦争の切迫感が、われわれがともに巻き込まれている歴史のドラマの巨大さの前で感じる畏れの感覚に、またそれが歴史の諸問題の解決のために用いられる徳や知恵や力についてあまり誇らない謙虚の感覚に、あるいは敵の悪魔性とわれわれの虚栄心との両方の根底にある共通の人間的弱さを認める悔い改めの感覚に、そして自らへりくだる者たちに約束された感謝の感覚に従属せしめられるような次元であり、そこになお生きる可能性と必然性があるということである。まことに不思議なことであるが、このような信仰から導き出される諸洞察は、われわれの文明を守ろうという目的や義務とは究極において矛盾しないのである。事実、このような洞察こそ、具体的にこの文明を救済するための先決条件なのである。[25]［強調付加］

注

（1）ハワーワスがギフォード講演に招かれた時、過剰表現であることは言うまでもないが、「アメリカ最高の神学者」と呼ぶメディアも現れた（*Time*, 2007）。しかし、冷静に言えば、J．バークマンの「北アメリカの最も重要な倫理学者」という表現あたりが無難であろうが、これとても、とくに「最も重要な」についてはその意味の曖昧さを指摘せざるをえない。John Berkman, "An Introduction to *The Hauerwas Reader*," *The Hauerwas Reader*, eds. by John Berkman and Michael Cartwright (Durham and London: Duke University Press, 2001), 3: "the most important theologian in North America." 同書はそのほかに以下のような表現をしている。"a leading critic of the spirit of accommodationism that has led to the waning of main-line Protestantism"; "a leading moral and theological critic of political liberalism."

（2）Stanley Hauerwas, *With the Grain of the Universe: The Church's Witness and Natural Theology* (Grand Rapid, MI: Brazos

Press, 2001). なおGrainは、ここでは、「木目」「芝目」などを指しているかと思われる。あるいは、そこから「性質」「精神」「意図」等と意訳もできるが、暫定的に「筋目」と訳しておく。

（3）そのニーバー批判の「手厳しさ」(harsh) は、ハワーワス自身も認めているが、そうせざるを得ないと主張する (*Grain*, 138)。

（4）Stanley Hauerwas, "The Search for the Historical Niebuhr," *The Review of Politics*, Vol. 38, no. 3 (July 1976): 453; C.f. Stanley Hauerwas and Mike Broadway, "The Irony of American Christianity: Reinhold Niebuhr on Church and State," *Insights* 108 (Fall, 1992): 33-46.（後に以下に収録された。Stanley M. Hauerwas, *Wilderness Wanderings: Probing Twentieth-Century Theology and Philosophy*, Westview Press, 1997, Chapter 3.）

（5）Stanley J. Grenz, "Article Review: Stanley Hauerwas, *The Grain of the Universe*, and the most 'natural' natural theology," *Scottish Journal of Theology*, Vol. 56, no. 3 (2003): 381.

（6）Ibid., 383.

（7）これは以下の論文にある。John Howard Yorder, "Armaments and Eschatology," *Studies in Christian Ethics*, Vol. I, no.1 (1988): 58.

（8）このソンからの引用は以下による。Robert Song, *Christianity and Liberal Society* (Oxford: Clarendon Press, 1997), 82.

（9）Stanley Hauerwas and William W. Willimon, *Resident Aliens: Life in the Christian Colony* (Nashville: Abingdon Press, 1989). 東方敬信・伊藤悟訳『旅する神の民——「キリスト教国アメリカ」への挑戦状』（教文館、一九九九年）、五二頁。

（10）同、六〇頁。

（11）以下のニーバー研究にはハワーワスが取り上げ批判している神学的主題の多くをすでに相当程度に検討しているので、参考にされたい。鈴木有郷『ラインホルド・ニーバーの人間観』（教文館、一九八二年）、高橋義文『ラインホールド・ニーバーの歴史神学——ニーバー神学の形成背景・諸相・特質の研究』（聖学院大学出版会、一九九三年）、鈴木有郷『ラインホルド・ニーバーとアメリカ』（新教出版社、一九九八年）。ニーバーの教会論欠如への批判については、本書第六章「ラインホールド・ニーバーの教会論」を参照。

(12) スタンリー・ハワーワス『平和を可能にする神の国』東方敬信訳（新教出版社、一九九二年、原著一九八三年）、一六頁。

(13) Stanley Hauerwas, *A Community of Character: Toward a Constructive Christian Social Ethic* (Notre Dame, IN: University of Notre Dame Press, 1981), 10.

(14) Robin W. Lovin, *Christian Realism and the New Realities* (Cambridge: Cambridge University Press, 2008), 26.

(15) Ibid., 27.

(16) Gregory Jones, Reinhard Huetter, C. Rosalee Velloso Ewell, eds., *God, Truth, and Witness: Engaging Stanley Hauerwas* (Grand Rapids, MI: Brazos Press, 2005), 130

(17) James M. Gustafson, "The Sectarian Temptation: Reflections on Theology, the Church and the University," *Proceedings of the Catholic Theological Society* of America, No.40 (1985): 83-94.

(18) ハワーワス他『旅する神の民』、五六頁。また、「教会を必要とする政治」（*Grain*, 17, 239）という表現も用いている。

(19) 大木英夫『バルト』人類の知的遺産72（講談社、一九八四年）、一九九頁。（なおバルトからの引用は以下を参照。カール・バルト『教会教義学』神の言葉Ⅰ／1、吉永正義訳、新教出版社、一九九五年、六〇―六一頁。）同、二四五頁参照。

(20) "Intellectual Autobiography," Kegley and Bretall, ed., *Reinhold Niebuhr*, 3.

(21) たとえば、ラインホールド・ニーバー『アメリカ史のアイロニー』大木英夫・深井智朗訳（聖学院大学出版会、二〇〇二年、原著一九五二年）、一九四―一九五頁。そこでは、オスマン帝国の例を引いてロシアにおける内部崩壊の可能性を指摘している。

(22) Arthur M. Schlesinger, Jr., "Forgetting Reinhold Niebuhr," *New York Times Book Review*, September 18, 2005. シュレシンジャーは、以下の代表的な論文をはじめとして、ニーバーについていくつかの文章を書いているが、これはその最後の文章となった。Arthur M. Schlesinger, Jr., "Reinhold Niebuhr's Role in American Political Thought and Life," Charles W. Kegley and Robert W. Bretall, ed., *Reinhold Niebuhr: His Religious, Social, and Political Thought* (New York: Macmillan Company, 1956), 126-150. 後に、Arthur M. Schlesinger, Jr., *The Politics of Hope: Some Searching*

Explorations into American Politics and Culture (Boston, MA : Houghton Mifflin Co.,1957), 97–125に収録。

(23) Martin E. Marty, "Citing Reinhold," *Christian Century*, Vol. 122, no. 21 (Oct. 18, 2005): 71は、シュレシンジャーの論文を意識して、サイバー世界におけるニーバーへのアクセスの多さや、アメリカの公共放送「信仰を語る」の担当者の言葉などからニーバーは現在でも決してないがしろにされてはいないと主張している。

(24) 本書「序にかえて」を参照。

(25) ニーバー『アメリカ史のアイロニー』、二五九―二六〇頁［一部、訳文を変更］。

補遺一

本補遺は、ニーバーの初期の著作の一つで、本書第二章等で触れた、『ソーシャルワークを支える宗教の視点——その意義と課題』（髙橋義文・西川淑子訳、聖学院大学出版会、二〇一〇年）、*The Contribution of Religion to Social Work* (New York: Columbia University Press, 1932) に付した訳者による「解説」である。［もう一人の訳者西川淑子氏は、「社会福祉の視点から本書を読む」と題する解説を寄せている。一八一—二二〇頁。］したがって、この解説は、あくまでもこの書の読者の便宜のために、「この書の背景やニーバーの視点について留意すべきこと等」を記したものである。しかし、結果として、ニーバーの背景の一部やこの書出版時とそれ以降につながるニーバーの思想の一端をある程度まとめた紹介ともなった。そこで、ニーバーの神学的視点理解のための「補遺」としてここに収録することにした。『ソーシャルワークを支える宗教の視点』の該当箇所も明示してあるので、それを参考にこの書もお読みいただければ幸いである。

ソーシャルワークにおける宗教——ニーバーの視点

はじめに

『ソーシャルワークを支える宗教の視点』［以下、本書と記す］は、二十世紀アメリカを代表する神学者ラインホールド・ニーバー（Reinhold Niebuhr 1892–1971 以下、ニーバーと記す）の初期の著作の一つである。ニーバーは、神学者であるばかりでなく、社会倫理学者、政治哲学者でもあり、キリスト教世界のみならず、幅広く社会の諸問題、とりわけ国際関係を含む政治の領域で多く発言した文明評論家であるとともに、実際に、政治の領域を中心に社会に深く関わった実践的活動家でもあった。

とくに、第二次世界大戦後、ヨーロッパへの米国教育使節団やユネスコ総会への米国代表団の一員として活躍、また、国務省の対外政策に実際的影響力を持つ外交問題評議会の会員となり、さらにはトルーマン政権下で、ジョージ・ケナン率いる政策立案室に諮問委員の一員として参加するなど、戦後アメリカの外交政策に関与した現実主義的思想家であった。また、最近では、バラク・オバマ大統領がニーバーの影響を受けていることが知られるようになり、「オバマの神学者」などとも呼ばれ、あらためてニーバーが注目されている。とはいえ、ニーバーは、時代状況によってその評価が変わるような思想家ではない。ニーバーの思想には普遍的な意義が認められるからである。

ニーバーは、アメリカ中西部ミズーリ州セントルイスの近郊で、ドイツ移民の教会の牧師の子として生まれ、その教派のカレッジおよび神学校を卒業し、イェール大学神学大学院に進んだ。そこでの学びを終えたニーバーは、新興産業都市ミシガン州デトロイトのベセル福音教会に牧師として赴任、十三年にわたって教会での奉仕と幅広い社会活動を行った。一九二八年、アメリカ有数の神学校、ニューヨークのユニオン神学大学院の教授陣に加わり、一九六〇年引退するまでそこを拠点に神学的・政治的活動を展開した。引退後も、その旺盛な執筆活動は一九六〇年代の終わりまで続き、晩年は公民権運動推進やベトナム戦争反対に筆を揮った。

本書は、ニーバーがユニオンに赴任して二年目の一九三〇年に行った講演に基づくものであるが、ニーバーの著書としては三冊目、また、社会福祉に関わる主題の著書としては唯一のものである。しかし、いわゆる社会福祉の領域それ自体について論じた書ではない。社会福祉（ソーシャルワーク）と宗教（キリスト教）との関係について、宗教（キリスト教）の側からなされた、いわばキリスト教社会倫理的考察の書である。そこにおけるニーバーの関心は、直接的にはソーシャルワークにおける宗教の役割や問題およびそのあるべき姿についての検討といったことである。しかし、その内容は、そうした当面の主題領域を超え、人間と社会全体の根源的な問題における宗教（キリスト教）のあり方の考察にまで及び、時代の問題に鋭く切り込みつつ将来の課題を展望する、小冊ではあるが壮大な視野を持つものである。本書における思索は、ニーバーのその後との関連でいえば、やがて一九三九年のエディンバラ大学でのギフォード講演に結実する「歴史の神学」とでもいうべき神学的立場と、それをふまえた、ニーバー独特のキリスト教現実主義（クリスチャン・リアリズム）へと成熟するその一過程としての意味を持つ書である。

なお、本書出版と同じ年に、ニーバーの著作のうちで最もよく知られている書の一つである『道徳的人間と非道徳的社会』[1]が出版されている。これは、当時の個人主義的で楽観主義的リベラリズムを奉じる宗教的世俗的モラリストたちに対して、個人の問題とは異なる、社会に特有の問題への現実主義的な視点の重要性を訴えた書であり、多くの人々に大きな影響を与えた書である。この書がニーバーを一躍著名人へと押し上げることになった。その内容は、本書の基本的な関心である社会的な諸問題とりわけ第六章の内容に深く重なっている。本書の基本的視座のさらに詳細な背景や議論を知りたいと思われる方には一読をお勧めしたい。

とはいえ、本書に社会福祉学上の固有の意義があることは言うまでもない。それについては、共訳者西川淑子准教授の解説を参考にされたい。

ここでは、ニーバー研究の側から、読者の便宜のために、この書の背景やニーバーの視点について、留意すべきいくばくかのことを記しておくことにする。

1　ニーバーとソーシャルワークとの関わり

ニーバーとソーシャルワーク

本書を見て、ニーバーにこのような主題の著作があることに驚きを覚える向きが、あるいはあるかもしれない。ニーバーといえば、冒頭に挙げたような人物として知られているが、そのニーバーが、社会福祉への関心と実践的な関わりを持ち、しかも、招かれてではあれ、このようなテーマで味わい深い講演をし、それを一書にまとめ公にしていることは、一般にはあまり知られていないと思われるからである。

実際、ニーバー研究の専門家の間でさえ、わずかな例外を除いて、この書に注目しそれを取り上げ論じているものはほとんど見当たらない。その例外もごく短く触れているにすぎず、その場合も社会福祉的な視点は皆無である。(2)しかし、以下に述べるニーバーの生まれ育った背景や、本書誕生までの経緯を考慮するなら、本書に見られる、ソーシャルワークの分野へのニーバーの関心と知識が相当なものであることに驚くことはないであろう。その背景を簡単に紹介しておこう。

ニーバーの社会福祉活動への関心は、ニーバーが生まれ育ったドイツ移民の教会にさかのぼる。ニーバーは、北米ドイツ福音教会の牧師グスタフ・ニーバーの第四子として生を受けた。その数年後、グスタフはイリノイ州リンカーン（州中央部に位置する小さな町）のセント・ジョン福音教会に招聘され、一九一三年死去するまでその任にとどまった。ニーバーは、この町から同教派のエルマースト・カレッジ（シカゴ郊外）およびイーデン神学校（セントルイス）に赴き、そこで学び、父親の死後、さらなる学びのためにイェール大学神学大学院へと進んだ。

こうして、ニーバーは、人間形成の最も重要な青少年時代を、中西部のただ中のドイツ移民の教会で過ごしたのであるが、この時期にニーバーがドイツ福音教会から受けた重要な影響の一つが、社会に対する強い関心とりわけ熱心な社会福祉活動であった。

そこに見られたのは、本書第一章に触れられている、ドイツにおけるヨハン・H・ヴィヘルンらのいわゆる「インネレ・ミッシオーン」(Innere Mission）と呼ばれた社会福祉活動である。(3)ニーバーの父グスタフがその生涯にわたって一貫して関心を示し、力を注いだのがこの活動であった。福音教会では、グスタフらの努力によって、一八九三年、当時米国内では他に一か所しかなかったという、てんかん患者および知的障害者の施設が設立された。それは、これもニーバーが本書第一章で言及しているドイツの同時代の社会事業家フリードリヒ・フォン・ボーデルシュヴィングによって設立された総合福祉施設の町「ベーテル」[4]に範をとったものであった。グスタフはボーデルシュビングと書簡による交流を持っていたという。

さらにグスタフは、やはりドイツの「ディアコニッセ運動」（女子奉仕活動運動）をモデルとした女性の奉仕活動の推進のために働き、それを指導した。一九〇八年、福音教会に「福音教会女子奉仕活動協会」が設立されたとき、グスタフはその創立者の一人であった。また、エキュメニカルな女子奉仕活動運動にも協力、同じ年、プロテスタント女子奉仕活動会議を主宰し、その議長に選出されている。

こうして、ドイツ福音教会は、米国におけるインネレ・ミッシオーンのパイオニアであり、グスタフはその最初の導入者であった。しかもかれは、この活動に、通常の社会福祉活動のみならず広く社会変革運動をも見ていたと言われる。

福音教会における社会福祉活動におけるもう一人の指導者は、グスタフより一世代若い、ニーバーのイーデン神学校時代の教師サミュエル・プレスであった。かれは、教師になる前ドイツに留学し、のちにハレ大学より聖書学の分野で博士号を得ているが、その留学期間、インネレ・ミッシオーンに関心を持ち、ベーテルをしばしば訪問、ハンブルク、ベルリンといった大学でこの活動の方法についても研究している。プレスは、イーデンでの教師として、多くの神学諸科目を教えるとともに、インネレ・ミッシオーンへの志を捨てず、これもドイツのそれに範をとったセントルイスの福祉施設の設立に参加している。同時に、「社会奉仕」という科目を担当し、ドイツにおけるインネレ・ミッシオーンの理念と活動について講じたり、学生に地域福祉の調査をさせたりした。若いニーバーもこの科目の受講生の一人であった。[5]

以上のように、青年時代のニーバーにとって、社会福祉活動はきわめて身近なものであり、実際にその活動を経験していたのである。そして、この若い日の経験は、イェールでの学びの終了後赴任した、ベセル福音教会での十三年にわたる牧師としての活動にも、その後のユニオン神学大学院での教師としての初期の活動にも影響を与えた。デトロイトでは、いわゆる「社会福音運動」（十九世紀から二十世紀にかけてアメリカに起こった、キリスト教の社会運動。貧困、不平等、人種、労働、平和等の問題と取り組んだ。）の担い手たちと出会い、交流し、自身その活動に参画する中で、その指導者の一人シャーウッド・エディが設立した「キリスト教社会秩序協会」[6]のデトロイト支部の結成に参加した。その活動には多様なものがあり、平和問題や労働問題との取り組みが主であったが、社会福祉活動も含まれていた。このデトロイトで、アメリカ最初のセツルメント、ハルハウスを設立したジェイン・アダムズと、セツルメント運動の後継者であるソーシャルワーカーたちとの交流が始まった。この交流はニューヨークに移っても、ユニオン神学大学院とソーシャルワーカーたちとの協力の場であったニューヨーク市東一〇六番街のユニオン・セツルメントを指導していた、ユニオンの教授、ゲイロード・ホワイトとの交わりをとおして続けられた。[7]

ニーバーが、ニューヨーク・ソーシャルワーク大学院の講演に招かれることになったのは、かれに以上のような背景があったからである。ニーバーがそれを担当したことは決して特別なことではなかったのである。

ニューヨーク・ソーシャルワーク大学院

ここで、ニーバーが講演したニューヨーク・ソーシャルワーク大学院（The New York School of Social Work）についても述べておこう。

ニューヨーク・ソーシャルワーク大学院は、米国で最も古いソーシャルワーカー教育の歴史を有する学校である。

一八九八年、慈善事業組織化協会（Charity Organization Society）のもと、メアリー・E・リッチモンド（一八六一－一九二八）が、ニューヨーク市で始めたソーシャルワーカー養成の夏期講習がその発端である。[8]それは一九〇四年まで続けられ、その年、はじめて大学院レベルの課程を設置し、ニューヨーク・フィランソロピー大学院（New York School of Philanthropy）と称した。一九一七年、ニューヨーク・ソーシャルワーク大学院と改名。一九四〇年、コロンビア大学と提携、その大学の専門職大学院の一つとなり、修士課程を整備した。一九四九年にはコロンビア大学のメインキャンパスに校舎を移し、博士課程を設置、一九五二年に最初の博士号取得者を出した。一九六三年、名称を公式に、コロンビア大学ソーシャルワーク大学院（Columbia University School of Social Work）とした。

この歴史に照らすと、ニーバーが講演したときのソーシャルワーク大学院は、コロンビアと提携する前であった。ところが、ニーバーの伝記を著したリチャード・W・フォックスとチャールズ・C・ブラウンはともに、このときのニーバーの講演はコロンビア大学でなされたとしている。事実はおそらく、この大学院は当時すでにコロンビア大学の一部と見られるほどコロンビアと緊密な関係にあったということであろう。[9]

ニーバーが講演したとき、この大学院の責任者は序文を記しているポーター・R・リー（一八七九－一九三九）であった。リーは、コーネル大学出身、当時唯一のソーシャルワーカー教育の場であった上述のニューヨーク・フィランソロピー大学院を修了、のちに慈善事業組織化協会事務局長を務め、一九一二年からニューヨーク・ソーシャルワーク大学院の教授となった。また、一九一七年から引退する一九三八年までの長きにわたって院長職を務めた。ソーシャルワーカー教育の草分け的存在の一人であり、「当時のアメリカを代表する社会事業の研究家」[10]であった。ニーバーがこの講演に招かれた理由や経緯は定かではない。しかし、コロンビア大学と道をはさんで向かい側にあるユニオン神学大学院には、上述のホワイトをはじめほかにもこの講演に相応しい人材があったと思われるが、デトロイトでの牧師から同神学大学院の教授陣に加わってわずか二年目のニーバーをあえて起用するにあたっては、ソーシャルワーカーのベテラン教育者リーの着眼と主導権が働いていたと推測して大きな間違いはないであろう。本書の冒頭に掲げられているリー大学院長の序文は、ごく短いものではあるがニーバーの思想の特徴をとらえている味わいのある文章である。たとえば、ニーバーの書が、「文明の装置が機能不全を起こしている、そのようなときに」その姿を現したとする見方など、リーが、ニーバーの思想の本質をいかに的確にとらえていたかがうかがわれるところである。

2　「宗教」という用語

「宗教」という語

本書の原題は『ソーシャルワークに対する宗教の寄与（貢献）』であるが、この書において「宗教」の語が多く使用されていることについて、その特徴と背景について説明をしておく必要があるかと思う。この書における「宗教」を、特定の宗教を念頭に置かない一般的な概念や抽象的な宗教性と受け止めてしまうと、ニーバーの意図を取り損ねるおそれがあるからである。

言うまでもないことであるが、本書では、キリスト教のことを大半「宗教」の語で呼んでいる。言い換えれば、「宗教」の語で表現しているところの多くは、具体的、端的に「キリスト教」の宗教のことなのである（「キリスト教」の語を用いている部分もあるが、多くはない。本書四八、五三—五四、一一六頁など。以下本書について頁のみ記す)。

たとえば、ソーシャルワークと宗教の関係に関する歴史的な考察は、旧約聖書から始まってもっぱらキリスト教世界におけるその歴史をたどることに終始しているし、精神や社会の健全さやソーシャルワーカーの原動力としての宗教については、キリスト教の意義を、宗教に基づく慈善の限界や個人と社会の不適応の原因では、キリスト教の問題を論じている。また、全巻にわたって、論述の随所で主張の裏づけとして効果的に引用されるのは圧倒的に聖書の言葉である。というよりも、本書の主題は明白にソーシャルワークとキリスト教の関係の考察なのである。

もちろん、「宗教」という語が、キリスト教に限らず宗教一般や宗教性を指しているところもある。しかし、そのような場合にも、具体的宗教からまったく離れた宗教性や霊性のことを念頭に置いているわけではない。したがって、一般的に見える宗教の定義やその宗教の内容の説明も、抽象的な宗教現象のことでもなければ、逆に仏教やイスラム教など具体的他宗教のことを念頭に置いたものでももちろんない。

たとえば、ニーバーは、「伝統的な宗教の形式や習慣と無関係」な「健全で活力ある宗教や霊性」が存在することを認めているが、すぐにそれに続けて、「宗教の資源がより自覚的に求められ適用される」なら(つまり、伝統的具体的な宗教であれば)、もっと大きな可能性があろうと述べ、歴史的宗教(キリスト教)の存在の重要性を確認するのである(八〇―八一頁)。もちろんニーバーは、この歴史的宗教ないしキリスト教を、後述するような規準に照らして、容赦なく批判の俎上にも載せている。

しかし、その上で、ニーバーが、キリスト教の宗教には普遍性があり、その特質はある程度他宗教にも共通するものがあるとの確信を持っていたことは確かである。その面では、キリスト教が「宗教」の語を用いて論じられていることに意味がないわけではない。実際、本書の宗教に関する考察には、他の宗教の伝統にも当てはまるところが多くあるであろう。

それにしても、ニーバーは本書で、なぜ「キリスト教」を表すのに「宗教」の語をこれほど多く用いているのであろうか。

「宗教」の使用の歴史的背景

講演の主題に「宗教」の語を用いたことは、おそらくニーバー自身の選択によるものではなかったであろう。それは、ソーシャルワーク大学院からのニーバーへの講演依頼がそのようなタイトルになっていたと推察される。しかし、ニーバーにもそのような用語を用いることに違和感はなかったと思われる。その背景として、以下の三点に留意することが必要である。

一つは、全般的な背景として、当時のアメリカにおける「宗教」の使用状況である。歴史的に、アメリカ（のみならず西欧）では長い間、「宗教」と言えばキリスト教のことであった。もちろん時に応じて、他宗教の存在やいわゆる人間の宗教現象一般のことが考慮に入れられることはあった。しかし実際の生活の中で、キリスト教と宗教が同義で使われることはふつうのことであった。とくにニーバーの初期、こうした状況はごく一般的であった（その傾向は現在のアメリカにも残っている）。したがって、ニューヨーク・ソーシャルワーク大学院も当時の一般的な仕方に沿ってこの表題を用いたと思われる。

二つは、十九世紀に端を発するリベラルな（自由主義的）キリスト教の背景である。ヨーロッパの近代自由主義神学の父フリードリヒ・D・E・シュライアマハーは意識してキリスト教を宗教と表現し、キリスト教信仰を一つの宗教現象と見なそうとした。少し若いが同世代のもう一人の自由主義神学の雄、アルブレヒト・リッチュルは、そのように受け止めた宗教を倫理的価値判断としてとらえていた。十九世紀から二十世紀初頭までのアメリカの神学は、これらの神学の圧倒的影響下にあった。ニーバーが学んでいたイェールの神学的状況もその例にもれなかった。本書にもその影響は残っている。たとえば、聖書の中核的な使信を表すのに用いている、「象徴」、「宗教的象徴」、「宗教的想像力」（四八、四九頁）、「詩的象徴」（八六頁）など、あるいは「宇宙」（八六頁）などの用語はリベラルな神学に典型的な用語や表現である。そうした伝統の中で教育を受けた当時のニーバーにとって、キリスト教を「宗教」の語をもって表記することはごく自然であった。

実際、ニーバーの処女作の表題は、『文明は宗教を必要とするか』（一九二九年）[11]であった。もちろんここでも「宗教」はキリスト教のことである。この書は、十九世紀自由主義神学を色濃く反映したものであり、シュライアマハーやリッチュル的表現も随所に見られるものである。もっとも、当時のニーバーには、そうしたリベラルな神学の影響下にありながらもなおそれを超えた歴史的キリスト教への不変の評価があったことも忘れてならないことではある。

三つは、本書の「宗教」の用語とその使い方に、以上の背景よりもはるかに直接的な影響を与えていると思われるのは、ウィリアム・ジェイムズの思想、とくにかれの著書『宗教的経験の諸相』であるということである[12]。本書で、ジェイムズのこの書からの直接の引用は二か所にとどまるし、巻末の参考文献では、この書は第四章の参考として挙げられているが、それ以外の場所も含め、本書の各所で展開されている、宗教（キリスト教）の特徴や性格に関する多様で雄弁な定義・分析・評価は、ジェイムズの著書のそれと重なり合うところが多い。その際、ジェイムズは、宗教を決してキリスト教に限定はしていないし、キリスト教と同義で用いているわけではない。とはいえ、そこで考察の対象とされている個人の宗教経験は圧倒的にキリスト教世界のそれである。

ニーバーがイェール時代にジェイムズの影響を強く受けていたことは、かれのイェールにおける二つの学位論文（BD、MA両論文）に明白である。ニーバーは、本書で、そうしたジェイムズの宗教心理学的分析を、倫理学的神学的にキリスト教に適用したのである。したがってそれは、ジェイムズの単なる受け売りではない。ニーバーは、ジェイムズの説明を自家薬籠中の物とするとともに、この時期ニーバーがとくに関心を持って読んだ、十九世紀から二十世紀にかけて活躍したドイツの宗教社会学者マックス・ヴェーバーや神学者エルンスト・トレルチのキリスト教分析も相当加味し、生かしながら、かれ独自の考察を縦横に展開していることは言うまでもない。

以上が、ニーバーが本書で、キリスト教を「宗教」の語で多く表現している背景である。

その後のニーバーにおける「宗教」の使い方

しかし、「宗教」という用語のこうした使い方は、この書のあと間もなくニーバーの中でその姿を消す。それは、アメリカのキリスト教世界の中で徐々にそのような使われ方が少なくなったこともある程度関係しているかもしれないが、それ以上に、ニーバーが神学的リベラリズムから脱却していったことがその主たる理由というべきであろう。そして、後述する、宗教として受け止めたマルクス主義の影響とそれとの格闘の時期（一九三〇年代前半）を経て、ニーバーはあらためてキリスト教をとらえなおすのである。そのニーバーにとって、キリスト教は宗教の一つではなく、「唯一の宗教」、「深遠なる宗教」、「高次の宗教」、「預言者宗教」と表現される独特の宗教として、すなわち、マルクス主義の宗教はもとよりリベラルなキリスト教に対する永続的に有効な修正としての歴史的なキリスト教が確固として姿を現す。そのような動きに呼応するかのように、ニーバーの著作からは、キリスト教と同義で使われる「宗教」の用語は姿を消していく。その傾向は本書のわずか三年後に著された『キリスト教倫理の解釈』[13]にすでに明白になっている。そして、一九三九年になされたギフォード講演に基づくニーバーの主著『人間の本性と運命』では、「宗教」の語がキリスト教を指す例はほとんど無くなっているのである。

しかしこのことは、ニーバーが他宗教に対して閉鎖的になったということを意味するものではない。自らの神学的立場を確固として保つことと、他の価値体系や宗教につねに謙虚に身を開くこととはニーバーの中では矛盾していないからである。それは、『人間の本性と運命』第二巻の「宗教寛容」に関する論議の中に最もよく示されている。[14]他の価値体系に身を開く姿勢を堅持することでは、ニーバーは、同時代のキリスト教思想家の中では際立っていたと言ってよい。

同時に、歴史的キリスト教の意義に対するニーバーの評価は、上述のような状況で一九三〇年代半ばに突然現れたものではなく、初期より一貫して思想の根底に変わらず存在していたことにも留意する必要がある。それについては、以下の説明が明らかにするであろう。

（以下、「宗教」の語については、ニーバーの使い方に沿って用いることとする。）

3　宗教の意義と問題

本書では、ニーバーは、ソーシャルワークとの関係において、宗教について、その意義と問題の両面を視野に置きながら議論を進めている。ニーバーはそれらをどのようにとらえ、主張しているのであろうか。宗教の意義については、第三章と第五章が、宗教の問題点については第二章と第四章が、それぞれ特に集中して扱っているが、その内容を簡単に整理しておこう。

宗教の意義――一般的意義

ニーバーは、さまざまな形で宗教の意義を主張しているが、その内容は、まず第三章によれば、一応次のように整理できるであろう。

第一に、宗教は何よりも「個人の生の営みにおける秩序と統一の力」である。それは、理想的には、「神の意志として受け止められる至高の価値への生の傾倒」において実現するものである。キリスト教では当然キリストがその究極的象徴である。とくにその人格性において、宗教の「統合する力」は強くなる。（四八―五〇頁）

第二に、われわれが通常接する宗教は、「教義や伝統」や「信条」の形をとる歴史的な宗教であるが、それには「無秩序から生の営みを守る」役割がある。そうした伝統的な信条には「予防的な効力」があり、社会的には保守的に働く危険があるものの個人においてはなお「有益な力」でもある。そうした「宗教的遺産」は、合理性の中にある現代の機械的文明において一定の「支柱」を提供しているのである。（四九―五二頁）

第三に、「宗教的回心」ないし「恩寵と赦しの確信」すなわち「至高の存在への依存感覚と、その存在の意志への情緒的な傾倒」には、大きな「治療的価値」があるという点である。また、「さまざまな必要を満たし」ているが、それは、一般に認められるよりもはるかに「現実的」である。（五二―五五頁）

第四に、上述のことに関連することであるが、宗教には「安心の感覚」があり、「楽観主義」を育むという面がある。もちろんそれはロマン主義的幻想に堕する危険はあるが、この宗教的な「治療的価値」もまた大きい。それは、「変えることのできない環境」に対処するための「宗教的戦略」ともなる。またこの点で、宗教はいつも、「失敗が転じて勝利となりうる仕方」について「語るべき言葉」を持っているのである。（五六―六一頁）

第五に、宗教には、「個人の精神的霊的健康」に対する意義だけでなく、「社会の健全さの原動力」としての意義もある。過去、宗教は、「集団の営みを神聖化し、集団間の関係に健全な影響を及ぼし」てきた。それは歴史上しばしば問題も引き起こしてきたが、しかし、宗教は、共同体の「営み全体を高い水準に引き上げ、世俗文化が提供することのできない安定」を与えてきたのである。とくに、その影響は家族生活において顕著である。（六二―六四頁）

以上のように、ニーバーは宗教の一般的意義を確認した上で、ソーシャルワーカーは、家族の中に変わらずに存在している「宗教的力」の「強さ」を知り、それを、危険に瀕している家族に一致をもたらす「救いの力」とすることができると指摘している。（六四頁）

宗教の意義――ソーシャルワーカーにとっての意義

ニーバーは、第五章で、本書の課題に即して、ソーシャルワーカーにとって宗教にはどのような意義があるかについて、さらに具体的に考察している。その際、ニーバーはまず、ソーシャルワーカーには宗教が必要であること、それは一定の宗教性や霊感であっても意味があるが、「宗教の資源がより自覚的に求められ適用される」形態の宗教のほうがさらに有効であるとして以下のように主張する。

宗教は、ある種の心情であり、信念であり、態度です。しかし同時にそれは、われわれに先立つ時代によって精緻なものとされ、完成され、堕落させられ、元気を回復させられてきたある種の規律でもあります。われわれはこの規律に身を捧げ、それが依拠する仮説や前提を吟味し、それが推奨する態度を身につけ、生きている人も亡くなっている人も含めて、歴史的宗教を具現化している高貴な精神の持ち主といまも交わることができるのです。（八〇―八一頁）

「ある種の規律」とはすなわち歴史的宗教であり古典的宗教のことである。ソーシャルワーカーにとってのそのような宗教の具体的意義は以下の点にある。

第一に、人間の平等性である。それは、「人類家族は神の父性のもとに生き、すべての人間は兄弟」であり、「強い者は弱い者の重荷を担」い合うという、人間はすべて平等であるという人間観である。古典的宗教のそのような人間観は、「信頼と善意の態度」をもたらすからである。もっとも、そこには、感傷主義や個人主義に傾くきらいがあり、とくに社会的な問題には対応しきれないことがあるが、そのような「宗教的理想主義」には、「個人的な人間関係の分野」で、「長い勝利の歴史」があることは忘れてはならない。（八一―八三頁）

第二に、宗教によって促され維持される「共感」である。それは、さまざまな障害によって差別されてきた人々の中に「神の子」を見いだす「宗教の力」である。（八三―八四頁）

第三に、古典的宗教のうちにある「人間の本性に対する逆説的な態度」、すなわち、人間を「神の子であるとともに罪びと」であるとする見方である。人間の罪性と同程度に人間のうちにある神への似像性をともに強調する立場である。それはまた、信仰の対象である神概念にも表れる。すなわち、神は人間を愛するとともにその罪を糾弾もする存在であるからである。これは、人間が善か悪かの二者択一による見方ではなく、キリストにおける罪のあがないの希望という宗教の逆説性を示すものである。それは「宗教の鋭い洞察」であって、それによってはじめて感傷主義から守られることになる。（八四―八七頁）

第四に、宗教には、ソーシャルワーカーの「使命の重要性を確実にする」意義がある。「職業に対する使命感」は、「純粋な理性の問題」としてとらえることは不可能であり、「合理的な分析」によって証明できることではないからである。それは理性を超えた宗教によってはじめて確認できることである。そうした人生における使命感を維持するには「無意識の宗教」でも可能ではあるが、「何らかの宗教」とりわけ「自覚的な宗教的規律」すなわち歴史的宗教が必要であり、それが「職業に伴う熱意」をさらに大きく支えるのである。（八七―九二頁）

第五に、宗教の「絶対的な視点」である。それによって、ソーシャルワーカーは、自らの作業の不十分さや欠点を見いだすことができ、感傷主義や安易な楽観主義から守られることになる。また、種々の悲観主義や虚無主義を、その極みにおいて克服する視点でもある。「宗教は、徹底した悲観主義に触発されて現れる究極的な楽観主義」だからである。（九三―九四頁）

第六に、「制度的宗教」の意義である。それは、「型にはまった習慣的な楽観主義」を生み出し、「幻想の要素を増大させ」るなど大きな問題を引き起こしてきたが、「それにもかかわらず」、伝統的宗教において生み出されてきた「霊的資源」に「頼ること」、「他の人から力を借りる」こと、「勇敢に生きてきた人々から指針を得る」ことといったことには価値がある。それは「制度的宗教のまさに根幹」であり、われわれ自身の努力を止めない限り、「真の道徳的力の源」たりうるのである。（九五―九六頁）

宗教の問題——宗教的慈善の限界

ニーバーは宗教の意義とともにその問題性をも鋭く指摘している。その具体的な内容はとくに第二章と第四章に明らかである。その要点を確認しておこう。

第二章では、宗教に基づく慈善の限界について論じているが、その根本は、「社会的保守主義」（三一頁）の問題である。宗教は、歴史上、その理想主義を、「より高い正義の名において社会体制を断罪」できるように発展させることができず、ただ、所与の「社会体制の枠内で」、「社会体制の内部にあって」、寛容の精神をつくり出し、慈善活動を行い、愛の観点から生きることにとどまってきたが、それが、宗教的慈善の「限界」となってきた。（三〇頁）

そうした社会的保守主義の原因と考えられるものは以下の点である。

第一は、宗教は、その「絶対なるものについての宗教的感覚」のゆえに、「世界を救済する」という社会的な領域に関して「まったくの悲観主義」に陥ってしまうことである。というのは、宗教は、その宗教感覚によって、「完全な愛と正義が達成される日を夢見る」という終末論的な期待の強さのゆえに、現実の社会状況それ自体の改革にまではしばしば目を向けえなくなるからである。（三〇―三一頁）

第二は、キリストの犠牲の死を自らの「自己犠牲」の模範とし、そのゆえに社会体制の問題を改革するのではなく、むしろその問題に耐え忍ぶことが徳として勧められたことである。そこには「宗教的理想主義の絶対的な性格」のゆえに、社会の問題に、「愛の理想を侵すことなくそれに抵抗するすべ」を知らず、不正に苦しみ続けるという「悲劇的な逆説」が見られることになる。（三二―三三頁）

第三は、宗教に内在する「決定論」である。すなわち、現在の社会形態は、人間の罪のゆえに人間のために「神によって定められたもの」とする考え方である。そこから、たとえば、国家権力がすべて神による権威であるとされる一方、貧富の差もまた神によって定められたものとしたのである。（三四―三七頁）

第四は、宗教は、本来倫理的な行動の結果よりも、「動機」のほうに注目しがちであり、したがって社会状況全体を責任を負って扱うことが困難であることである。宗教的衝動はそのようにしてしばしば感傷的感情に還元されてしまう。これは、マックス・ヴェーバーが指摘した、心情倫理と責任倫理の問題であり、宗教の問題はその心情倫理にあるのである。（三七—三九頁）

第五は、感情に依存する宗教のうちに「体質的に」存在する「個人主義」である。宗教的個人主義は、「社会全体の問題」や「政治問題」、あるいは「正義」の問題を扱うことはない。なぜなら正義は、相克する権利や競合する責任を慎重に計算するところから生じる概念であるが、その正義の最も厳格な型である「平等主義」は、感情に依存する「宗教の中心」から生まれるのではなく、純粋に「知性の所産」であるからである。（三九—四〇頁）

第六は、感傷的で個人主義的な慈善がしばしば「偽善」に堕してしまうことである。それはイエスが指摘された「ありあまる中から［賽銭箱に金を］投げ入れた」金持ちの慈善に通じる偽善、すなわち特権階級の自己満足である。ニーバーは、当時の大不況下のアメリカは「全国規模で自発的な慈善活動からあふれ出る偽善を振る舞われてきました」と強烈な皮肉をぶつけている。それは、そうした慈善は感情に依存し、「頼りにならず不安定で」、機械文明の不適応から生み出される社会的必要を「正当に」扱うことができないと見たからである。（四〇—四二頁）

以上の宗教の社会的保守主義の原因に対して、歴史上それに抵抗し克服する努力を傾けた動きもあった。紀元前八世紀の預言者たちや中世の修道院での活動、また急進派プロテスタントなどがそれである。しかし、ルター派の静寂主義やとりわけカルヴァン主義の決定論の影響を受けている、ニーバーの時代の中産階級の宗教では、社会的保守主義がその「変わらない態度」であった。そこでは、「社会的不適応の原因」の根本を問題とし、それを克服すべき「社会組織再編」に目を向けることはなかったのである。（四三—四六頁）

宗教の問題――不適応の原因

以上のように、宗教的慈善の限界を論じた上で、第四章では、「個人と社会における不適応の原因」としての宗教が考察されている。宗教は、「健全な影響力」を持つとともに、そこには「有害」な面もある。信仰は、「昔からある悪を持続させ、社会的不活発さを増大させ、幻想を生み出し、迷信を維持」し、時には、「道徳的感受性を低劣なレベルにまで低下させ」ることもあるからである。（六五―六六頁）

その具体相は以下の点に見られる。

第一は、「家族と共同体における宗教的忠誠心の敵対させる性格」である。すなわち、所属し帰依する宗教が異なる者の間に引き起こされる軋轢である。とくにそれは家族生活できわめて危険な影響を及ぼす。しかしそれは家族にとどまらない。宗教はしばしば「共同体を分裂させる力」でもあるからである。教派主義や宗派対立によって引き起こされる社会的対立には、歴史上多様な例があり、多くの悲劇をもたらしてきた。（六六―六九頁）

第二は、宗教の「絶対主義」あるいはその「権威主義」である。これが宗教の対立的性格の根底をなすのである。宗教は、「有限な洞察や部分的な視点や目前の状況における限定された忠誠心の背後に、いつも永遠の神の意思を据える」。すなわち、この世界の相対的な事柄を神の権威によって絶対化するのである。言い換えれば「宗教的権威主義」である。そしてそれが社会的な危険をもたらすことは多くの事例が明らかにしていることである。（六九―七二頁）

第三は、そうした絶対主義や権威主義は、「頑迷で想像力に乏しい道徳主義」を生み出すことである。宗教は、本来、相互に罪責を認め合うことを主張するはずであるが、いわゆる「伝統的な敬虔」は、悪しきピューリタニズムにその例が見られるように、しばしば「過剰でバランスに欠けた道徳主義」に堕してしまっている。それは、頑迷な態度においてだけでなく、「想像力に欠け視野を狭める宗教的情熱と社会的に無意味で無害な道徳的規則」においてその姿を現すのである。（七二―七三頁）

第四は、それが高じると「宗教的熱狂主義」が生じてきかねないことである。宗教は理性とは異なり、感情でもある。それは、「崇高な感情」や「高貴な狂気」であることもあるが、「高い道徳性が必要とする冷静な判断を妨げる」こともある。あるいは、視野を狭くし、バランスを失い、全体を見ることができずに「小さな目標に没頭してしまう」こともあるのである。（七三―七六頁）

以上、ニーバーが論じる、宗教の意義と問題の概要を整理してみたが、そこに明らかなニーバーの指摘の根底には、さらに根本的な視点が存在する。それは、宗教的ソーシャルワークへの評価と批判の基準であり、本書におけるニーバーの重要な視点である。以下にそれを見てみよう。

4　宗教への批判と評価とソーシャルワーク

活力ある宗教

本書は、宗教の意義と問題点を論じながら、ソーシャルワークとの関係において宗教はどうあるべきか、宗教との関係おいてソーシャルワークはどうあるべきかについて、さまざまな考察を展開している。そうした考察の中で鍵となる言葉は、おそらく「活力ある宗教」（vital religion）という表現であろう。ニーバーは、この「活力ある宗教」という表現に、自らが考えるあるべき「真の宗教」、教会が「達成」すべき「最良の宗教」、あるいはこの時代に最も必要とされる性格を持った宗教のことを込めているからである（四六、五一、五三、六四、八〇、一一二、一一三、一一六頁など）。

本書の全体を見れば、ニーバーは、この「活力ある宗教」を基礎視角に据えて過去と現在のさまざまな形態のソーシャルワークとそれを担う人々の考え方や意識とその基礎になっている宗教を検討し、批判と評価を加え、将来のあるべき方向を模索していると言ってもよい。その性格はどのようなものなのだろうか。

すでに確認したように、ニーバーは決して、社会福祉の領域における宗教の積極的な面だけを語ることをしていない。ソーシャルワークにおける宗教の役割の意義や価値とともに、それに対する鋭く厳しい批判も展開しているからである。しかもそのニーバーの議論の仕方はきわめて弁証法的である。ニーバーによれば、宗教はソーシャルワークの価値ある源泉でもあるが、同時にそこには大きな限界もある。それどころか、時には害にさえなっている。宗教の価値ある特徴が場合によっては欠点ともなりえ、それにもかかわらずそこにはなお継続的な意義もあるということである。そこには批判の眼と評価の眼が時に複雑微妙に混ざり合う。それはニーバーの魅力ではあるが、わかりにくさともなる。そこで、とくに以下の、おそらく本書の大事なポイントを見誤ることのないようにしたい。それは、ニーバーがこの書で批判する宗教と評価する宗教それぞれのタイプはどのようなものかという点である。

ニーバーが批判する宗教のタイプ

ニーバーが批判する宗教は、すでに述べた宗教の問題点が明らかにしているが、その根底にあるのは、理想主義、ロマン主義、楽観主義、個人主義、主観主義、合理主義、伝統主義、信条主義、社会的保守主義、自己満足的感傷主義などによって強く色づけられ、それに過剰に依拠し、偏向しているタイプの宗教である（三一―三四、四二―

四三、八二、八三、九四、一〇五頁など）。そのような宗教としてニーバーの念頭にあるのは、歴史的キリスト教が堕落した姿であり、とくに十九世紀以来の伝統に流れているリベラルな（自由主義的）キリスト教（八七頁）であり、中産階級に蔓延している宗教（四四―四六、一〇八―一〇九頁）でもある。

したがって、ニーバーが徹底して疑惑の目を向け批判したのは、そのような特徴を有する宗教が、多かれ少なかれ、その基礎となり、あるいはその中に忍び込んでいる限りにおいてのソーシャルワークである。しかもニーバーは、あからさまな影響は言うに及ばず、隠れた形の影響に対しても、それを見逃すことなく完膚なきまでに暴き出し批判した。これがニーバーの批判の重要な視点である。

ニーバーが評価する宗教のタイプ

それに対し、「活力ある宗教」と表現される、ニーバーが真正な宗教と見なす宗教はどのようなものなのだろうか。言うまでもなく、上に挙げたリベラルな宗教の問題点が克服された宗教である。それは、人間生来の「道徳的なうぬぼれを打ち壊す謙遜と悔い改めの感覚」（六二頁）と、「複雑な社会関係をとおして道徳を導くために必要とされる賢明な社会的知性」（六三頁）とが結びついている宗教である。すなわち、人間と社会の悲惨な現実を直視し、社会の全体とそのあるべき姿を視野に入れる高度な社会性を持ち、理性にのみ頼る合理主義や形骸化した信条や伝統ではなく、生き生きとした情熱にあふれた、それでいて自己満足や感傷に陥ることのない冷静な眼を持った宗教である。要約して言えば、現実主義的な眼を持った社会性と、社会の構造の変革と取り組む情熱である。

キリスト教の社会性については、本書の締めくくり部分で、本書の基本的な主張をまとめるようにして集中的にそのことを指摘する。そこでは、「あがなわれた社会というヴィジョン」、「社会的救済」、「神の国」、「新しい社会」、

「社会の営みに発する洞察」、「社会的な宗教」といった言葉が、聖書の宗教を特徴づけていることについて情熱的に語られる（一一三—一一七頁）。ニーバーにとって、そのような宗教こそ、「最良の宗教」（一一三頁）であり、旧約の預言者たちが示した「預言者たちの宗教」（一一四頁）であり、イエスご自身が示されたあるべき真正な宗教すなわち「イエスの福音における宗教」（同上）である。

以上の視点が、本書全体に流れている基調である。それは、宗教とソーシャルワークの関係とその周辺の諸問題をめぐるさまざまな考察の中に、あたかも変奏曲のように本書全巻をとおして息づき、雄弁で洞察に富んだ議論を展開させているのである。この基調ないし規準を見逃すことのないようにしたい。宗教的ないしキリスト教的な慈善や博愛の働きに対するニーバーの評価と批判は、一貫した規準なしになされているわけではないからである。

5　「活力ある宗教」としての共産主義

以上の関連で、注意すべきは、ニーバーが本書で、「活力ある宗教」という表現を共産主義にも適用し、それを「学ぶに値する宗教」として提示している（七七頁）ことである。[15] それはどういうことなのだろうか。

マルクス主義の影響

ニーバーが批判した宗教の問題は、すでに述べたように、当時のアメリカに広く蔓延していた十九世紀以来のキリスト教的リベラリズムを顕著に特徴づけている要素であった。その基本は、人間の可能性に信頼し、社会は教育によって改良可能だと考える進歩の信念と楽観主義である。それには、当時の教会の主流を構成していた中産階級の自己満足的個人主義的生き方も含まれる。キリスト教側で、革新主義の時代のエートスを背景に、一九二〇年代にその最後の光を輝かせた「社会福音運動」はそうした個人主義を克服すべく社会の問題に世間の耳目を喚起する役割を果たした。しかし、ニーバーはその運動に参画しその運動を評価しつつも、なお、この運動の根底にある素朴(ナイーヴ)な楽観主義に徐々に大きな問題を覚えるようになったのである。

本書が出版された一九三〇年代初期は、ニーバーの生涯にとって重要なエポックとなった時代である。それはニーバーがその期間、政治的社会的にとくにラディカルな思想の影響を顕著に受けたからである。言うまでもなくマルクス主義の思想である。それは当時のアメリカ社会の状況と重なり合っていた。一九二九年十月二十四日のいわゆる「暗黒の木曜日」に端を発した経済恐慌はたちまち全国をおおい、数百万から一千万に上る失業者が出、各種労働者の過激なデモやストライキは社会不安を増し、新産業主義の「黄金の二〇年代」は過去に追いやられた。政治の重心は左傾化し、人々の間に社会意識が増大した。

そのようななかで、ニーバーは一九二九年に社会党に入党、すぐにその有力なメンバーとして活動を始めた。本書のもととなる講演がなされた同じ年の一九三〇年八月、ドイツを経てロシアを訪問し、各地を視察したニーバーは、スターリンによる政治的圧力を用いての自由を犠牲にした平等の主張に大きな問題を覚えたが、革命的な努力の「エネルギー」と「活力」には強い印象を受けている。(16) 本書のもととなる講演がなされたのはこのロシア訪問後まもなくのことであった。(17) 翌一九三一年、ニーバーははじめてマルクス主義を肯定的に受け止める論文「社会主義とキリスト教」(18) を発表したが、その姿勢は、本書出版と同じ年である一九三二年出版のもう一つの著書『道徳的人間と非道徳的社会』において明白にそして情熱的に表現されている。その後のニーバーの思想はマルクス主義的色彩を増していく。しかし、その期間はごく短いものであった。一九三六年冬には、資本主義社会の崩壊と新しい社会への突破の可能性ではなく、現在のリベラル・デモクラシー体制の将来的可能性を訴えるようになるからである。一般的に言って、ニーバーがいわゆるマルクス主義的立場から公式に離れたとされるのは、その共産党支配に反対して「大学教員組合」を脱退した一九三九年のことである。翌一九四〇年、社会党をも離れて、ローズヴェルトの三選に票を投じることによって、マルクス主義との距離を決定的なものにし、以後ニューディール政策の有力な支持者となっていくのである。

しかし、ニーバーはマルクス主義に深く傾倒したときでさえ、無批判にそれに同調したことはなかった。そもそもキリスト教神学者であるかれが、無神論的史的唯物論等マルクス主義の根本思想を受け入れるはずはない。したがっていわゆる教条的マルクス主義者などではなかった。そのことを前提とした上で、資本主義社会の内的矛盾と戦う黙示的な階級闘争とそこにおけるプロレタリアの役割について、それを評価しそれに期待したのである。[19]

共産主義の宗教的性格

ニーバーがマルクス主義ないし共産主義を宗教として受け止め性格づけたのは以上のような状況においてであった。ニーバーが、共産主義を宗教と見なす視点についてまとまった形で公にした最初の論文は「共産主義の宗教」（一九三一年）[20]である。それによれば、マルクス主義は、表面的には非宗教的な社会哲学であるが「実際には一つの宗教」である。それは、宗教が、その主張が純粋な合理性を超越しているという最小限の定義で受け止められる限りにおいて、また、それによって生に意味が付与され、生の意味が感知される信仰の行為として受け止められる限りにおいてであった。マルクス主義は、「歴史の弁証法」をいわば神とする、ただ「破局によって進歩と救済を期待する」といった種類の「黙示主義」である。また、階級なき社会という道徳的理想を掲げる「道徳宗教」でもあり、「集団と階級の宗教」である。この論文の前年に本書のもととなる講演をし、この論文の翌年に出版している本書の理解が、まさにそれと同じであるのは当然である。「共産主義は、合理性の限界を超越している限り宗教的です」（五一頁）とあるとおりである。

このような、マルクス主義ないし共産主義を宗教と見なすニーバーの見解は、本書がそうであるように、当初はマルクス主義を高く評価する理由であった。ニーバーはこう主張する。

もし、われわれが、活力ある宗教を特徴づけている非常な興奮と情熱と、どのような創造的なものにも内在する熱狂の危険を伴った創造的に機能する宗教の力を見たいと思うなら、宗教を否定すると声高に主張する分派、すなわち共産主義者たちに目を向けなければなりません。共産主義は……いまの時代に活力を持っているゆえに、学ぶに値する宗教であり、英雄や反逆者たちの過去を回顧する必要のない宗教です（七七頁）。

ここで注意すべきは、ニーバーが共産主義を宗教と見なしそれに学ぶように訴えたのは、あくまでも、宗教的とも見える、あるいは宗教のそれと共通する「活力」と情熱、およびその社会性であるということである。(21)それゆえ、ニーバーは、「学ぶ」ように勧めてはいるが、その宗教に「帰依する」ことを勧めているわけではない。宗教とは呼ぶものの、いわゆる伝統的な意味での宗教ではない。その上で、そこに見られる「熱狂の危険」を犯してでも、なおその「創造的に機能する」側面のほうに期待したのである。

以上は、『道徳的人間と非道徳的社会』と軌を一にする主張である。ニーバーはこの書でも、とくにプロレタリアの役割に注目し、プロレタリアの「運命の劇的で、ある程度宗教的な解釈」に魅せられていた。ニーバーは、プロレタリアには「狂信的」になり「幻想的」になる危険があることを冷静に見ていたが、当時の行き詰まった社会にあって、それを突破し新しい社会を建設するためには、あえてプロレタリアの「活力」のほうに賭けるべきだと主張しているのである。(22)

マルクス主義への批判とその克服

ところがまもなく、ニーバーは、マルクス主義ないし共産主義を宗教として性格づけたこの視点を、次第にそれらへの批判の梃子に変えていくことになる。一時は期待したその活力それ自体は、悪しき熱狂主義へと傾き、ニーバーはそこに深刻な危険を見ざるをえなくなった。そして、その「活力ある宗教」を、「不十分な宗教」、「悪しき宗教」、「偽りの宗教」と見なすようになる。それは、ひとたびは現実的な修正と見られたマルクス主義ないし共産主義は、結局のところ「ロマン主義的空想主義」であることに気づかされたことと、ソヴィエト・ロシアの政治に「政治史上最悪の残虐と暴虐」の危険を見たからであった。(23)前者は、本書が一貫してそれを問題にしていたタイプの宗教すなわちリベラルなキリスト教と結局同じであったということである。(24)

このようなマルクス主義ないし共産主義の宗教に対して、ニーバーはあらためて歴史的キリスト教の洞察に眼を向け、その深みを探求し、その究極的な妥当性を見いだしていく。ニーバーにとって、リベラリズムを克服した真正のキリスト教こそ、言わば真の「活力ある宗教」なのである。

以上が、本書で、共産主義を「活力ある宗教」と表現し評価したその背景である。本書は、ニーバーがマルクス主義の影響を深く受けたときに書かれた。それゆえに、本書では、その宗教を高く評価し、それに学ぶように訴え、今後の社会の改変は、その宗教的情熱によってなされるとの見通しを表明していた。しかし、上に述べたように、ニーバーは、その最も深くマルクス主義にコミットしたときでさえ、マルクス主義の問題点をきわめて先鋭にとらえていた。本書にもそのことはよく出ている。共産主義には冷笑主義（シニシズム）が付随すること、人間を正しく均衡をとって理解していないことなどが明確に指摘されているからである（一一五頁）。その上で、その「活力」には、学ぶところ大だと考えたのである。

歴史的キリスト教の変革

ところが、本書はそこでとどまっていない。そこにはニーバーのさらなる真の意図が暗示されているからである。すなわち、ニーバーが、キリスト教の楽観主義と非社会性を繰り返し批判し、それに共産主義の宗教的活力への期待を対峙させるとき、その背後にあるのは、キリスト教が、その中産階級的楽観主義や個人主義的感傷主義を打ち破って、現実の問題をあるがままにとらえて社会の改革に向かう強い情熱を持った真に「活力ある宗教」へと変革を遂げていくことへの願いである。それは、キリスト教が社会の変革をすることができなければ、共産主義がそれをするであろうという、言わば、「もしこの人たちが黙れば、石が叫ぶであろう」（ルカ一九・四〇）というイエスのアイロニカルな警告に通じるものである。事実、ニーバーはこう述べている。

もし、中産階級の文化や宗教が自らの感傷性を克服しないとしたら、またかれらが政治的道徳的問題を現実的に扱うことを学ばないとしたら、プロレタリアの宗教……は、結局その論理の帰結［プロレタリア革命］まで推し進められてしまうことになるでしょう（一一五頁）。

その帰結、とりわけその暴力的帰結がニーバーの願うところでないことは言うまでもない。したがってニーバーの究極的な期待は、プロレタリアの宗教にあるのではなく（一一七頁）、歴史的キリスト教の変革にこそある。そして、そのようになるかどうかは、歴史的ないし古典的キリスト教の自己改革にかかっているのである。次のように言われているとおりである。

新しい創造的宗教が、古典的宗教が内蔵している価値を決定的に破壊することになるのかどうか、それとも、過去の最良の洞察を自分のものにし、それを利用することを学ぶことになるのかどうか、ということは、プロレタリアの宗教を生んだ現代産業社会の倫理的政治的問題と折り合いをつける古典的宗教の能力に大きく左右されます（一一六頁）。

しかし、ここでもう一点、注意する必要がある。それは、ニーバーが、共産主義の宗教的活力への期待を表明するとき、それは必ずしも歴史的古典的キリスト教を放棄することを意味しているのではないということである。ニーバーは、共産主義の宗教と古典的キリスト教とが、それぞれの欠点を補いつつ協力し合う可能性をも視野に置いていると見てよい。ニーバーにおいて、それらは、以下の文章が示唆しているように、少なくとも二者択一の事柄ではないのである。

古典的宗教とプロレタリア宗教のいずれであれ、その悲観主義と楽観主義の双方にいかなる誤謬が潜んでいようとも、それらは、冷笑主義（シニシズム）を伴わずに現実主義的で、感傷主義に頽落しない、信頼にあふれた社会的態度の一定の基礎となります（八七頁）。

本書の共産主義に関する主張を理解する際には、以上のような背景があることを踏まえておくことが必要である。

6　ソーシャルワークとソーシャルアクション

社会の再編成への訴え

本書におけるニーバーの究極的な主張は、宗教が、十九世紀以来のリベラルな姿勢を捨てて、紀元前八世紀の預言者たちが訴え、イエスの宗教がそれを深めた、歴史的・古典的キリスト教の精神に本来的に存在したはずの健全な「社会的知性」と社会性の回復と、その視点に支えられた新たなソーシャルワークが必要だということである。それは具体的には、「社会正義」の確立である。

ニーバーはこの書を書いた時代の宗教やそれに基づくソーシャルワークが、依然として理想主義的で、個人主義的で、感傷主義的状況の中にあると見なしていた。しかし、時代は、科学技術による工業化と都市化と情報化の波に翻弄され、経済的大不況による格差社会をすさまじい勢いでつくり出していた。そこでは教会や宗教に基づくソーシャルワークは、感傷的な慈善活動以上にほとんど機能していないとニーバーは考えざるをえなかった。現実に、社会正義は地に堕ちていたからである。その状況を、根本から改変すべきであり、ソーシャルワーカーも宗教者も含む社会全体が、そのわざに邁進すべきだとニーバーは訴えたのである。その訴えは、きわめて厳しく、鋭く、根源的であるとともに、壮大な視野を持つものである。ニーバーの考える改変は、「社会それ自体の経済的な再編成」（二八頁）、「社会組織再編」（四六頁。および一五、九三頁）、「社会の政治的な再編成」（一一一頁）さらには「われわれの文明と社会の再調整」（一〇二頁。および一〇三頁）という「深い問題」（四六頁）また「大義」（一〇二頁）を意味していたからである。

健全な社会的知性の必要

ニーバーは、このことについて、本書の各章の最後の部分で必ずと言ってよいほど触れているが、それを本格的に論じているのは、「現代における宗教とソーシャルアクション」と題された最終章、第六章である。

そこでは、まず、現代社会が、経済的にも政治的にも軍事的にも、「人間の利己性」のあらわれとしての「力の集中」と「力の所有」がその猛威をふるい、不可避的にさまざまな不正が増大し、人格を無視した関係が「同情」の発露を妨げている点が指摘される。それは、過去有機的な社会において発展した「道徳や文化の伝統」破壊し、「新しい文化の伝統の出現」を難しくしているのである。（九八―九九頁）

そこに必要なのは、自然な道徳的な衝動から生まれるのとはまったく異なる新しい「社会的知性」である。それは、しばしば一部の社会科学者やソーシャルワーカーが考える進歩の概念の範疇で理解されるような社会的知性とは根本的に異なるものである。かれらは「適切な社会教育」によって社会の問題が解決されうると考えている。しかし、「最も効果的な社会教育」によってさえも、都市生活における「非人格的関係というモラルハザード」を除去することはできないし、「人々の実際の必要」を満たすこともできない。（九九―一〇一頁）

ニーバーは次のように判断する。

このことは、現代社会には、政治の問題としてはじめて解決されうる社会の問題があるということを意味しています。ソーシャルワーカーたちはしばしば、現在の社会経済制度の枠を超えて考えることができません。かれらは、自分たちの活動を、不正な社会秩序の枠内で、人間関係をいくらかでも改善する仕事に限定してしまっています（一〇一頁）。

こうして、当時のソーシャルワーカーたちは、宗教的慈善を科学的に賢明に行っていると自負するものの、実際には所与の社会状況を受容しているということにおいて、「宗教的博愛主義者」や「宗教的理想主義者」と同じ過ちに陥っているとニーバーは見るのである。

現実主義的視点

したがって重要なのは、「活力にあふれた社会的な見解」を持ち、「社会の再調整というもっと適切な方法」の必要について自覚し、社会に向かって訴えることである。

従来より適正な社会正義を達成するという問題は、純粋に道徳上の事柄ではなく政治的な事柄です。与えられた社会秩序をできるだけ人間的なものにするという責務とは別種の問題です。ということは、社会正義の問題は、単に増大する社会的知性や道徳的善意だけでは解決することができず、ただ搾取する者に搾取される者の力を対置させることによってのみ解決が可能となるような問題であるということです（一〇六頁）。

ここに、きわめて重要なニーバーの見方が現れる。現実主義的な視点である。すなわち、社会正義の問題は道徳問題ではなく政治問題であり、その達成は単なる知性や善意によってはなされず、「社会闘争」（一〇六頁）や「政治闘争」（一〇九頁。他に一一一頁）を避けることはできないという見方である。それは、社会の不正の力に対しては力を対置させて、それに抵抗し、状況を改善し、究極的には解決を目指す仕方である。もし、社会が不正に対して適切な対応をとらなければ、「暴力」に行き着くことも避けられなくなる。しかし、ニーバーは、その闘争が暴力的になることは望んでいない。「知的な社会は、力の行使を、実際の暴力に退化させずに政治の領域で機能するような力に限定できるようにすべき」（一〇七頁）だと考えているからである。それにもかかわらず、「力の行使は必要」（一〇七頁）であり、「公平としての正義は、政治闘争なしに達成されること」はない（一一一頁）とニーバーは確信するのである。

こうした視点は、一部、言うまでもなくマルクス主義の影響によるものであるが、しかしもっぱらそれによるとも言えない。ニーバーは、そうした闘争の原型をむしろ、本書で繰り返し触れている、紀元前八世紀の預言者運動に見ているからである（一〇、一一、四三、九九、一一四頁）。わけても、選民であるイスラエルの社会のさまざまな不正やさらには王侯貴族の横暴さえも、厳しく糾弾してやまなかった預言者アモスはその象徴である（四三頁）。

ニーバーが本書出版と同じ年に世に出した、『道徳的人間と非道徳的社会』は、ニーバーが平和主義（パシフィスト）から現実主義（リアリスト）への移行を表明した記念碑的著作である。そこには、社会関係においては力の要素が無視できないこと、それを踏まえてあるべき社会のあり方を模索し、それに向かって努力をすべきことが、雄弁に主張されている。本書はこの書と前後して世に出たが、そこには、『道徳的人間と非道徳的社会』に勝るとも劣らない形で、現実主義的視点の重要性が力強く訴えられている。そしてそこでは、すでに述べたように、現実主義的視点を強く持っていたとこの時点で判断していた共産主義の活力に期待をしたのである。

　これら両書によって打ち出された現実的視点は、やがてさらなる考察が加えられてキリスト教現実主義（クリスチャン・リアリズム）として、一九四〇年代以降、円熟したニーバーの政治思想の根底に据えられることになるのである。

ソーシャルアクション

　ニーバーは、そうした現実主義的視点を持って社会の諸問題に立ち向かうこと、それも社会の体制そのものの「再編」や「再編成」を求めて行動に起こすこと、その全体を「ソーシャルアクション」と呼んでいる。もっとも、この語は、第六章の表題に出てくるだけで本文にはまったく用いられていない。したがって、ソーシャルアクションが具体的に何を意味するか、その詳細の説明はない。とくにソーシャルワークとソーシャルアクションの関係も本書では必ずしも明確ではない。しかし、ソーシャルワーカーがソーシャルアクションにまで視野を広げ、その意識を持って自らのわざに取り組むことが必要だとされていることは確かである。

　ソーシャルアクションについては、今日、厳密に定義された概念として、社会学や社会福祉その他の分野で用いられていることであろう。しかし本書の時代、ニーバーはこれについてどのように考えていたのだろうか。それについて興味深い傍証となるものがある。それは、ニーバーの影響を深く受けた社会倫理学者で社会実践家であるサム・H・フランクリン元東京神学大学教授による『キリスト教社会倫理概説』（一九六四年）[25]である。この書は、その原題が「クリスチャン・ソーシャルアクション」であり、全巻ニーバーの思想や引用が豊富に出てくるニーバーの圧倒的な影響下で書かれたものである。フランクリン教授は、一九三四―三五年にユニオン神学大学院でニーバーに師事して修士課程を終え、その直後一九三六年から、シャーウッド・エディやニーバーらが、ミシシッピー州の小作農のために試みたプロジェクト「デルタ協同農場」(26)の活動に参加した。ニーバーはこの農場の理事長を務めている。したがって、フランクリン教授のこの書は、ニーバーのもとでの学びと実践がもとになっているのである。そこでは、ソーシャルワークとソーシャルアクションが、概念上、以下のように分けられ整理されている。

社会事業［原語でソーシャルワーク］は主として、個人や集団の困窮に、その環境を改善したり創造的に調整したりすることによって応えることを目的としている。これに反して社会実践［原語でソーシャルアクション］は主として社会構造の変革を問題にする。(27)

この理解は、おそらくニーバーのもとでの学びに基づくものであろう。したがって、これは基本的にニーバーの理解と考えて差し支えないであろう。そしてそれは、フランクリン教授がユニオンで学んだその数年前に出された本書の理解として受け止めて大過ないであろう。

しかしながら、それを受け止めた上で、本書では、ソーシャルワークとソーシャルアクションの関係はフランクリン教授の理解よりもう少し力動的な関係で考えられているようである。すなわち、すでに述べたように、ソーシャルワークはソーシャルアクションを視野に入れ、それとの関係の中でなされるべきであると理解されているようであるからである。さらに言えば、ソーシャルワークとソーシャルアクションは区別されると同時に、前者から後者への動きを意識すべきことが言外に主張されていると言ってよいであろう。それは、かつてニーバーの父グスタフが素朴ながらインネレ・ミッシオーンの諸活動に、通常の社会福祉活動のみならず広く社会変革運動をも見ていた、その視点にも通じることである。

ニーバー自身は、その後の生涯、ソーシャルアクションに、とりわけ政治の分野のそれに、思想的、実践的に関心を向けていくのである。[28]

歴史的キリスト教への期待

ニーバーは、以上のように現実的視点から社会的政治的闘争の不可避性を認め、ソーシャルワークを広くソーシャルアクションの視点で受け止めることを訴えながら、本書の最後の部分で、なお歴史的キリスト教に望みを託している。それは以下の点においてである。

第一は、「もし教会が賢明であるなら、宗教的な理想である愛と政治的な理想である正義との間に生じる葛藤ということの課題を解決することができる」かもしれないという点である。教会は社会に対して、現実的な分析の目を提供し、権力の問題を知らせることができるはずだからである。（一一一―一一二頁）

第二は、宗教は、「現代の社会的不適応の根底にある心理学的経済的問題に厳密に取り組む」ことが可能であるという点である。宗教は、「人間の心の動機」や「人間の貪欲や利己性を心理学的に分析すること」ができるし、真の宗教は、利己性がいかに無私性と絡み合っているかを暴き出すことができるからである。（一一二―一一三頁）

第三は、宗教は、「歴史の目標」を個人的な理想であるだけでなく「社会的な理想」と考えている点である。そこには、「あがなわれた社会というヴィジョン」があり、「社会的救済」への期待がある。この点では、多くの問題があるにもかかわらず、そのあがなわれた社会実現への強い情熱のゆえに、現代のプロレタリアの宗教には期待することができるとしてそれをも評価する。しかし、「キリスト教の宗教は、個人の生活の中で展開される洞察と、社会の営みに発する洞察とから成っている」ゆえに、「社会正義の大義に貢献することができる」はずなのである。（一一三―一一六頁）

以上を踏まえて、本書は次のような文章で締めくくられている。

究極的な真理は、中産階級とプロレタリア階級のいずれの宗教にもありません。なぜなら、人間はたまたま、個人であるとともに社会集団の一員でもあるからです。将来の工業文明がプロレタリアの手にあることは確かですが、そのプロレタリアが、個人の生の営みに伴う苦悩と秘義から生まれる宗教のさまざまな価値のいずれも評価することができないというようなことになったとしたら、その原因は主として、個々の宗教が自らの社会的任務にそむいてきたことにあるということになるでしょう（一一七頁）。

こうして、本書は、宗教の社会的任務の自覚、具体的には、歴史的キリスト教の社会性の回復にこそ、将来の方向を決める鍵があることを示唆してその議論を閉じるのである。

おわりに

以上、読者の便宜のために、いくつかの点についての背景を説明し、ニーバーの意図の概要をたどってみた。しかしこれは他の多様な読み方を否定するものではない。読者それぞれの立場で本書の主張を受け止め、咀嚼し、それと対話していただくことこそが大切である。

本書は、主題を、キリスト教を念頭において論じているが、すでに述べたように、その議論の本質は、他の宗教的伝統にも当てはまるところが多くあるであろう。

また、原著出版から八十年が経っているが、それにもかかわらず、今日の課題と交わる考察を多く見いだすことができるであろう。社会福祉の分野では、あるいはその時間差ゆえに、ニーバーの指摘がかなりの程度改善されてきているところもあるに違いない。また、わが国の状況は相当異なっているかもしれない。しかし、同時に、ニーバーの洞察が時代を越えて、なお現代の社会福祉の分野で意味を持つ点も多々あるであろう。

この解説では、冒頭に、本書の作業の特質を、「キリスト教社会倫理的考察」と呼んだ。ニーバーの『道徳的人間と非道徳的社会』を訳された大木英夫教授は、その「訳者あとがき」に次のように書いておられるが、その内容はそのまま本書にも当てはまることである。

〔『道徳的人間と非道徳的社会』〕には、マックス・ヴェーバーの〈心情倫理〉と〈責任倫理〉の問題と同じ問題領域が開けている。しかし、ニーバーは、驚くべき鋭利な倫理的分析を加えつつ、その問題点においてヴェーバーを克服する道を切りひらいている。ニーバーは、マルクス主義的階級意識を決定的にとりいれつつ、それをも倫理的批判の火で精錬しなおし、マルクス主義を批判的に生かそうとするのである。〈社会倫理学的批判〉、これはすべての思想が実践へと展開されるその中間で試みられねばならない作業過程である。それが欠落していることによって、思想がめざす結実にいたらず、かえって不毛や破壊を結果するのである。[29]

社会の諸問題との取り組みを社会倫理学的批判の火で精錬しなおすこと——本書を読んで考えさせられるのは、今日におけるその作業の必要性と緊急性である。

注

（1）ラインホールド・ニーバー『道徳的人間と非道徳的社会——倫理学と政治学の研究』大木英夫訳、現代キリスト教思想叢書8、白水社、一九七四年。のちに「白水社イデー選書」の一冊として再版された（一九九八年）。

（2）これまでニーバー研究を主題とした文献は単行本としては数十冊を数えるが、筆者の知る限り、本書に触れているのは以下の四冊にとどまる。いずれも本格的な扱いではない。Dennis P. McCann, *Christian Realism and Liberation Theology: Practical Theologies in Creative Conflict* (Maryknoll, NY: Orbis Books, 1981), 28, 29／Richard W. Fox, *Reinhold Niebuhr: A Biography, with A New Introduction and Afterword*〔New Edition〕(Ithaca and London: Cornell University Press, 1996), 134／チャールズ・C・ブラウン『ニーバーとその時代——ラインホールド・ニーバーの預言者的役割とその遺産』高橋義文訳（聖学院大学出版会、二〇〇四年）、八四—八五頁／Martin Halliwell, *The Constant Dialogue: Reinhold Niebuhr and American Intellectual Culture*, (Lanham, Boulder, New York, Toronto, Oxford: Rowman & Littlefield Publishers, Inc., 2005), 48–49。以上のうち、もっとも詳しいのはMcCannであるが、社会福祉の視点から触れているものではない。なお、本書出版の翌年以下のような書評が出ているが、現在のところ入手することはできていない。Ernest F. Johnson, "Religion and Social Work," *The World Tomorrow*, vol. 16, no. 9 (March 1, 1933): 213; Shirley J. Case, "Religion and Social Morals," *Journal of Religion*, Vol. 13, no. 3 (July 1933): 359–361.

（3）インネレ・ミッシオーン（Innere Mission）とは、「外国伝道」（Aussere Mission）に対する「国内伝道」の意である

（長く「内国伝道」と訳されてきたが、ややこなれない訳語であり、また「国内伝道」と訳してみても、内実と合致しないので、ここではカタカナで表記しておく）。この運動の父と呼ばれたヴィヘルン（原音はヴィーヒャーン）は、一八三〇年代、キリスト教国ドイツ内に真の伝道すなわち愛の行為とりわけ社会的な愛の行為としての伝道が必要だと考えた。そしてそれを、見捨てられた子どもたちのための施設「ラウエル・ハウス」の設立、ペスト発生に伴う数千の孤児の救済をはじめとする社会福祉活動によって表現した。かれは、キリスト教信仰から出る「社会性」によって「社会の革新」を目指す働きをインネレ・ミッシオーンと呼んだのである。北村次一『ヴィヘルンと留岡幸助――キリスト教社会改革史』（法律文化社、一九八六年）を参照。

（4）総合福祉施設の町「ベーテル」は一八六七年設立された。インネレ・ミッシオーン地区委員会の発議を契機にして創設されたてんかん患者の施設から始まり、ボーデルシュビング父子が総合的な医療・福祉施設として拡充、それに神学校等を設置し、ビーレフェルト市の一角ベーテルを医療福祉の町にした。一九二一年以降、正式名称は「フォン・ボーデルシュビング総合医療・福祉施設ベーテル」である。橋本孝『福祉の町ベーテル――ヒトラーから障害者を守った牧師父子の物語』（西村書店、二〇〇六年）および橋本孝『奇跡の医療・福祉の町ベーテル――心の豊かさを求めて』（西村書店、二〇〇九年）を参照。

（5）以上、北米ドイツ福音教会におけるインネレ・ミッシオーン活動に関する部分は、以下の拙著によった。高橋義文『ラインホールド・ニーバーの歴史神学――ニーバー神学の形成・諸相・本質の研究』（聖学院大学出版会、一九九三年）、六〇―六二頁。高橋義文「ニーバーと恩師サムエル・D・プレス」『形成』258・259号（一九九二年六・七月）、二九―三六頁。

（6）「キリスト教社会秩序協会」（**Fellowship of Christian Social Order**）は、一九二一年設立、平和主義を基礎に広範な活動を行ったが、一九三〇年、「友和会」（**Fellowship of Reconciliation**）に合流。ニーバーは、のちに友和会の議長を務めたが、一九三三年、その絶対平和主義に反対してそこを離脱している。

（7）ブラウン『ニーバーとその時代』、八四頁。ホワイトは、ニーバーがユニオンで最初に得た教授席「ダッジ応用キリスト教」（**W. Dodge Applied Christianity**）の前任者であったが、これは元来社会福音推進のために寄付された席であった（高橋義文『ニーバーの歴史神学』一六頁を参照）。なお、ニーバーとアダムズとの交流の詳細については明らかではないが、かの女の勧めで、一九二四年の大統領選で、第三党の候補者R・M・ラフォーレットのデトロイト選挙本部長を務めたことなど、状況からするとかなりの交流があったものと推察される。ちなみに、アダムズは、本書出版の前年一九三一年にノーベル平和賞を受賞している。

(8) 西川淑子「宗教とソーシャルワーク――ニーバー著CRSWの考察」『聖学院大学総合研究所紀要』34号（二〇〇五年）、四〇二頁注6。

(9) Fox, *Reinhold Niebuhr*, p. 134 および、ブラウン『ニーバーとその時代』、八四頁。

(10) 西川「宗教とソーシャルワーク」、四〇二頁。

(11) Reinhold Niebuhr, *Does Civilization Need Religion? A Study of the Social Resources and Limitations of Religion in Modern Life* (New York: The Macmillan Company, 1927).

(12) ウィリアム・ジェイムズ『宗教的経験の諸相』枡田啓三郎訳、岩波文庫、上一九六九年、下一九七〇年。ハリウェルは、本書には「ジェイムズ的諸概念の豊富な組み合わせ」があると指摘している。Halliwell, *The Constant Dialogue: Reinhold Niebuhr and American Intellectual Culture*, 49. を参照。

(13) Reinhold Niebuhr, *An Interpretation of Christian Ethics* (New York: Harper & Brothers, 1935).

(14) Reinhold Niebuhr, *The Nature and Destiny of Man*, Vol. II: *Human Nature* (Charles Scribner's Sons, 1943), Chapter 8. を参照。

(15) もっとも、時間的な経緯としては、共産主義を「活力ある宗教」と表現したのが先で、その表現をニーバーが考える真の歴史的キリスト教に適用したのはあとであるということではあろう。しかし、その奥にある論理としては、逆と考えて矛盾はない。

(16) Fox, *Reinhold Niebuhr*, 124 および、ブラウン『ニーバーとその時代』、七九頁。

(17) 本書のもととなるニーバーの講演が一九三〇年のいつ頃なされたか、資料としては不明であるが、おそらく八月のロシア訪問後の秋であったであろう。そうだとすると、この講演における共産主義の活力への言及は、ロシアを見聞してきたばかりのきわめて新鮮な指摘であった。

(18) Reinhold Niebuhr, "Socialism and Christianity," *Christian Century*, Vol. 48, no. 33 (August 19, 1931): 1038–1040.

(19) 一九三〇年代のニーバーにおけるマルクス主義の影響とその克服の詳しい経緯については以下を参照されたい。高橋『ニーバーの歴史神学』九四―一二四頁（第三章ニーバー神学の出発 その2―一九三〇年代マルクス主義との取り組み）。

(20) Reinhold Niebuhr, "The Religion of Communism," *The Atlantic Monthly*, Vol. 147, no. 4 (April, 1931): 462–470.

(21) 本書には次のような文章もある。コミュニズムには、「平等主義的な社会という理想があり、その目標のためならいかなる犠牲もいといません」（七八頁）。ここでも社会性と情熱が強調されている。

(22) ニーバー『道徳的人間と非道徳的社会』大木英夫訳（白水社イデー選書、一九九八年）、二八九―二九〇頁。

(23) 高橋『ニーバーの歴史神学』、一一二頁参照。

(24) 以上の、ニーバーによる宗教としてのマルクス主義批判は、マルクス主義批判の中で「もっとも独創的な要素」であるとも言われた。Ronald H. Stone, *Reinhold Niebuhr: Prophet to Politicians* (Nashville and New York: Abingdon Press, 1972), 64 を参照。

(25) サム・H・フランクリン『キリスト教社会倫理概説』大木英夫訳（日本基督教団出版局、一九六四年）。フランクリン教授は、一九二九年宣教師として来日し、賀川豊彦に共鳴し、京都で学生伝道に従事、戦後再び来日、東京神学大学で社会倫理の教鞭をとる傍ら、農村伝道と農村教会の建設に尽力した、わが国にゆかりの深い人物である。詳しくは、訳者の大木英夫教授によるこの書の「解説」（三六九―三七〇頁）を参照。

(26) 「デルタ協同農場」は、エディのグループが二千エーカーほどの土地に、経済的に恵まれない小作農を招いて綿花製造協同組合をつくり、南部小作農の生活水準を引き上げる試験的プロジェクトであった。理事長を務めたニーバーは、このプロジェクトを「地主主義を排する一努力」と考えていた。そこに小作農組合に参加したために大規模農園から追放された、黒人と白人の小作農三十家族が入植したが、数年後、種々の問題から経営危機に見舞われ、土地は各人に売却、プロジェクトは中止のやむなきにいたった。ブラウン『ニーバーとその時代』、一一〇―一一一頁参照。

(27) フランクリン『キリスト教社会倫理概説』、二一一頁。

(28) ニーバーは、その後も時々ソーシャルアクションの語を用いているが、この語自体を定義ないし説明しているところは見当たらない。表題にその語が用いられたよく知られた論文は以下のものであるが、そこにも、「キリスト教社会倫理」の枢要点は論じられているが、ソーシャルアクションそれ自体の説明はない。"Christina Faith and Social Action," in Reinhold Niebuhr, *Faith and Politics: A Commentary on Religious, Social and Political Thought in a Technological Age*, ed. by Ronald Stone (New York: George Braziller, 1968), 119–137.

(29) ニーバー『道徳的人間と非道徳的社会』大木英夫訳、現代キリスト教思想叢書8(白水社、一九七四年)、四九九頁。

補遺二

ニーバーの著作の翻訳について

はじめに

わが国で、ラインホールド・ニーバーの名は、同時代の神学者や思想家の名とともに戦前から知られてきたが、その著書の翻訳は非常に限られてきた。それは、わが国におけるニーバー理解が広がらなかった原因の一つでもあったであろう。しかし、実際には、どの程度翻訳されてきたのだろうか。ここでは、これまでなされた、わが国におけるニーバーの著作の翻訳の状況の歴史を概観し、併せて今後のニーバーの翻訳の課題も確認しておきたい。

ニーバーがその生涯に出版した著書は、単著が一八冊、共著が二冊、合計二〇冊（パンフレットのような冊子を除く）である。また、生前・死後を含め、他者によって編纂された論文集が一三冊あり、それらを含めると、ニーバーの著書は合計三三冊になる。それに書簡集が一冊出されている。また、他者編纂によるニーバーの著書からの抜粋と論文を含めた選集が三冊ある。

ちなみに、ニーバーは、著作に加えて雑誌論文、エッセイ、序文、論説、説教等を大量に書いた。その数は、現在のところ最も包括的なロバートソンの『ラインホールド・ニーバーの著作目録』(1)によると、二八〇〇余編に上る。そうした論文等は、その一部が著作や論文集に収録されてはいるが、ごくわずかにすぎない。今後、徐々にまとめられ、論文集として公刊されて、それらもまた翻訳される日が来ることを期待したいと思う。雑誌論文の類には、著作にないニーバーの多様な思想の動きが認められるからである。

一　翻訳されているニーバーの著作

ニーバーの著作で、これまで翻訳されているものは、以下のとおりである（論文・エッセイ等の翻訳については、雑誌等に掲載されたものは除き、書籍の形態もしくはその一部になっているものに限った。なお番号は便宜上付けたものである。）

○　著書・論文集（翻訳出版の年代順）

1. 栗原基・訳『近代文明とキリスト教』基督教思想叢書第一輯第一巻、イデア書院、一九二八年。
原著　*Does Civilization Need Religion? A Study in the Social Resources and Limitations of Religion in Modern Life.* New York: Macmillan Co., 1927.
2. 武田清子・訳『光の子と闇の子』新教出版社、一九四八年。同訳者による改訳、新教新書、新教出版社、一九六四年。同訳者による再改訳、聖学院大学出版会、一九九四年。

原著　*The Children of Light and the Children of Darkness: A Vindication of Democracy and a Critique of Its Traditional Defense*. New York: Charles Scribner's Sons, 1944.

3. 上與二郎・訳『基督教倫理』新教出版社、一九四九年。

原著　*An Interpretation of Christian Ethics*. New York: Harper & Brothers, 1935.

4. 飯野紀元・訳『信仰と歴史』新教出版社、一九五〇年。

原著　*Faith and History: A Comparison of Christian and Modern Views of History*. New York: Charles Scribner's Sons, 1949.

5. 武田清子・訳『キリスト教人間観　第一部　人間の本性』新教出版社、一九五一年。

原著　*The Nature and Destiny of Man: A Christian Interpretation*. Vol. 1, *Human Nature*. New York: Charles Scribner's Sons, 1941.

6. オーテス・ケーリ・訳『アメリカ史の皮肉』社会思想研究会出版部、一九五四年。

原著　*The Irony of American History*. New York: Charles Scribner's Sons, 1952.

7. 武田清子・高木誠・訳『道徳的人間と非道徳的社会』世界大思想全集30所収、河出書房新社、一九六〇年。

原著　*Moral Man and Immoral Society: A Study in Ethics and Politics*. New York: Charles Scribner's Sons, 1932.

8. 飯野紀元・訳『共産主義との対決』アーネスト・W・レフィーヴァー編、時事新書、時事通信社、一九六一年

［論文集。ただし訳書では、レフィーヴァーの序文は訳出されているが、かれが編纂者であることは明示されていない］。

原著　*The World Crisis and American Responsibility: Nine Essays*. Edited with an Introduction by Ernest W.

Lefever. New York: Association Press, 1958.

9. オーテス・ケーリ・訳『自我と歴史の対話』未來社、一九六四年。
原著 *The Self and Dramas of History*. New York: Charles Scribner's Sons, 1955.

10. 津田淳・坪井一・訳『人間の本性とその社会』金沢文庫、北望社、一九六九年。
原著 *Man's Nature and His Communities: Essays on the Dynamics and Enigmas of Man's Personal and Social Existence*. New York: Charles Scribner's Sons, 1965.

11. 古屋安雄・訳『教会と社会の間で――牧会ノート』新教出版社、一九七一年。
原著 *Leaves from the Notebook of a Tamed Cynic*. Chicago: Willett, Clark & Colby, 1929.

12. 野中義夫・訳『人間の本性と運命　第一巻　人間の本性』産学社、一九七三年。
原著 *The Nature and Destiny of Man: A Christian Interpretation*. Vol. 1, *Human Nature*. New York: Charles Scribner's Sons, 1941.

13. 大木英夫・訳『道徳的人間と非道徳的社会』現代キリスト教思想叢書8所収、白水社、一九七四年。同、白水社イデー選書、一九九八年。
原著 *Moral Man and Immoral Society: A Study in Ethics and Politics*. New York: Charles Scribner's Sons, 1932.

14. 梶原寿・訳『義と憐れみ――祈りと説教』アースラ・M・ニーバー編、新教出版社、一九七五年〔説教と祈禱集〕。
原著 *Justice and Mercy*. Edited with an Introduction by Ursula M. Niebuhr. New York: Harper & Row, 1974.

15. 大木英夫・深井智朗・訳『アメリカ史のアイロニー』聖学院大学出版会、二〇〇二年。

原著　*The Irony of American History*. New York: Charles Scribner's Sons, 1952.

16. 髙橋義文・西川淑子・訳『ソーシャルワークを支える宗教の視点——その意義と課題』聖学院大学出版会、二〇一〇年。
原著　*The Contribution of Religion to Social Work*. New York: Columbia University Press, 1932.

○論文・エッセイ（翻訳出版の年代順）

1. 海老澤亮・訳「暴虐の二様式」（『基督教に対する共産主義の挑戦』北米外国伝道協会編、海老澤亮・訳、教文館、一九四九年、五二—六三頁に収録）。
原著　"Two Forms of Tyranny," *Christianity and Crisis*, Vol. 8, no. 1 (February 2, 1948): 3–5. Reprinted in *The Challenge of Communism to Christianity*, ed. by Committee to Study a Christian Approach to Communism of the Foreign Missions Conference of North America, 1948.

2. 有賀鐵太郎・阿部正雄・訳「我々は人間であって神ではない」（『ニーバーとバルトの論争——信仰と人間の無秩序』有賀鐵太郎・阿部正雄・訳、アテネ文庫170、弘文堂、一九五一年、三五—四七頁に収録）。
原著　"We are Men and Not God," *Christian Century*, Vol. 65, no. 43 (October 27, 1948): 1138–1140. Reprinted in *Essays in Applied Christianity*, Edited and Introduced by D. B. Robertson (New York: Meridian Books, 1959), 168–174.

3. 有賀鐵太郎・阿部正雄・訳「カール・バルトへの回答」（『ニーバーとバルトの論争——信仰と人間の無秩序』

有賀鐵太郎・阿部正雄・訳、アテネ文庫170、弘文堂、一九五一年、六二七―四頁に収録)。
原著 "An Answer to Karl Barth," *Christian Century*, Vol. 66, no. 8 (February 23, 1949): 234–236. Reprinted in *Essays in Applied Christianity*, Edited and Introduced by D. B. Robertson (New York: Meridian Books, 1959), 175–182.

4. 竹林拙三・訳「神は正義と平和を望みたもう」(ラインホールド・ニーバー・平和教会継続委員会『キリスト者と戦争』竹林拙三・訳、日本基督教協議会文書事業部、一九五九年、三五―四七頁に収録)。
原著 "God Will Both Justice and Peace," with Angus Dun. *Christianity and Crisis*, Vol. 15, no. 10 (June 13, 1955): 75–78.

5. オーテス・ケーリ・訳「わが精神の歩み――ニーバー自伝」(オーテス・ケーリ・訳『自我と歴史の対話』未來社、一九六四年、二七七―三〇四頁に「補章」として収録)。
原著 "Intellectual Autobiography." in *Reinhold Niebuhr: His Religious, Social, and Political Thought*, edited by Charles W. Kegley and Robert W. Bretall (New York: Macmillan Company, 1956), 3–23.

6. 大木英夫・塩谷直也・訳「ユーモアと信仰」(大木英夫・深井智朗・訳『アメリカ史のアイロニー』聖学院大学出版会、二〇〇二年、二六一―二八七頁に「付録」として収録)。
原著 "Humour and Faith." in *Discerning the Signs of the Times: Sermons for Today and Tomorrow* (New York: Charles Scribner's Sons, 1946), 111–131.

二　これまでなされたニーバーの翻訳について

以上のように、現在のところ、翻訳されているのは、分量にして、著書の半数ほど、論文集も含めた全著作の三割程度であるが、これらのリストを見ると、ある程度、ニーバーの主要な著作のかなりのものが訳されてきたと言ってよいであろう。とくに戦争直後から七〇年代半ばまで、平均して二、三年に一冊ほどの間隔でニーバーの翻訳が出ているからである。

とはいえ、ニーバーが本格的に翻訳され始めた一九四〇年代後半から今日まですでに六十数年が経っていることを考えると、その翻訳出版数はいかにも少ない。それは、ニーバーと世代を同じくし、二〇世紀半ばを中心に活躍し、しばしばニーバーと並び称される二〇世紀の偉大な神学者たち、すなわち、カール・バルト、エーミル・ブルンナー、ルドルフ・ブルトマン、パウル・ティリッヒらの著書の翻訳状況と比べてみれば一目瞭然である。それらの神学者たちについては、いずれも主著が訳され、著作集も出され、それ以外にも相当な量が訳され、現在にも引き継がれているからである。また、古いものについては、復刻版も出され続けている。

それに対して、ニーバーの場合、翻訳の絶対数が少ないだけでなく、復刻版も見られない。ほとんどが絶版で、現在、新刊として手に入るのは、一九八〇年代末以降のほんの数冊（上記リストの2、13、15、16の四冊！）にすぎない。現在では、インターネット等を通して絶版の書物もかつてより格段に入手しやすくなっているとはいえ、ニーバーの著書を求めてその作業をいとわないのは研究者以外ではごくわずかであろう。またたとえ入手したとしても、おそらく一九六〇年代以前のものの文体はすでに読みやすいものとは言えなくなっていることも事実である。

ニーバーの名は、わが国で、バルトらの名とともにかなり早くより知られていたにもかかわらず、その思想については、今日にいたるまで十分に知られてきたとはいえない。その理由は多々あるに違いないが、翻訳の不十分さがその理由の一つであったことは確かであろう。もちろんそれは、単に翻訳の量だけでなく質も問われなければならないのかもしれない。ニーバーの翻訳の困難さがしばしば指摘されてきているからである。[2]

それでも、多くの先達がニーバーの翻訳に挑んでこられたその勇気と労苦には敬意を表すべきである。現在、そして今後も、こうした先達の業績に学ぶ必要があることは言うまでもないことだからである。

上に挙げたリストに見られる、いくつかの顕著な点について述べておこう。

第一は、ニーバーへの関心がわが国でかなり早い時期に見られたという事実である。ニーバーの著書で最初に翻訳された『近代文明とキリスト教』（上記リストの1）が、ニーバーの処女作で、それがなんと原著出版の翌年というすばやさで翻訳出版されているのである。この書は、ニーバーが一三年にわたるデトロイトでの牧会の間に書いたいくつかの論文をもとにまとめた著作であるが、ニーバーは、この著書を一九二七年に出版し、その翌年秋、ユニオン神学大学院に赴任した。したがって、この書が出たころ、ニーバーの名は、かれがデトロイト時代に活発に参画したいわゆる社会福音運動の活動家の間では気鋭の牧師としてかなりの程度知られていたとはいえ、まだ限定的であり、ユニオンの教授陣に加わることになり、ようやく全国レベルのキリスト教世界の主要な場に姿を見せ始めたというところであった。一般的な状況からすると、ニーバーの名はわが国にはまだ知られていなくて当然の時代と思われる。ところが、訳者の栗原基は、「訳者序」で、原著者を「米国宗教界の進歩派の驍将ラインホルド・ニーブル氏」[3]と、ごく簡潔に、そしてある程度正確に、まるで自明のことのように紹介しているのである。

栗原は、ニーバーとこの書とについての情報をどこから得たのであろうか。推測であるが、その情報を得たのは、有賀鐵太郎（同志社大学神学部教授を経て京都大学文学部教授）からではないかと思われる。本書出版の二年後、一九三〇年に、有賀は、栗原との共訳で、やはりユニオンの教授であり有賀の指導教授であった著名な教会史家Ａ・Ｃ・マギファート（Arthur Cushman McGiffert, 1861–1933）の『近代基督教史』を出版しているからである。

有賀は、二度、ユニオンに留学した（二度目の留学で、日本で初めてユニオンから神学博士の学位を取得）が、最初の留学を終えて同志社の教授になったのが一九二五年である。したがって有賀の最初の留学は、ニーバーがユニオンに赴任する前であった。しかし、デトロイトのニーバーについての情報はおそらくすでに有賀の耳に入っていたであろうし、後述するように、のちにニーバーの論文を編集・翻訳することからして、有賀はこのころすでにニーバーにある程度関心を寄せていたと推測して大過ないであろう。おそらくは、留学から戻ったこの有賀と、京都の第三高等学校で教鞭を取り、同校の基督教青年会初代主事を務めていたキリスト者栗原基との間に交流が生まれ、有賀からニーバーの新著の情報と刺激を得て、栗原が翻訳をする、ということになったのではないかと思われる。

栗原基（一八七八–一九六七）は、東京帝国大学英文科を出て、第三高等学校および広島高等師範の教授を務めた英語学者であり、ニーバーのこの書を訳す前にすでに、『英国文学史』（共著、一九〇七）と『英語発達史』（一九一〇）を上梓しており、とくに後者は、まとまったものとしてはわが国最初の英語学史と言われている。しかし、熱心なキリスト者として神学にも関心を抱き、その後キリスト教関係の文献をかなり翻訳するようになった。ニーバーやマギファートのほかに、やはりユニオンの教授でリバーサイド教会牧師ハリー・エマソン・フォズディックのイエスに関する書を二冊訳してもいる。これもまた有賀の刺激によるものかもしれない(4)。

いずれにしても、栗原の翻訳は、わが国におけるニーバー翻訳史のみならずニーバーへの関心の歴史において、顕著な出来事であったと言ってよいであろう。しかし残念なことに、栗原のこの関心がその他の人々に、またその後に引き継がれることはなかった。ニーバーが再び取り上げられるようになるのは、それから二〇年ほどを経た、戦後になってからのことだからである。

第二は、戦後まもなくからしばらくの期間すなわち一九四〇年代から六〇年代初めにかけて、ニーバーの紹介と翻訳がかなり集中的になされたことである。それは、とくに国際基督教大学の飯野紀元、武田清子の両教授の貢献である。両教授は、それぞれいくつかのニーバーの著書や論文集を翻訳するとともに、ニーバー紹介の書も積極的に著している。(5)

この両氏の翻訳で重要なことは、ニーバーの主要著書である、『光の子と闇の子』、『信仰と歴史』、『人間の本性と運命』〔武田訳では「定め」〕』第一部「人間の本性」、『道徳的人間と非道徳的社会』(リストの2、4、5、7)である。なかでも、『人間の本性と運命』は重要である。これは、ニーバーが一九三九年に五人目のアメリカ人としてエディンバラ大学で担当したギフォード講演の内容であり、成熟したニーバーの思想が展開されているニーバーの主著であるからである。しかし、その第二巻「人間の運命」が訳されずに終わってしまったのは残念なことであった。第二巻は、第一巻以上にニーバーの思想が独特の深みをもって展開されている、ニーバー理解に最も必須の著書だからである。

ところで、武田訳から二〇年余り後に、この主著の訳出を試みたもう一人の人がいた。野中義夫である(上記リストの12)。明治三八年生まれ、東京帝国大学(倫理学専攻)を出て、群馬大学および足利工業大学で哲学を講じた。(6)野中は、ニーバーのこの書の重要性を認識し翻訳を始めたが、武田訳についてはその存在を知ってはいたがそれを見る機会をついに逸してしまったという。[7] また、キリスト教については「素人」であると断っているが、そのせいであろうか、神学用語の類では適訳といえない部分も散見される。しかし、全体としてこなれたわかりやすい訳であり、独自の工夫もなされている。たとえば、人間自己の spirit の次元についてのニーバーの特徴ある議論の部分では、しばしばその翻訳に困惑させられる spirit を「霊」と訳すなど、ニーバーの議論の内容を踏まえた工夫がなされている。また、現代日本の思想状況や哲学の不毛を指摘しながら、ニーバーの重要性とそれに学ぶ必要の意義について述べている巻末の「訳者のことば」は、説得力を持つ内容である。[9] ところがこれも残念なことに、「第一巻」と明白に銘打ちながら、「第二巻」は訳されることなく終わってしまった。[8]

こうしてニーバーの主著が今日にいたるまでついに完訳出版されることはなかった。しかしそれが、わが国におけるニーバー理解の一つの大きな障害となってきたことは確かではないかと思う。

第三に、五〇年代と六〇年代、飯野、武田と重なる時期、ニーバーの翻訳にユニークなかたちで力を尽くしたもう一人の人がいたという点である。オーテス・ケーリである（上記リストの6と9）。ケーリは、宣教師の子として小樽に生まれ、同志社大学で歴史学を講じ、戦後日米の交流に貢献したアメリカ人であるが、同大学出身の若い研究者数人と共同で、これもニーバーの重要な著書を訳した。とくに『自我と歴史の対話』（原題は『自己と歴史のドラマ』）は、ニーバーの神学的人間学の頂点とも言える著書であるが、原著出版前にニーバー自身から翻訳を勧められ、送られてきた校正刷りで翻訳を始めたという。[10] ケーリは、一九五七年春、共同研究者二名とともにニーバーのもとを訪れインタビューを試みたが、その内容が「訳者あとがき」に記されていて、興味深い。

ニーバーの翻訳作業におけるケーリの顕著な業績は、一九五六年にニーバーが書いた「知的自伝」（「わが精神の歩み――ニーバー自伝」と題されている）を訳出、『自我と歴史の対話』に「補章」として収録したことである

（上記リスト論文・エッセイ等の5）。このニーバーの自伝的な文章はきわめて貴重で、ニーバーの思想研究に今も欠かすことのできない重要な資料である。

第四に、単なる翻訳を超える重要な訳書があるということである。それは、前述の有賀鐵太郎による編訳『ニーバーとバルトの論争』である（リストの論文・エッセイの1、2）。上のリストでは、ニーバーの論文の翻訳の部分のみを挙げたが、有賀の作業の意義は、単にニーバーの論文を訳出しただけでなく、バルトとの論争の全体を編集・訳出版した、ということである。このようなかたちで両者の論争を一書にまとめているのは、アメリカにもない。有賀の独自の作業であった。

ニーバーとバルトの間になされた論争は、一九四八年にアムステルダムで開かれた世界教会協議会創立総会におけるバルトの基調講演に端を発したものであり、その直後、『クリスチャン・センチュリー』誌にニーバーがその講演批判を書き、それにバルトが応じたものである。双方二回ずつで誌上の論争は終わったが、その議論は今日にも引き継がれており、また引き継がれるべき重要な課題である(11)。栗原に関連して触れたように、有賀はおそらく早くよりニーバーに関心を持っていたが、それとともにわが国にバルトの影響が大きくなる中で、この論争を紹介することが重要と考えたのであろう。いずれにしても、この論争の出版は、わが国における神学史的意義を持ちうる出来事であった。現在、この論争の新しい訳の出版が予定されているとのことであるが、課題を新たに深める機会となることを期待したい(12)。

第五は、大木英夫教授が、過去に訳されている二つのニーバーの書を、ニーバーの思想へのより深い理解を基として、七〇年代以降、新たに訳し出版していることである。『道徳的社会と非道徳的社会』と『アメリカ史のアイロニー』である（上記リストの13、15）。前者は、ニーバーの出世作となった現実主義的社会倫理批判の書であり、後者はニーバー最盛期の成熟したアメリカ論である。とくに後者は、オバマ大統領が影響を受けた書であり、最近のニーバー・リバイバルの鍵となっているテキストである。

また同じ七〇年代の初めに古屋安雄教授によってなされたニーバーの牧会日記の翻訳（リストの11）も貴重である。若きニーバーの瑞々しい心の動きとともに後のニーバーの神学思想の基礎となる視点が豊かに垣間見られるものだからである。

三　今後の課題

以上、これまでなされてきたニーバーの著作の翻訳を振り返り、いくばくかのことを述べてきたが、今後の課題が大きなものであることは明らかである。

何よりも、全体として、翻訳が量的にきわめて不十分であるということである。ある程度のニーバーの著書が訳されはしたが、六〇年代以前のものは、訳しなおすことが必要であり、同時に、まだ手が付けられていない著書・論文集の翻訳が、ニーバーの思想研究を踏まえて精力的になされなければならない。以下にその課題案を呈しておこう。

まずなすべきは、ニーバーの主著『人間の本性と歴史』の完訳ではないかと思う。以前から多くの人々がその必要を覚えてきたと思われるが、なかなかそれに挑戦することができなかった。しかし、筆者の所属する聖学院大学総合研究所でその取り組みを始めたところである。これまで未訳であった第二巻の『人間の歴史』から翻訳を進めているが、それが完成次第、第一巻『人間の本性』を、武田訳と野中訳に学びながら訳し、ニーバーの主著全二巻を完成させたいと考えている。

次に、これまで出たものの中で、とくに『キリスト教倫理の解釈』と『信仰と歴史』と『自己と歴史のドラマ』が早く訳しなおされるべきであろう。『キリスト教倫理の解釈』は比較的小冊であり、『自己と歴史のドラマ』はかなり大部であるが、新しい訳が早く出ることを願いたい。

さらに、これまで訳されてこなかったもので、とくに必要と思われるのは、次の三点であろうか。ニーバー自身が出版した論文集、『キリスト教現実主義と政治的諸問題』（*Christian Realism and Political Problems*. New York: Charles Scribner's Sons, 1953）と『敬虔で世俗的なアメリカ』（*Pious and Secular America*. New York: Charles Scribner's Sons, 1958）、それに他者編纂の論文集『愛と正義』（*Love and Justice: Selections from the Shorter Writings of Reinhold Niebuhr. Edited with an introduction* by D. B. Robertson. Philadelphia: Westminster Press, 1957）である。前者二書には比較的長文の論文が収録されている。三番目の書も含めてそのいずれにも、ニーバーの視点の特徴がよく出ている有名な論文が目白押しである。

また、ニーバーの以下のエッセイ集も魅力的である。本来は説教であったが、文章にしたものをニーバーは「説教的エッセイ」と称し、自ら二冊を編んでいる。『悲劇を越えて』（*Beyond Tragedy: Essays on the Christian Interpretation of History*. New York: Charles Scribner's Sons, 1937）と『時の徴を見分けて』（*Discerning the Signs of the Times: Sermons for Today and Tomorrow*. New York: Charles Scribner's Sons, 1946）である。とくに前者は、永遠と歴史のパラドクスをきわめて魅力的に論じているエッセイである。後者は、前者に比して説教の形態が多少残っているように見えるエッセイであり、ニーバーがどのような説教をしていたのかが感じられるものとなっている。

加えて、晩年のニーバーの政治的大著『帝国と国家の構造』（*The Structure of Nations and Empires: A Study of*

Recurring Patterns and Problems of the Political Order in Relation to the Unique Problems of the Nuclear Age. New York: Charles Scribner's Sons, 1959）も訳されることを期待したい。これは、ニーバーがユニオンを引退後、プリンストン高等研究所で、ジョージ・ケナン（元ソ連大使）やハンス・モーゲンソー（政治学者）との議論をとおし、またかれらの助言も得て著した、国際関係に関する組織的で厳密な研究である。冷戦のさなかにあって、ソ連内部における確かな変化を予期しながら、将来の道筋を示した著書であり、アーノルド・トインビーやサミュエル・ハンティントンなどから高い評価を得たものである。

もう一つ、重要なのは上述したニーバーの知的自伝である。これは、せっかくケーリの訳があるので、それを参考にしてぜひ新たに訳出しておきたい文献である。ケーリ訳で三〇頁ほどの分量だが、ニーバーの他の著書に付録として付けるか、ニーバーの代表的な論文と一緒に小冊で出版しておいてもよいのではないかとも思う。ニーバーの思想理解に間違いなく助けになるものである。

以上、翻訳の必要度の順で提案を記したが、必ずしも翻訳の時間的順序を提案しているわけではない。訳せるものからとにかく早く訳すことが必要である。ただし、ニーバーの思想の根幹をよく理解し、それを踏まえた上でのことであることは、言うまでもない。

おわりに

わが国でニーバーが理解されるためには、ニーバーの著作の翻訳がもっと多くなされる必要がある。しかし、ニーバーの翻訳は難しい。というより、ニーバーの思想の論述の仕方、議論の重ね方、そのレトリックを理解し解きほぐすことが難しい、と言うべきであろう。もちろん、それは思想の深みと密接に連動することである。しかし、地道な研究と努力を積み重ねるなら、その先には、ニーバーを少しでもわかりやすい日本語で表す可能性が生まれてくるに違いない。

将来、ニーバーの翻訳がある程度出揃ってきたら、「ニーバー著作集」としてまとめて出版され、次世代にまで読み継がれるものができることを期待したいと思う。

注

（1）D. B. Robertson, *Reinhold Niebuhr's Works: A Bibliography* (Lanham, New York, London: University of Press of America, 1983). この『目録』は一九七九年に初版が出されたが、一九八三年、ニーバー伝を書いたリチャード・フォックス（Richard W. Fox, Reinhold Niebuhr: *A Biography*, New York: Pantheon Books, 1985; second edition, Ithaca, NY: Cornell University Press, 1996）の提供によって大幅に収録数を増やした。しかし、なお完全なものではなく、今後もニーバーの書いたものが発見され、目録に加えられることになると思われる。『目録』の再改定も必要である。

（2）この点について、大木英夫教授はこう述べている。「ラインホールド・ニーバーが日本にあまり知られないできたのは、翻訳における困難、その困難の故の失敗によるところが大きかったと言わざるをえない。これまでラインホールド・ニーバーに関心をもったのは、大体において英語にかなり堪能な人々であり、そういう人々の中から翻訳にチャレンジする人々が出た。それにもかかわらず、期待されたほどの実りを得なかったのは、単に英語の問題だけでなく、その表現における神学的レトリックが翻訳を困難にしたからであろう」（「訳者あとがき」ラインホールド・ニーバー、大木英夫、深井智明訳『アメリカ史のアイロニー』、聖学院大学出版会、二〇〇二年、三〇二頁）。

（3）栗原基訳『近代文明とキリスト教』、一頁。

（4）H・E・フォスヂック『イエスの人格』（一九五三年）、フォスヂック『ナザレ人イエス』（一九五四年）。栗原は、仙台の第二高等学校在学中、北部バプテストの宣教師アニー・S・ブゼル（尚絅女学校初代校長）によってキリスト教に導かれた。栗原の紹介で、やはり第二高等学校の学生であった、吉野作造、内ケ崎作三郎、小山東助といったのちの大正デモクラシーの担い手たちがブゼルの聖書塾に参加し、キリスト教に触れることになったという。栗原とかれらの交わりは東京帝国大学でも続いた。栗原は、のちに、ブゼルの浩瀚な伝記『ブゼル先生傳』（一九四〇年。復刻版『ブゼル先生伝——伝記・アンネー・サイレーナ・ブゼル』一九九二年、大空社）を著しているが、それは、栗原のブゼル宣教師への尊敬の念とともにかれ自身の熱心なキリスト教信仰が息づいている書である。

ところで、栗原は、ニーバーの書の出版の少し前からおそらく翻訳作業に重なる時期、重要な経験をしている。一九二五年に始まった、日本内地における治安維持法の最初の適用として知られる、京都帝国大学などの左翼学生に対する取り締まりに発する事件いわゆる京都学連事件の際、検挙された学生たちのために奔走し、その後学生社会科学研究会再建にひそかに力を尽くしたという。この経験が、ニーバーを翻訳する動機の一つとなったと見ることも可能かもしれない。「訳者序」の次の言葉には、当時の危機的状況にあって、ニーバーの分析と洞察から学ぼうとしている姿勢が窺われるからである。「今や、日本における基督教の歴史は未だ必ずしも長からざるに、踵を接して現れてくる幾多の社会問題に逢着して、早くも去就に迷わんとする様子も見える。反動勢力の前にもろくも妥協の姿すら現し、社会更新の新思想を無批判に危険視して、これと戦わんと呼号する者もある。けれどもこれまでの日本の基督教徒は単に個人主義の道徳を唱導した清教徒の流れを汲み、未だ現実の社会生活について多く知る所なく、また興味もなかった。急激な時代の推移は有識者すら見逃すことのある罅隙［裂け目］を生じている。……今までのように、単に自己の有する小なる相対的価値を絶対的価値に誤算して、自ら高しとすることは、自らの壊滅を急ぐのみである。宗教の新しき使命は時代の休徴を察し、人心の帰趨を誤らざらしめることにある。この時に当たりて近代の文明批評と宗教批判とを目的とした本書の如き、確かに憂世の士の一瞥に値することと思う」（「訳者序」『近代文明と基督教』、三四頁）［現代の字体・仮名遣いに変更］。

（5）飯野紀元『ニーバーの社会主義』（理想社、一九五二年）、同『ある人生観——ニーバーの性格と使命』（塙書房、一九五二年）、武田清子『人間・社会・歴史——ニーバーの人と思想』（創文社、一九五三年）、飯野紀元『ニーバー』

人と思想シリーズ（日本基督教団出版部、一九六二年）。同時期、ニーバーの翻訳は手がけなかったが、文明学者山本新もニーバーに注目して以下の書を複数著している。山本新『ニーバーのマルクス主義批判』（黎明書房、一九四九年）および『暴力・平和・革命――ニーバーの社会変革論』（弘文堂、一九五一年）である。これら、飯野、武田、山本の三氏は、わが国におけるニーバー紹介者の第一世代と言ってよいであろう。ところで、飯野氏によるニーバーの論文集の訳書『共産主義との対決』（原題は、『世界の危機とアメリカの責任』）についてであるが、ニーバーがしばしば誤って極端な反共主義者との批判を受けていた状況に照らすと、この訳書の書名は、そうした誤解がわが国に伝わりかねず、残念である。また、この訳書には、飯野氏による「ニーバーの人柄と思想」という解説が付けられている。

（6）本書の筆者は、近年までこの野中訳の存在を知らなかった。その情報は、安酸敏眞北海学園大学教授から教えられた。記して感謝を表したい。ちなみに、この書が何部ほど印刷されたかわからないが、出版元やインターネットをとおして古書店等に当たってみたが本書を在庫しているところは見つからず、入手困難な状況にある。

（7）「訳者のことば」ラインホールド・ニーバー『人間の本性と運命　第一巻　人間の本性』野中義夫訳（産学社、一九七三年）、一―三頁。

（8）同、二頁。

（9）同、三三五―三四七頁。そこにはたとえば次のような文章がある。ニーバーの書は「何よりもキリスト教神学の書である。しかしまたそれは同様の重さで『現代文化批判の書』と言えるのである。『神学』と『現代批判』との結びつき、というよりも両者の同一性ということに、私は深大な意義を感得せずにいられない」（同、三三七頁）。

（10）「訳者あとがき」ラインホールド・ニーバー『自我と歴史の対話』オーテス・ケーリ訳（未來社、一九六四年）、三〇八―三〇九頁。最初の訳『アメリカ史の皮肉』の訳者あとがきには、翻訳者グループに神学の専門がいなかったがそれには「強み」があったとあり（二三七頁）、それは『自我と歴史の対話』の場合も同様であったと思われるが、少々理解に苦しむ考え方である。これらの書には、神学的な用語や表現が適切に訳されていないところが処々に見受けられるからである。

（11）この論争について、大木教授が「終末論と歴史」の問題として取り上げている。大木英夫『バルト』人類の知的遺

産72（講談社、一九八四年）、三三一―三三七頁。

(12) 田上雅徳・深井智朗編訳『政治と神学――カール・バルトとラインホールド・ニーバーの論争をめぐって』（新教出版社、近刊予定）。その一部の、「私たちは人間であって神ではない」の訳が、『福音と世界』（二〇一一年、七月、四四―五二頁）に発表されている。

初出一覧

第一章「ニーバーと社会福音運動」
聖学院大学総合研究所ニーバー研究センター主催研究会（二〇一二年六月一一日）における発表。のちに『聖学院大学総合研究所紀要』五五号（二〇一三年）に掲載。

第二章「ニーバーとマルクス主義」
高橋義文『ラインホールド・ニーバーの歴史神学——ニーバー神学の形成背景・諸相・特質の研究』（聖学院大学出版会、一九九三年）第三章「ニーバー神学の出発——その２　一九三〇年代主義との取り組みとニーバー神学の出発」を全面的に修正・加筆した。

第三章「ニーバーと『民主的行動を目指すアメリカ人』（ＡＤＡ）」
「ラインホールド・ニーバーとＡＤＡ」の題で『聖学院大学総合研究所紀要』四二号（二〇〇八年）に掲載。

第四章「ニーバーとアイロニー」
古屋安雄他編『歴史と神学——大木英夫教授喜寿記念献呈論文集』上巻（聖学院大学出版会、二〇〇五年）所収論文「ラインホールド・ニーバーのアイロニー概念における超越的神学的視点」（二七—五一頁）を全面的に修正・加筆した。

第五章「ニーバーとピューリタニズム」
日本ピューリタニズム学会例会（二〇〇八年　月　日）および聖学院大学総合研究所ニーバー研究センター主催研究会（二〇〇八年一〇月）における発表。のちに、『聖学院大学総合研究所紀要』四六号（二〇一〇年）に掲載。

第六章「ニーバーの教会論」
日本基督教学会関東支部会（二〇〇九年三月二七日）における発表。のちに『聖学院大学総合研究所紀要』四五号（二〇〇九年）に掲載。

第七章「ユルゲン・モルトマンのニーバー批判をめぐって」
韓国長老会神学大学校と聖学院大学による第二回日韓神学者学術会議（二〇一二年一一月二日）において、「ラインホールド・ニーバーとユルゲン・モルトマン――モルトマンのニーバー批判をめぐって」の題で発表し、のちに、一部修正して『聖学院大学総合研究所紀要』五五号（二〇一三年）に掲載されたものにさらに修正を施した。

第八章「スタンリー・ハワーワスのニーバー批判をめぐって」
聖学院大学総合研究所主催シンポジウム「アメリカとニーバー」（二〇〇八年五月三一日）における発表。

のちに、一部修正して『聖学院大学総合研究所紀要』四八号（二〇一〇年）に「ハワーワスのニーバー批判一考」と題して掲載されたものに、さらに修正・加筆を施した。

補遺一「ソーシャルワークをめぐるニーバーの視点」
ラインホールド・ニーバー『ソーシャルワークを支える宗教の視点』髙橋義文・西川淑子訳（聖学院大学出版会、二〇一〇年）所収の解説「ソーシャルワークにおける宗教――ニーバーの視点」（一二五―一八〇頁）を改題。

補遺二「ニーバーの著作の翻訳について」
『聖学院大学総合研究所NEWSLETTER』Vol. 21, No. 4（二〇一一年）に掲載されたものに修正を施した。

あとがき

本書は、過去二十年ほどの間の筆者のささやかな研究の一端である。ニーバーを研究しはじめてすでに相当な年月を経たが、顧みてなお道半ばの感が深い。しかし、この時点でひとまず、いくつかの論文をまとめ一書とし、あらためて世に問うことにした。

本書の大半は、聖学院大学総合研究所における研究会等で折に触れて発表してきたものである。曲がりなりにもこれまでニーバー研究を続けてこられたのは、ひとえに、学問的な刺激を与えてくださった多くの先輩諸先生方と友人たちのお陰である。わけても、長年にわたってニーバーの思想の深みについてそれを独特の歴史の神学としてご教示くださった大木英夫先生には、衷心より感謝を申し上げたい。

本書を、聖学院大学研究叢書の一冊として上梓することが可能になったのは、阿久戸光晴先生（聖学院大学学長・学校法人聖学院理事長・院長）はじめ関係の方々のご高配によるものである。

出版に際し、このたびも山本俊明出版部長のお手を煩わせた。とくにご勇退を前に最後のお仕事の一つとして本書を手掛けてくださったことに深く感謝申し上げる。また、花岡和加子さんには丁寧な校正と資料の確認等でご助力をいただいた。記して謝意を表したい。

そのほか、お名前を上げることはしなかったが、本書の背後には、長年にわたる多くの方々のお励ましとご交誼があった。それらのお一人お一人に感謝の意を表したい。また、この書の陰に、妻共子の存在があったことも記させていただきたいと思う。

一九六三年、冷戦下、米ソ間の核兵器増強競走がほんのわずかだが緩和の兆しを見せたとき、それに関連して、ニーバーが、ニューマン枢機卿の讃美歌「妙なる道しるべの光よ」の一節を添えて、こう述べたことがあった。

われわれは将来を予告することができないゆえに、たとえ不確かであるとしても、希望の持てる最初の一歩を踏み出さなければならない……。

「ゆくすえ遠く見るを願わじ……ひとあし、またひとあし、道をば示したまえ」

ジョン・ヘンリー・ニューマン（『讃美歌』二二八番、一部漢字に変更）

歴史の現実を踏まえつつ希望を語る——今の時代へのニーバーらしい示唆であるように思われる。

二〇一四年　早春の房総にて

髙橋義文

ラ行

ライアン、ジョン・A．(Ryan, John A.)　33
ライニッツ、リチャード（Reinitz, Richard）　201, 225
ラヴィン、ロビン・W．(Lovin, Robin W.)　24, 350, 351
ラウシェンブッシュ、ウォルター（Rauschenbusch, Walter）　29, 30, 37–40, 45, 48–50, 63–75
ラオJr.、ジョセフ・L．(Rauh, Jr., Joseph L.)　147
ラスキ、ハロルド（Raski, Harold）　54, 55
ラフォーレット、ロバート・M．(LaFollette, Sr., Robert M.)　34, 35, 51
李承晩　52
リー、ポーター・R．(Lee, Porter R.)　368, 369
リッチモンド、メアリー・E．(Richmond, Mary E.)　368
リッチュル、アルブレヒト（Rischl, Albrecht）　33, 36, 60, 72, 371, 372
リップマン、ウォルター（Lippmann, Walter）　160
リンカーン、エイブラハム（Lincoln, Abraham）　44, 199
ルース、ヘンリー・R．(Luce, Henry R.)　51
ルター、マルティン（Luther, Martin）　215, 232, 237, 322
ロイド・ジョージ、デイビッド（Lloyd George, David）　54
ローズヴェルト、A・エレノア（Roosevelt, A. Eleanor）　134, 144, 148, 151
ローズヴェルト、セオドア（Roosevelt, Theodore）　34, 44, 66
ローズヴェルト、フランクリン・D．(Roosevelt, Franklin D.)　18, 91, 111, 143, 154, 161, 163, 387
ローズヴェルト、Jr. フランクリン・D．(Roosevelt, Jr., Franklin D.)　148
ロック、ジョン（Locke, John）　121
ロバートソン、D・B．(Robertson, D. B.)　252, 253
ロビンズ、ハワード・C．(Robbins, Howard C.)　138
ローブ、ジェームズ（Loeb, James）　139–141, 144, 147, 148, 151, 152, 157, 173

ワ行

ワイアット、ウィルソン・W．(Wyatt, Wilson W.)　149
渡辺　靖　21
ワード、ハリー・F．(Ward, Harry F.)　55

ベインズ、デイヴィッド・R．(Bains, David R.)　284
ヘーゲル、ゲオルク・W・F．(Hegel, Georg Wilhelm Friedrich)　209, 308
ベースヴィッチ、アンドリュー（Bacevich, Andrew J. ）　23
ベネット、ジョン・C．(Bennett, John C.)　13, 62, 138, 252
ベラー、ロバート・N．(Bellah, Robert N.)　351
ヘロン、ジョージ・D．(Heron, George D.)　36
ヘンダーソン、レオン（Henderson, Leon）　149
ホッブス、トマス（Hobbs, Thomas）　121, 231
ボーデルシュヴィング、フリードリッヒ・フォン（Bodelschwingh, Friedrich von）　42, 365, 366
ホプキンス、チャールズ・H．(Hopkins, Charles H.)　76
ホフスタッター、R．(Hofstadter, Richard)　203
ホームズ、ジョン・H.（Holms, John Haynes）　90, 191
ホランド、ヘンリーS（Holand, Henry S.）　32
ホワイト、ウィリアム・A．(White, William A.)　138
ホワイト、ウォルター・F．(White, Walter F.)　149
ホワイト、ゲイロード（White, Gaylord）　367
本間長世　21, 124

マ行

マギファート、アーサー・C．(McGiffert, Arthur C.)　415
マキントッシュ、ダグラス・C．(Macintosh, Douglas Clyde)　45, 82, 83
マクグラス、アリスター・E．(McGrath, Alister E.)　26
マクドナルド、ラムゼイ（MacDonald, Ramsey）　53, 55
マークリー、ポール（Merkley, Paul）　177
マコネル、フランシス・M．(McConnell, Francis M.)　52
マーティ、マーティン・E．(Marty, Martin E.)　77, 290
マディソン、ジェームズ（Madison, James）　96
マトソン、ケヴィン（Mattson, Kevin）　158, 162
マルクス、カール（Marx, Karl）　118–123
マーレイ、フィリップ（Murray, Philip）　143, 144
マロン、ジェームズ（Mallon, James）　53
ミラー、ペリー（Miller, Perry）　223–228
ミルトン、ジョン（Milton, John）　210, 232, 234, 237
ムーディ、ドワイト・L．(Moody, Dwight L.)　51
モーゲンソー、ハンス・J．(Morgenthau, Hans J.)　158, 161, 202, 421
モット、ジョン・R．(Mott, John R.)　51
モーリス、F・D．(Maurice, F. D.)　32
モリソン、チャールズ・C．(Morrison, Charles C.)　138
モルトマン、ユルゲン（Moltmann, Jürgen）　19, 303, 第７章

ヤ行

安酸敏眞　424
山本　新　424
湯浅　博　21, 23
ヨーダー、ジョン・H.（Yoder, John Howard）　339, 347, 350, 352
ヨハネ・パウロ２世（John Paul II）　347, 350

ハ行

ハイマート、アラン（Heimert, Allan）　224
バーク、エドマンド（Burke, Edmund）　193, 197
パターソン、ボブ・E．（Patterson, Bob E.）　254
パットン、ジェームズ（Patton, James）　146
ハラー、ウィリアム（Haller, William）　223, 225
パーリントン、V・L．（Parrington, V. L.）　222
バルト、カール（Barth, Karl）　13, 159, 186, 265, 275, 276, 305, 337, 339, 346, 347, 350, 353, 354, 355, 413
ハルナック、アドルフ・フォン（Harnack, Adolf von）　14, 33, 271
ハワーワス、スタンリー（Hauerwas, Stanley）　19, 251, 290, 291, 292, 337, 第８章
ハンティントン、サミュエル（Huntington, Samuel）　421
ハンフリー、ヒューバート・H．（Humphrey, Hubert H.）　134, 149, 156
ヒットラー、アドルフ（Hitler, Adolf）　140
ピュージ、ネイサン・M．（Pusey, Nathan M.）　224
平田忠輔　177
ヒルシュ、エーミル・G．（Hirsch, Emil G.）　33
フォイエルバッハ、ルートヴィヒ・A．（Feuerbach, Ludwig A.）　121, 342
フォズディック、ハリー・E．（Fosdick Harry E.）　55
フォックス、リチャード・W．（Fox, Richard W.）　13–15, 24, 25, 40, 114, 130, 131, 151, 157, 158, 186, 201, 224, 225, 368
フォード、ヘンリー（Ford, Henry）　57, 216
深井智朗　410
藤田文子　171
ブッシュ、ジョージ・W．（Bush, George W.）　10
ブッシュネル、ホレース（Bushnell, Horace）　36
ブライス、ジェームズ（Bryce, James）　230, 231
ブラウダー、アール（Browder, Earl）　91
ブラウン、アダムス・W　52
ブラウン、チャールズ・C．（Brown, Charles C.）　49, 368
ブラウン、チャールズ・R．（Brown, Charles Reynolds）　52
ブラウン、ロバート・M．（Brown, Robert McAfee）　290
フランクリン、サム・H．（Franklin, Sam H.）　396, 397, 404
フリーマン、オーヴィル（Freeman, Orville）　155
プール、デ・ウィット・C．（Poole, De Witt C.）　164
ブルックス、デイヴィド（Brooks, David）　23
ブルトマン、ルドルフ　281, 305, 413
フルブライト、J・ウィリアム（Fulbright, J. William）　161
古矢　旬　24
古屋安雄　30, 64, 75, 127, 171, 176, 410, 419
ブルンナー、エーミル（Brunner, Emil）　13, 354, 413
プレス、サミュエル・D．（Press, Samuel D.）　40, 189, 190, 222, 272, 275, 366
ブロック、クリフトン（Brock, Clifton）　136
ブロッホ、エルンスト（Bloch, Ernst）　308
ベアード、チャールズ（Beard, Charles）　204
ペイジ、カービー（Page, Kirby）　50, 52, 54–56, 61

スペンサー、ハーバート（Spencer, Herbert）　66
スミス、シェルトン・H（Smith, Shelton H.）　30
副島隆彦　22, 23
ソルトマーシュ、ジョン（John Saltmarsh）　234
ソレンセン、テッド（Ted Sorensen）　156
孫文　52
ソン、ロバート（Song, Robert）　343

タ行

武田清子　177, 204, 205, 246, 297, 335, 408, 409, 416, 417, 419, 423, 424
ダレス、アレン・W.（Dulles, Allen W.）　142
千葉　眞　193, 322, 335
チャフィー、エドマンド（Chaffee, Edmund）　90
チャルマーズ、トーマス（Chalmers, Thomas）　32
デイヴィス、エルマー（Davis, Elmer）　149
ディブル、アーネスト・F.（Dibble, Ernest F.）　30, 45
ティリッヒ、パウル（Tillich, Paul）　13, 141, 253, 413
デブス、ユージーン（Debs, Eugene）　40
デューイ、ジョン（Dewey, John）　55
デューイ、トマス・F.（Dewey, Thomas F.）　154
テンプル、ウィリアム（Temple, William）　54
トインビー、アーノルド（Toynbee, Arnold）　421
東方敬信　296, 358
ドゥンス・スコトゥス（Duns Scotus, Johannes）　119
トーニー、リチャード・H.（Tawney, Richard. H.）　54, 222
トマス、ノーマン・M.（Thomas, Norman M.）　55, 90, 91, 191
ドュビンスキー、デイヴィッド（Dubinsky, David）　144
ドーリエン、ゲイリー（Dorrien, Gary）　13, 14, 15, 25
トリリング、ライオネル（Trilling, Lionel）　203
トルーマン、ハリー・S.（Truman, Harry S.）　143, 153, 158
トレルチ、エルンスト（Troeltsch, Ernst）　14, 340, 373
トンプソン、ケネス（Thompson, Kenneth）　94

ナ行

ナヴェー、エヤル（Naveh, Eyal）　72
ニクソン、リチャード（Nixon, Richard）　22, 156
ニグレン、アンダース（Nygren, Anders）　67, 305
西川淑子　361, 403, 411
西谷幸介　123, 249
ニーバー、アースラ・M.（Niebuhr, Ursula M.）　225, 273, 274, 289, 410
ニーバー、H・リチャード（Niebuhr, Helmut Richard）　61, 75, 81, 82, 108, 109, 114, 115, 131, 240, 249, 270, 291, 296, 344, 352
ニーバー、グスタフ（Niebuhr, Gustav）　34, 41–44, 272, 282, 365, 366
ネルー、ジャワハルラール（Nehru, Jawaharlal）　52
野中義夫　410, 416, 419, 424
ノリス、ジョージ（Norris, George W.）　143

ガルブレイス、ジョン・K．(Galbraith, John K.)　134, 149, 158, 162
カルフーン、ロバート・L．(Calhoun, Robert L.)　142, 224
ガンディー、マハトマ（Gandhi, Mahatma）　52, 55
キッシンジャー、ヘンリー（Kissinger, Henry）　22
ギルキー、ラングドン（Gilkey, Langdon）　128
キングズリー、チャールズ（Kinsley, Charles）　32
グラッデン、ワシントン（Gladden, Washington ）　36
グランフィールド、パトリック（Granfield, Patrick）　263
クリスタル、ウィリアム・G．(Chrystal, William G.)　42, 43, 215
栗原　基　408, 414–416, 418, 422, 423
グロス、マーレイ（Gross, Murray）　139
クロッペンバーグ、ジェームズ・T．(Kloppenburg, James T.)　23
クロムウェル（Cromwell）　238
ケナン、ジョージ（Kennan, George）　158, 197, 421
ケネディ、ジョン・F．(Kennedy, John F.)　156
ケーリ、オーテス（Cary, Otis）　409, 410, 412, 417
コーネリソン、ロバート・T．(Cornelison, Robert T.)　306
コフィン、ヘンリー・S．(Coffin, Henry S.)　138
コーリー、ルイス（Corey, Lewis）　139
コント、オーギュスト（Comte, Augste）　66
近藤勝彦　249, 331, 336

サ行

佐々木毅　23
佐藤　優　132
サーモンド、J・ストロング（Thurmond, J. Strong）　154
猿谷　要　172
ジェファーソン、トマス（Jefferson, Thomas）　18, 150, 231, 247
ジェームズ・ウィリアム（James, William）　337, 339, 340, 346, 372, 373
シフトン、エリザベス（Sifton, Elizabeth）　176, 296
シュライアマハー、フリードリヒ（Schleiermacher, Friedrich）　60, 72, 371, 372
シュレシンジャー、Jr. アーサー・M．(Schlesinger, Jr., Arthur M.)　134, 148, 151, 155, 156, 158, 162–170, 171, 172, 178–179, 355
蔣介石　52
シーリー、ジョン・R（Seeley, John R.）　32
ジロン、スティーヴン・M．(Gillon, Steven M.)　136, 151
スウィート、ウィリアム・E．(Sweet, William E.)　54
スカーレット、ウィリアム（Scarlett, William）　54, 138
鈴木有郷　186, 193, 205, 206, 208, 358
スター、エレン・G．(Starr, Ellen Gates)　35
スタックハウス、マックス・L．(Stackhouse, Max L.)　264
スターリン、イオーシフ・V．(Stalin, Joseph V.)　140, 153, 386
スティーヴンソン、アドレイ（Stevenson, Adlai）　156
ストレイチー、ジョン（Strachy, John）　209, 240–242
ストロング、ジョサイア（Strong, Josiah）　36
ストーン、ロナルド・H．(Stone, Ronald H.)　118, 254, 268
砂田三郎　136, 160, 172, 174, 175, 176, 178

人 名 索 引

ア行

アウグスティヌス、アウレリウス（Augustinus, Aurelius）　193, 197, 275
アダムズ、ジェイン（Addams, Jane）　35, 51, 367
姉崎正治　55
アモス（Amos）　170, 190, 395
有賀鐵太郎　411, 412, 415, 418
アルトジウス、ヨハンネス（Althusius, Johannes）　312
アレン、ディーヴァー（Allen, Devere）　55
飯野紀元　409
イリオン、アンドレアス（Irion, Andreas）　212
ヴァンデューセン、ヘンリー・P.（Van Dusen, Henry P.）　54
ヴィヘルン、ヨハン・H.（Wichern, Johann H.）　42, 272, 365
ウィリアムズ、ダニエル・D.（Williams, Daniel D.）　24
ウィリアムズ、チャールズ・D.（Williams, Charles D.）　49, 50, 52, 54
ウィルソン、ウードロウ（Wilson, Woodrow）　34, 47, 48
ヴィルヘルム、3世、フリードリヒ（Wilhelm, III, Friedrich）　212
ヴィーレック、ピーター（Viereck, Peter）　169
ウェクスラー、ジェームズ（Wechsler, James）　147, 158
ヴェーバー、マックス（Weber, Max）　217, 218, 222, 227, 373, 380, 400
植村　環　52
ウォーカー、ウィリストン（Walker, Williston）　222
ウォルフ、ウィリアム・J.（Wolf, William J.）　252, 254
ウォルファーズ、アーノルド（Wolfers, Arnold）　158
ウォーレス、ヘンリー・A.（Wallace, Henry A.）　141, 143, 144, 145, 146, 147, 151, 153–155, 163, 170, 175
エディ、シャーウッド（Eddy, Sherwood）　50–53, 55, 56, 61, 90, 138, 191, 283, 367, 397
エドワーズ、ジョナサン（Edwards, Jonathan）　222, 224
エリー、リチャード・T.（Ely, Richard T.）　36
エンゲルス、フリードリヒ（Engels, Friedrich）　118, 119
大木英夫　132, 176, 189, 202, 204, 205, 208, 238, 242, 246, 248, 293, 297, 328, 336, 400, 401, 410, 412, 418, 422, 425
オバマ、バラク（Obama, Barack）　10, 22, 23, 362
オールソープ兄弟（Alsop, Joseph W. and Stewart J.）　145

カ行

賀川豊彦　52, 55, 404
梶原　寿　410
ガスタフスン、ジェームズ（Gustafson, James）　71, 73, 352
カーチウェイ、フレダ（Kirchway, Freda）　139
上　與二郎　409
カルヴァン、ジャン（Calvin, Jean）　215, 220, 221

《著者紹介》

髙橋義文　たかはし・よしぶみ

1943年、東京に生まれる。アンドリューズ大学大学院修士課程修了、東京神学大学大学院博士課程終了。神学博士（東京神学大学）。三育学院短期大学教授・学長、エモリー大学客員研究員を経て、現在、聖学院大学大学院教授、聖学院大学総合研究所所長。

〔著訳書〕『キリスト教を理解する』、『ラインホールド・ニーバーの歴史神学』、『パウル・ティリッヒ研究』（共著）、『教育の神学』（共著）、チャールズ・C・ブラウン『ニーバーとその時代』、アリスター・E・マクグラス『アリスター・E・マクグラス宗教教育を語る』、ジョン・ウィッテ『自由と家族の法的基礎』（共監・共訳）、W・パネンベルク『キリスト教社会倫理』（共訳）、ラインホールド・ニーバー『ソーシャルワークを支える宗教の視点』（共訳）ほか。

ニーバーとリベラリズム
―― ラインホールド・ニーバーの神学的視点の探求

2014年3月31日　初版第1刷発行

著　者　髙　橋　義　文
発行者　阿　久　戸　光　晴

発行所　聖学院大学出版会
〒362-8585　埼玉県上尾市戸崎1番1号
電話048(725)9801／Fax048(725)0324
E-mail: press@seigakuin-univ.ac.jp
印　刷／株式会社堀内印刷所

ISBN978-4-907113-06-3　C3010

（価格は本体価格）

〈聖学院大学研究叢書1〉

「文明日本」と「市民的主体」

福沢諭吉・徳富蘇峰・内村鑑三

梅津順一著

開国と明治維新は、近代日本の為政者と人民に思想的に大きな課題を突きつけた。それは日本の目指す政治体制、為政者の役割、人民の生き方、あるいは国際社会における自国の位置付けを、世界に向かって「理解されるもの」として語る必要からであった。本書では、「文明日本」と「市民的主体」の二構想を諭吉・蘇峰・鑑三の思想を通して明らかにする。

A5判　二八八頁　五八〇〇円
978-4-915832-38-3（2001）

〈聖学院大学研究叢書2〉

歴史と探求

レッシング・トレルチ・ニーバー

安酸敏眞著

中間時における真理の多形性をとく「真理の愛好者」レッシング、「徹底的歴史性」の立場でキリスト教的真理の普遍妥当性と格闘したトレルチ、歴史の有意味性を弁証しつづけたニーバーのそれぞれの思想的連関を考察し、著者の神学的・宗教哲学的立場から偶然的な歴史的真理と必然的な規範的真理の関係性を明らかにする。

A5判　二一二頁　五〇〇〇円
978-4-915832-39-0（2001）

〈聖学院大学研究叢書3〉

エラスムスとルター

一六世紀宗教改革の二つの道

金子晴勇著

自由意志の問題は、古代から中世、近代にかけて、アウグスティヌスとペラギウス、エラスムスとルター、ジェズイットとポール・ロワイヤルの思想家たち、さらにピエール・ベールとライプニッツなどの間で激烈な論争が繰り広げられた哲学と神学の重要主題であった。本書では自由意志と奴隷意志論争を焦点にルネサンスと宗教改革という二つの精神上の運動を述べる。

A5判　二七八頁　五八〇〇円
978-4-915832-50-5（2002）

〈聖学院大学研究叢書4〉

医療と福祉における市場の役割と限界

イギリスの経験と日本の課題

郡司篤晃編著

イデオロギーの対立が消滅して、グローバリゼーションが進行し、あらゆる場面で経済競争が激化している。医療・福祉などの社会保障の分野でも例外ではない。そのサービスの質と平等を確保しつつ、いかにそれらのシステムを効率化していけるかが各国で模索されている。本書は、この重要な主題を論じたものである。

A5判　一九九頁　五〇〇〇円

978-4-915832-56-7（2004）

〈聖学院大学研究叢書5〉

地域に求められる人口減少対策

発生する地域問題と迫られる対応

平修久著

人口減少は住民という縮んでしまうパイの奪い合いを意味し、自治体の淘汰に繋がりかねない。しかしこの危機感は特に東京都市圏に含まれる自治体の間で芽生えていない。本書は、自治体へのアンケート調査をもとに、「人口減少期に対応する意識と政策」を分析し、人口減少というこれまで自治体が前提としてきた人口増加とはまったく異なるシナリオを提示。

A5判　二〇二頁　四八〇〇円　品切れ

978-4-915832-60-4（2005）

〈聖学院大学研究叢書6〉

アメリカにおける神の国

H・リチャード・ニーバー著
柴田史子訳

本書は、アメリカの社会学者、倫理学者、また神学者として知られる著者が、アメリカにおいて「神の国」という思想がどのように展開したかを歴史的に論じた古典である。一九三七年の出版であるが、アメリカとは何かを神学的に解明しており、現代のアメリカのキリスト教、アメリカ社会を理解するうえで欠くことのできない書物である。

A5判　二一四頁　三〇〇〇円

978-4-915832-71-0（2008）

〈聖学院大学研究叢書7〉

とはずがたりの表現と心

「問ふにつらさ」から「問はず語り」へ

標宮子著

『とはずがたり』は一九三八年に発見され、埋もれた古典として話題になった文献であるが、それ以降、研究者によって地道な注釈研究がなされてきた。本書は、それらの成果を踏まえながら、作品の背景である宮廷貴族の生活を解明し、主題となっているさまざまな人間関係の中で苦悩する著者の生き方を現代に甦らせている。

A5判　五六八頁　九〇〇〇円
978-4-915832-72-7（2008）　品切れ

〈聖学院大学研究叢書9〉近刊

近代日本精神史の位相

キリスト教をめぐる思索と経験

村松晋著

近現代日本の〈思想家〉と目される存在と向き合ってきた著者の関心は一貫して、対象とする思想家の「論理」とともに、その論理を通底する世界――思想家をしてそのような営みをなさしめた、精神の原器とも言うべきもの――に注がれてきた。「思想史」ではなく「精神史」を冠するのは、その実りとして本書があるからである。第一部「新渡戸・内村門下への一視角」では、前田多門、南原繁と坂口安吾、松田智雄を、第二部「キリスト教受容の諸相」では、地方の一小学校教師、波多野精一、氷上英廣、井上良雄を、第三部『「近代の超克」とカトリシズム」では、吉満義彦を論じている。

A5判　三二四頁　六八〇〇円
978-4-907113-07-0（2014）

ラインホールド・ニーバーの歴史神学

ニーバー神学の形成背景・諸相・特質の研究

高橋義文著

神学者、社会活動家、政治哲学者、倫理学者、歴史哲学者、文明批評家等々幅広い活動を展開したR・ニーバーの神学思想を解明する気鋭の書き下し。ニーバー神学形成の背景（青年期のニーバーを育んだ教会とその神学的土壌、デトロイトでの牧会、ユニオン神学大学への赴任）、ニーバー神学の教義的諸相（中期のニーバーの思想を丹念に追い、神話・象徴・啓示、人間、終末論、キリストなど）、ニーバー神学の特質の三部からなる。（平成五年度文部省科研費交付図書）

四六判　四二七二円

978-4-915832-06-2（1993）

光の子と闇の子

デモクラシーの批判と擁護

R・ニーバー著　武田清子訳

アメリカの政治倫理学者、R・ニーバーの主著の一つである本書は、デモクラシーという、現代世界において、再考を求められている思想原理を批判し、擁護する。権力が対立し、政治と経済が相剋する現実にあって、正義と自由を確立するためには、いかなる指導原理が存在するのか。人間の悪の問題の把握において深い洞察を欠いているマルクス主義、デモクラシー思想の楽観主義を批判し、キリスト教思想に基づくデモクラシー原理の正当性を弁護する。

四六判　二一三六円

978-4-915832-03-1（1994）

アメリカ史のアイロニー

R・ニーバー著　大木英夫・深井智朗訳

アメリカは二〇世紀の半ば、突如として、国民的経験も精神的準備もないままに世界史的勢力として台頭し、世界史の中に踊り出た。この「大国」アメリカはどこに向かうべきか。本書は、原書が一九五二年に出版されているが、世界史的「大国」アメリカの問題を「権力の腐敗」の問題として鋭く抉り出し、アメリカを自己認識と責任意識へと導こうとする、現代の問題をも照射するアメリカ論の新訳である。付録として巻末にニーバーの「ユーモアと信仰」を所収。

四六判　三八〇〇円

978-4-915832-44-4（2002）

ニーバーとその時代

ラインホールド・ニーバーの預言者的役割とその遺産

チャールズ・C・ブラウン著

高橋義文訳

「預言者的現実主義者」として、アメリカの神学者だけでなく、政治学者また政治家たちに多大な影響を与えたラインホールド・ニーバーの伝記。数多くのニーバーの伝記の中でニーバーの思想の意味をニーバーの生きた時代・社会との関連を明らかにしながら解明する「バランスのとれた伝記」として高く評価されている。

A５判　六〇〇〇円

978-4-915832-49-9（2004）

ソーシャルワークを支える宗教の視点

その意義と課題

ラインホールド・ニーバー著

高橋義文・西川淑子訳

キリスト教社会倫理を専門とするラインホールド・ニーバーは、アメリカの政治外交政策に大きな影響を与えた。本書が提示する本来の社会福祉の実現という主張のなかには、「社会の経済的再編成」「社会組織再編」「社会の政治的な再編成」というニーバーの壮大な社会構想が見られる。本書はニーバーの重要な著作の翻訳とニーバーの専門家と社会福祉の専門家による解説により構成されている。広く社会の問題とりわけ社会倫理の問題に関心のある方、また、社会福祉、ソーシャルワークに関心のある方、実際にその仕事に就いておられる方々だけでなく将来この分野で働く準備をしている方々等、幅広い分野の方々に読んでいただきたい。

四六判　二〇〇〇円

978-4-915832-88-8（2010）